James Redfield nació en Alabama, Estados Unidos. Estudió en la Auburn University, donde obtuvo un Master of Arts, y está casado con Salle Merrill, también escritora. Es uno de los grandes autores de espiritualidad en el mundo gracias al éxito sin precedentes de *Las nueve revelaciones*, una obra que desde su aparición en 1992 ha vendido más de 20 millones de ejemplares en todo el mundo y se ha traducido a 34 idiomas. Redfield tiene la rara capacidad de crear clásicos instantáneos, y prueba de ello son los varios best sellers que siguieron la saga de La Profecía Celestina: *La Décima Revelación, La Undécima Revelación* y *La Duodécima Revelación*.

www.celestinevision.com

Papel certificado por el Forest Stewardship Council®

Título original: *The Twelfth Insight: The Hour of Decision*

Primera edición en B de Bolsillo: febrero de 2026

© 2011, James Redfield
Publicado por acuerdo con Grand Central Publishing, un sello editorial de Grand Central Publishing
Group, una división de Hachette Book Group, Inc., Nueva York, EE. UU.
© 2016, 2026, Penguin Random House Grupo Editorial, S. A. U.
Travessera de Gràcia, 47-49. 08021 Barcelona
© Vicente Herrasti, por la traducción
Diseño de la cubierta: Penguin Random House Grupo Editorial
basado en el diseño original de Penguin Random House UK

Printed in Spain – Impreso en España

ISBN: 979-13-87652-65-4
Depósito legal: B-21.440-2025

Impreso en Novoprint
Sant Andreu de la Barca (Barcelona)

BB 5 2 6 5 4

La Duodécima Revelación
La hora de decidir

JAMES REDFIELD

Traducción de Vicente Herrasti

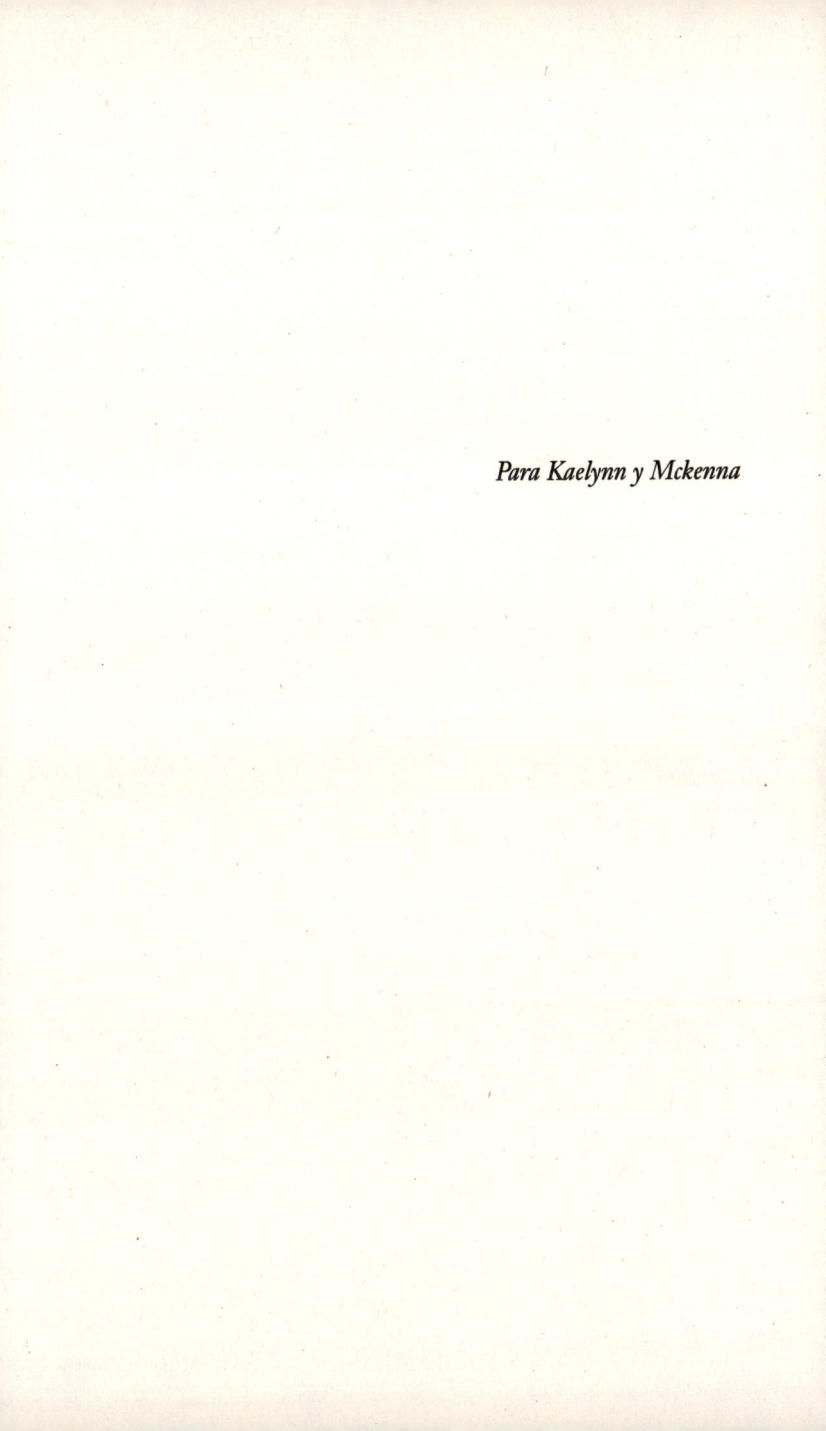

Para Kaelynn y Mckenna

Índice

Reconocimientos

Debo agradecer a muchas personas que, de una u otra manera, contribuyeron a este libro. Primero y principalmente quiero agradecer a quienes, sin importar su religión, mantienen viva y fuerte la idea de una auténtica conciencia espiritual. Su entereza silenciosa nos está salvando literalmente.

También debo un reconocimiento especial a Larry Dossey por su libro *The Power of Premonitions*. Siempre se las ingenia para generar un trabajo clave de referencia en el momento en que hay que dar a conocer algún elemento más para la evolución de la conciencia humana. Gracias al doctor Russell Baylock, quien encabeza la batalla contra los peligrosos aditivos químicos que están presentes en nuestra comida. Y a Michael Murphy, quien abandera a los muchos que intentan construir puentes para terminar con los grandes abismos divisorios de nuestro tiempo: primero la Guerra Fría, ahora la intolerancia religiosa y cultural. También quiero reconocer el trabajo de Carl Johan Calleman y John Major Jenkins en relación con el Calendario Maya. Y mi sincero agradecimiento a Phil Cousineau por su brillante análisis comparativo del pensamiento religioso.

Agradezco a Larry Kirshbaum y a mi editor Jamie Raab, quien comprendió de inmediato la perspectiva de este libro y ayudó a dar forma a sus ideas; asimismo a las muchas personas de Grand Central Publishing que ayudaron a convertir un manuscrito en un libro; a Kelly Leavitt, quien con su aguzada visión procura impacto y claridad; a Albert Clayton Gaulden, por su sentido de la oportunidad cosmológica, y a Larry Miller, cuyas muchas conversaciones han iluminado mi pensamiento. También quiero dar las gracias a Steve Maraboli, cuya comunidad Better

Today es un ejemplo ideal de la Duodécima Revelación que ahora emerge.

Y principalmente quiero expresar mi agradecimiento y amor a mi esposa Salle, cuyo apoyo y cuya profunda intuición nutren mi espíritu a lo largo del camino.

La Duodécima Revelación

«En una época de engaño universal decir la verdad
se convierte en un acto revolucionario».

GEORGE ORWELL

Sincronización sostenida

Llegué a la carretera y puse la velocidad de crucero. Trataba de calmarme. Había tiempo de sobra para encontrarme con Wil en el aeropuerto, de modo que procuré relajarme mientras disfrutaba del sol otoñal y de las colinas onduladas del sur. Por no mencionar las bandadas de cuervos bordeando la autopista.

Sabía que los cuervos constituían una buena señal a pesar de haber tenido que batallar con ellos todo el verano. Según la tradición su presencia indica misterio y una cita pendiente con nuestro destino. Algunos dicen que si logras seguirlos lo suficiente pueden incluso conducirte a un momento trascendental en la vida.

Por desgracia también se presentan temprano por las mañanas para comerse los vegetales que cultivas en el jardín —a menos, claro está, que hagas un trato con ellos—. Se ríen de los espantapájaros y las escopetas. Si permites que se alimenten de una hilera de plantas cerca del bosque, tenderán a dejar el resto en paz.

Justo en ese momento un solo cuervo sobrevoló el coche delante de mí. Después dio una vuelta completa y se dirigió hacia el lugar de donde yo venía. Traté de seguir su vuelo por el espejo retrovisor pero sólo pude distinguir un todoterreno azul marino que estaba a unos cien metros de mí.

Sin pensar en este coche seguí admirando el paisaje, respiré profundo y procuré relajarme. «Nada como un buen viaje por carretera», pensé. Me pregunté cuántas personas en distintos lugares estarían experimentando en ese momento algo parecido: huir de la tensión que provoca vivir en un mundo incierto sólo para ver qué pasa.

En mi caso la diferencia consistía en que yo buscaba algo. Durante meses me había encontrado con completos desconocidos que hablaban de lo mismo: la revelación secreta de un antiguo Documento sin nombre. Supuestamente este Documento provenía de una coalición mundial de tradiciones religiosas y ya sabían de su existencia aquellos que tienen un instinto especial para esas cosas. Sin embargo, nadie parecía conocer detalles del Documento. Se decía que, por necesidad, se habían visto obligados a darlo a conocer antes de tiempo.

Estos rumores me resultaban interesantes y ligeramente cómicos. La idea de una coalición entre las diversas tradiciones religiosas no es nueva, pero se ha demostrado una y otra vez que esa alianza es imposible en la realidad. Las diferencias entre los credos eran demasiado grandes. Al final cada tradición trataba de prevalecer sobre las demás.

De hecho estaba a punto de olvidarme del asunto cuando recibí un fax de Wil. Me envió las que parecían ser dos páginas traducidas del antiguo Documento. En los márgenes de la primera página había una anotación de Wil: «Esto tiene orígenes tanto hebreos como árabes».

Conforme leí las páginas tuve la impresión de que el texto había sido escrito en tiempos modernos al proclamar que algo importante sucedería en la segunda década del siglo XXI. Hice una mueca ante la fecha pensando que se trataba de una más de las muchas profecías del fin del mundo, una más de las desafortunadas predicciones del día final que malinterpretan todo, desde el Calendario Maya hasta la Revelación pasando por Nostradamus. Todos pregonan el fin de la Tierra: «¿No has escuchado, amigo? ¡El mundo se terminará en 2012!».

Durante años los medios de comunicación han ido retrasando la fecha del supuesto fin del mundo y la gente, aunque preocupada, también parece estar muy intrigada. La gran pregunta es: ¿Por qué? ¿Qué causa esta fascinación? ¿Se trata únicamente de la emoción de estar vivo justo en el momento en el que termina el Calendario Maya? ¿Se trata de otra cosa? Nuestra fascinación por el final puede revelar una intuición latente, cada vez más notoria, de que algo mejor está a punto de nacer.

Según leía el fax de Wil notaba que las páginas comenzaban a ejercer una suerte de atracción sobrenatural. El estilo era dinámico, vagamente familiar; el tono de autenticidad se confirmó cuando vi una segunda anotación de Wil en la última página: «Esto proviene de un amigo», garabateó. «Es de verdad».

Esas mismas páginas descansaban ahora sobre el asiento del copiloto. El sol vespertino brillaba sobre ellas. Sabía que el comentario escrito de Wil significaba que, al menos en su opinión, la fuente original era auténtica y que este mensaje, de uno u otro modo, tendría que ver con su mayor obsesión: la antigua Profecía Celestina que habían descubierto en Perú.

Este pensamiento liberó un mar de recuerdos pues me vino a la mente lo rápido que había corrido la noticia de las Primeras Nueve Revelaciones alrededor del mundo. ¿Por qué? Porque tenían sentido en un mundo superficial y materialista. El mensaje de esta Profecía era claro. Ser espiritual es más que creer en alguna deidad abstracta. Significa abrazar el descubrimiento de otra dimensión de la vida, que opera de manera exclusivamente espiritual.

Cuando uno descubre esto, se da cuenta de que el universo está repleto de una suerte de encuentros fortuitos, intuiciones y misteriosas coincidencias y de que todas apuntan a la existencia de un propósito más alto y puro de nuestras vidas y de toda la historia de la humanidad. Entonces queda abierta la pregunta que se formula todo explorador al percatarse de esta realidad: ¿Cómo opera en realidad este mundo misterioso y cómo se adentra uno en sus secretos?

En aquellos días, lo sabía, algo había sucedido en la conciencia humana, lo que condujo directamente a dos nuevas Revelaciones: la Décima y la Undécima. La Décima se adentraba en el misterio de la Vida después de la Muerte y se centró durante una década en el Cielo y sus habitantes, terminando de una vez y para siempre con la antigua idea represiva de la muerte y lo que sucede después de ella. Después pareció comenzar una nueva exploración de todo lo espiritual.

Pronto llegó la siguiente Revelación, la Undécima, nacida del saber colectivo que dice que todos estamos en este mundo para participar en una agenda aún por definir, un plan de algún tipo. Dicho plan implicaba el descubrimiento de cómo podíamos manifestar nuestros más profundos sueños y llevar el mundo hacia este ideal. En los años siguientes esta intuición generó toda suerte de teorías sobre el Secreto, el Poder de la Oración y la Ley de la Atracción, teorías que parecían ser correctas pero no estaban completas.

Yo sabía que esas teorías nos habían traído hasta los tiempos recientes y duraron hasta que lo material se derrumbó bajo nuestros propios pies en la forma de un colapso financiero mundial.

Después de eso nos enfrentamos a asuntos más urgentes, como la solvencia personal y el no permitir que los pesimistas nos arrastren con sus temores. Seguíamos despiertos y queríamos obtener más respuestas espirituales, pero a partir de entonces esas respuestas tendrían que ser también de índole práctica. Las respuestas debían funcionar en el mundo real sin importar lo misterioso que resultara ese supuesto mundo real.

Supe que pronto sonreiría... Qué interesante que Wil hubiera hallado los escritos en este momento. Desde hacía mucho tiempo él había pronosticado la llegada de otra Revelación, la Duodécima (la que acarrearía, según Wil, una revelación final para la humanidad, retomando el final de la Undécima Revelación). Me pregunté si la Duodécima nos enseñaría por fin a vivir esta sabiduría espiritual en un nivel superior. ¿Sería este cambio el principio de ese mundo nuevo e ideal que sentíamos que se aproximaba?

Sabía que deberíamos esperar para conocer la respuesta. Wil sólo había dicho que nos encontraríamos en el aeropuerto y que luego partiríamos a El Cairo si las cosas salían bien. ¿Si salían bien? ¿Qué quería decir con eso?

Un ciervo que atravesó la carretera terminó con mis especulaciones, por lo que tuve que reducir la velocidad. El animal cruzó a toda velocidad los seis carriles y saltó la valla que estaba al otro lado. Un ciervo constituía también un buen presagio, un símbolo de atención y alerta.

Miraba las colinas y era testigo de cómo sus colores otoñales se me brindaban con tintes ambarinos gracias al atardecer. Entonces me di cuenta de que me sentía precisamente así: más atento y vivo. Todos estos pensamientos me habían provocado un nivel de mayor energía y me habían elevado hasta un lugar en el que atendía cada detalle: el atardecer, el paisaje, las ideas que llegaban a mi mente. Era como si de pronto todo fuera más importante.

Me sobrevino otra sonrisa espontánea y franca. Había experimentado este estado mental muchas veces antes y cada vez que ocurría me tomaba por sorpresa por su ocurrencia intempestiva, aunque también me sorprendía el hecho de haber perdido ese estado mental, esa certeza que parecía tan adecuada y natural.

Se han dado muchos nombres a esta experiencia: la Zona, Percepción Elevada y, mi nombre favorito, Flujo Sincrónico. Cada nombre trata de capturar su principal característica: una súbita elevación de la experiencia, con lo que trascendemos lo ordinario y encontramos un significado sublime en el curso de los hechos. Esta percepción sincrónica nos centra de alguna manera y va mucho más allá de lo que conocemos como mera casualidad, como si se desplegara ante nosotros un destino más elevado.

De pronto me llamó la atención un local situado en el lado derecho de la carretera. Se trataba de un pequeño bar llamado El Pub. Wil se había referido a este establecimiento años atrás alabando su buena comida, en especial las tortas caseras. Yo había pasado por ahí muchas veces sin detenerme. «Ahora me sobra tiempo», pensé. ¿Por qué no comer algo aquí y evitar así la comida del aeropuerto? Tomé la siguiente salida. El todoterreno que viajaba detrás de mí también lo hizo.

Después de aparcar debajo de un roble gigantesco entré y me encontré con un establecimiento repleto. Las parejas conversaban en la barra y las familias con niños comían en las cinco o seis mesas que estaban dispuestas en el centro del lugar. Mis ojos se fijaron de inmediato en dos mujeres sentadas a una mesa pegada a la pared opuesta. Se inclinaban para hablar con evidente intensidad. Conforme avancé en dirección a ellas, noté que había una pequeña mesa desocupada junto a la suya.

Al sentarme la más joven me miró por un instante para luego volver a mirar a su amiga.

—La Primera Integración —dijo ella— sugiere que existe una manera de mantener la Sincronización. Pero no tengo todo el Documento. En algún lugar hay más de estos escritos. Debo encontrarlos.

Mi energía aumentó de nuevo. ¿Hablaba ella del mismo Documento? La mujer llevaba vaqueros y calzado especial para senderismo. Alrededor del cuello flotaba un pañuelo multicolor. Al hablar se colocaba una y otra vez el cabello detrás de las orejas. Advertí un leve aroma a perfume de rosas.

Conforme la miraba sentí una extraña atracción que me impactó. Miraba alrededor instintiva y constantemente, por lo que me sorprendió observándola y estableció un firme contacto visual. Aparté la mirada de inmediato. Cuando volví a mirar, un hombre bajo y fornido se acercó a la mesa para sorpresa de las mujeres, lo que dio lugar a una serie de sonrisas y abrazos. La mujer del pañuelo le entregó varias páginas mecanografiadas que él leyó en silencio. Mientras tanto yo pretendía leer el menú sabiendo que algo importante estaba sucediendo.

—¿Por qué vas a Arizona? —preguntó el hombre.

—Porque no deja de rondarme la idea en la cabeza —contestó la mujer del pañuelo—. Tengo que seguir mi intuición.

Escuché atentamente. Todas las personas de esa mesa parecían estar en el mismo nivel de flujo que yo.

—Debo comprender por qué me contactó mi madre —continuó la mujer—. Estos escritos me ayudarán a comprender. Lo sé.

—¿Así que te vas enseguida? —preguntó el hombre.

—Sí. Esta misma noche —contestó ella.

—Sólo sigue tu intuición—advirtió el hombre—. La Sincronización debe de estar funcionando en tu caso. Pero ten cuidado. No sabemos quiénes más pueden estar buscando esta información.

No pude soportar más. Estaba a punto de comentar algo cuando un hombre grande y musculoso de una mesa vecina a la mía murmuró:

—¡Qué tontería!

—¿Q-q-qué? —tartamudeé.

Miró en dirección a las mujeres y susurró:

—Me refiero a lo que dicen. ¡Son puras patrañas!

Por un momento no supe qué responder. Era alto y tendría cerca de 45 años, de cabello rebelde y ceño fruncido. Al hablar se inclinó hacia mi mesa.

Negó con la cabeza en desaprobación y dijo:

—Esta clase de pensamiento mágico será la muerte de nuestra civilización.

«Un escéptico», pensé. No tenía tiempo para esto.

El hombre parecía leer mi rostro. «¿Qué? ¿Está de acuerdo con ellos?».

Miré hacia otra parte para tratar de escuchar lo que decía la mujer, pero el tipo acercó su silla a mi mesa.

—¡La intuición es un mito! —dijo con firmeza—. Se ha demostrado muchas veces. Los pensamientos son sólo descargas nerviosas que reflejan cualquier cosa que creas saber sobre el medio ambiente. Y toda esa basura del doctor Jung sobre la Sincronización no es más que el acto de ver lo que se quiere ver en las casualidades del mundo. Lo sé. Soy científico.

Sonrió, aparentemente complacido por estar al tanto del origen de la teoría de la Sincronización. Y yo me irritaba cada vez más.

—Mira —le dije—, preferiría no hablar de ello.

Me volví para seguir escuchando pero ya era demasiado tarde. La mujer y sus amigos se habían levantado y caminaban hacia la puerta del local. El escéptico hizo una mueca antes de levantarse e irse también. Pensé en seguirlos pero no lo hice, me preocupaba que me tomaran por un acosador o algo así. Me senté de nuevo. Había perdido el momento.

Supe que la energía que sentí en el coche se había esfumado por completo. Ahora me sentía desanimado. Incluso llegué a ponderar la posibilidad de que el escéptico tuviera razón, pero descarté la idea rápidamente. Habían ocurrido demasiadas cosas en mi vida como para pensar de ese modo. Lo más probable era que las cosas hubieran sucedido tal como sucedieron, es decir, que estaba a punto de saber más sobre el Documento cuando me detuvo la maldición de mi vida: uno de esos escépticos que luchan por desmentir todo lo espiritual.

Habría seguido ocupado en mis asuntos de no ser porque noté que un individuo me miraba desde una esquina del bar, cerca de la puerta. Vestía una chamarra de cuero de color café y llevaba el cabello corto. Del bolsillo de su camisa colgaban unas gafas de sol. Justo después de que nuestros ojos se encontraran él se perdió detrás de un grupo de personas reunidas en esa zona del bar.

Miré con atención el recinto y descubrí que dos personas más me miraban. Vestían de forma casual y ofrecían la misma mirada monótona. Y la desviaban al notar que yo los observaba.

«Bien», pensé. Éstos eran operadores profesionales de algún tipo. Me levanté y me dirigí al baño. Ninguno reaccionó. Recorrí un pasillo estrecho para encontrar lo que buscaba: una puerta trasera. Salí al aparcamiento mal iluminado. No vi a nadie. Entonces, conforme me aproximaba a mi vehículo, alguien se ocultó detrás de la caja de una camioneta. Cuando volví a echar a andar, la persona caminó también hacia mí.

Me detuve y la persona se detuvo. Luego noté algo familiar en su postura. ¡Era Wil! Cuando llegué a él, Wil me obligó a agacharme y miró en dirección a El Pub.

—¿Qué haces aquí, amigo mío? —preguntó con su acostumbrado tono humorístico.

—No lo sé —respondí con brusquedad—. Varias personas me miraban en el interior. ¿Qué haces tú aquí, Wil?

Observé que llevaba una mochila grande de senderismo.

Hizo una seña en dirección a mi vehículo.

—Te lo digo después. Éste es tu todoterreno, ¿no? Vayámonos de aquí. Yo conduzco.

Al entrar en el vehículo miré al otro extremo del aparcamiento y vi a la mujer del pañuelo en compañía de varias personas. Sorprendentemente una de esas personas era el escéptico.

Quería seguir observando, pero más allá de ellos vi algo que me dejó aún más sorprendido. El todoterreno azul marino que había visto por el espejo retrovisor durante el camino estaba estacionado a unos treinta metros, a poca distancia de una valla. Incluso a esa distancia pude distinguir a dos hombres sentados en la parte delantera.

Debí haberlo sabido.

Mientras yo miraba hacia atrás, Wil condujo hasta la carretera y tomó rumbo al norte. Nadie parecía seguirnos.

—¿Por qué viniste a El Pub? —pregunté de nuevo.

—Tuve una corazonada —dijo—. No sabía en dónde más encontrarte. También comencé a notar que la gente me miraba, por lo que no quise usar mi teléfono móvil. Un amigo me llevaba al aeropuerto cuando recordé este lugar y pensé que quizá tú te habrías detenido aquí. Al ver tu coche pedí a mi amigo que me dejara en este lugar. —Me miró fijamente—. ¿Y tú? ¿Por qué decidiste parar aquí?

—Vi el bar desde la carretera y recordé que me lo habías recomendado. Pensé que sería un buen sitio para comer algo.

Me sonrió con complicidad. Ambos sabíamos que se trataba de la Sincronización. Me pareció que tenía buen aspecto teniendo en cuenta los años que llevábamos sin vernos. Sí, tenía más arrugas en ese rostro bronceado, pero su voz y sus movimientos parecían los de un hombre mucho más joven. Sus ojos brillaban alertas.

—Hay más personas interesadas en este Documento de las que pensaba —murmuró—. Mejor cuéntame todo lo que te ha sucedido.

Mientras viajábamos al norte se lo describí todo: las ideas que había tenido al conducir, el todoterreno azul marino, el súbito flujo de Sincronización y todos los detalles de lo vivido en el bar, especialmente la parte en la que el escéptico echó a perder las cosas y lo referente a los hombres que me miraban.

Al terminar le pregunté sobre la vigilancia.

—No sé quiénes son —dijo—. Comencé a sentirme observado hace algunos días. Ayer logré ver a uno o dos en la distancia. Son muy buenos observadores.

Asentí con nerviosismo. Tomé las páginas de la traducción que estaban cerca de mi pierna y pregunté:

—¿Quién te mandó esto?

—Un amigo que vive en Egipto —respondió Wil—, uno de los principales expertos en textos antiguos. Lo conozco desde hace mucho tiempo y por teléfono me aseguró que no hay duda de que el Documento es auténtico y que probablemente date de los siglos IV o V. Sólo le enviaron la primera parte del Documento, ya traducida. Mi amigo piensa que el texto se refiere a los tiempos actuales, igual que la vieja Profecía.

Intercambiamos miradas.

»Hay más —continuó Wil—. El Documento dice que estamos en una especie de carrera. Mi amigo dice que estos fragmentos están saliendo a la luz en todas partes del mundo. Aparentemente quienquiera que esté dando a conocer este Documento está enviando fragmentos seleccionados a distintas personas con algún fin específico. Es todo lo que sé. La llamada se cortó en mitad de la conversación. No he podido volver a comunicarme con él.

Mi mente trabajaba a toda velocidad. La mujer que había visto en El Pub tenía parte del Documento y estaba a punto de viajar a Arizona. Pero ¿a qué parte de Arizona? ¿Estaba en peligro? ¿Lo estábamos nosotros?

La realidad comenzaba a ser evidente. El Documento era fascinante; ahora sabíamos que alguien oficial también estaba interesado en él. ¿Trataban de restringir su acceso? ¿Hasta dónde estaban dispuestos a llegar para lograrlo? Me invadió el miedo.

—Bueno, supongo que nuestro viaje a Egipto queda descartado —dije tratando de ser simpático.

Wil hizo un gesto de desagrado.

—Tenía la sensación de que podíamos viajar a otra parte.

De pronto clavó la mirada en el espejo retrovisor. Detrás de nosotros, a una distancia considerable, había otro todoterreno.

»Creo que nos están siguiendo —dijo.

En ese momento Wil comenzó a poner en práctica una serie de estrategias. Primero me pidió prestado mi móvil último modelo, sacó un mapa del área, apagó el teléfono y le quitó la batería. Redujo la velocidad, lo que hizo que el todoterreno también lo hiciera para mantener la distancia. Un minuto después Wil aceleró de repente, con lo que la distancia entre nuestro vehículo y el otro aumentó rápidamente. Wil logró así tomar la siguiente salida sin ser visto.

Viró a la derecha de inmediato y avanzó por un camino estrecho y pavimentado, luego dio la vuelta a la izquierda por un camino de grava que, supe de inmediato, no aparecería en el mapa.

—¿Cómo sabías de este camino?

Me miró sin decir palabra. El viejo camino estaba repleto de baches, pero nos condujo a otro camino pavimentado que nos llevó a la carretera de nuevo, unos ocho kilómetros más adelante en dirección al norte. Al volver a la autopista nos quedó claro que el tráfico estaba parado detrás de nosotros. Vimos luces azules y un camión de bomberos aparcado en el punto de la congestión.

Wil redujo la velocidad al incorporarse a esa carretera prácticamente vacía. Todos los que estaban detrás de nosotros, incluyendo a los ocupantes del todoterreno, estaban bloqueados.

Miré fijamente a Wil. Lo había visto hacer muchas cosas, pero ninguna tan rápida.

—¿Cómo supiste qué camino seguir? —pregunté.

Me miró y preguntó a su vez:

—¿Cómo supiste que debías detenerte en El Pub para ponerte en contacto conmigo?

—De acuerdo —reconocí—. Intuición. Pero pareció tan rápido. Yo nunca he hecho algo así.

Las luces de los coches que circulaban en sentido contrario lo deslumbraban.

—He hablado con personas que conocen distintos fragmentos del Documento. Describe las muchas habilidades que los humanos no han desarrollado. Parece que ése es el tema central del Documento. Cada parte está dedicada a lo que llama la Integración de la sabiduría espiritual, y se refiere específicamente a las Revelaciones de la antigua Profecía.

—Espera un minuto —le pedí—. Eso significaría que el autor de este Documento, sea quien sea, conocía la Profecía desde esa época.

—Sí. Creo que es una especie de pieza adjunta, como una guía. Mi amigo dice que existen once partes de este Documento circulando por ahí, cada una dedicada a una Integración del conocimiento particular. Y se habla de una Duodécima.

—¿Da a conocer la Duodécima Revelación? —pregunté.

—Aparentemente, pero nadie parece tener esa parte aún, o al menos nadie habla de ella. El Documento indica que cada Integración debe ponerse en acción en orden sucesivo, comenzando por la Primera Integración: aprender a mantener la Sincronización. —Hizo una pausa y me miró antes de añadir—: Eso ha sido siempre un problema.

Sabía a qué se refería. Todos coquetean con la Sincronización. El reto, al menos en mi caso, consiste en mantener la experiencia y lograr que el flujo no sea interrumpido. De todas las dificultades inherentes a la Sincronización ésta era la más mencionada por la gente. La experiencia sincrónica parece entrar en nuestras vidas casi con facilidad, permanece un tiempo y luego termina.

Me volví para revisar el camino de nuevo. Aunque nadie nos seguía yo continuaba inquieto.

—No sé si estoy seguro de querer involucrarme con este Documento, Wil. Puede ser muy peligroso.

—¿Y qué quieres hacer?

—Quiero ir a la policía para deshacerme de estas personas. Tal vez pueda ayudar a difundir el mensaje cuando se conozca el contenido.

—¿Y qué si las cosas no suceden así? ¿Qué pasaría si la Duodécima Revelación no se encuentra nunca?

Lo miré y sonreí. Habíamos vivido muchas cosas juntos y Wil nunca me había dirigido equivocadamente. Quería escuchar lo que tuviera que decir.

»Mira —continuó—. Todo lo que hemos descubierto, la búsqueda entera de la experiencia espiritual, puede depender de este mismo momento. Tú decides, pero al menos déjame ponerte al tanto de lo que está en juego.

Wil redujo la velocidad y salió de la carretera diciendo que necesitaba concentrarse. Encontró un camino vecinal, lo tomó, se paró y apagó las luces.

»El Documento es muy claro —comenzó—. En él se dice que en este periodo de la historia la vida material hasta ahora fácil se hará más dura; habrá caos social y financiero generalizado. No obstante, se afirma que dichos retos anticipan un gran despertar espiritual en todos nosotros, un despertar en el que podremos hacer realidad muchas nuevas capacidades y percepciones. Pero cada uno de nosotros debe tomar una decisión. ¿Abrazaremos esta espiritualidad más profunda o nos aferraremos al temor? Se trata de un reto para el que es necesario ser valiente, pero también debemos ser pragmáticos. En cierto sentido los sucesos nos están obligando a poner en acción nuestras creencias. La única manera de sobrevivir al nivel de desorden al que se enfrenta el mundo es abordando la vida de manera diferente.

»El Documento dice que la primera habilidad que se manifestará es nuestra capacidad de sostener el Flujo Sincrónico. Cuando las misteriosas coincidencias se hagan más frecuentes, llegaremos a darnos cuenta de que estamos siendo guiados, y hasta protegidos de los peligros de este periodo histórico.

Hizo una pausa y luego pareció atrapar mi mirada a pesar de la tenue luz.

»Hay más. El Documento dice que aquellos de nosotros que logremos descubrir cómo mantener el flujo e integrar así esta sabiduría facilitaremos que otros se abran a la experiencia más tarde, debido únicamente a la influencia que desarrollaremos. Pero, por otra parte, si muchos de nosotros fracasamos al integrarnos en esta corriente, puede que la sabiduría no se actualice y llegue a perderse en la historia.

—¿Eso dice?

—Sí. Exactamente eso.

Me sonrió condescendiente.

»Así de importante es —continuó—. Y a pesar de ello somos nosotros quienes debemos elegir en lo individual.

—Sigue, por favor.

—El Documento se concentra primero en la experiencia sincrónica —prosiguió Wil— porque es el fenómeno que permite que cada uno de nosotros avance. Si hacemos que esta experiencia sea más consistente, entonces nos daremos cuenta de que nuestras vidas tratan de despegar con un destino cierto. Nos sentimos más vivos.

«Exactamente», pensé. Más vivos. Había utilizado esa misma expresión antes para describir mi propia experiencia. Y dado que había estado pensando en la revelación del Documento supe que el encuentro y la conversación de las mujeres no eran coincidencias. Así tenían que pasar las cosas. Por supuesto no tardó en aparecer el escéptico y la experiencia se perdió. Sentí el descenso de energía con sólo tener ideas escépticas.

Wil pareció percatarse de esto.

—Cuando entramos en el Flujo de la Sincronización, obtenemos claridad y vitalidad; cuando salimos del flujo, las perdemos. El punto es que ahora finalmente tenemos la oportunidad de acceder a una mayor claridad, no sólo respecto del fenómeno de la Sincronización, sino en relación a toda nuestra naturaleza espiritual. Y si no lo hacemos, nuestro futuro y el de nuestros hijos pueden cambiar de forma radical.

Hizo una pausa cuando un automóvil nos rebasó. Todo parecía en orden.

»De modo que la idea es ésta: encontramos las piezas de este Documento, una por una. Cada parte tiene fundamento en el contenido de la anterior, de manera que ofrecen perfecto sentido y continuidad, y así brindan mayor comprensión y una conciencia superior; también obtenemos todas estas habilidades nuevas que hemos mencionado. El Documento dice que cuando integremos las once primeras partes se nos entregará la parte final: la Duodécima. Después de eso no sólo comprenderemos la espiritualidad en su totalidad, sino que también seremos capaces de vivirla la mayor parte del tiempo.

Nos rebasó otro automóvil.

»Insisto: la Primera Integración echa a andar las cosas, porque implica aprender a permanecer en el Flujo de la Sincronización que nos llevará adelante.

—¿Qué dice el Documento sobre la manera de permanecer en el Flujo Sincrónico? —pregunté.

—Dice que sólo debemos aprender a recordar.

—¿Recordar qué?

—¡Que este flujo es posible! ¡Que existe! Antes, cuando apenas leías las Revelaciones de la Profecía y pasábamos el tiempo pensando y hablando de la Sincronización, ¿no te parecía que la Sincronización de los hechos se daba con más regularidad? Pues bien: eso sucedía justo porque teníamos esa expectativa en mente. Eso es todo. Sólo tienes que acordarte de recordar.

Tuve que pensar un momento. ¿Era así de simple? Antes, cuando conducía hacia El Pub, me dejé ir y comencé a pensar en la realidad de la Sincronización. Y sí: de pronto sucedió lo que aquí he narrado.

»En la práctica —aclaró Wil— todo se reduce a esperar conscientemente que tenga lugar la siguiente Sincronización, lo que significa que debemos permanecer en actitud de alerta expectante, una actitud que no resulta tan sencilla hoy en día porque nos sentimos estresados siempre, con muchas cosas que hacer. No obstante, permanecer en este estado de alerta nos ayuda de inmediato, porque tiene el efecto de desacelerar el tiempo.

Yo sabía que era cierto. Siempre que estás esperando algo y quieres apresurar los acontecimientos, las cosas tardan una enormidad en llegar. El tiempo parece reducir la marcha.

»La desaceleración del tiempo es ahora algo positivo —añadió—, porque muchos de nosotros nos sentimos abrumados por los problemas que nos llegan a la velocidad de la luz. Cuanto más desaceleremos las cosas —para esperar a que un evento sincrónico nos indique el camino correcto— más fácil será conducir la vida.

»De modo que, para empezar, deberíamos poner una nota en el espejo del baño, o decir a un amigo que nos llame para recordárnoslo a primera hora de la mañana, o cualquier otra cosa con tal de no olvidar que debemos desarrollar una expectativa de Sincronización al comienzo de cada día. Con el tiempo se convierte en un hábito. Y una vez que empiezan a tener lugar todas las misteriosas coincidencias y nuestro destino da la impresión de estar desenvolviéndose ante nuestros ojos, lo único que nos queda por hacer es permanecer en ese flujo.

Hizo una pausa dramática.

»Y para hacer eso —continuó— necesitamos aprender a comunicar a los demás lo que nos sucede.

—¿Qué?

—Piensa en qué sucede cuando pierdes el flujo —explicó—. ¿No suele ocurrir cuando nos topamos con una situación en la que nos vemos obligados a interactuar con los que no están en el flujo y, por tanto, no pueden ver todos los significados que nosotros vemos? Su efecto es que salimos del flujo de forma abrupta.

Pensé en lo que acababa de sucederme con el escéptico. En ese caso al menos había sido más que cierto.

—Cuando estoy inmerso en el flujo —dije—, suelo tratar de evitar a los demás precisamente para que no me saquen de ese estado.

—Lo sé —dijo Wil en tono de amistoso reproche.

—¿Estás diciendo que debería haberme tomado tiempo para hablar con ese escéptico, aunque no quisiera hacerlo?

—No. Sugiero que deberías haber sido abierto y veraz con él, pidiéndole quizá que aguardara unos minutos mientras hablabas con las personas de la mesa. Te estaba importunando, pero no por eso tenías que salir del flujo. Perdiste el flujo porque no encontraste la manera de comunicarle honestamente quién eres y qué estabas haciendo.

—No creo que estuviera interesado en nada que yo pudiera decir.

—Se te escapa el meollo del asunto. No dije que debieras defender tu posición o convencerlo de nada. Sólo debías comunicarle la verdad de la situación tal como la ves con el propósito de mantenerte centrado en el flujo. Pudo haberse marchado o considerar que eras un tanto grosero; ése es su problema. El caso es que tú habrías mantenido el flujo.

Volvió a hacer una pausa dramática antes de continuar:

»Y de haber manejado así las cosas ¡habrías estado abierto a la posibilidad de que ese hombre tuviera información para *ti!* Gracias a la antigua Profecía de Perú sabes que debes tratar la supuesta interrupción de este hombre no como una amenaza sino como una Sincronización potencial en sí misma. Nada impide que, a largo plazo, lo que ese extraño te dijera resultara tanto o más importante que lo que estabas aprendiendo de la mujer.

La llamada de atención me revolvió y me vigorizó al mismo tiempo. Si estaba entendiendo bien, al decir la verdad sobre la situación personal (cualquiera que ésta sea) se mantiene el flujo, principalmente porque nos mantiene centrados en la claridad de nuestra propia experiencia vital. De nuevo volví a preguntarme si podía ser tan simple.

Cuando formulé la pregunta a Wil, él rio entre dientes y dijo:

—Así de simple y complejo a la vez. Y si quieres continuar encontrando las Integraciones debes comenzar por concentrarte en decir la verdad absoluta, a ti y a los demás. Debes comunicar lo que realmente te está pasando, sin importar lo esotéricas que puedan ponerse las cosas.

Yo seguía pensando cuando Wil arrancó el coche y volvió a la carretera. Tras recorrer una distancia corta se pasó al carril izquierdo para evitar a un coche parado a mano derecha. Dentro se distinguía la solitaria silueta del conductor. La luz iluminó su rostro por un instante.

—¡Es él! —dije sin poder creerlo del todo—. El escéptico de El Pub. Es él.

Wil miró atrás.

—¿Estás seguro?

—Sí.

Mientras lo observábamos, el hombre siguió por la carretera y tomó la primera salida. Wil me miró con suspicacia.

—¿Qué pasa? —pregunté.

—Parece que ya estás de nuevo en el flujo. Tal vez se te está ofreciendo otra oportunidad.

—¿Te refieres a la oportunidad de hablar con él?

—Bueno —dijo Wil mirando al salpicadero del coche—, querías saber adónde se dirigiría la mujer que has visto. Y dijiste que él estaba hablando con ella en el aparcamiento. Necesitamos echar gasolina, de modo que podemos regresar y encontrarnos con él.

Miré a Wil y acepté sin que la idea me gustara mucho que digamos.

—De acuerdo. Hagámoslo, pero no estoy seguro de qué le voy a decir a este tipo.

—Sólo dile la verdad —aconsejó Wil—. Dile que crees que las coincidencias significativas son reales y ocurren por alguna razón... y dile que ésta es la segunda vez que tu camino se cruza con el suyo.

La Conversación Consciente

Dimos la vuelta y tomamos la misma salida. Nos detuvimos en un gigantesco y bien iluminado aparcamiento de camiones. Una docena de camiones estaban alineados detrás del edificio principal, que albergaba un restaurante, baños y tienda. Unos cuantos coches estaban cerca de los surtidores de gasolina. El coche del escéptico, de alquiler, estaba entre ellos.

—Recuerda: siempre debes tener la actitud de estar esperando la Sincronización durante toda la conversación —dijo Wil—. Me gusta la analogía con el cine. El Flujo Sincrónico se siente como si se desaceleraran las cosas y se incrementara la sensación de estar en el centro, de que eres una estrella de la propia película en desarrollo. Mantén esta claridad centrada y sabrás qué decir.

Wil sonrió y llevó el todoterreno hasta un surtidero situado enfrente del que usaba el escéptico. Luego hizo un último comentario.

»El Documento dice que, si te comprometes a mantenerte en tu verdad, debes exponerle aquellas ideas que te lleguen por intuición, incluso si nunca antes se te habían ocurrido.

Asentí, salí del vehículo para echarle gasolina; de nuevo experimenté esa sensación sobrenatural, como si ésta fuera a ser una conversación en extremo importante para todo lo que habría de tener lugar en el futuro.

El escéptico estaba justo frente a mí, ocupado en echar gasolina a su vehículo. Finalmente reparó en mí y rio.

—Se trata del amante de las coincidencias —dijo—. ¡Vaya Sincronización esta!

—Puede serlo —dije—. Te rebasamos en la carretera y luego decidimos regresar para hablar contigo.

No podía creer que yo hubiera iniciado así la conversación, pero me dio la impresión de que hacerlo me ayudaba a permanecer centrado.

—¿Y de qué crees que debemos hablar? —cuestionó.

Su tono era sarcástico aunque en cierto modo amigable; de repente me percaté de que hablaba con la suficiencia de los científicos, una forma de hablar que es más un debate amistoso. El elemento clave en este estilo es cuidarse mucho de no otorgar validez involuntariamente a ninguna idea o teoría de la otra parte. En el mundo de la ciencia coincidir con la postura de un colega es algo que no se toma a la ligera. Se trata de algo valioso que debe ganarse. En suma, la idea es mostrarse muy escéptico al principio y averiguar si el interlocutor asume la actitud científica correcta.

Si la otra parte se pasa de la raya y adopta una posición insensata o en extremo especulativa, entonces la conversación se termina de inmediato. Por otra parte, si la otra persona está siendo lógica y cuidadosa en sus afirmaciones, el debate puede continuar. Siempre me ha parecido aburrido este modo de comunicación; además, se pierde mucho tiempo. Sin embargo, decidí hacerlo esta vez. Sabía que podía hacerlo.

—No sé si tenemos o no algo de que hablar. Me parece que pronto lo sabremos. Trato de contactar con la mujer que estaba en El Pub. Dijo algo de un antiguo Documento y me percaté de que estabas con ella afuera, un poco más tarde. ¿Te dijo a qué parte de Arizona se dirigía?

—¿Por qué te interesas por ese Documento? —preguntó receloso.

—Me interesa saber qué dice de la espiritualidad.

Me clavó la mirada.

—¿Piensas que confirmará tus ideas sobre la Sincronización?

—Eso ya lo ha hecho la parte que tenemos.

Movió la cabeza.

—Yo no daría mucha importancia a ese tipo de textos. Lo mejor que podemos hacer es integrarlo al cuerpo de conocimiento sobre la mitología y la superstición de los antiguos.

—Sí, pero se puede tener un punto de partida si se compara lo dicho por ese Documento con la experiencia personal.

—¿Para lograr qué?

—Para identificar fenómenos que hay que investigar que pudieron haber sido pasados por alto previamente.

Me miró intrigado.

»Mira: creo que en el universo hay más que lo que una estricta actitud escéptica permite como experiencia. A veces es necesario dejar a un lado la actitud escéptica para poder experimentar un fenómeno nuevo. ¿No te preguntas si existe algo real y universal detrás de las experiencias personales de la gente?

Me devolvió un esbozo de sonrisa. No estaba convenciéndolo, pero estaba seguro de que le agradaba mi tacto.

»Necesitamos la ciencia —añadí—. Pero la necesitamos para analizar todo.

—¿Qué sabes de la ciencia? —preguntó con actitud de superioridad—. La ciencia es un proceso muy preciso mediante el cual los individuos exploran y elaboran conclusiones sobre la naturaleza del mundo que los rodea. Y su actividad es muy precisa: un científico sugiere que algún aspecto de la naturaleza funciona de determinada manera, y otros científicos tratan de refutar su hipótesis con otros hechos que consideran verdaderos. Poco a poco se llega a un consenso sobre el tema. En su momento, esta conclusión sobre la realidad es reemplazada con algo que parece aún más coherente y verdadero, y así sucesivamente. Así es como se establecen los hechos científicos y la realidad social que fluye de ellos. Se trata de un proceso ordenado y preciso. —Desvió la mirada y agregó—: Al menos así se supone que debe funcionar.

—¿Qué quieres decir?

—No se puede negar que ha habido mucha corrupción últimamente: los intereses económicos de las grandes compañías farmacéuticas y las procesadoras de alimentos han tomado el control de las facultades de medicina y de los departamentos universitarios mediante sus donaciones y sus becas; ahora se utilizan los estudios para obtener los resultados deseados. Otras industrias hacen lo mismo, pero las dedicadas a la salud y los alimentos son las peores. Es lamentable.

Pensé en los escritos del doctor Russell Blaylock, quien habla de por qué se mantienen los peligrosos aditivos en la comida, y entonces me di cuenta de que el escéptico con el que estaba hablando era un idealista.

También se me ocurrió decir otra cosa y recordé que Wil había recomendado no callar ese tipo de ideas.

—Tal vez la clave resida en aumentar la conciencia de la gente respecto al proceso científico para después aplicarlo a cada elemento de nuestro mundo. ¿Qué pasa si el Documento tiene razón sobre el hecho de que la Sincronización es una parte natural del orden de las cosas? ¿No deberíamos investigar eso con el mismo empeño que empleamos en investigar una estrella o las bacterias?

Algo de lo que dije lo irritó. Sacó la manguera del depósito de gasolina de su coche y la colocó en el surtidor.

—M-m-me refiero a que no se puede confiar en algo como este Documento —dijo tartamudeando—. La Sincronización es demasiado subjetiva. El problema actual de la ciencia es que se ha perdido el énfasis en la verdad pura y dura. Una vez que se permite demasiada especulación o corrupción la cultura puede derivar en pensamiento fantástico e incluso en movimientos engañosos.

Me miraba con dureza.

»¿No te das cuenta de que la civilización pende de un hilo? Sólo se necesita que un puñado de gente afloje la rienda de las leyes básicas de la naturaleza para que afecte al pensamiento lógico y científico que ha establecido los principios básicos de la realidad. Si eso sucede, caeríamos en la superstición y en una nueva era de oscurantismo.

Asentí y dije:

—Pero ¿qué sucedería si pudiera establecerse una ciencia lógica y ordenada de la espiritualidad?

No respondió. Movió la cabeza con incredulidad y se dirigió al edificio principal para pagar. Wil seguía sentado al volante. Me sonreía. Había escuchado toda la conversación a través de la ventana abierta del coche.

—¿No vas a meterte en este asunto? —le pregunté.

—No —respondió—. Me parece que te corresponde llevarlo a término.

Cuando el científico retornó, volví a aproximarme.

—He pensado que tienes razón: nadie quiere una nueva etapa de oscurantismo. Pero permíteme plantear el asunto desde otra perspectiva: ¿qué sería necesario para que un científico como tú pudiera estudiar los fenómenos espirituales de acuerdo a principios ordenados y lógicos?

Meditó su respuesta.

—No sé... tendríamos que descubrir algo así como las leyes naturales de la espiritualidad.

Hizo una pausa, negó con la cabeza y pretendió irse.

»Mira, la verdad es que no tengo tiempo para seguir especulando. Créeme, nada de esto va a suceder.

Decidí presentarme. Estrechó mi mano y dijo que era el doctor John Coleman.

—Disfruté de la conversación —le dije—. Quizá nos veamos en otra ocasión.

Tras dudar un poco dijo:

—La mujer por la que me preguntabas... Su nombre es Rachel Banks. Viajará a un poblado al norte de Phoenix, un pequeño lugar llamado Sedona.

Me senté recto en el asiento del copiloto; luchaba por no quedarme dormido. Mientras avanzábamos, la luz inundaba el automóvil desde atrás; el dulce olor de las granjas de Oklahoma me llenaba la nariz. Al ver que me acomodaba Wil miró por el retrovisor. Parecía estar inmerso en su pensamiento.

Por mí no había problema. Ya había hablado demasiado. Dado que ambos conocíamos bien Sedona, Wil y yo habíamos conversado sobre el tema hasta bien entrada la noche, conforme nos dirigíamos al oeste. Durante años Sedona había sido un centro del pensamiento espiritual, pues está ubicado en las famosas colinas de Red Rock, en el territorio de los nativos norteamericanos. Dado que la energía es muy fuerte en este lugar, se decía que el pueblo tenía más lugares de culto, centros de conocimiento *New Age* y artistas por kilómetro cuadrado que el resto de Estados Unidos.

La pregunta que más nos intrigaba desde la noche anterior tenía que ver con los motivos de Rachel. ¿Por qué su intuición la llevaba a Sedona? ¿Se trataría sólo del hecho de que en este tipo de lugares es más probable encontrar personas interesadas en estos temas? ¿O sería porque esas colinas, por sí mismas, facilitan la comprensión de información esotérica a un nivel más profundo, el famoso «efecto Sedona»?

Descarté esos pensamientos. En ese momento sólo me interesaba mirar el paisaje. Habíamos viajado desde las montañas de Georgia y Tennessee hasta las estepas de Oklahoma; el cielo brillaba enorme y azul con la luz matinal. Comía nueces y manzanas que Wil había conseguido para el desayuno sin pensar en nada más.

Después, cuando ya me sentía más despierto, noté que Wil había dejado unos papeles sobre el salpicadero frente a mí. Lo miré y supuse que había tenido alguna razón para dejar esos papeles ahí. Mantuvo la mirada fija en el camino y levantó una ceja. Entendí. Tomé los papeles y comencé a leer.

Las páginas describían la Primera Integración de forma casi idéntica a como lo había hecho Wil. Al final se reiteraba que cuando la Sincronización se mantiene a uno sólo le queda permanecer en alerta máxima dado que ese flujo misterioso revelará nuevas Integraciones.

Seguí con la lectura. El Documento dividía las doce Integraciones en dos grupos. Se refería al grupo de las primeras cinco Integraciones como el Cimiento de la conciencia espiritual; el otro grupo era llamado Ascenso a la Sagrada Influencia.

¿Ascenso a la Influencia? No tenía idea de qué significaba eso, pero recordaba que Wil había dicho que aquellos de nosotros que perseguíamos el conocimiento de las Integraciones facilitaríamos las cosas para que otros lo hicieran después, todo gracias a una suerte de misteriosa influencia.

Terminé de leer el primer legajo y tomé el segundo. Se refería a la Segunda Integración. Este paso en pos de la conciencia comienza, según se leía en los papeles, cuando nos percatamos de que la conversación humana, sin importar el tema, constituye siempre un intercambio de formas de ver el mundo; por ende, éste es el mecanismo básico de la evolución humana, un mecanismo que nos lleva de un nivel histórico de conocimiento al siguiente.

Cuando la comunicación humana tiene lugar en un estado centrado de verdad sincrónica, el proceso de intercambio de visiones del mundo se eleva hasta llegar a la conciencia plena. Esta clase de interacción más consciente se llamaba Conversación Consciente.

Miré de nuevo a Wil y dije:

—Conversación Consciente... ¿Sabes qué significa eso exactamente?

Me miró como si estuviera bromeando.

—Es lo que te pasaba cuando hablabas con Coleman, sólo que faltaba un elemento.

—¿Cuál?

Me hizo una seña para indicar que debía continuar la lectura. En el siguiente pasaje el Documento decía que el nivel de conversación y la conciencia de los participantes se elevan cuando los involucrados están al tanto del «contexto histórico» que rodea el intercambio.

Miré a Wil una vez más.

—¿Así que se refiere a la Segunda Revelación de la antigua Profecía Celestina?

—Correcto —respondió—. ¿Recuerdas cuál es la Segunda Revelación?

—Sí —respondí—. Creo que sí.

Desvié la mirada y dejé que mi mente navegara hasta llegar a un estado de profunda reflexión sobre este asunto. La Segunda Revelación era, esencialmente, una manera de comprender la mayor parte de la historia de la sociedad occidental, particularmente el cambio psicológico acaecido a comienzos de la Era Moderna. En esencia marcó un despertar de la conciencia, un despertar al que nos cuesta trabajo aferrarnos.

La antigua Profecía ha predicho que algún día seremos capaces de conservar esta historia completa en la mente, siendo ésta una especie de contexto para nuestras actividades diarias. Cuando lo logremos, esta comprensión histórica, en sí misma, cambiará por completo nuestras vidas individuales. Nos mantendrá completamente despiertos y abiertos en el lado espiritual de la existencia.

Sabía que la visión moderna del mundo había comenzado justo después de la caída del periodo histórico conocido como «oscurantismo medieval». En aquellos tiempos la ciencia no existía en Occidente, no se puede hablar de que existiera el pensamiento independiente y se sabía muy poco de las causas naturales. Los miembros de la poderosa Iglesia católica mandaban en la mente de las personas y decretaron que todos los eventos que ahora consideramos como naturales dependían únicamente de la mano de Dios, incluyendo el nacimiento, todos los retos y los obstáculos en la vida, la muerte y lo que siguiera a ella (Cielo o Infierno). Los eclesiásticos se autonombraron intérpretes exclusivos de la voluntad divina. Y lucharon con denuedo durante siglos para descalificar cualquier opinión contraria.

Sin embargo, comenzó el Renacimiento, motivado por una creciente desconfianza en los eclesiásticos y por una conciencia creciente que daba a entender que el verdadero conocimiento del mundo que nos rodea estaba deplorablemente incompleto. Pronto llegaron otras influencias: la invención de la imprenta, un mayor interés por las filosofías de los antiguos griegos y los descubrimientos de astrónomos como Copérnico y Galileo, que contradijeron la astronomía a la que se adhería la Iglesia.

Al llegar la Reforma protestante —un rechazo directo a la autoridad papal— las estructuras del mundo medieval comenzaron a caer y con ellas cayó también la visión tradicional de la realidad humana.

Ése es el momento en el que comienza la Era Moderna. Durante siglos el clero había dictado un propósito estrictamente teológico para la existencia y los eventos naturales. Y cuando esa visión de la vida llegó a erosionarse por completo, se dejó a los seres humanos en una profunda incertidumbre existencial, especialmente en lo relacionado con la espiritualidad. Si el clero (que siempre había dictado las reglas de la realidad espiritual) estaba equivocado, ¿dónde hallar la verdad?

Los pensadores optimistas de la época dieron con una solución. Seguiríamos el modelo de los antiguos griegos. Encomendaríamos a la ciencia la labor de investigar este mundo repentinamente nuevo en el que nos hallábamos. Y, llevados por el entusiasmo del momento, incluimos en la encomienda nuestras preguntas espirituales más profundas, como nuestra razón de ser en el mundo, la vida después de la muerte y el destino de la humanidad.

Con este nuevo mandato la ciencia se encargó de mirar el mundo de forma objetiva y de informar sobre lo observado. Con el paso de los siglos logró un mapa maravilloso de las realidades físicas de la naturaleza; el mapa incluía temas que iban desde el movimiento de las galaxias y de los planetas a la biología de nuestros cuerpos, pasando por la dinámica de los sistemas climatológicos y los secretos de la producción de alimentos. Nunca logró recompensarnos con un análisis objetivo de nuestra situación espiritual.

En este momento crucial tomamos una decisión crítica de corte psicológico. A falta de respuestas existenciales optamos por dedicar nuestra atención a otra cosa. A la espera de las respuestas existenciales nos dedicamos a asentarnos en este mundo nuestro y a procurar la mejora de la humanidad. Abatimos nuestra incertidumbre al procurar que nuestro mundo laico tuviera mayor abundancia y fuera más seguro.

Y eso es justamente lo que hicimos. En los siguientes siglos se logró la mayor abundancia material que el mundo ha registrado. Pero aun cuando dedicamos nuestra energía a la mejora de las circunstancias físicas, mientras seguíamos esperando respuestas espirituales de la ciencia, ésta cada día se alejaba más de este mandato original.

De hecho, con el paso de los siglos, la ciencia se ocupó cada vez menos de los aspectos espirituales. En cierto sentido, estas preguntas habían sido víctimas del éxito de la ciencia en el dominio de lo físico. Cuanto mayor era el éxito de la ciencia al explicar el mundo externo —y conforme creó nuevas tecnologías que incrementaron el nivel de seguridad de la población— menor importancia se atribuyó a las cuestiones espirituales. Los científicos comenzaron a pensar que era mejor dejar los asuntos más profundos a las religiones: «Nosotros nos dedicaremos al mundo físico».

Cuando las teorías de Newton comenzaban a filtrarse en la ciencia, el desprecio del mundo espiritual era casi completo. Newton estableció la matemática que definía el universo como una entidad que funcionaba enteramente por sí misma, siguiendo leyes mecánicas básicas, de manera predecible, igual que una máquina gigante. Ahora podía hablarse del universo desde una perspectiva laica. Dios no movía las estrellas en el cielo. Lo hacía la gravedad.

Esta visión moderna, laica y materialista nació y fue apoyada por la ciencia para luego exportarla al planeta entero. La idea de Dios o de una experiencia espiritual más profunda parecía ahora no sólo innecesaria sino improbable. Y en cuanto a las evidencias de una realidad espiritual —los estados superiores de conciencia, la Sincronización, las premoniciones, la guía intuitiva y las experiencias de la vida después de la muerte— resultó muy cómodo calificarlas como alucinaciones patológicas o engaños religiosos, y así se eliminaron del debate estas cuestiones por completo. Incluso muchas instituciones religiosas que tenían el problema de una congregación en constante disminución se orientaron hacia actividades laicas y sociales en lugar de discutir la experiencia espiritual genuina.

Y los individuos terminaron siguiendo el ejemplo de la ciencia y otras instituciones. El mundo parecía tan normal y manejable que se tenía la impresión de que las preguntas de corte espiritual eran ya innecesarias. Poco a poco fuimos expulsándolas de nuestra conciencia cotidiana también.

«Dedícate a trabajar duro», nos decíamos, «y concéntrate en mejorar tu vida. Disfruta de todas las bondades de la existencia moderna. Olvídate de si conocer el sentido de la vida te aporta una guía para el camino o conlleva relaciones más profundas con los demás. Concéntrate en las cosas de todos los días y te sentirás bien hasta el final. Si el tema de la muerte te preocupa o si las preguntas sin respuestas se acumulan en tu mente, dedícate a actividades triviales hasta que los pensamientos y las inquietudes desaparezcan».

Sabía que precisamente en este momento éramos capaces de ver la verdad psicológica de nuestra historia. Dispusimos que la ciencia descubriera la verdad de nuestra existencia espiritual y, al fracasar ésta, nos dedicamos a mejorar las condiciones materiales. Luego, de forma gradual, todos olvidamos aquello que estábamos esperando. Poco a poco nuestra preocupación se convirtió en una obsesión psicológica en toda regla.

Al igual que sucede con cualquier conducta obsesiva diseñada para reprimir algo —en nuestro caso, las respuestas acerca del verdadero propósito de la vida—, se requiere todavía más actividad frenética para evitar que recordemos lo que nos persigue y asusta.

Cuando la visión del mundo de la modernidad llegó a su punto de máxima influencia (en algún momento a finales del siglo xx), dicha conducta obsesiva había ayudado a alentar las carreras de docenas de psicólogos existencialistas, quienes se encargaron de trazar el mapa de una gran variedad de conductas que usamos los hombres para no despertar a la verdad: trabajar de manera compulsiva, ir de compras, decorar, ordenar, comer, apostar, drogarse, tener sexo, fumar, correr, hacer ejercicio, chismorrear, ver programas sobre celebridades o deportes, y las infinitas actividades que derivan de la necesidad de reconocimiento por parte de los demás: nuestros quince minutos de fama.

Podemos encontrar estas obsesiones en todas partes. Y entre éstas se incluye la más irónica compulsión de todas, especialmente en los últimos años: el fanatismo religioso en el que las personas se mantienen dormidas, ajenas a la experiencia espiritual real al concentrarse únicamente en las doctrinas y las trampas de una religión particular, hasta el punto de tratar de forzar a los demás a creer en los postulados.

Por fortuna y con el paso de los años hemos comenzado un lento despertar. Durante las últimas décadas algo parece haber irrumpido en la psique humana. ¿Por qué? Quizá porque la resistencia natural de la represión se agotó o por los esfuerzos que teóricos del potencial humano realizaron en las décadas de 1970 y de 1980. Otra razón puede ser la máxima influencia que la generación del *baby boom*, por una cuestión estrictamente cuantitativa, alcanzó en la década de 1990, pues ellos cuestionaron todos los aspectos de la cultura humana. La antigua Profecía encontrada en Perú ha tenido bastante influencia en este asunto.

En cualquier caso, nuestra preocupación por la vida material empezó a derrumbarse. Igual que los hombres en peligro de morir ahogados tratan de alcanzar la superficie, nosotros empezamos a tratar de respirar el aire de un sentido más noble. Desde entonces, con sus comienzos en falso y errores, un mayor número de personas han podido avistar un nuevo mundo de maravillas a su alrededor. Como cultura mayor comenzamos finalmente a descubrir la experiencia de la Sincronización.

Este nuevo despertar, lo sabía, constituía el contexto histórico real que determina nuestra vida actual. Despertamos de nuestra obsesión y retomamos los asuntos justo en donde fueron abandonados. Queremos conocer nuestra verdadera situación espiritual en este planeta. Y mientras que los que siguen obsesionados con lo laico declaran que esta búsqueda es imposible, la intuición nos indica lo contrario.

De repente me percaté de que Wil me miraba fijamente. Había esperado con paciencia a que terminara yo mi discurso. Cuando me topé con su mirada, miró su reloj en son de broma haciéndome reír.

—Perdona —dije—. Así funciona mi mente.

—¿Así que supongo que conoces la Segunda Revelación?

—Sí.

—¿Qué dice respecto a un contexto histórico más veraz que determine nuestra interacción?

—Dice que estamos despertando de quinientos años de preocupación por el mundo material y laico, y que queremos saber de qué se trata verdaderamente la vida.

Wil asintió.

—Correcto. Y el Documento dice que cualquiera que mantenga la Sincronización y que recuerde el contexto del despertar será guiado por un flujo de Conversación Consciente. Y de este modo nos convertiremos en parte de un proceso de construcción de consenso para así descubrir la verdad de nuestra naturaleza espiritual.

Miré a Wil.

—A veces tengo la impresión de que dicho proceso durará para siempre.

En lugar de responderme hizo una seña en dirección al Documento que tenía yo en las manos. Seguí leyendo y me di cuenta de que sólo quedaba una página por leer; a esa última página le habían cortado la parte final, de manera que sólo contenía un párrafo. El párrafo decía que cada persona que descubre la verdad de su viaje sincrónico logra ver la verdad en el viaje y la búsqueda de otros; así se constituye una nueva y veraz manera de ver las cosas a nivel mundial. Y dado que honramos esta verdad en constante evolución, comunicamos, irradiamos esta influencia especial al mundo. Para hacerlo bastaba con mantener alto nuestro nivel de energía.

Me puse a pensar en la referencia del Documento al último grupo de Integraciones, las mismas que iremos descubriendo y concibiendo como un Ascenso a la Sagrada Influencia.

Miré de nuevo a Wil.

—Se trata de concentrarnos en la verdad que crea influencia, ¿no es así?

—Lo sabremos una vez que hayamos descubierto el resto de esta Integración.

No tenía dudas. Apenas estábamos en la Segunda Integración y la realidad ya se parecía a la que anunciaba el Documento. La Primera Integración nos demostró que al esperar la Sincronización y decir la absoluta verdad a los demás, logramos que estas misteriosas coincidencias sigan teniendo lugar. Y ahora la Segunda Integración parecía decirnos que si todos hacían eso (y por tanto permanecían despiertos) descubriríamos lo que necesitamos saber. Las únicas cuestiones mencionadas que aún no habían sido debidamente aclaradas eran la idea de la influencia y el críptico comentario sobre «mantener alto nuestro nivel de energía».

De improviso Wil detuvo el coche a un lado del camino.

—Te toca conducir —anunció.

Conduje hacia el oeste durante toda la mañana. El gran cielo había permanecido azul y la vívida luz del sol alegraba cientos de kilómetros de trigales y pastizales. Durante horas miré el horizonte plano hasta que comencé a sentirme aburrido y hambriento.

Justo antes del mediodía me detuve en una estación de gasolina y llené el depósito. No fui capaz de resistir la tentación de comprarme un pastel de manzana; lo comí lentamente al tiempo que conducía. Sabía muy bien. Demasiado bien tal vez. A los veinte minutos comenzó a dolerme la cabeza y sentí una caída repentina de mi nivel de energía. Este malestar duró varias horas. Cuando Wil despertó de su siesta, le dije lo que había hecho.

—Permíteme dejar esto bien claro —pidió—. Tú, el discípulo de Blaylock, se ha comido un pastelillo producido en masa. Tú sabes que puedes hacer mejor las cosas.

Se refería al problema de los glutamatos, sobre los que advertía Blaylock. Los glutamatos —sustancias de tipo monosódico (MSG) que resultan del procesamiento de varias proteínas y aceites— se suelen añadir a los alimentos procesados para resaltar los sabores. Por ellos mismos no saben a nada, pero al primer mordisco envían señales al cerebro que le indican que se está comiendo lo más sabroso del mundo a pesar de que muy probablemente el producto está compuesto de elementos de bajísima calidad.

La industria alimenticia dice que no hacen daño, pero según la opinión de algunos expertos los glutamatos inflaman el cerebro y afectan al funcionamiento de otros órganos, así contribuyen a un abanico de males contemporáneos como la diabetes, el alzhéimer y, especialmente, la obesidad.

—Permite que adivine los síntomas —dijo Wil—. Tienes un ligero y persistente dolor de cabeza, ojos cansados, baja energía, absolutamente ninguna inspiración para hacer nada. Todo por una dosis de euforia de sabor. —Desaprobó con un movimiento de cabeza y continuó—: Comer es una de las grandes obsesiones del mundo moderno. Si tu distracción particular para sentirte bien es la comida, ésta, por definición, debe saber bien porque de otra manera no te brindará la sensación de paz que se obtiene cuando los receptores de glutamatos se activan en el cerebro. Los fabricantes de alimentos procesados han encontrado la manera de hacer eso por ti con ayuda de los glutamatos. El mayor problema no es el impacto en la salud. Es la forma en la que eso afecta a la conciencia. No puedes mantener alto tu nivel de energía y estar alerta espiritualmente si estás drogado.

Interrumpió su discurso y me miró.

—¿Qué? —le pregunté.

—El Documento dice que es importante mantener alto el nivel de energía para poder desarrollar influencia.

—Sí, lo recuerdo.

—La comida constituye el primer nivel energético que entra en nuestra conciencia, de manera que es trascendental para lograr maestría en la vida. Es irónico que la verdadera comida, la de tipo orgánico, la pura, la más fresca, estimula esos mismos receptores en el cerebro y nos proporciona la misma euforia pero de manera natural, sin hacernos caer más tarde. ¿Sabías que la mayoría de las personas jamás ha probado un vegetal orgánico? La mayoría de lo que compramos en la tienda o el supermercado fue cosechado varias semanas antes y está más muerto que una piedra.

En ese momento Wil dejó de hablar y se quedó viendo una rampa de salida. Movió la cabeza en desaprobación.

—¿Qué pasa? —pregunté.

—Había un todoterreno aparcado en esa última salida. Anoche sucedió justo lo mismo.

—¿Crees que aún nos siguen?

—Nos están observando. Seguramente nos localizan con ayuda de algún satélite o algo.

—¿Qué? Eso significaría que estas personas están relacionadas con altos funcionarios del gobierno.

—Correcto. Al menos no parece que tengan intención de detenernos. Pudieron haberlo hecho desde que amaneció. Por alguna razón están interesados en saber adónde nos dirigimos.

Miré a Wil directo a los ojos.

—¿Piensas que están interesados en el Documento?

—Eso parece.

No hablamos gran cosa durante el resto del día. De vez en cuando me entraba ansiedad sobre nuestra seguridad, pero me las arreglé para quitarme el miedo de encima y recuperar mi actitud de espera de la Sincronización. Llegado ese momento, yo pensaba que no tenía alternativa: debía buscar este Documento, al menos durante un poco más de tiempo. Lo único extraño que pude notar en Wil a partir de lo ocurrido es que se esforzaba mucho en conseguir comida limpia.

—Estás siendo envenenado. Fue un recordatorio —me dijo.

Cada vez que nos deteníamos para echar gasolina preguntaba la dirección de las tiendas de comida orgánica y los mercados locales. Compramos en varios de estos establecimientos. Cuando llegaba la hora de comer, nos deteníamos en algún aparcamiento de camiones y cocinábamos con una estufa de gas propano que Wil llevaba en la mochila. En quince minutos disponíamos de suficientes y nutritivos vegetales al vapor. Al cabo de las veinticuatro horas seguía sintiendo una claridad mental y un alto nivel de energía. Mi visión se agudizaba también.

Al caer la noche llegamos a Albuquerque. Primero fuimos a un garaje, propiedad de un amigo de Wil, en donde revisamos el coche y nuestras pertenencias en busca de equipo de vigilancia especial. No encontramos nada. Después nos alojamos en un pequeño hotel cercano que pagamos en efectivo. A la mañana siguiente madrugamos para continuar nuestro recorrido hacia Arizona.

Al mediodía empezamos a ver de nuevo a los vehículos sospechosos. Al tomar la salida a Sedona nos cruzamos con uno de ellos. Ya ni siquiera trataban de disimular.

—Quieren que los veamos —comentó Wil.

—¿Quiénes son?

—No lo sé, pero puedes estar seguro de que tarde o temprano nos lo van a decir.

Me limité a concentrarme en las colinas de Red Rock, que atravesábamos en ese momento. Llegar al territorio de Sedona constituye un recordatorio de que algunos sitios son extremadamente poderosos. Si se tiene la suficiente claridad como para sentir esta energía, el simple hecho de atravesar el pequeño poblado de Oak Creek hasta Sedona propiamente dicho se convierte en un viaje a un mundo superior.

Es como si sólo existieran la vitalidad y la claridad conforme se admiran las colinas espectaculares y las formaciones rocosas que rodean al pueblo. De inmediato se siente un cambio en la Percepción. Todo lo que nos rodeaba parecía destacar más de lo normal. La Sincronización literalmente explota frente a uno por el solo hecho de estar en este lugar.

Condujimos lentamente por la calle principal para llegar al centro. Mirábamos atentos a las personas que caminaban por las aceras. Parecía que el poblado estaba lleno de turistas, además de la gente local, y a juzgar por el vestido y su forma de actuar pronto nos percatamos de que esos visitantes no eran precisamente turistas. Parecían exploradores serios que, al igual que nosotros, buscaban algo. Dimos algunas vueltas por el poblado para ver qué sucedía; por un instante sentí que estábamos a punto de vivir algo importante, pero no ocurrió nada.

Puesto que se nos había terminado la comida, sugerí que condujéramos hacia el oeste para comer una ensalada en un establecimiento llamado New Frontier. Al llegar, sin haber aparcado, Wil me pidió que bajara del automóvil, pues quería visitar a solas a unos amigos hopi que vivían en la zona. Entré al establecimiento y pedí una ensalada normal para mí y otra para llevar a Wil. Me dispuse a comer en una mesa ubicada en un rincón.

Casi había terminado cuando alguien llamó mi atención cerca de la puerta. Se trataba de Coleman. No había comentado nada de viajar a Sedona cuando hablé con él en el aparcamiento de camiones, pero ahí estaba, caminando directo hacia mí, como un hombre que tiene una misión importante.

—Te vi al entrar —dijo al tiempo que sacaba unos papeles de su portafolios—. ¿Ya viste esto? Es parte del Documento que te interesa.

Miré rápidamente los papeles y, sí, ahí estaban los mismos pasajes que ya había leído sobre la Segunda Integración, pero además encontré cerca de diez páginas que no había visto antes.

—¿De dónde sacaste esto?

Sonrió divertido.

—Ni siquiera habían pasado diez minutos desde mi llegada, anoche, cuando ya me había encontrado con tu mujer, Rachel.

—No es mi mujer —protesté.

—Es sólo una forma de decir las cosas. Como sea, nos alojamos en el mismo hotel. Más tarde, cuando fui al vestíbulo para tomarme un café, escuché la conversación de dos personas. Al acercarme me di cuenta de que hablaban del mismo Documento. Fui hacia ellos y me presenté. Resulta que eran científicos. ¿Puedes creerlo? Y hablaban del mismo tema del que me hablaste tú unas horas antes: cómo podían los científicos estudiar el tema de la espiritualidad. Y eso no es todo: tenían consigo la primera y la segunda parte del Documento y trataban de relacionarlo con una antigua Profecía que se dio a conocer hace algunos años. —Rio sonoramente—. ¿Piensas que he perdido la razón? Cuanto más hablaba con estos tipos más me convencía de que teníamos cosas en común. Conversamos buena parte de la noche, como si nos conociéramos de mucho tiempo atrás. Y adivina qué... ¡Esta mañana, temprano, fuimos de excursión al desierto y lo conseguimos! Entiendo que la Sincronización es real, y sé cómo debemos mantenerla y que estamos viviendo un despertar sistemático para explorar de nuevo nuestra naturaleza espiritual. Me dieron una copia de la Segunda Integración. No me sorprendió volver a verte.

Estaba lleno de energía y hablaba rápidamente sobre el hecho de tener toda esta Sincronización. Estaba ante el típico efecto Sedona del que todos hablan.

»Anda, léelo —dijo.

Empecé a leer donde había dejado la lectura de la copia de Wil cuando viajábamos en el automóvil. Me di cuenta de que el texto continuaba en el mismo punto, enfatizando la importancia de la Conversación Consciente para obtener un nuevo consenso sobre la experiencia espiritual.

—¿Te das cuenta de lo que dice esto? —me interrumpió—. No utiliza un lenguaje científico, pero mis amigos y yo estamos de acuerdo. El Documento pide aplicar el método científico a nuestra búsqueda individual de la verdad espiritual. El texto sólo pide hacer lo que los buenos científicos practican ya desde hace tiempo. Este proceso ha dado origen a todas las leyes básicas de la realidad física, desde Tales de Mileto hasta Einstein, pasando por Newton. Ahora veo con claridad que el método científico puede aplicarse a la experiencia interior de lo espiritual. Por ejemplo, consideremos el fenómeno de la Sincronización: dado que se siente igual en todos los casos, podemos discutirlo, comparar notas y llegar a un consenso respecto de su funcionamiento.

Escuchaba sin poder creer que estaba hablando con la misma persona. Hasta las expresiones básicas de su rostro habían cambiado. En lugar de seguir despotricando contra la espiritualidad había experimentado algo que no podía explicar con su anterior punto de vista, se había despertado de pronto. Así de rápido.

»Escucha —dijo—. A ti te debo el interés por todo esto. Si no te hubiera comentado algo en El Pub, o si no me hubieras preguntado cómo puede la ciencia investigar la Sincronización y la espiritualidad, quizá nunca habría llegado a conocer su verdad. Ni siquiera pretendía venir a Sedona, pero después de hablar contigo en la gasolinera supe que debía hacerlo. —Me sonrió antes de continuar—: ¿Sabes? No he tenido mucho éxito como científico. No podía mantener la boca cerrada. Me despidieron del MIT por oponerme a que ciertas compañías compraran los resultados particulares de los estudios. Siempre me he preocupado por encontrar un método de estudio y análisis que sea honesto y esté dedicado al cien por cien a la verdad. Vaya, que toparme contigo ha tenido gran influencia en mí.

«Influencia», pensé. He ahí esa palabra de nuevo.

Miró las páginas que aún sostenía yo entre las manos.

»Y esta última parte coincide exactamente con algo que me ha fascinado desde hace mucho tiempo; es como si esa parte de mi vida me hubiera estado preparando para todo esto.

Lo miré confundido.

»El Documento habla de algo que Immanuel Kant abordó hace siglos con su idea del imperativo categórico.

Asentí. Sabía algo sobre Kant. Está considerado como el padre de una filosofía llamada Fenomenología, que básicamente pide a los pensadores que dejen de analizar un fenómeno determinado como siempre lo han hecho para lograr ver las cosas con frescura. De hecho utilicé con Coleman su idea de poner en duda las certezas. No me era extraña la idea del imperativo «vivir y comportarse como si los demás fueran obligados a vivir y creer lo mismo que tú» porque, según Kant, eso es exactamente lo que pasa, ésa es la influencia que ejercemos en los demás.

—¿Habla de todo esto el Documento? —cuestioné.

—No, no en términos kantianos —respondió—. Pero dice lo mismo. No basta con ser honesto, sino que se debe estar abierto a nuevas situaciones antes de proclamar a los cuatro vientos cualquier cosa. De no hacerlo así, estaríamos llevando a los otros en la dirección equivocada con sólo poner en práctica esta misteriosa influencia que tenemos en ellos. El Documento dice que debemos asumir el hecho de que nuestra realidad personal es contagiosa.

Hizo una pausa. Me miró.

»Dice que cada uno de nosotros debe primero «probarse a sí mismo» que las conclusiones sobre la espiritualidad funcionan, y no hacerlo a la ligera antes de estar seguros. Y, puesto que estamos añadiendo conocimiento espiritual a nuestra realidad, debemos basarnos en la lógica conforme avanzamos. —Se inclinó hacia mí y bajó la voz—: Bien sabes que aquí en Sedona abundan las ideas descabelladas.

Reí. Por supuesto tenía razón y muchas de esas ideas falsas eran promovidas por charlatanes que únicamente buscaban hacer dinero. No obstante, el efecto del lugar mismo (sus colinas, sus arroyos, su gran belleza) era tan genuino como la luz del día.

»También dice —siguió Coleman— que cuando estamos convencidos de que nuestras experiencias espirituales son reales debemos vivirlas completa y abiertamente, y hablar a todo el mundo de ellas; porque si de verdad existe una influencia —y creo que existe— entonces ésta ayuda a que todos alcancen un nivel superior de la experiencia en menos tiempo.

Se puso de pie de repente.

»Quédate con esta traducción —dijo—. Ya hice copias.

—Espera: ¿cómo piensas que se desarrollará esta manera consciente de lograr consenso?

—Sucederá lo mismo que pasa con cualquier otro tipo de consenso científico. Primero, se logrará un gran entendimiento gracias a la experiencia en común; nos daremos cuenta de que las experiencias son las mismas para todos. Luego se alcanzarán principios de mayor categoría, como sucedió con las teorías sobre el mundo laico de Newton y Einstein. Finalmente llegaremos a la conclusión de que ciertas leyes gobiernan el todo. Esto es, llegaremos a las leyes básicas, naturales, de la espiritualidad.

Sin agregar nada, garabateó rápidamente su número de móvil en la parte superior de una hoja del Documento, me guiñó un ojo y se dirigió a la puerta.

Cuando Wil me recogió, yo estaba echado en un banco disfrutando del aroma de las plantas y de las franjas rosáceas de la puesta de sol. Al subirme al todoterreno el sol terminó de ocultarse detrás de unas nubes delgadas que adornaban el horizonte. El rosa pasó a ser rojo, para luego adornar las nubes con rayas anaranjadas y tonos ámbares más oscuros.

La belleza del momento era sobrecogedora. Todo lo que nos rodeaba —las colinas, los riscos esculpidos en la roca, los pequeños negocios alineados al otro lado de la calle y cada nube del cielo— estaba adornado con una hermosa aura dorada. La gente detenía la marcha para mirar. Los conductores aparcaban los coches para admirarlo también.

«Otro atardecer mágico de Sedona», pensé al mirar a Wil en el asiento del conductor. Me miró a su vez. Sugerí ir hasta el vórtice del aeropuerto para ver desde ahí el magnífico final del atardecer. La idea agradó a Wil. Diez minutos más tarde trepábamos por una formación rocosa con forma de pirámide circular. En la parte superior la formación se aplanaba y quedaba una suerte de corona de piedra de unos doce metros de diámetro.

Durante mucho tiempo nos dedicamos a mirar y a absorber la energía de la luz. No pude evitar pensar en la mitología de Sedona. Muchos creen que en toda el área existen lugares especiales que tienen la capacidad de mejorar el ánimo de las personas. Algunos de estos vórtices son grandes, como éste al que nos referimos. Hasta el día de hoy se han identificado y marcado unos seis de estos vórtices. Cuenta la leyenda que no son los únicos puntos especiales en el paisaje de Sedona; existen otros lugares de poder más pequeños que están escondidos en el entorno, a la espera del osado explorador que los descubra. Según la mitología local existe un vórtice personal esperando a todo el que viaja a Sedona, un lugar propio, exclusivo, donde cada uno de nosotros puede elevarse a la conciencia y alcanzar un mejor destino. Sólo es necesario caminar por las inmediaciones para hallarlo.

Dada la gran claridad vital de que Coleman había hecho gala, me pregunté si no habría descubierto ya su propio vórtice.

Sonreí y volví a mirar el horizonte. En este lugar, en el vórtice del aeropuerto, se tiene la sensación de dejar a un lado todas las preocupaciones para así llenarnos de eso que sólo puede ser descrito como una energía que cura, una energía útil; se tiene la sensación de estar completamente feliz y seguro. Me recargué en las rocas sintiendo que me dejaba ir. No quería estar en otro lugar que no fuera ése, en ese momento, bañado por ese resplandor.

Vimos cómo caía el sol hasta desaparecer tras el horizonte. La luz fue amarilla al principio y luego cambió a un gris pálido. Miré a Wil. Se puso de pie y pronto comenzamos el descenso. Al caminar, relaté a Wil lo sucedido con Coleman y lo puse al tanto de lo que había leído respecto de la Segunda Integración.

—Me encontré con mis amigos hopi y ellos me enseñaron también el resto de la Segunda Integración —respondió.

—¿Qué piensas de esta idea de construir un nuevo consenso relativo a la espiritualidad? Coleman afirmó que eso es lo que debería dedicarse a hacer.

Wil detuvo la marcha y luego me condujo a la orilla del camino al mismo tiempo que nos pasaba un grupo de personas que subía la pendiente. Varios de ellos nos miraron, como si se estuvieran preguntando si sería una Sincronización el hecho de habernos encontrado en este sitio. Les devolvimos la sonrisa y prosiguieron su camino.

—Pienso que mucha gente sabe que, de alguna manera, la Sincronización nos está llamando, nos está reuniendo para hacer algo histórico. El mundo es un desastre, pero podemos recomponerlo si estamos alerta y tenemos en mente nuestro contexto histórico. Debemos despertar, permanecer despiertos y hacer que los demás también permanezcan despiertos.

Wil me miraba con determinación; en ese momento sentí que emprendía un ascenso a la claridad de la Segunda Integración. ¿Cuántas personas habrán notado que las cosas se han acelerado últimamente?, me pregunté. ¿Será que ya estamos ejerciendo influencia los unos en los otros para despertar la Conversación Consciente y la misteriosa influencia kantiana? De ser así, ¿adónde nos llevará después la conciencia?

—¿Y qué hay de la Tercera Integración? —pregunté—. ¿Han oído hablar de ella tus amigos hopi?

Asintió y una gran sonrisa adornó su rostro.

—Sí, la conocen bien aunque no tenían consigo copias de la Integración. Dice que cuando la gente de cualquier cultura empiece a despertar y a sostener la Conversación Consciente, rápidamente encontrarán los principios espirituales clave, esos principios que están entretejidos en la materia prima del universo.

—¿De verdad? Coleman llegó a una conclusión parecida. Dijo que descubriríamos las leyes de nuestra naturaleza espiritual. ¿Hablaron de esto tus amigos?

Wil reemprendió el descenso.

—Sí. La Tercera Integración dice que estas leyes ya han sido descubiertas y que, para seguir adelante, sólo debemos ponerlas a prueba en nuestras vidas y luego alinearnos con ellas. También dice que en este periodo de la historia estaremos más que motivados para hacerlo.

—¿A qué clase de motivación se refiere?

—Debemos entrar en Alineación —repitió— porque es la única manera de evitar algo más: un Karma en aceleración.

Hacia la Alineación

Me desperté cuando Wil llamó a la puerta de mi habitación. Habíamos conducido hasta el Bell Rock Inn y nos registramos. Aunque sabía que dejaríamos la habitación temprano por la mañana, jamás imaginé que Wil me despertaría... a la una de la madrugada.

Wil susurró «despierta» al tiempo que yo abría la puerta. Se apresuró a entrar y me entregó un paquete grande, ropa nueva y unas botas.

—¿Para qué es esto? —pregunté aún adormilado.

Wil se acercó a la ventana y miró en dirección al aparcamiento donde estaba estacionado mi todoterreno.

—Echa un vistazo —dijo, y señaló hacia allí.

Me esforcé por ver algo con una luz tan tenue.

—¿De qué se trata?

—Nuestros amigos han vuelto. Están en la calle detrás de tu coche.

Me costó algunos segundos ver un todoterreno bien escondido entre los árboles. Algunos hombres estaban reunidos junto al vehículo. Uno de ellos tenía un aparato de radio y miraba hacia nosotros.

—Sí. Los veo.

—Me parece que están a punto de hacer algo. Ponte la ropa y las botas nuevas y deja en la habitación lo que traías. Alguien pudo haber colocado un localizador mientras hemos estado aquí.

—Espera un minuto —pedí—. Es medianoche. ¿Qué crees que debemos hacer?

—Debemos despistarlos una vez más, lo que significa que debemos dejar aquí tu vehículo. No te preocupes. Los hopi se encargarán de cuidarlo. Se rumorea que hay un grupo de personas acampando en el cañón Boynton y que ellos tienen otros fragmentos del Documento. Necesitamos conseguir la Tercera y la Cuarta Integraciones cuanto antes y no podemos correr el riesgo de ser detenidos. Debemos internarnos en el despoblado.

Wil me ayudaba a empaquetar las cosas nuevas y a verificar todo lo que metía en la mochila. Yo conocía el área de Boynton, que era famosa por ser considerada una zona sagrada y por los muchos vestigios arqueológicos de los indios norteamericanos que se encuentran allí. Más de una vez había intentado explorarla, pero siempre había decidido emprender el regreso después de un corto recorrido. Algo en esa zona me parecía tétrico.

—En algunos lugares el cañón es muy estrecho —comenté—. Si nos metemos ahí podemos quedar atrapados.

Me miró impaciente:

—Hay maneras de salir si sabes encontrarlas.

Conocía a Wil lo suficiente como para saber que no estaba bromeando en un momento como ése. Interpretando su mirada supe que dejaba que yo decidiera si iba con él o no. No tendría problema alguno en dejarme en el hotel.

»Los hopi consideran que este cañón es un sitio de purificación —dijo finalmente—. Puede que sea el lugar indicado para comprender la Alineación y el Karma. —Noté que había mencionado el Karma por segunda vez. Luego se limitó a decir—: Vamos.

Reunimos el resto de nuestras pertenencias y salimos a escondidas por la puerta trasera. Dejando atrás el aparcamiento llegamos a una zona arbolada. Luego Wil me condujo entre las sombras hasta llegar a otro terreno, donde nos esperaba un viejo Mercedes con motor diésel que olía a aceite de cacahuete. Lo conducía un hombre pequeño y musculoso con cabello largo y negro. Nos subimos tan silenciosamente como pudimos; me costaba trabajo definir aquel olor. Al final encontré la respuesta al enigma del olor: el coche funcionaba con biocombustible fabricado a partir del aceite comercial para freír.

—Él es Wolf, mi viejo amigo hopi —dijo Wil al presentarme al conductor.

Wolf daba la impresión de tener unos 50 años, a excepción de sus ojos, que parecían pertenecer a una persona mucho más joven y eran de color ámbar claro; su mirada era muy penetrante, como la de un lobo de verdad.

Nadie habló mientras Wolf nos condujo por algunas calles, volviéndose a cada momento para verificar que nadie nos seguía. Incluso nos detuvimos un rato; apagamos las luces del coche por mera precaución. Cuando todo pareció seguro, tomamos un camino que pasaba por un conjunto de casas para luego llegar a un camino principal que nos alejó del pueblo en dirección al oeste.

—Más vale permanecer centrados —advirtió Wil.

Sabía exactamente qué quería decir con eso. Respiré hondo y recordé en qué parte del proceso nos encontrábamos. Esperar la Sincronización era ya una conducta integrada en mi forma de ser, de modo que me concentré en tener en mente la verdad de nuestro contexto más amplio. De inmediato me sentí más alerta y despierto, dispuesto a vivir lo que viniera.

Pasados algunos kilómetros, Wolf bajó la velocidad y nos internó por el sendero del cañón Boynton. Para nuestra sorpresa docenas de coches estaban aparcados a lo largo del camino. Wil y Wolf se miraron. Mientras recogíamos el equipo, Wil me dio una lámpara de mano y me pidió que tuviera cuidado con las serpientes de cascabel.

Wolf se rio y luego caminó más cerca de nosotros.

—Recuerda —murmuró— que los cañones son para la purificación y las montañas para hallar *visión*.

Quise preguntar a qué se refería, pero Wil hizo un movimiento para indicarme que lo siguiera. Wolf se alejó mientras nosotros nos dirigíamos al cañón. Después de un kilómetro y medio me aproximé a Wil y le pregunté si había una montaña grande por ahí.

Wil se detuvo en seco y se volvió:

—¿Por qué lo dices?

—Por algo que sugirió Wolf.

—A unos kilómetros al norte hay una zona silvestre bastante grande. Se llama Montaña Secreta.

Se adelantó de nuevo y continuó la marcha. Luego se volvió y añadió:

»Debes saber algo respecto a Wolf: suele saber de antemano lo que va a ocurrir.

Yo había escuchado hablar de la Montaña Secreta; sabía en qué zona se encontraba mas no su ubicación precisa, conocía el gran tamaño del paraje donde se hallaba. Tendríamos que esperar para saber a qué se había referido Wolf y, sorprendentemente, me sentí contento ante la idea de esperar. Debería haberme sentido preocupado por la súbita partida hacia lo desconocido, pero cuanto más nos internábamos en el paraje, mayor energía sentía. En lugar de considerar que Boynton era un sitio tétrico, como había sucedido la última vez, ahora sentía justo la emoción opuesta: la sensación como de estar en casa, confiando en que todo lo que sucediera sería beneficioso.

Ahora caminábamos a través de una zona de enebros y mezquites entretejidos con piedras rojas y floración incipiente. El cielo estrellado hacía prácticamente innecesarias las linternas.

—¿Por qué creen los hopi que este lugar realza la purificación? —pregunté a Wil.

—Debido a su impacto. Este lugar rechaza a quienes no están listos para realizar un descubrimiento espiritual de algún tipo. Si estás listo, el poder de este lugar te ayuda.

—¿Hablas de una ayuda de tipo energético?

—Sí. Según la leyenda, si te adentras por el cañón lo suficiente, digamos unos tres o cuatro kilómetros, inevitablemente se ponen a prueba tus concepciones básicas sobre la vida e inspiran un nuevo análisis de cómo abrirte camino en el mundo. Insisto: es coherente con que hayamos sido conducidos hasta este cañón para estudiar las Leyes de la Espiritualidad. La crisis económica ha cambiado las cosas. Durante la era materialista tendimos a pensar que creábamos nuestra subsistencia con nuestro conocimiento y con la razón. Era común asumir que si usabas la cabeza y trabajabas duro podías prosperar en la vida. En realidad todos sabemos que existen intangibles a la hora de determinar quién tiene éxito. Puede que tú seas tan lógico y trabajador como el de al lado y no por ello te irá igual de bien. Siempre ha existido un factor imponderable respecto a quién es afortunado y quién no lo es en esta vida. Estamos a punto de averiguar la naturaleza de este factor.

Se detuvo de repente y miró en dirección a una planicie ubicada en lo alto a la derecha del camino.

—Subamos allí —sugirió—. Instalemos el campamento y durmamos un poco antes del amanecer.

Llegamos al lugar y, en cuestión de minutos, instalamos ambas tiendas y amarramos la comida bien empaquetada a la rama de un árbol para mayor seguridad. Después me vino a la mente otra pregunta.

—¿Así que piensas que el factor que falta es la Alineación esa? Asintió.

—Según mis amigos hopi la Tercera Integración dice que durante una época de transición como la que vivimos, cuando las economías se están derrumbando y las personas actúan como enloquecidas, se nos mostrará una nueva manera de satisfacer nuestras necesidades mundanas.

Wil dijo esto mientras se metía en su tienda.

»Veamos qué sucede mañana.

A la mañana siguiente desperté con el sonido de ramas que se rompían y los gritos de Wil. Me puse las botas y miré a través de la ventanilla de la tienda. Amanecía y Wil corría hacia el árbol donde habíamos amarrado nuestra comida. Cuando llegué, vi que la rama estaba rota y que la bolsa con nuestras provisiones había desaparecido.

—¿La viste? —preguntó Wil apuntando a la ladera—. Era grande.

—No pude verla —respondí.

Buscamos en los alrededores hasta encontrar unas huellas grandes.

—Es extraño. No pensé que quedaran muchos osos grandes por aquí.

A poca distancia encontramos varios alimentos congelados que se habían salido del saco cuando la osa lo arrastró.

—Podríamos rastrearla para tratar de recuperar parte de las provisiones —sugerí recogiendo parte de lo encontrado.

En cuanto Wil me miró supe lo que estaba pensando. No era buena idea. No estábamos armados y se trataba de una osa muy grande. Quizá tenía un cachorro.

Regresamos a las tiendas. Wil empezó a preparar uno de los alimentos congelados. Hacía frío y empezaba a llover.

—La pregunta —dijo Wil— es qué hacer. Sin apenas comida debemos tomar una decisión. Es posible que estemos en estos parajes durante varios días. Necesitamos provisiones. Por otra parte, si regresamos a buscarlas, podemos toparnos con los tipos esos que nos están siguiendo.

—¿Qué opción tenemos?

—Podríamos seguir adelante. Dejar que las cosas ocurran.

Yo me resistía.

—No podemos permanecer aquí sin comida.

Wil me miró.

—Estamos ante un reto. ¿No es eso lo que le sucede al mundo? Piénsalo. Millones de personas están experimentando esta misma situación. Un día van al trabajo y se enteran de que han sido despedidos; así, de pronto, no más dinero para comida. Su situación es peor aún que la nuestra.

—Pero ¿cómo vamos a comer? ¿Tienes amigos hopi por aquí?

—No —dijo—. Ellos ya están buscando la Cuarta Integración lejos, al norte. Tendremos que confiar en conseguir comida de extraños.

—Puede que eso no sea tan sencillo.

—No, pero te digo de nuevo que en realidad las cosas son siempre así. Siempre tenemos algo entre manos, ¿no? Incluso si somos funcionarios, si los otros no compran lo que vendemos o si dejan de necesitar nuestros servicios, no podemos sobrevivir. De manera que hasta cierto punto todos tenemos que ser afortunados. Si el universo no te sonríe, si no eres afortunado, tienes un gran problema. Especialmente en tiempos como éstos nos damos cuenta de que en realidad dependemos únicamente de que se presenten extraños que, en efecto, nos den comida.

Yo no habría sido tan extremo, pero sabía que Wil tenía razón. Hablando con sinceridad, todos estamos siempre a merced de otros.

»De manera que cabe concluir que existen ciertas reglas esotéricas que funcionan tras las bambalinas determinando si las personas se van a presentar o no, reglas que podemos interpretar y a las que podemos ceñirnos y alinearnos. Te digo esto porque es exactamente lo que dice la Tercera Integración.

—De acuerdo. Veamos entonces cómo se desenvuelven las cosas.

En cuestión de minutos habíamos consumido el estofado, empaquetado las tiendas y las cantimploras, y estábamos dispuestos para continuar la marcha por el sendero. Después de un rato Wil se volvió para mirarme.

—Hay algo más. Recuerda que las otras culturas han despertado en la historia de la misma manera en la que estamos despertando ahora. Estas culturas siempre han sido pequeñas y algo aisladas, pero siempre han descubierto los mismos principios espirituales básicos que operan en este universo.

Corrí para alcanzarlo.

—¿Cómo sabes que la Tercera nos dirá cuáles son las leyes?

—Las leyes básicas son conocidas. Los hopi me hablaron de algunos de estos aspectos que no han sido completados aún y, por supuesto, deben ser probados en persona antes de ser creíbles. Pero sí, sabemos cuáles son las leyes básicas, comenzando con la que hemos estado utilizando.

—¿De cuál hablas?

—La Ley de la Verdad. La utilizamos para mantener la Sincronización en marcha, y determina en qué momentos intercambiamos verdades en la Conversación Consciente. Sólo recuerda que es fácil permanecer en la verdad cuando la Sincronización fluye para ayudarte. Es mucho más difícil mantener ese hábito, decir la verdad, cuando lo que está en juego económicamente es alto.

De pronto vi en la distancia a dos personas que caminaban por el sendero delante de nosotros.

—Hay personas allí delante —comenté a Wil.

Aceleramos el paso hasta que pudimos verlos con claridad. Dos hombres caminaban juntos portando equipo de alpinismo, con sombreros y grandes mochilas caras.

Miré a Wil.

—¿Qué piensas?

—Me parece que están bien. No pienso que haya nada de qué preocuparnos.

—Bien —dije, sintiendo que, por alguna razón, yo debía llevar las riendas de ese encuentro—. Me adelantaré para tratar de comprarles algo de comida.

Wil pareció un tanto sorprendido de que yo tomara la iniciativa, pero sonrió y aceptó con un movimiento de cabeza.

Yo sabía que los que acampan de forma habitual suelen ser personas muy amigables y dispuestas a ayudar. Estaba seguro de que ellos compartirían su comida siempre y cuando yo no pareciera una amenaza. Al alcanzarlos ambos se volvieron hacia mí. Les ofrecí una gran sonrisa y me presenté. Me dijeron que sus nombres eran Paul y David, oriundos de California. Supe de inmediato que eran turistas y probablemente no sabían nada del Documento.

Al principio parecieron muy amigables, pero justo cuando me animé a tratar el asunto de la comida comenzaron a tratarme con suspicacia y a alejarse de mí.

—Escuchad, por favor. Tenemos un problema. Se suponía que traeríamos comida para unos amigos que están acampando en esta zona, pero nos la han robado. Es muy importante que los alcancemos pronto. —Extraje la cartera del bolsillo trasero—. Esperaba que dispusierais de algo de comida extra que pudierais venderme.

—Tenemos que irnos —dijo Paul evasivo.

Su amigo David añadió con rapidez:

—Hay guardias en este camino. Estoy seguro de que en cualquier momento os encontraréis con alguno.

Ambos parecían correr más que caminar. Miraban hacia atrás como para asegurarse de que yo no los seguía. Se apresuraron hasta perderse completamente de vista.

Wil llegó hasta donde yo estaba. Tenía una mirada de perplejidad.

—No parece que las cosas hayan ido bien —dijo—. ¿Qué pasó?

Me sentía confundido. Repetí la conversación palabra por palabra. Movía la cabeza desaprobando. Cuando llegué a la parte en la que les comenté que nos habían robado la comida y necesitábamos más para llevársela a unos amigos, Wil hizo una mueca de desagrado. Sentí vergüenza, pero me parecía que mi conducta estaba justificada porque temí que pensaran que estábamos locos, puesto que no habíamos regresado al pueblo a comprar más comida.

Wil me miró sin decir palabra; negaba con la cabeza para expresar su incredulidad. Al mismo tiempo me di cuenta de que me sentía débil y nervioso. Había perdido toda mi claridad centrada.

—Acabamos de hablar sobre la importancia de decir la verdad —comentó Wil.

—Digamos que me engañé a mí mismo. Y ahora me siento decaído.

Me miró con simpatía.

—Una vez que has logrado elevar tu claridad y tu energía de forma auténtica resultan muy dramáticas las consecuencias de la mentira. Sobreviene una caída inmediata.

Me senté en una roca; Wil se sentó a mi lado.

»Mira —añadió—. Es el cañón. Acelera todo. No te sientes bien, pero lo sucedido es una Sincronización útil, nos guste o no. Sólo tenemos que darnos cuenta de qué te está demostrando. A lo largo de la Edad Moderna hemos torcido la verdad en pos de satisfacer nuestra obsesiva necesidad de obtener ganancia, ventajas personales o políticas. Por ello, conforme llega el despertar, vemos corrupción y avaricia por todas partes. Sin embargo, como puedes ver, en los niveles de conciencia más altos no existe la mentira ni ningún tipo de distorsión aceptable. La Ley de la Verdad es absoluta. Si no hacemos un esfuerzo por ser completamente honestos, nuestra actitud daña a todos: a nosotros en lo individual, porque derrumba nuestra energía y nuestra claridad; a los demás, en tanto que fallamos al proporcionarles el beneficio de nuestra verdad y nuestra influencia positiva.

Se incorporó y siguió andando por el camino. Yo lo seguí.

»Esto nos lleva al siguiente principio espiritual del que me hablaron los hopi: la Ley de la Conexión.

Justo en ese momento vimos una multitud reunida frente a nosotros. Al acercarnos nos dimos cuenta de que todos miraban en la misma dirección, más adelante en el cañón. Luego pudimos escuchar aquello que parecía llamar su atención: el sonido de un helicóptero volando distante.

Pronto alcanzamos al grupo. Desde este sitio pudimos ver el helicóptero que volaba a unos cientos de metros de distancia. Flotó estático unos instantes y luego aterrizó y apagó los motores.

Wil se inclinó para comentarme que ese tipo de helicópteros nada tenían que ver con los turistas.

—Se trata de un helicóptero militar.

Algunas de las personas, las que parecían ser precisamente turistas, retomaron la marcha. No obstante, dos grupos permanecimos en el lugar: el que formábamos Wil y yo, y otro compuesto por una docena de hombres que daban la impresión de pertenecer a diversos grupos étnicos y nacionalidades. Estaba claro que algunos eran europeos y otros norteamericanos, pero a juzgar por sus patrones lingüísticos la mayoría daba la impresión de ser extranjeros, probablemente de Oriente Medio. Al moverse advertí que también los acompañaban dos mujeres.

Una de las mujeres se dio la vuelta y entonces la reconocí. Se trataba de Rachel, la mujer que había visto en El Pub. Se retiró un poco y comenzó a hablar con otra mujer cuyo acento sonaba a hebreo. Al observarlas sentí un repentino acceso de emoción por Rachel, similar al que había sentido antes.

Wil me tomó del hombro, así que dejé de mirar a las mujeres. Muchos de los hombres que las acompañaban se habían percatado de que las mirábamos fijamente, por lo que a su vez nos observaban con suspicacia.

—Sigamos caminando —murmuró Wil.

Nos internamos aún más en el cañón con la intención de que mediara más distancia entre nosotros y el grupo. Por el rabillo del ojo vi que seguían mirándonos conforme nos alejábamos. Finalmente, cuando estábamos fuera de su campo visual por completo, Wil desvió la marcha a la derecha y salimos del sendero.

—Me parece que debemos salir del camino principal —dijo al tiempo que me condujo a un declive, a unos treinta metros. Nos escondimos detrás de una piedra grande rodeada de espesura. Allí me sentí bien oculto aunque todavía podíamos ver parte del camino principal, que se perdía entre enebros y otros árboles. Detrás de nosotros la pared oriental del cañón nos cobijaba.

Comenté a Wil que había visto a Rachel.

»Así que era ella, ¿eh? Me pregunto quiénes son las personas que la acompañan.

—Ninguno parecía muy amigable que digamos —comenté.

Esperamos durante largo tiempo en ese sitio. Vimos pasar a más personas por el sendero pero ya no oíamos el ruido de motor del helicóptero, así que pensé que la nave estaba aún donde había aterrizado. La pregunta era quién o quiénes viajaban en ese helicóptero. ¿Dónde estaban ahora? ¿Se trataba del mismo grupo que había estado siguiéndonos?

Finalmente Wil dijo:

—Pienso que debes entender lo que los hopi me dijeron sobre la Ley de la Conexión.

—De acuerdo.

—Dijiste que los tipos a los que pediste comida se empezaron a alejar de ti incluso antes de que comenzaras a hablar.

—Correcto.

—¿Tienes idea de por qué lo hicieron?

—Realmente no.

—Se debió a la Conexión que compartimos entre nosotros. Está incorporada a nuestro cerebro. El Documento dice que debido a que todos estamos conectados sentimos lo que otros sienten y piensan. Conforme progresamos en las Integraciones desarrollaremos aún más este instinto. Todo el mundo dispone ya de este tipo de Percepción básica.

—¿Me estás diciendo que ellos sabían que no les estaba contando la historia real? Mi intención no era burlarme. Yo estaba dispuesto a pagar por la comida. Sólo me callé algunos detalles.

—No es que supieran exactamente qué estabas haciendo. Podían sentir lo que tú estabas sintiendo y, dado que la mentira que dijiste te provocó un descenso de energía, ellos también pudieron sentirlo; por eso se confundieron y perdieron claridad, una señal inconsciente de que algo estaba mal y de que probablemente no pretendías nada bueno. Por eso retrocedieron.

Hizo una pausa, como si esperara el tiempo necesario para que sus palabras se asentaran.

»Y esta sensibilidad —siguió Wil— aumenta conforme aumenta nuestra conciencia. La humanidad ha llegado a un punto en el que es mejor no mentir, ni siquiera un poco, porque cada día habrá más gente capaz de notarlo. La mentira no funcionará durante mucho más tiempo.

Nos interrumpió otro grupo que caminaba por el sendero principal, unos metros debajo de nosotros.

»Son muchos los que vienen al cañón —dijo Wil repentinamente preocupado—. Y muchos de ellos traen equipo para acampar largo tiempo, probablemente sin contar con los permisos. Terminarán llamando la atención de los guardias. Mejor averiguar lo que pasa antes de que suceda. Es hora de movernos. —Me miró seriamente—. Mantén los ojos abiertos. Fíjate en todo lo que sucede.

Retornamos al camino principal. No había señales de Rachel o del grupo que estaba con ella. Nos internamos en el corazón del cañón y vimos mucha gente conversando. Encontramos un buen lugar para detenernos y sentarnos un rato.

—Escucha —dijo Wil—, creo que debo seguir caminando solo para ver si alguien sabe algo del helicóptero. Si vigilas las cosas, iré a investigar y regresaré enseguida.

Acepté y me quedé sentado. No me importaba quedarme ahí, quería pensar en la Ley de la Conexión. Si era en verdad un principio de nuestra espiritualidad, tendría que ser el mismo para todos. ¿Cuánto podíamos desarrollar esta Conexión? ¿Llegaríamos a convertirla en telepatía pura? Dediqué mucho tiempo a pensar cómo serían las cosas si eso sucediera.

De pronto escuché que alguien caminaba a mis espaldas. Al volverme vi a un hombre de unos 20 años que sonreía y me tendía la mano.

—Soy Jeff. ¿Cómo te va?

Estreché su mano y me presenté. Al principio sentí un ligero descenso de mi energía, pero conforme hablábamos entusiastas de las muchas bellezas del cañón empecé a sentir que no era un peligro.

En un momento incluso le pregunté si sabía algo del Documento, pero negó estar al tanto. Después de hablar sobre Sedona me dijo:

—Veo que tienes un cuchillo. Me pregunto si me lo puedes prestar unos minutos —señalaba mi cinturón, donde estaba mi cuchillo de cacería de más de veinte centímetros de largo, el que siempre llevaba conmigo cuando salía al bosque—. Estamos instalando el campamento por ahí y lo necesitamos durante unos minutos para cortar soga.

Miré entre las plantas y vi que dos hombres y una mujer armaban una tienda de campaña. Pensando que estaría cerca y a la vista, saqué el cuchillo y se lo ofrecí por el mango. Entonces se puso a trabajar con los demás.

Soplaba una brisa fresca y respiré hondo. La lluvia matinal había dejado de caer y el sol brillaba. Poco a poco empecé a sentir que recuperaba la energía perdida y noté la particular belleza de esa zona del cañón. Pequeños pinos y enebros adornaban todo el suelo del cañón.

Al poco tiempo regresó Wil y se sentó junto a mí.

—Nadie parece tener idea de qué hace el helicóptero por aquí. Me mantuve alejado del aparato, pero aun así pude ver que estaba vacío. Y definitivamente se trata de un aparato militar. —Estaba sentado en su mochila—. Esperemos aquí un rato.

Sonreí.

—Podrías hablarme sobre la siguiente ley espiritual.

Cuando Wil empezó a hablar, miré de nuevo en dirección al campamento donde los hombres habían estado trabajando. Nada. El tipo que me había pedido el cuchillo no estaba. Me puse de pie de un salto, llegué al campamento y pregunté a la pareja dónde estaba el hombre. Me dijeron que no sabían, que en realidad no formaba parte de su grupo.

—Sólo se acercó a hablar —dijo la mujer—. Se ofreció a conseguirnos un cuchillo prestado y nos ayudó a cortar cuerda. Daba la impresión de estar pasando por un momento de mala suerte.

Estaba a punto de ir a buscarlo cuando llegó Wil. Rápidamente lo puse al tanto de lo ocurrido.

—¿Te robó el cuchillo? —preguntó Wil con asombro, como si algo importante hubiera sucedido. Evité su mirada y procedí a revisar el área. Ni rastro del tipo. Pasados casi veinte minutos regresé al sitio donde estaban las mochilas y demás. Allí me esperaba Wil.

—Tenía ese cuchillo desde hace mucho tiempo —dije sentándome al lado de Wil.

—Bueno, querías ver cómo se desarrollaban las cosas.

No estaba de humor para emprender un análisis. Sólo quería que me devolvieran mi cuchillo, pero Wil insistía.

»Justo antes de que notaras que el tipo se había marchado me pediste que te hablara de la siguiente ley.

Permanecí en silencio, presa del desánimo.

»Se trata de la Ley del Karma.

Era ya más de mediodía y Wil había vuelto a ausentarse diciéndome que iría a buscar comida. Durante largo rato permanecí sentado preguntándome qué clase de purificación tenía lugar en este cañón. Luego, cuando sentía que estaba listo para ir a buscar a Wil, vi que volvía. Se sentó a mi lado y me miró.

—¿Conseguiste comida?

—Sí, un poco. Comí con unas personas. Quise traerte algo, pero no había suficiente.

Me limité a mirarlo.

—¿Por qué no habré encontrado comida? ¡Tengo buen Karma! —Hablaba con un tono dramático. Luego rompió a reír. Apenas lograba controlarse.

Como era usual en Wil, su risa era tan contagiosa que no pude evitar reírme también.

—Bien. ¿Qué te dijeron los hopi sobre el Karma?

Recuperó la seriedad de inmediato.

—El Documento dice que el Karma es real y que en nuestra época responde a nuestras acciones mucho más rápido que antes.

—Y ahora me dirás que todo es mi culpa.

—Analiza lo sucedido. Trataste de robar comida a alguien y eso creó una respuesta kármica del universo, una respuesta que desembocó en que un tipo te robara el cuchillo.

Volví a resistirme.

—¿Y qué me dices de él? Tal vez se trata de un ladrón en serie.

—Puede ser, o tal vez se trata de un buen tipo que echó a andar por el sendero o volvió al pueblo sin acordarse de devolverte el cuchillo. Sea como sea, debes preguntarte por qué te pasó esto en este momento, justo cuando hablábamos del tema y poco después de que hubieras intentado robar a alguien.

—Espera un momento. Deja de decir eso. No traté de robar a nadie.

—¿No? ¿No les mentiste con tal de manipularlos y lograr que nos dieran de su comida? Tratar de hacerlo y hacerlo es exactamente lo mismo desde el punto de vista kármico.

—¿Dice eso el Documento?

Asintió y se quedó mirándome durante un rato.

»Mira —dijo finalmente—, estas leyes parecen difíciles de creer porque hemos sido entrenados para pensar que el universo sólo tiene leyes físicas. Y la gente ha tardado tanto tiempo en darse cuenta de este error porque estamos acostumbrados a manipular la verdad en ocasiones, en especial en los negocios, o para salvar las apariencias; además, a todos nos pasan cosas malas. Parecería que no hay mucha relación entre nuestras verdades a medias y lo que nos sucede. Pensamos que no importa si mentimos un poco, porque de todas maneras suceden cosas malas a todos y con bastante regularidad. —Me miró fijamente—. Sin embargo, de acuerdo con el Documento, eso no es cierto y cualquiera puede probarlo si está lo suficientemente atento. Debido a que el Karma se está acelerando, las consecuencias de una manipulación engañosa revierten muy pronto.

—¿Por qué se acelera?

—No sé. Les hice a los hopi la misma pregunta pero dijeron que el Documento no contenía esa información. Sugirieron que podía ser parte de la energía que señala el Calendario.

—¿Te refieres al Calendario Maya? ¿Qué saben de eso los hopi?

—Los mayas eran nativos de América también, ya lo sabes. Como sea —siguió Wil—. Pruébalo. El Documento dice que, cuando un número suficiente de nosotros se percate de que así funciona el Karma, llegará una nueva era de Integridad para reemplazar la corrupción que tenemos ahora. Y hay más: es importante percatarnos de que la Ley del Karma no está diseñada para castigar, sino para efectuar una corrección positiva. Aparentemente, funciona así: el universo está diseñado para apoyarnos espiritualmente y para promover el crecimiento espiritual. Si te centras en la verdad, tu Sincronización será excelente. Si participas de la mentira, atraerás a tu vida a una persona que te hará exactamente lo mismo, no como un castigo sino para enseñarte qué se siente y así poder volver a la verdad.

—¿Qué sucede si no se capta el mensaje?

—El Documento dice que la respuesta del Karma se hace más extrema en un esfuerzo por llamar nuestra atención; y esto es algo que también podemos probarnos a nosotros mismos en este momento de la historia. Sólo tenemos que prestar atención a lo que sucede en nuestra propia conducta.

—De acuerdo. Supongamos que uno es elegido al azar y asesinado por un homicida en serie. ¿Estaríamos pagando por algo que hicimos antes?

—No. Recuerda: el Karma nada tiene que ver con la venganza. Sólo refleja lo que tú estás haciendo. Si eres un asaltante a mano armada, por ejemplo, estás apoyando la mentira de que ese tipo de conducta es correcta. Sucede lo mismo que con el engaño para obtener dinero, sólo que es peor. Y te robarán para demostrarte qué se siente, de manera que puedas cambiar. El problema es que muchas personas utilizan el Karma para seguir comportándose de la misma manera. Piensan que, si todo mundo hace o les hace eso, está bien que ellos también lo hagan. Se olvidan de que se les está mostrando algo para que puedan cambiar. Cuando alguien se convierte en víctima de un asesino en serie, a menos que la víctima misma sea un asesino en serie, se trata de estar en el lugar equivocado en el momento equivocado. Se trata del azar, no del Karma, y esto se debe al actual estado de imperfección por el que atraviesa el mundo. Sabemos qué sucede con los asesinos en serie desde el punto de vista psicológico y genético, gracias a estudios sobre el trauma infantil y a la genética. En un mundo ideal alguien habría notado estos factores y habría intervenido a tiempo para que nadie tuviera que salir herido. Por desgracia no estamos lo suficientemente iluminados para reconocer ese tipo de intervenciones todavía. Ojalá algún día lo logremos.

—Y supongo que hasta que llegue ese momento sólo nos queda confiar en que tendremos buena suerte.

—Sí, al menos hasta que podamos avanzar con las Integraciones para darnos cuenta de que podemos ser protegidos.

—¿Qué quieres decir con *protegidos*?

Wil se inclinó hacia mí.

—Mis amigos hopi me dijeron que este tipo de accidentes del azar y ocurrencias negativas no debían tener lugar. El Documento dice que, conforme se eleva la conciencia espiritual, aprenderemos a detectar las corazonadas y las premoniciones que nos permitan evitar accidentes y ataques. Dicen que llegaremos a ese nivel en la Cuarta y en la Quinta Integraciones.

Escuchamos el repentino sonido de varias máquinas que se acercaban a nosotros. Habíamos terminado de recoger nuestras cosas y de ocultarnos cuando nos rebasaron.

»Son los 4×4 de los vigilantes del parque —gritó Wil al tiempo que nos alejábamos de la pendiente y del ruido. Al hacerlo vimos que muchos se ocultaban también. Cuando llegamos a la pared del cañón vimos a dos hombres que trataban de escalar una pared de roca muy difícil—. Son alpinistas. Seguramente tienen permisos.

Uno de los anclajes de sus sogas se soltó de la roca y dejó colgado de cabeza a uno de los alpinistas con la amenaza de estrellarlo contra las filosas rocas que estaban abajo. Luego se soltó otra amarra y el hombre cayó otros tres metros. El miedo lo hizo gritar.

Sin pensarlo demasiado me dirigí al acantilado. El otro alpinista señalaba frenético hacia algo que estaba cerca de su tienda, en el suelo. De inmediato vi una cuerda nueva extra larga. La recogí y escalé hasta situarme en una saliente, a unos cuatro metros del sitio donde se encontraba el alpinista accidentado.

Arrojé a su compañero un extremo de la cuerda. Él supo qué hacer enseguida con el extremo: lo amarró a un herraje firmemente adherido a la pared de roca, pasó la cuerda a través del herraje y dejó que el extremo alcanzara a su amigo. Éste, a pesar del pánico, pudo amarrar la cuerda alrededor de su cintura. Después sólo tuve que sostener mi extremo de la soga para asegurarme de que no caería más. Poco después pudo cortar la otra cuerda y liberarse. Con la ayuda de Wil bajé al hombre hasta que estuvo seguro en el suelo.

Mientras recogíamos nuestras cosas el alpinista se mostró tan traumatizado que ni siquiera podía hablar. Su amigo le dio agua y habló con él, en privado, durante un minuto y luego nos llamó a un lado. Se escuchaban los 4×4 recorriendo el cañón, pero el alpinista no parecía notar el ruido.

—Si no pasáis por aquí, no sé qué habría sucedido. Debo llevarlo de vuelta a Sedona. Ojalá pudiera pagaros lo que habéis hecho por nosotros.

Wil y yo nos miramos.

Les hablé de nuestra situación, es decir, les dije que necesitábamos comida.

»Pues podemos ayudaros con eso —dijo el alpinista—. Pensábamos quedarnos aquí cuatro días, pero mi amigo está demasiado asustado. Quiere irse mañana. Tenemos un montón de comida que podéis aprovechar.

Después de empaquetar la comida nos dirigimos hacia el noreste; luego encontramos otro lugar donde ocultarnos entre las rocas. Desde ahí teníamos una vista incluso mejor del cañón, donde la gente era detenida por los agentes. Busqué afanosamente el grupo en el que estaba Rachel, pero no pude ver a ninguno de ellos.

—Debemos quedarnos aquí un rato —dijo Wil—, hasta que pase todo el embrollo.

Todavía conservaba una mirada de asombro por lo que nos acababa de suceder.

—Lo sé, lo sé: todo esto significa algo.

—¿Algo? Estamos ante uno de los mejores ejemplos posibles de Sincronización. ¿Recuerdas cuando nos alejábamos de El Pub y yo me puse a realizar todas esas maniobras para perder al vehículo que nos seguía? Pensabas que la velocidad de la Sincronización era sorprendente. Pues ahora estás operando a esa misma velocidad. Piénsalo. Se te mostró la Ley de la Verdad cuando trataste de manipular a otros para obtener comida. Los turistas te rechazaron en un ejemplo perfecto de cómo funciona la Ley de la Conexión. Luego, poco después, te robaron el cuchillo con pretextos falsos muy similares a los tuyos ilustrando así el funcionamiento del Karma. Y ahora acabas de conseguir comida, que es exactamente lo que hemos estado tratando de hacer todo este tiempo.

Lo miré sin comprender plenamente la última parte de lo que había dicho.

»¿No te das cuenta? —presionó—. Ayudaste a esas personas intuyendo de inmediato cuál era la mejor forma de hacerlo. Supiste cómo ayudar y lo hiciste con rapidez.

Sabía que Wil tenía razón. No pensé mucho en mis acciones. Por así decirlo, sabía qué hacer y punto.

»Se llama la Ley del Servicio. Y, de nuevo, está integrada a la manera de operar del universo y al diseño funcional de nuestra mente. De alguna forma sabemos qué necesitan quienes nos rodean, y cuando actuamos en consecuencia nos apegamos al funcionamiento de esta ley. Sólo tienes que pensar: «¿Cómo puedo ayudar?», y siempre se te ocurrirá algo. Se te proveerá de todo lo necesario para ayudar; tendrás la sensación de estar siempre en el lugar justo, en el momento justo, para ayudar y hacer la diferencia. —Hizo una pausa y luego cuestionó—: ¿Puedes ver ahora de qué se trata la Tercera Integración, globalmente hablando? Se trata de entrar en Alineación. Lo acabas de probar. Hiciste las cosas bien en este cañón.

Y cualquiera que lo analice con honestidad lo verá tan claro como su propia vida. Se trata del siguiente paso en nuestro despertar. Como dije, durante esta era material hemos llegado a pensar que no importa mentir un poco o manipular un tanto la verdad. Incluso eso se espera de nosotros. Se trata de un mundo en el que el perro se come a otros perros, ¿no? Los vendedores reciben entrenamiento para ensombrecer la realidad. Los políticos que elegimos mienten también. Los contratos con letra pequeña constituyen en nuestros tiempos una forma de vida. Piensa en el mundo de nuestros días. Descubrimos de inmediato la corrupción. Los escándalos se presentan a diario. Los estafadores son estafados. Esto es lo que sucede cuando la mayor parte de nuestra cultura es bombardeada por un Karma que se acelera más cada vez. Está ahí para demostrarnos la imperfección, de manera que podamos hacer algo. Pero todo cambia cuando empiezas a vivir rigiéndote por la verdad más absoluta que te es dada a conocer, cuando te das cuenta de que ser útil a los demás y ser buen ejemplo es lo mejor que puedes hacer por ti. Así entras en Alineación con la manera en la que opera el universo. Dejas de manipular, con lo que dejan de llegar manipuladores a tu vida. De hecho ocurre lo opuesto. Cuando buscas la Alineación y piensas cómo puedes ser útil, empiezas a atraer a tu vida gente que está ahí para ayudarte. Y entonces despegan tus sueños y tu Sincronización. Cuando todos comprendan esto, la humanidad cambiará de inmediato. Los negocios cambiarán su forma de operar. Hacer negocios dentro de la Alineación significa decir siempre la verdad sobre tus productos y tener siempre también una mentalidad de servicio. Si lo haces así, los que necesiten lo que ofreces aparecerán con facilidad.

Nunca había visto a Wil tan emocionado. Pensé entonces en las donaciones y le pregunté sobre esto.

—Se trata de una manera de ser servicial —respondió—. El dinero es sólo una forma de energía concentrada y sigue las corrientes del Karma a lo largo de la vida. Si manipulas para obtener dinero, te manipularán para quitártelo o de pronto tendrás una serie de fracasos o gastos inesperados. La donación es una manera de enderezar la nave rápidamente. En lugar de gastar cada moneda restringe tus gastos y guarda el 10 por ciento de lo que ganas cada mes. Luego espera a tener una intuición respecto de a quién debes dárselo. Te llegará pronto. Alguien que necesite un ángel se cruzará en tu camino y sentirás el placer, la emoción de ser útil. Y de nuevo ayudar acelerará el flujo de ayuda que viene hacia ti. Tendrás muchas más oportunidades de tener éxito. —Interrumpió su discurso y me miró—. Jamás he conocido a nadie que ponga en práctica la donación sin que funcione como te he dicho.

Durante mucho tiempo Wil y yo nos limitamos a mirarnos. Sabía que estaba sintiendo lo mismo que yo: un nuevo ascenso de energía y conciencia. Habíamos integrado por completo el tercer paso, añadiendo así una pieza más al rompecabezas de la realidad espiritual: la Alineación.

—¿Dijeron los hopi algo sobre la siguiente Integración, la Cuarta?

Wil asintió con seriedad.

—Dijeron que la Cuarta Integración es quizá la parte más importante de los cimientos, porque nos enseñará lo mucho que está en juego. Cuando podamos permanecer en Alineación, en la verdad, nos daremos cuenta de lo dañinos que son algunos sistemas de falsedad con los que opera el mundo de hoy. No podemos avanzar hasta comprender estas crecientes Ideologías que polarizan. Sólo entonces podremos apartarnos de esta falsedad para llegar a un estadio en el que no podremos tolerarla.

Reconocer la Ideología

Permanecimos en las rocas observando todo lo que sucedía en el sendero principal. Nuestro plan consistía en permanecer ocultos hasta el anochecer y después decidir qué hacer a continuación. A partir de la descripción de Wil me parecía que la Cuarta Integración podría resultar más compleja y peligrosa. Tal vez fuera el efecto del cañón, pero la perspectiva del peligro no me inquietaba tanto como antes. Ahora me sentía completamente inmerso en el viaje. Dejé para después la expectativa de más Sincronización y me aferré al contexto en el que nos encontrábamos para descubrir la realidad de la espiritualidad humana. Juré seguir en Alineación.

De pronto Wil se incorporó; miraba en dirección a la pendiente que antecedía a la pared del cañón. Un grupo de personas caminaba a unos treinta metros de nosotros en dirección al noreste. Conforme se movían entre varios pinos enanos vimos que se trataba del grupo en el que estaba Rachel. Era la penúltima en la formación.

Al mirarla ella hizo lo propio mirando de inmediato hacia la colina que nos ocultaba. Aunque no podía vernos ella parecía sentir que la observábamos. Un hombre alto y con barba que caminaba detrás de ella dijo algo y la instó a seguir caminando de frente.

—¿Has visto eso? Parecería que va con ellos contra su voluntad.

—Así parece —contestó Wil.

Supe que él estaba al tanto de que existía un nexo especial entre Rachel y yo.

—Escucha —dijo—, creo que debo seguirlos para intentar escuchar lo que dicen. Si vamos los dos, es más fácil que nos descubran.

Yo sabía que Wil había sido entrenado para vigilar, así que acepté su propuesta.

Wil aligeró su equipaje y me pasó parte de la comida.

»Si no regreso al anochecer, te encontraré después. ¿De acuerdo?

Caminó entre las rocas en dirección a la pendiente. Durante un tiempo me dediqué a mirar en esa dirección; lo vi varias veces cuando serpenteaba entre las rocas y los árboles. Luego lo perdí de vista.

Pasados unos minutos, llamó mi atención alguien que hablaba en el sendero. Cuatro guardias caminaban hacia donde yo estaba. Cogí mi mochila y me escurrí entre las rocas ubicadas en la dirección opuesta con la esperanza de rehacer mi camino hacia la pared de roca donde nos habíamos encontrado a los alpinistas.

De repente alguien me aferró del brazo y me obligó a detenerme, así que se me cayó la mochila y perdí el equilibrio. Desde el suelo pude ver a un hombre grande con gafas de sol y vestido con ropa de explorador. Me miraba. Otro hombre se le unió y se inclinó para ayudarme amablemente a ponerme de pie otra vez.

—¿Me recuerdas? —dijo el hombre con acento británico—. ¿Dónde está tu amigo Wilson James?

De inmediato recordé al hombre rubio que me había estado observando en El Pub.

—Wil se fue —respondí.

Los guardias llegaron y el hombre los miró. Ellos asintieron y retomaron el rumbo colina abajo.

—No importa —continuó el hombre—. Sois bastante escurridizos, pero quiero que sepáis que no deseamos haceros daño. Tratamos de ayudaros.

Me apartó unos metros de los demás para que no pudieran escuchar lo que decía.

—No disponemos de mucho tiempo, pero déjame decirte algo. Debes escuchar con mucha atención. Sabemos que se ha dado a conocer este Documento y sabemos que buscáis las partes que faltan. Nos interesa mucho lo que digan los fragmentos y queremos que sigáis buscando y nos mantengáis informados de lo que encontréis.

Su mirada era un poco amenazante.

—¿Quién eres? —pregunté—. ¿Para quién trabajas?

Sonrió.

—Digamos que hablo en representación de un grupo que pertenece a las más altas esferas del poder gubernamental de Occidente.

Luchaba por conservar la claridad.

—¿Para qué queréis un Documento esotérico como éste? Trata de espiritualidad exclusivamente.

Me miró sabiendo que no lograría convencerme de nada sin darme más información.

—Quiero confiar en ti —dijo—. Esta revelación espiritual ocurre en un momento en el que la guerra religiosa es nuestro problema más grave. No te engañes. Eso es precisamente lo que es: una guerra entre los que tienen una determinada visión religiosa de Occidente y los otros países, principalmente localizados en Oriente, que tienen otros puntos de vista. Esta guerra puede parecer calma en ciertos frentes, pero detrás de esa calma aparente existen tensiones que se aceleran. Los cerebros más capaces trabajan con nosotros y todos están convencidos de que estamos en una cuesta abajo que nos llevará a la destrucción total.

—Es muy simple. Estamos ante el viejo problema del Ciclo de la Venganza. Cada vez que matamos a uno de ellos diez más se suman a la lucha. Y cada vez que ellos matan a uno de nosotros las altas esferas claman hacer algo aún más drástico para protegernos. Aquí no hay medias tintas. Y lo peor aún está por venir. Estamos a punto de que el conflicto llegue a ser nuclear. —Se acercó a mí—. ¿Sabes qué religión practica el presidente de Irán? Es miembro de una secta llamada Los Duodécimos. Ellos creen que el Armagedón, la guerra profetizada que destruirá el mundo al final de los tiempos, es algo bueno. Piensan así porque creen que, conforme se aproxime el Armagedón, su versión del Mesías, a quien llaman el Duodécimo Imán, llegará entre nubes para aniquilar a todos sus enemigos y creará después un mundo ideal basado en sus creencias. Para que te hagas una idea de la gran locura que hay por ahí, encontramos un punto de vista similar entre los fanáticos judeocristianos de Occidente. También piensan que el Armagedón es deseable, ya que también creen que dará origen a una figura mesiánica que derrotará a sus enemigos. Algunos miembros de estos movimientos creen que su deber es procurar que esta guerra final tenga lugar. Este tipo de fanatismo parece reflejar una tendencia creciente a dar por perdido este mundo nuestro. Todos se aferran a sus doctrinas religiosas a toda costa, pensando que el resto del mundo se está volviendo loco. También esperan que Dios intervenga para acabar con la miseria. —Estaba muy preocupado—. ¿No consideras extraño el discurso de los iraníes, sobre todo teniendo en cuenta todas las opciones que los israelíes han tratado de poner en práctica? Irán está mucho más adelantado en su programa nuclear de lo que muchos piensan. Muchas de sus bases están bajo tierra. Por eso no se detienen ante la amenaza de bombardeos. Algunos analistas piensan que ya tienen el material nuclear disponible y que sólo trabajan para perfeccionar los sistemas de lanzamiento.

El hombre me acercó mi mochila.

»No pretendo conocer el contenido de ese Documento que estás estudiando. Hasta ahora me parece pura palabrería, pero conocemos la reputación de Wilson James. Si ese Documento contiene una solución real, queremos conocerla. —Me miró seriamente y añadió—: De no ser así, nuestro grupo tomará medidas que a nadie agradarán.

A pesar de la amenaza comencé a pensar que el tipo estaba siendo sincero conmigo.

»No os preocupéis por entrar en contacto con nosotros —dijo—. Nosotros os encontraremos. Tenemos gente en cada departamento de vuestro gobierno, de manera que contamos con todo lo necesario para estar al tanto de vuestro paradero. —Hizo una pausa y me miró largamente—. Una cosa más: esta suerte de abandono del mundo no tiene lugar sólo en círculos religiosos. Sucede también en la esfera política. La izquierda y la derecha se polarizan hasta formar grupos más peligrosos que también piensan que el mundo se está derrumbando, por lo que se justifica una acción extrema. Ésta es otra de las razones por la que nos vemos obligados a actuar. Así que aseguraos de alinearos con nosotros en este asunto.

Al decir esto me estrechó la mano con fuerza y me dijo que era el coronel Peterson. Luego se agachó para tomar una bolsa del suelo y de ahí sacó unos papeles.

»He aquí la traducción de la parte del Documento que hemos encontrado. La Tercera y la Cuarta Integraciones. Algunas de las personas que hemos entrevistado nos dijeron que se rumorea que había más fragmentos al norte de aquí cerca de una montaña más grande.

Durante mucho tiempo me dediqué a deambular entre las rocas con la cabeza bullendo ideas. El sol estaba ahora bloqueado por una capa gruesa de nubes y un viento ominoso comenzó a soplar desde el norte. Abrí la mochila y saqué una chamarra cortavientos. Por lo menos ahora sabíamos quiénes eran los que nos seguían. Si ese hombre tenía razón respecto de la situación geopolítica y el hecho de que la gente está dando por perdido el mundo, quizá eran éstas las razones por las que el Documento se había dado a conocer en este momento.

Me pregunté si debía haber informado a Peterson de que Rachel parecía ser llevada por unos hombres en contra de su voluntad. Probablemente no, supuse, dado que no estaba seguro de que fuera cierto. Por un momento pensé leer las dos Integraciones que Peterson me había dado, pero no podía concentrarme. Me estaba poniendo nervioso. Tenía que hacer algo.

Finalmente decidí caminar en la dirección que Wil había seguido.

—Espera la Sincronización —me recordé en voz alta—. Y permanece centrado en la verdad de lo que estás haciendo; permanece en Alineación.

Caminé cuesta arriba por el cañón hasta encontrar otro sendero que daba la vuelta a la derecha, internándose en una zona rocosa en dirección nordeste. El camino daba la impresión de estar muy poco transitado, pero en el suelo había docenas de huellas humanas recientes. Al seguirlas llegué hasta un gran montículo de piedra rojiza; desde ahí pude ver la planicie al norte.

Logré ver un claro situado a más o menos medio kilómetro. En este claro había varias personas reunidas que parecían estar acampando. El sitio estaba ya en el territorio que Wil y, ahora Peterson, había mencionado: el territorio indómito de la Montaña Secreta. En la distancia la montaña de múltiples cimas parecía dominarlo todo. Yo sabía que estaba estrictamente prohibido acampar en esta zona. Quienesquiera que fueran estas personas bien seguros podían estar de que su fiesta no duraría mucho.

Conforme descendía sobre mí el gris atardecer bajé la pendiente y llegué a la planicie. Aquí el terreno era menos rocoso y había mucho más verde repartido entre los enebros y entre algunos robles grandes. Varios conejos corrieron entre las rocas al detectar mis pasos.

Al llegar al claro me sorprendí. Me resultaba difícil creer que tantas personas pudieran estar reunidas en ese sitio. Desde donde estaba pude ver poco menos de una hectárea repleta de campistas. Muchas personas deambulaban por ahí. Era como si alguien hubiera organizado un festival de música en el desierto para sesenta personas en un lugar de difícil acceso. En realidad parecía ser una reunión completamente espontánea, nacida del rumor y del deseo de saber sobre el Documento.

Consideré la posibilidad de que esto sucediera a gran escala y al hacerlo me sentí sobrecogido. Era obvio que se habían dispersado por todo el mundo los fragmentos de estos escritos. ¿Sería que se estaban celebrando reuniones como ésta de forma simultánea en muchos otros lugares del planeta?

De pronto escuché en la lejanía el grave rumor de un 4×4 en dirección del cañón y comprendí que los guardias estaban a punto de llegar. Avancé con rapidez y elegí un lugar al este del claro porque desde ahí tenía una vía de escape fácil hacia los árboles en caso de que llegaran los guardias. En los alrededores brillaban unas ocho o diez fogatas en el mismo número de campamentos.

Calenté algo de sopa y me la tomé mientras esperaba a que cayera la noche. Llegado el momento, salí a buscar a Wil o a Rachel. Durante cerca de media hora estuve caminando entre la gente y escuchando fragmentos de conversación relativos al Documento. Los grupos intercambiaban copias y hablaban de sus experiencias con la Conversación Consciente.

Según lo que escuchaba, yo estaba más adelantado en las Integraciones que los grupos allí presentes, por lo que no sentí la urgencia de contactar con nadie. Primero quería dar una vuelta para tener claro quiénes se encontraban ahí. Al cabo de un rato había recorrido todos los campamentos excepto algunos grupos grandes que estaban asentados en la parte sur del lugar. El primer grupo estaba formado por al menos veinte personas que acampaban juntas.

En medio del grupo colgaba de un árbol una lámpara de gas que daba a la zona una tonalidad amarillenta muy extraña, parecida a la que dan las lámparas que se usan como insecticidas en el campo. En torno a la lámpara zumbaban de manera inquietante polillas y libélulas.

Al acercarme estuve a punto de chocar con un hombre que se aproximaba al campamento al mismo tiempo que yo. Tuvimos que detenernos para evitar una colisión. Me pregunté si ese encuentro era una Sincronización.

—Lo siento —dijo amigablemente.

—No te preocupes —respondí.

—Oye, yo te vi en Boynton. Seguro que estás buscando las traducciones.

—En efecto.

—¿De dónde vienes?

Me di cuenta de que estaba evaluándome por alguna razón.

—Georgia —dije.

Él se presentó como Robert, de Idaho.

—De Georgia, ¿eh? En nuestro grupo hay gente de Georgia. Tenemos todas las traducciones hasta la Tercera Integración.

En ese momento se acercó otro hombre y dio a Robert una taza de café. Robert me ofreció una taza.

—Por supuesto —respondí seguro de que me mostrarían algo valioso.

Nos acercamos al fuego y nos sentamos. En unos minutos me dieron una taza de café muy caliente con un aroma maravilloso.

—Es fantástico que este Documento se esté dando a conocer ahora —dijo Robert—. El país está en gran peligro. Tal vez esto logre que la gente se motive. Estoy seguro de que el gobierno impondrá la ley marcial muy pronto, debemos estar preparados. Lo primero que harán será requisar las armas de particulares y varios libros.

Quedaba claro que mi interlocutor era un hombre de extrema derecha.

—Espera un minuto —dije casualmente—. Nada de eso puede pasar. Tenemos salvaguardas constitucionales.

—¿Bromeas? Basta con que nombren uno o dos jueces más de izquierdas y no habrá protección alguna. Las cosas están fuera de control. El país en el que crecimos está cambiando. Tenemos que hacer algo ya. Yo creo que el Documento llamará a un levantamiento contra los gobiernos izquierdistas.

—¿Qué? —dije incrédulo—. En ninguna parte del Documento se menciona la rebelión, en todo caso se referiría a una Ideología de centro más inspirada. ¿Lo has leído?

—Gran parte —dijo alzando la voz—. Nuestra gente lo está estudiando a fondo ahora. Nos comunicarán los detalles. Puede que no lo creas, pero las cosas están a punto de degenerar. Más vale que decidas en qué lado quieres estar cuando ocurra todo.

Varios miembros del grupo lo escucharon y comenzaron a caminar hacia nosotros.

»Todos tienen que despertar —siguió—. El exceso de regulación de la izquierda afecta a la Constitución. Aprovechan la crisis económica para consolidar su poder.

Guardó silencio y me miró con dureza.

—Me parece que estás exagerando —dije—. Durante la crisis se viró hacia la izquierda, cuando se requerían redes de seguridad y protección en general del consumidor. Pero desde entonces, si algo ha sucedido, es que las cosas vuelven a inclinarse a la derecha.

Se retiró un poco y empezó a mirarme con más suspicacia.

—Vaya, muchachos —dijo a los demás—, creo que aquí tenemos a un izquierdista.

Antes de que pudiera contestar, otros comenzaron a opinar sobre el tema, emulando básicamente la opinión del primero; enfatizaban con arrogancia mi ingenuidad. Empecé a sentirme confundido y fuera de centro y ya no quería discutir con ellos.

«Hasta aquí hemos llegado con la Sincronización», pensé. Mejor me voy.

—Mirad —dije echando a caminar—, todo lo que habéis dicho es debatible, pero no estáis abiertos al diálogo. Existe más de una perspectiva para abordar estos asuntos.

Puse la taza de café sobre una roca.

Robert se reía; otros trataban de intimidarme con la mirada.

—Más te vale despertar —gritó uno—. Vosotros, los de izquierda, estáis arruinando a este país y no lo vamos a tolerar mucho tiempo más. Preferimos que tomen el poder las corporaciones a que lo hagáis vosotros, idiotas.

Volvía a la tienda cuando sentí que recobraba la claridad mental. No pensé que la extrema derecha tuviera interés en el Documento, si es que se trataba de interés genuino. Lo más probable es que lo estuvieran utilizando para lograr sus propósitos. Lo más triste de todo es que mi energía se había venido abajo. Creo que, comparada con la suya, mi opinión era más moderada y veraz, pero siendo tan veraz como pude su asalto verbal me afectó bastante.

Entonces se me ocurrió que estas personas eran controladoras en el mismo sentido que la antigua Profecía usó para describirlas en la Cuarta Revelación. ¡Habíamos llegado a la Cuarta Integración, de modo que lo más probable era encontrarse con controladores!

Como enseñaba la Profecía, a los controladores no les interesaba la verdad y sólo estaban marginalmente motivados por obtener resultados. Lo que deseaban sobre todas las cosas era la sensación de poder que se obtiene al dominar a los demás. Para conseguirlo inventan lo que sea para desequilibrar a la otra persona y minar su confianza. Si el control resulta efectivo, las víctimas pierden su centro y claridad, y asumen de forma paulatina las opiniones de los controladores, lo que, por supuesto, da a los controladores una sensación extraordinaria de energía y poder, que reciben cuando los demás les prestan atención. El afán de control es una conducta obsesiva que se usa para enmascarar la inseguridad.

Este tipo de control es característico tanto de la derecha como de la izquierda, ya que ambas tienen una visión ideológica de la política. No quieren debatir los asuntos. Sólo quieren ganar a sus oponentes a gritos. La antigua Profecía predijo que esta inseguridad egoísta se resolverá únicamente cuando las personas encuentren una seguridad genuina: una Conexión espiritual interior en la que la búsqueda de la verdad y el afán de servir sea más importante que la victoria.

Para olvidarme de esto opté por buscar cualquier rastro de Rachel y Wil, pero no los vi ni tampoco encontré a nadie conocido. Me disponía a regresar a la tienda cuando escuché que alguien hablaba en voz alta en un campamento situado a mi derecha. Traté de ver mejor a pesar de la luz tenue; la noche estaba brumosa en parte por el humo de las fogatas.

Con dificultades pude ver a cuatro o cinco personas de pie formando un corro e iluminadas por una gran fogata. Dos hombres se enfrentaban a otros dos en un intercambio de posiciones bastante intenso. Uno de ellos gritaba y el otro era... ¡Coleman!

Me dio tanto gusto verlo que corrí hasta él y me propuse apoyarlo colocándome a su derecha.

—Eres uno de esos derechistas —gritó el hombre al tiempo que señalaba con el índice a Coleman—. Si no lo fueras, no estarías hablando así.

Coleman dijo:

—Sólo estoy diciendo que se requiere equilibrio. Algunas personas quieren un gobierno poderoso que regule completamente todo y otros pregonan la influencia de las grandes empresas con muy poca regulación. Me parece que la mejor posición es la de centro: con la suficiente regulación como para brindar una protección adecuada a los consumidores.

Su oponente no escuchaba; dijo que sus palabras ocultaban a un derechista con intención de socavar los programas sociales. Dijo que Coleman era un fascista extremo que sólo buscaba controlar las economías del mundo y oprimir a cualquiera que no fuera rico.

En ese momento se me encendió una luz: estábamos ante lo opuesto a lo que había experimentado antes. Cuando traté de discutir de política con el tipo de derechas desde una posición moderada, me llamó izquierdista. Y ahora veía yo a un hombre de extrema izquierda —dado que Coleman mantenía una postura más moderada— que acusaba a Coleman de ser de extrema derecha.

Ambos extremistas utilizaban la misma táctica. Si alguien estaba en desacuerdo con ellos, por leve que fuera el desacuerdo, empujaban al oponente al extremo opuesto del espectro ideológico, con lo que lograban desechar y deshumanizar al oponente, evitando a toda costa tomarlo en serio. Así, los extremismos de derechas y de izquierdas justifican la propia conducta extrema. Cada lado creía estar haciendo el bien, peleando para salvar a la civilización de los enemigos desalmados.

Mientras que el otro hombre insistía en gritar, Coleman me hizo señas para que nos fuéramos.

—¿Adónde crees que vas, derechista? —gritó el otro hombre—. No vais a ganar. Si es necesario instaurar una dictadura, lo haremos. ¡Jamás ganaréis!

Cuando ya estábamos fuera del alcance de su vista, Coleman se detuvo y sacó una copia de la Cuarta Integración de su mochila.

—Tenemos que hablar —dijo.

Mientras caminábamos hacia el sitio donde había montado mi tienda de campaña, le referí todo lo que había pasado, incluyendo la experiencia de la Tercera Integración, haber visto a Rachel y el extraño grupo con el que iba, y haber escuchado al extremista de derechas ser tan irracional como lo había sido el extremista de izquierdas con él.

Coleman escuchó y se ocupó de recoger ramas secas de mezquite. Hizo varias pausas para decirme que él había tenido experiencias similares con la Tercera Integración, sin perder su comida pero estando solo y perdiéndose hasta obtener ayuda de otros. Ambos estábamos en el mismo lugar: en Alineación y comenzando a buscar la Cuarta.

Cuando llegamos, usé unas astillas que Wil había puesto en mi mochila para encender un pequeño fuego sin dejar de prestar atención al ruido de motores que pudiera indicar la llegada de los guardias.

Coleman me miraba y parecía estar cada vez más nervioso.

—¿Sabes ya qué dice el Documento en relación con la Cuarta Integración?

—Todavía no.

—¡Todo lo que estamos presenciando tiene una razón de ser! El Documento dice que durante la transición de una perspectiva materialista a una más espiritual, la cortesía es lo primero que sale volando por la ventana. Los que se empeñan en el viejo punto de vista suelen aferrarse a sus obsesiones con fuerza, hasta que sus creencias se convierten en Ideología, un sistema de ideas que ya no está basado en la verdad. Se basa en la Percepción de que hay un enemigo por ahí que amenaza al mundo. Con un punto de partida tan extremo creen que está bien dejar a un lado el verdadero debate democrático y los procedimientos legales. La izquierda y la derecha se mueven hacia los extremos porque cada una piensa que la amenaza del otro lado es tan grande que exige que se tomen medidas extremas. Y, por supuesto, todo es una retroalimentación. Cuando la gente exagera los hechos, se aleja de la verdad y entra en acción la Ley del Karma. Cada bando se nutre de su opuesto, que también miente, de manera que cada uno aviva las llamas del otro. Lo peor —continuó— es que aquellos que se encuentran en el medio, como acabamos de ver, son constantemente acusados por ambos bandos de ser extremistas, de modo que tarde o temprano los individuos se ven obligados a polarizarse. —Atizó el fuego con un palo—. El Documento dice que el peligro radica en este incremento de la polarización, ya que cada día hay más personas que se ven obligadas a adherirse a alguno de los extremos. Esta situación es muy peligrosa. Cualquiera de los bandos puede tornarse violento o despótico. El Documento dice que aquellos que están en Alineación deben hallar la manera de oponerse a esas ideologías extremas creando un nuevo centro iluminado, devoto de la verdad. También dice que esto es particularmente cierto cuando se trata del enfrentamiento entre ideologías religiosas.

Me limité a mirarlo.

»Me interesó mucho lo que me decías del grupo con el que iba Rachel.

—¿Por qué?

—Porque el Documento dice que en nuestra época la ideología religiosa también aumentará. En este periodo en el que muchas personas quieren una discusión abierta sobre la espiritualidad para llegar a un consenso sobre nuestra naturaleza espiritual, muchos seguidores de las religiones establecidas comenzarán a sentirse amenazados. En un esfuerzo por defender su doctrina se moverán también a los extremos, llegando al punto de rendirse y desear el fin del mundo.

Recordé lo que el coronel Peterson me había dicho.

—¿Te refieres a los defensores del fin de los tiempos? —pregunté—. ¿Esos que desean la llegada del Armagedón?

—Sí.

Justo en ese momento el eco de los 4×4 interrumpió nuestra conversación. Aún se encontraban lejos, pero se acercaban a nosotros con rapidez. Todo el mundo se apresuraba a desmontar sus tiendas y reunir sus pertenencias.

—¡Es mejor que salgamos de aquí! —dije poniéndome en pie y metiendo mis cosas en la mochila.

—Voy a por mi tienda y regreso —dijo perdiéndose en la oscuridad.

En ese momento me estremeció el grito de una mujer que estaba a unos veinte metros de distancia. Varios hombres con linternas la habían atrapado y revisaban todas sus pertenencias. Otros tipos se dirigían hacia mí.

Sin alternativa metí todo en la mochila y corrí hacia la oscuridad. Pude ver a hombres con linternas por toda la zona revisando los campamentos; era obvio que buscaban algo. Me agaché cuando vi que un grupo de hombres se apresuraban a entrar en un campamento situado a unos diez metros de donde estaba yo escondido. Los haces de sus linternas pasaron sobre mi cabeza.

—Danos tus traducciones —dijo uno de los hombres con acento árabe. Otro gritó a uno de los suyos en claro hindú continental. Reconocí a uno de los hombres que estaba con el grupo que tenía a Rachel. Era el hombre alto y con barba.

Los 4×4 nos alcanzaron y todos nos desperdigamos, las linternas se apagaron de repente. Yo me alejé de los guardias de la reserva, mirando alrededor en busca de Coleman. Finalmente me oculté entre unas rocas situadas a unos treinta metros. Docenas de guardias agrupaban a la gente y se la llevaba del claro. Yo me alejé en dirección norte.

Después de cerca de una hora me detuve en seco. Alguien parecía venir hacia mí a gatas por la izquierda. Sobrevino el silencio. Yo me moví en dirección contraria y fui a caer en manos de una figura solitaria que me puso una pistola en las costillas. Otro hombre me arrojó al suelo y una de sus grandes linternas se encendió en mi cara. Me llevaron a empujones hasta una zona con grandes pinos ubicada a unos ochocientos metros en dirección norte; allí nos encontramos con una veintena de personas. Una pequeña fogata iluminaba la escena. Era el resto del grupo que tenía a Rachel.

Un hombre que parecía ser el líder se acercó y me miró durante largo rato. Era de complexión robusta, tenía cabello negro que comenzaba a encanecer y vestía ropas militares. Sacudió la cabeza y se dio la vuelta. Yo respiré hondo tratando de mantener la calma para no entrar en pánico. Después de todo, me dije, Rachel ha estado ya bastante tiempo con estos tipos, y no parecía estar muy alterada.

Por otra parte acababan de llegar al claro y habían aterrorizado a todos, aparentemente en busca de partes del Documento. Pude ver carpetas y papeles apilados cerca de un cactus solitario. Un hombre se aproximó, empezó a revisar mi mochila y encontró mis copias.

De repente otras dos personas surgieron de las sombras. Una era Rachel y la otra era un hombre árabe de unos 35 años que vestía a la usanza árabe formal. Rachel se acercó y me vio. Nuestros ojos se encontraron por un instante antes de que bloquearan nuestra mirada.

El líder caminó hasta nosotros y se sentó casualmente frente a mí.

—¿Dónde está el resto de los Documentos? —preguntó. Era el mismo hombre que había escuchado hablando con acento hindú continental.

Yo estaba decidido a mantenerme centrado y ser veraz o mejor no decir nada.

—Eso es todo lo que tengo —afirmé.

Me ofreció una sonrisa que podría calificarse de serena.

—De acuerdo, mi amigo. Entonces dinos: ¿dónde podemos encontrar el resto de este artefacto?

—No lo sé. Uno tiene que ser guiado hasta él.

—¿Y tú? ¿Estás siendo guiado por el coronel Peterson?

Me quedé estupefacto, lo que pareció alegrar la mirada del jefe. Estaba muy contento consigo mismo por conocer de la existencia del coronel.

»Ah, sí —añadió—, sé todo sobre su grupo y quiero que tú me cuentes todo lo que sepas de él.

—Es fácil: lo conocí hoy y no sé nada sobre él, excepto que está interesado en lo que dice este Documento tanto como lo estáis vosotros aparentemente.

—Sí, lo estamos estudiando ahora mismo —dijo el líder. Dirigió la mirada a Rachel, que estaba sentada al lado de la pila de papeles.

—¿Y tú? —pregunté—. ¿Qué piensas de este Documento?

Pareció divertirle el hecho de que yo me atreviera a hacerle una pregunta como ésa estando en la situación que estaba.

—No nos dice nada —aseveró—. Ya disponemos de la verdad.

Se volvió para hablar con el tipo vestido de árabe que estaba con Rachel. Se dirigió a él llamándolo Adjar.

En ese momento Rachel me miró directamente a los ojos y fue tan sobrecogedor que tuve que desviar la mirada. La Conexión no era de tipo romántico, pensé que no lo era. Pero era en definitiva excepcional y lo sentí tan profundamente que ni siquiera puedo explicarlo. Al mirarla de reojo me di cuenta de que trataba de comunicarme algo.

Coopera, parecía decir con la mirada. No hagas olas. Eso me abocó a la indecisión. Para mantener la claridad tenía que permanecer centrado y alerta, y para conseguirlo debía decir la verdad tal y como la conocía. Debía expresar mi verdad de modo que no fuera a meterme en líos con este tipo.

El líder volvió a mí.

—Esta idea de la Ideología —dijo— se refiere a las personas que viven mentiras y lo saben, ¿no es así? Como esos que mienten y roban por dinero, como vosotros, los occidentales.

Tuve la impresión de que esperaba que yo defendiera la vida moderna, pero se me ocurrió que era mejor llevar la conversación en otra dirección.

—Pienso que el Documento se refiere a aquellas personas que tienen ideas fijas sobre la realidad y que no están dispuestas a discutirlas. De esa manera dejan de crecer y repiten el pasado. No son conscientes en su conversación.

—¿Como Peterson?

—Bueno, no sé.

—¡Claro que sabes!

Era la primera vez que parecía amenazante; era evidente que estaba moviéndome en terreno peligroso.

—Pienso que está tratando de impedir una guerra por motivos religiosos antes de que sea demasiado tarde.

Tuve la sensación de que el hombre contenía su furia.

—Sólo quiere obtener poder —dijo—. Además la guerra no puede detenerse. Está predestinada. Creo que tratas de engañarme.

Se giró al terminar esta frase. Rachel me miraba fijamente, advirtiéndome que fuera cuidadoso.

El líder miró a Adjar.

—Asigna a un guardia para que los vigile toda la noche.

Adjar hizo una seña a dos tipos que me levantaron y me obligaron a sentarme cerca de Rachel. Luego el hombre dijo algo en hebreo a una mujer. Ella se sentó en una roca, a unos tres metros de nosotros, para vigilarnos. Tenía una ametralladora Uzi sobre las piernas. Él se dirigió a ella como Hira.

Me incliné hacia Rachel y volví a notar su perfume de rosas, que en este contexto la hacía parecer como de otro mundo, angelical.

—¿Quiénes son estas personas? —susurré.

—Llevo un tiempo con ellos —dijo ella por lo bajo— y todavía no sé mucho sobre ellos. La mayoría pertenece a sectas árabes, pero también hay occidentales entre ellos, judíos y cristianos de todas partes. La única relación que he podido advertir es que todos creen en la Profecía del fin de los tiempos. Su líder se llama Anish. Él los mantiene unidos.

Le comenté rápidamente lo que Peterson me había dicho sobre los extremistas religiosos que deseaban el Armagedón.

Se quedó pensando.

»Sé que Anish está planeando algo. No sé de qué se trata. Se llaman a sí mismos Apocalípticos.

—¿Y no te dejan marchar?

—No he presionado mucho para que lo hagan. Me obligaron a colaborar en la interpretación del Documento aunque sólo unos cuantos de ellos lo entienden.

Ella vio a Adjar, que pronto desvió la mirada.

Respiré hondo y le conté a Rachel lo ocurrido con los hombres que aterraban a los campistas del claro.

»Quizá los obligan a darles sus copias —dijo ella y buscó de nuevo encontrarse con mis ojos—. ¿Hasta dónde has llegado con las Integraciones?

—He terminado la Tercera y conozco algo de la Cuarta.

—¿Te queda claro el problema de las Ideologías polarizantes y lo negativo que es el desprecio de las perspectivas moderadas?

—Sí.

Pareció alegrarse.

—Bien. La conclusión de la Cuarta se está revelando. Dice que únicamente existe una solución al problema de las personas que se pierden en las Ideologías. El Documento dice que quienes estamos en Alineación, manteniendo una posición centrada y veraz, tenemos que *llegar a ellos*.

—¿Qué significa eso?

—Da a entender que un número suficiente de los nuestros debe moverse entre las Integraciones hasta tener suficiente influencia como para persuadirlos, antes de que sea demasiado tarde, que la Alineación es la única opción. La gente puede cambiar en un abrir y cerrar de ojos.

—Es una carrera contra el tiempo —dije.

Me miró confundida.

—Es lo que un amigo mencionó la primera vez que oí hablar sobre el Documento.

En ese momento Anish, el líder, fue y dijo algo a Adjar. Luego me miró. Parecía irritarle que le sostuviera la mirada. Explotó.

—¿Quién te crees que eres para mirarme a los ojos? —gritó—. ¡Muestra respeto! Estáis vivos porque yo así lo quiero. Cuando no sirváis para nuestra causa, puedo prescindir de vosotros en un instante.

Chasqueó los dedos para ilustrar el punto.

Entonces sucedió algo extraño: su semblante volvió a serenarse y sonrió.

»Mañana me diréis todo lo que sabéis.

Nos miró una vez más y se fue.

La amenaza era convincente, así que sentí que mi energía se desplomaba. Rachel me miró con severidad. Miró a Hira, nuestra guardia, quien le devolvió la mirada preocupada. Hira se incorporó de un salto con sorprendente agilidad, lista para cualquier cosa. Rachel le hizo una seña con la cabeza.

Entonces me percaté de que Rachel había entablado amistad con la mujer de la Uzi. De hecho Rachel parecía tener una Conexión con Hira y con Adjar. Tras asegurarse de que el líder no regresaría Rachel volvió a inclinarse hacia mí y buscó mis ojos.

—Una última cuestión en relación con la Cuarta —dijo—. Todos nosotros debemos aceptar que no podemos tener suficiente influencia para enfrentarnos a esta gente si estamos solos. Dice que debemos irrumpir en una parte más grande de nosotros mismos... y encontrar nuestra protección.

La Conexión con Dios

Me senté a solas mirando los vestigios de la fogata. El árabe elegante, Adjar, volvió y habló durante mucho tiempo con Rachel mientras reunían las copias del Documento.

Después supervisó el montaje de mi tienda y escoltó a Rachel hasta la suya mientras me dejaba solo con Hira, nuestra guardia, y tres extremistas que estaban sentados juntos en el extremo más lejano del campamento. Los hombres de vez en cuando reían mientras fumaban y se turnaban para beber de una botella de vino.

Mi mente analizaba la situación. Mi energía se había venido abajo y no tenía idea de qué hacer. Pensé momentáneamente en el exhorto del Documento para encontrar Protección, pero no me resultó útil. Cualquiera que fuera el significado de esa palabra seguiría siendo un misterio para mí hasta que alguna experiencia la dotara de significado. Hasta entonces la Protección sería solamente un término abstracto más.

Miré de nuevo a Hira y me pregunté si podría arriesgarme e intentar escapar, pero dejaría a Rachel sola con ellos y no pensaba abandonarla. Hira echó un vistazo alrededor y me clavó los ojos; cuando nuestros ojos se encontraron, su mirada cambió hasta convertirse en algo semejante a la curiosidad, pero sólo durante un instante.

Algo en su mirada me hizo sentir mejor. Pensé en hablar con ella, pero lo descarté. El día había sido largo y a pesar del temor me sentía muy cansado. Durante unos minutos me fijé la noche y traté de conjurar una expectativa de Sincronización. Luego entré en mi tienda y caí dormido al instante. Me pregunté dónde estaría Wil. ¿Y Coleman?

Desperté al hilo de una conversación que estaba teniendo lugar fuera de la tienda. Al principio pensé que estaba soñando, pero entonces escuché claramente la voz de Rachel. Eché un vistazo a mi reloj y vi que faltaba una hora para el amanecer.

—¿No te das cuenta? —dijo Rachel en un murmullo que logré escuchar con claridad—. Tenemos que hallar la manera de superar nuestras diferencias.

Me puse a espiar a través de la ventanita de la tienda y vi a Rachel cerca del fuego. Frente a ella estaba sentado Adjar. El resto del campamento estaba a oscuras y en silencio. Hira ya no estaba en la roca.

Rachel presionaba.

»No se puede forzar la espiritualidad. La gente debe descubrirla por sí misma.

Él negaba con la cabeza.

—Nosotros creemos que debe darse forma a la cultura y mantenerla espiritual. Las reglas espirituales deben ser mantenidas por aquellos que estén al cargo. De no ser así, nuestra gente se echará a perder y se volverá débil. Mira la indecencia y la degradación de vuestras películas y de vuestra música. ¿Crees que vale la pena presumir de tus políticos corruptos?

—Mira —replicó Rachel—, también me molestan algunos aspectos de mi cultura, pero la libertad es importante, para los hombres y las mujeres por igual. ¿Y si el Documento está en lo correcto? Tú comprendes su mensaje. Has experimentado la Alineación. ¿Qué pasaría si la gente, en todas partes, pudiera aprender a practicar una espiritualidad que establezca la disciplina a que te refieres, pero de manera voluntaria, o por el solo hecho de vivir la experiencia?

De pronto Hira regresó con una mirada de alarma en el rostro y comenzó a hablar a Rachel en hebreo. Parecía que Adjar quisiera golpearla, pero más bien se alejó unos pasos mostrando su disgusto.

Sorprendí a todos abriendo plenamente la ventanita de la tienda. Rachel me miró seriamente preocupada y caminó hasta donde estaba Adjar.

—Algunos han hablado con Hira —dijo por lo bajo Rachel a Adjar—. ¡Anish dice que no nos dejará ir! ¡Tienes que ayudarnos a salir de aquí!

Adjar guardó silencio.

»Ya sabes lo que dice el Documento —siguió Rachel—. Dice que podemos experimentar un Descubrimiento. Nuestra tarea es averiguar de qué se trata. Podría llevar a una solución satisfactoria para ambas partes. ¿Y si el Armagedón no tuviera que suceder?

Adjar volvió a darle la espalda, como si se encontrara bajo una presión tremenda.

Finalmente dijo:

—De acuerdo. Toma tus pertenencias.

Hira corrió hacia Rachel con la ametralladora colgando del hombro. Se señaló a sí misma, lo que parecía significar que iría con nosotros.

Rachel me miró sonriendo como si estuviera perpleja de que su petición de ayuda hubiera sido atendida. Yo me dediqué a desarmar mi tienda tan silenciosamente como me fue posible. En unos minutos los tres caminábamos hacia el norte. Tras nosotros Adjar nos miraba partir sin moverse; la fogata brillaba en su frente.

—¿Y qué me dices de Adjar? —pregunté a Rachel en voz baja. Subíamos la inclinada pendiente que conducía a la Montaña Secreta.

Ella se detuvo y se volvió para mirar a Adjar.

—No sé —respondió.

Rachel encontró un pasadizo que nos permitió dirigirnos a la derecha hacia un pequeño risco. De repente escuchamos una larga serie de gritos y discusiones detrás de nosotros en el campamento de los Apocalípticos, que aparentemente estaban descubriendo nuestra ausencia. Pude ver cómo se encendían de nuevo las grandes linternas y cómo un grupo de hombres partía tras nosotros.

Apresuramos la marcha con rumbo al norte, internándonos cada vez más en el Territorio Indómito de la Montaña Secreta. Esta zona, según sabía, tenía al menos sesenta kilómetros cuadrados de terreno agreste. Caminamos hasta después del amanecer. Cada vez que el terreno ascendía de forma perceptible aprovechábamos para constatar si nos perseguían los extremistas. Siempre los veíamos en la distancia, pero sin que ésta se acortara entre nosotros.

Conforme el sol se elevó en el cielo, apresuramos el paso hasta dejar de verlos por completo; seguimos adelante durante la tarde temprana hasta que llegamos al punto de extenuación. Montamos el campamento en una saliente rocosa tapizada de arbustos, excepto por uno de los lados, por el que aprovechábamos para vigilar la zona.

Durante el resto del día comimos estofado y nos turnamos para vigilar y dormir. Finalmente todos nos reunimos en el risco para admirar el atardecer. Rachel se sentó junto a mí e Hira lo hizo a unos pasos de nosotros sin dejar de vigilar y dando la impresión de estar muy nerviosa. Conforme pasaba el crepúsculo algunas nubes tipo cirro se adueñaron de la poca luz que quedaba y lucían como pequeños ángeles rosas.

—Tengo la impresión de que nos estaban protegiendo desde allí —dijo Rachel.

Asentí.

—¡Pues aún vais a necesitar la ayuda! —gritó de repente Hira.

Vimos a un grupo de siete extremistas que corrían colina arriba hacia nosotros a unos treinta metros de distancia. Algunos llevaban armas de asalto colgando de los hombros.

—Vamos. Debemos salir de aquí —dije.

En unos pocos minutos habíamos recogido todas nuestras cosas y corríamos colina arriba, hacia la cima de la montaña, escalando salientes rocosos y abriéndonos camino entre espesos grupos de árboles. Hira marchaba al frente y nos guiaba.

—Deja que ella nos guíe —me dijo Rachel—. Formó parte de las fuerzas armadas israelíes.

Nos las arreglábamos para dar la vuelta por uno de los salientes cuando uno de mis pies resbaló y sentí que me precipitaba hacia otro saliente de la roca, situado a unos siete metros más abajo. En la última fracción de segundo antes de comenzar la caída logré saltar hacia una roca que estaba a unos tres metros por debajo de mí. Luego me deslicé boca abajo raspándome el brazo con las afiladas rocas.

—¿Estás bien? —Rachel preguntó desde arriba.

Me di cuenta de que no había manera de regresar a donde estaba ella.

—Sí —respondí—, pero aún tengo que encontrar la manera de subir a donde estáis ahora. Os alcanzaré más adelante.

Estuvo de acuerdo y yo emprendí el camino. Mirando por encima de mi hombro conforme bajaba en medio de la oscuridad, pude ver las linternas de los Apocalípticos brillando de arriba abajo y de lado a lado conforme se acercaban a nosotros. De repente sonó un disparo que reverberó en la montaña con una serie de ecos que me helaron el alma.

Hiciera lo que hiciera, mi energía seguía flaqueando todavía más. Traté de animar a mi conciencia diciéndome que lo importante era salir de esa situación para encontrar las Integraciones que faltaban. Incluso traté de esperar Sincronización de nuevo e intentar buscar Protección, pero sabía que no había nadie en esos lares que pudiera venir en nuestra ayuda.

Corrí en la oscuridad y luego brinqué de roca en roca. En un momento dado me horroricé al descubrir que no había forma de seguir adelante sin subir de nuevo la pendiente, lo que me llevaría hacia las luces de las linternas. Peor aún: vi que la pendiente terminaba un poco más adelante frente a una pared de roca casi perpendicular. Para escapar tendría que escalar ese muro casi vertical.

Sonó otro disparo y entré en pánico total. Todo parecía carecer de sentido. Sólo había temor y un deseo desesperado de salir de allí.

Cuando llegué al muro de piedra, elegí la ruta que consideré más conveniente y trepé para salvar mi vida. En cada resquicio en la roca que lograba alcanzar las luces brillaban erráticamente sobre mí, dándome a entender que los hombres estaban escalando también. ¿Me estarían apuntando con sus armas? La idea me llevó a padecer oleadas de pánico todavía más grandes hasta que el nivel de miedo era prácticamente intolerable. En ese momento comencé a resignarme a una muerte inminente; la resignación caía sobre mí como si fuera una sábana mojada y me despojaba de la energía que me quedaba. Las piernas parecían ser de plomo.

Entonces me llegó un recuerdo. Esto mismo me había sucedido años atrás durante la búsqueda de la Profecía en Perú. Estaba en la misma situación, entregándome a la muerte para darme un respiro del terror. En aquel momento me abrí a un nivel de conciencia que no había experimentado y que no he vuelto a experimentar desde entonces.

Con esa idea en la mente recuperé parte del equilibrio y escalé hasta la parte superior del muro. Luego me escurrí en un estrecho pasadizo que se extendía entre dos piedras para tratar de encontrar un camino que fuera a la derecha. Para mi sorpresa me descubrí totalmente bloqueado y con un acantilado frente a mí. De nuevo igual que en Perú.

Al oír rodar las piedras debajo de mí supe que los extremistas estaban cerca. Mis débiles piernas empezaron a flaquear de nuevo y caí sobre las rocas. De nuevo el sudario de la rendición comenzó a cubrirme, sólo que esta vez no me deshice de él del todo. Una parte de mí, la parte que recordaba la experiencia en Perú, no se daba por vencida. Llegó un momento en el que me convertí en el observador puro, en el testigo imparcial que está ahí únicamente para ver el drama que se desenvolvía ante mis ojos y que determinaría mi destino.

Respiré hondo, miré alrededor, esperé y luego, igual que en Perú, algo comenzó a cambiar. Sin esfuerzo fui testigo de cómo mi conciencia se ensanchó y extendió sus dominios a todo lo que me rodeaba, dándome una sensación de extraña familiaridad, cual si estuviera recuperando una parte natural de mí mismo, una parte que había estado perdida.

Al instante mi Percepción se llenó con todo lo que no había advertido antes: pequeñas polillas e insectos voladores daban vueltas alrededor de mi cabeza. Los grillos, o quizá serían saltamontes, entonaron su canto desde los árboles y las rocas. Me di cuenta de que había un gran pájaro, quizá un halcón o un búho, que se había despertado por mi ruda intrusión; el ave chilló y se fue volando. Escuché cada aleteo como si el vuelo se realizara a cámara lenta.

Encima de mí la luna en cuarto menguante que había guiado mi camino parecía ahora colgar por debajo del cielo. Al mirarla sentí una nueva expansión de mi ser, una que también recordaba de una época anterior. La luna ya no era un mero artefacto en el cielo, de apariencia bidimensional, como se ven las cosas en televisión.

Una parte de mí percibió la luna como agrandándose, de modo que percibí que las fases de la luna son en verdad un cambio en la forma en la que el sol se refleja en esa superficie redonda, tridimensional, que está suspendida en el espacio.

La Percepción extendió mi conciencia aún más para abarcar no sólo la luna, sino también el sol, colgando como estaba bajo el horizonte occidental de la Tierra y brillando sobre la luna. El efecto expandía mi sentido del espacio, lo llevaba más allá del área en la que estaba sentado y lo proyectaba en todas direcciones del cosmos, no sólo sobre mi cabeza o a los lados. Lo sentí brillar en el otro lado de la Tierra bajo mis pies.

Además sentí de pronto que me arrojaban a un bajo relieve, una especie de supertridimensionalidad que aumentaba la presencia y la realidad de todo lo percibido, desde los pequeños insectos cercanos a mi rostro hasta las galaxias de estrellas que están detrás de la luna. Miraba todo desde la perspectiva máxima del universo entero.

Todo lo que me rodeaba estaba vivo, con una belleza y una majestuosidad abrumadoras. Las rocas y los árboles virtualmente refulgían de color conforme cada reflejo de luz definía sus contornos y sus grietas con reflejos multicolores. El gran pino situado junto al precipicio, a mi derecha, parecía explotar en mil variantes de luces rojas y azules.

Como si fuera atraído por mi propio y creciente sentido de la belleza, sentí entonces que me expandía a nivel emocional, accediendo a un profundo sentimiento de amor y Conexión con todo lo que me rodeaba. Algo en la zona del corazón parecía explotar y supe si ninguna duda que ahora estaba en casa y cuidado; no lo podía creer, pero me sentí protegido.

Durante un momento me quedé ahí, henchido de emoción, pero luego comenzó a cambiar mi imagen como persona. De alguna manera en este momento de euforia la parte de mí que era testigo de las cosas podía ver ahora los acontecimientos de mi vida como si se tratara de una larga película. Podía ver todas las Sincronizaciones, todos los pensamientos y las ideas que se me habían ocurrido en el pasado en el momento justo, guiándome hacia delante, todo revelaba un sentido oculto. Me di cuenta de que todo lo que había hecho provenía de una verdad que yo debía anunciar al mundo. Sin embargo, también me di cuenta de que mi verdad es parte de una verdad mayor, oculta, de un Plan para toda la creación.

Este reconocimiento me elevó hasta una nueva y aún mayor apertura emocional. El amor, el sentimiento eufórico de estar en casa, de estar involucrado en un universo más sublime y con propósitos más elevados, todas esas sensaciones seguían estando presentes. Sumado a ellas se formaba un profundo sentido de agradecimiento por esta Conexión y por el apoyo. Fue como darme cuenta de que una fuerza divina ha estado detrás de mí todo el tiempo sin que yo lo supiera del todo. Ahora esa entidad divina parecía salir de la nada y decir: «¡Sorpresa!».

Debo aclarar que la experiencia fue mucho más profunda y sentida de lo que puedo explicar. En este nivel de iluminación comprender que formaba parte de algo mayor y antiguo constituyó un impacto abrumador.

Y aquí, en este momento de agradecimiento, también parecía estar ocurriendo otra cosa. Sentí que había una fuente, un punto personal de Conexión del que manaba todo este amor y este sentido de pertenencia. ¿De qué se trataba? Al tratar de analizarlo simplemente desapareció. Aun así, al concentrarme en el sentimiento de amor, bienestar y agradecimiento, la sensación volvía. Era como si, de alguna manera, el agradecimiento completara un circuito de Conexión que acercaba este punto de contacto.

Permanecí sentado durante mucho tiempo, sintiéndolo todo a la vez: la Percepción sublimada, el amor y el bienestar, el sentimiento de que existe un Plan hacia el que todos somos guiados y finalmente este elusivo punto de Conexión que no lograba entender. No quería moverme.

El cielo nocturno se había esfumado con la llegada de los primeros rayos de luz del amanecer. Todo alrededor tenía colores y contornos más vivos y definidos. De pronto sentí que mi atención se dirigía a la pendiente. Me percaté de que escuchaba voces. Me puse de pie de un salto; lo hice con tanta facilidad que me sorprendí. El movimiento de mi cuerpo era diferente, no sólo por tener más energía —lo cual era cierto— sino porque disponía de mayor coordinación y precisión. Volví a escurrirme entre las rocas, bajé en silencio; me di cuenta de que las voces provenían de un punto ubicado a unos treinta y cinco metros, a mi derecha, detrás de unos árboles. Al aproximarme pude escuchar los acentos con que hablaban y supe que se trataba de los Apocalípticos.

Sin temor alguno me moví lentamente de manera que pudiera verlos. Anish y el hombre de la barba hablaban alzando la voz. Detrás de ellos estaban Rachel e Hira; un hombre mayor estaba sentado frente a ellas. Cuando se volvió me di cuenta de que era Coleman y tenía un aspecto terrible. Anish y el de la barba discutían qué debían hacer con los prisioneros.

—Saben lo que vamos a hacer —dijo el de la barba—. Liberarlos equivale a poner en peligro nuestro proyecto.

—¿Qué saben? —preguntó Anish al tiempo que miraba a Rachel—. Nada que pueda hacernos daño. El final se aproxima y nadie puede evitarlo.

El de la barba parecía enojado.

—No podemos seguir arriesgándonos así. ¿Qué hacemos en esta montaña? Ese Documento no significa nada. ¿Por qué buscamos más partes? Debemos irnos a Egipto.

Anish le dio la espalda.

»Debo insistir en ello —continuó el hombre de la larga barba— o cada uno irá por su lado.

Varios hombres armados aparecieron a espaldas del barbado.

—No, no —dijo Anish—. Nuestra coalición es demasiado importante como para hacer eso.

Miró a Rachel con un poco de lástima.

—No debes hacer eso —dijo Rachel—. El Documento explicará el final de los tiempos y el verdadero significado de todas las Profecías. Lo sé. Entre todos podemos encontrar la verdad. Podría traer paz.

En ese momento comprendí de súbito que todos nosotros —Rachel, Adjar, Hira, Coleman, yo mismo y Wil, estuviera donde estuviera— estábamos aquí por una razón. Éramos parte del Plan. Estábamos en el lugar correcto para interceder con estos extremistas. Podíamos aprender a llegar a ellos, como decía la Cuarta Integración. Pero ¿cómo?

De pronto se me ocurrió moverme aún más a la derecha para tratar de crear un derrumbe que no golpeara a nadie, pero que sí creara la suficiente confusión como para permitir la escapada del grupo. Estaba a punto de hacerlo cuando me di cuenta de que había alguien en el área desde donde pensaba iniciar el derrumbe. De pronto un monolito enorme se vino abajo rodando hacia los pinos y haciendo que otras rocas se soltaran, incluyendo una del tamaño de una tina. Conforme empezó el estruendo, los Apocalípticos corrieron en la dirección opuesta.

Algo me decía que tenía que hacer lo que fuera para que Rachel y los demás corrieran hacia mí, y sentí cómo entraba espontáneamente en un estado de intención, parecido a la oración, sólo que no estaba solo. De alguna manera logré sentir una Conexión con muchos otros que me estaban ayudando. ¿Quiénes eran?

Como si hubiera recibido una instrucción, Rachel tomó a Hira del brazo y echaron a correr en dirección a donde estaba yo. Cuando nuestros ojos se encontraron, Rachel redujo la velocidad por un instante y parecía algo inestable. Hira me vio también y tomó el brazo de Rachel para evitar que se cayera. El último en verme fue Coleman, quien se aferró a una roca para evitar caerse. Sabía que estaban ascendiendo hasta el mismo nivel de conciencia en el que me encontraba yo.

Pasé por el mar de confusión y polvo, sujeté a Rachel y a Hira y las llevé hasta el punto donde me encontraba antes. Coleman venía detrás de nosotros. Las rocas no paraban de rodar colina abajo; al correr me giré para ver el sitio desde donde se había originado el derrumbe y volví a notar movimiento. Los llevé hasta un lugar donde había otros salientes de roca, cerca de un gran árbol; nadie podría vernos estando allí. Los tres sonreían y no parecían preocupados por el peligro.

Wil se asomó por detrás del árbol. Al verlo mi nivel de alerta subió aún más. Cuando me miró, supe que estaba en el mismo nivel de conciencia que el resto de nosotros.

—Seguidme —dije espontáneamente—. Sé a donde podemos ir.

Los conduje hasta el saliente de roca donde me había ocultado antes e hice que atravesaran el estrecho pasadizo. Rachel, Hira y Coleman parecían absortos en su estado de conciencia y se sentaron en lugares separados.

Wil y yo salimos a vigilar.

»Tú provocaste ese derrumbe, ¿no es así? —pregunté.

Wil asintió.

Yo me eché a reír.

»Yo pensé en causar un derrumbe, pero tú lo pensaste antes.

Me miró y dijo:

—¿Quién sabe? Tal vez tú lo pensaste primero y yo te escuché. O quizá lo pensamos al mismo tiempo. Eso es lo que creo.

Sabía que se refería a la Conexión que todos parecíamos compartir.

Di un paso hacia él.

»¿Piensas que estos extremistas...?

Wil completó el resto de mi frase antes de que yo pudiera hacerlo:

—...¿nos siguen? No me sorprendería.

Hizo el comentario sin el menor tono de alarma, como si no le importara nada en el mundo. Eso me pareció raro teniendo en cuenta las circunstancias que estábamos viviendo, pero luego me percaté de que yo me sentía exactamente igual. Pensábamos y actuábamos a gran velocidad, haciendo lo que teníamos que hacer. Sin embargo, parte de lo que sentíamos —el amor, haber llegado a casa, ser guiados por una misteriosa intuición— era, en definitiva, la sensación constante de ser invulnerable, como si no pudiera ocurrir nada que no pudiéramos resolver.

Lo miré.

—También sientes la Protección, ¿verdad?

Entonces se me ocurrió ir a echar un vistazo a la parte baja de la colina. Wil me rebasó para hacer justo eso, es decir, trepar un poco más para mirar la parte baja. Yo estaba ahora detrás de él. Cuando llegamos al sitio ideal, vimos movimiento. Un pequeño grupo de hombres armados se dirigían hacia nosotros.

—Lo sabía —dijo regresando al saliente.

—Yo también —pensé esforzándome por seguirle el ritmo.

Mientras nos movíamos entre las rocas, algo me vino a la mente. Cuando estaba en el saliente de roca la noche anterior, estaba oscuro. Quizá sí había una salida que llevara colina abajo después de todo. Al llegar al sitio Rachel revisaba ya el saliente en compañía de Coleman. Buscaban exactamente lo mismo: una ruta de escape. Parecía que nuestras mentes trabajaban juntas en una suerte de Superconexión.

Ahora Coleman estaba completamente en Sintonía.

—¿Qué nos está pasando? —preguntó sonriente—. Sabía que la Quinta Integración tenía que ver con un Descubrimiento, pero nunca esperé...

—Sólo concéntrate en el sentido de Protección —dije instintivamente.

Su rostro me dejó en claro que había comprendido.

—Ahí está la salida —dijo Hira de manera abrupta. Miraba por el lado derecho del saliente—. Podemos bajar al siguiente saliente rocoso y movernos a lo largo de la pendiente hacia la derecha.

Fui a mirar.

—¡Pero si son por lo menos cinco metros de altura!

—Puedes hacerlo —dijo ella.

Al girarme vi que todos recogían su equipo para intentarlo. Wil me miró como diciendo: «Vamos».

Hira fue la primera. Dejó caer su mochila y luego saltó sin ningún problema. Coleman arrojó sus pertenencias a Hira y luego gateó hasta el borde del saliente. Se descolgó e hizo una pausa antes de soltarse. Wil hizo lo mismo. Luego Rachel se acercó a mí. Yo la sostuve de los brazos y la ayudé a descolgarse del saliente. Al hacerlo nuestros ojos entraron en la más profunda Conexión que he experimentado; era como si nuestras almas se tocaran.

La sostuve un momento que pareció largo y luego la solté para que se uniera a los demás. Al saltar yo pensé en algo que había olvidado hacía mucho tiempo. Desde muy pequeño me había caído con cierta regularidad de alturas considerables. Una vez, cuando contaba con apenas tres años, pensé que podía volar y, con un mandil atado al cuello a modo de capa de Superman, me había lanzado desde un muro de casi tres metros de altura sin hacerme daño.

Luego, siendo joven, subí a una escalera de mano de unos ocho metros de altura para ayudar a montar una luz en una plataforma de hormigón. El pie de la escalera se movió y caí al suelo, precisamente sobre la escalera. Mi cadera y el hombro golpearon contra los peldaños rompiendo la inercia de mi caída, la única manera posible de no lastimarme seriamente. No sufrí daño alguno.

Me caí cuando era estudiante en la universidad. Trabajaba como electricista y me desplomé desde el ático de un centro comercial, atravesé el techo de una joyería y aterricé sobre una repisa de cristal de casi tres metros de altura y con cuatro niveles. La atravesé y reboté en el suelo. Después aparté numerosos pedazos de vidrio filoso de mi cuerpo y me levanté sin un rasguño.

En cada una de estas caídas el tiempo parecía transcurrir muy lentamente y también tuve la certeza de que todo saldría bien, la misma certeza que sentía ahora que mis pies llegaban a la roca de abajo. Me pregunté si en aquellas ocasiones había estado en consonancia con la Protección, aunque fuera de modo inconsciente.

Hira caminaba a la cabeza del grupo guiándonos. Encontramos una ruta que nos condujo alrededor de una cañada para luego descender hasta la falda oriental de la Montaña Secreta. Mientras Hira caminaba a buen ritmo delante de nosotros noté que su cuerpo era duro como la roca, como de gimnasta. Parecía exudar entusiasmo.

—No os quedéis atrás —dijo en un momento dado, pero incluso antes de que hablara todos habíamos comenzado a acelerar el paso de manera instintiva.

Después de casi ochocientos metros llegamos al llano del nordeste del cañón Boynton. Empezaba a cansarme y la euforia y la claridad a esfumarse. Hira se detuvo un momento para dejar que el resto recuperáramos el aliento. Cuando me miró, su rostro me pareció diferente, como si de repente se hubiera vuelto a preocupar. Al ver a los demás me encontré con signos parecidos de preocupación. Me quedaba claro que las cosas volvían a la normalidad. Miré hacia la montaña que estaba detrás de mí.

Sin advertencia alguna un tercer disparo hizo eco en el desierto y nos llenó a todos de pánico. Estábamos al final de una zona rocosa y a punto de entrar a una planicie grande y desértica. Nos ocultamos entre las rocas; estábamos ante un dilema.

Detrás de nosotros estaban los Apocalípticos y frente a nosotros había unos setenta metros de terreno abierto antes de llegar a unos árboles que servirían para cubrirnos. Podíamos cruzar de frente o hacerlo hacia la derecha, por donde los pinos más gruesos y las rocas ofrecían más cobijo.

Wil se me acercó gateando.

—¿Permaneces centrado? —preguntó.

—A duras penas —respondí.

—Recuerda que acaba de tener lugar un Descubrimiento: hemos echado un vistazo a un nivel de conciencia que nos parecía inexistente y ahora es posible. Tendremos que trabajar para regresar a ese estado.

En ese momento sonaron varios disparos más, algunos dieron contra las rocas que estaban a menos de veinte metros de distancia. Los Apocalípticos no sabían dónde nos hallábamos exactamente, pero seguían persiguiéndonos. Todos gateaban hacia donde nos encontrábamos Wil y yo.

—Disparan desde el saliente en el que estábamos —dijo Hira con voz ligeramente temblorosa.

—¿Y a qué esperamos? —dijo Rachel—. Debemos correr hasta la siguiente colina.

—¿Estás loca? —dijo Coleman. Miraba hacia el saliente de roca—. Veo a dos o tres de ellos. Todos están armados. Tenemos más posibilidades de cubrirnos si corremos hacia la derecha. Usa la lógica.

Mientras hablaba me vino a la mente la imagen de nuestro grupo corriendo hacia la derecha y sentí que mi nivel de energía se hundía definitivamente. Miré a la ruta que teníamos de frente y, por alguna razón, me pareció mejor. Estaba seguro de que la opción correcta era ir en esa dirección.

—¿Qué pensáis? —preguntó Wil.

—Creo que debemos correr hacia delante —dije.

—¿Qué? —dijo Coleman—. Yo, no. Se nos echarán encima. Todos miraron a Rachel.

—Insisto en que debemos seguir de frente —aseveró ella.

Coleman, aún incrédulo, echó a correr hacia la derecha, moviéndose de árbol en árbol para cubrirse. Unos segundos después el resto de nosotros comenzamos a correr hacia delante a campo abierto. Procuramos dispersarnos lo mejor que pudimos al correr en zigzag.

De repente zumbaron las balas por la zona donde escapaba Coleman. Al mirar atrás vi que algunos de los Apocalípticos habían tomado posición en la colina situada directamente encima de la zona de Coleman; disparaban en esa dirección. Todos desaceleramos la carrera para mirar hacia allá.

—¡Vamos! ¡Vamos! —gritó Wil cuando los tipos del risco abrieron fuego contra nosotros. Las balas levantaban el polvo cerca de nuestros pies. En ese momento capté los ojos de Wil y por primera vez advertí una mirada de resignación en él. Y después sentí lo mismo que cuando me caí siendo joven: que todo iba a estar bien.

De pronto escuchamos el ruido de un helicóptero que volaba hacia nosotros. Cuando estaba justo sobre nuestras cabezas, se inclinó, así que pude ver a varios hombres que viajaban en la parte trasera. Uno de ellos era Peterson. Me reconoció y pareció quedar estupefacto hasta que pronto sonaron más disparos que daban ya muy cerca de nosotros. Al comprender la situación en la que estábamos, Peterson se acercó al piloto y el helicóptero aceleró y pasó rozando la cabeza de los Apocalípticos. Cesaron los disparos.

—¡Vamos! —gritó Wil, y todos corrimos sin parar hasta alcanzar las primeras rocas de la siguiente colina. Una vez allí vimos que el helicóptero volaba en círculos alrededor de los extremistas y luego desapareció.

—¿Cómo supieron los del helicóptero que necesitábamos ayuda? —preguntó Hira.

—No lo sabían —dije—. Pasaban por aquí.

Me miró confundida.

—Fue la Sincronización —aclaré—. Estábamos protegidos.

La gran Misión

Después de tres horas de dura escalada llegamos al primer camino pavimentado. Habíamos esperado largo rato a Coleman pensando que podía tratar de cruzar por donde lo habíamos hecho nosotros. Pasaron varias patrullas y jeeps del servicio forestal que apresuraban la marcha hacia la montaña, y dejaron tras de sí una nube de polvo. Todos estábamos cansados y estremecidos a excepción de Wil, que parecía emocionado por lo sucedido.

—Todo lo que ha ocurrido nos muestra con exactitud aquello que necesitamos ver. No he visto a un grupo de personas abrirse espontáneamente a una experiencia como ésta. El Documento dice que no podemos enfrentarnos a las ideologías violentas solos, que necesitamos vivir el Descubrimiento y encontrar nuestra Protección. Y eso es exactamente lo que pasó.

Era verdad, pero estaba demasiado cansado para comentar el asunto.

»Tendremos mucho tiempo para descansar cuando lleguemos a Jerome —agregó—. Y tengo el presentimiento de que Coleman está bien. Lo encontraremos.

Hasta donde yo sabía Jerome era un viejo pueblo minero situado al oeste de Sedona; el lugar era frecuentado por artistas.

—¿Por qué ahí? —pregunté.

Me regaló una sonrisa.

—Allí nos esperan los hopi.

Un ranchero nos transportó hasta el siguiente teléfono público. Desde allí Wil llamó a Wolf y en veinte minutos llegó en el mismo Mercedes. Mientras nos apretujábamos en el coche, observó mis ropas sucias e hizo un gesto.

—¿Han tenido ya algunas visiones? —preguntó con una sonrisa.

—Sí —dije antes de dejarme caer en el asiento trasero.

Wolf nos condujo a través del pueblecito minero situado en las colinas para luego seguir un kilómetro y medio hasta llegar a una granja. La casa era de adobe y estaba cubierta con un techo de hojalata nuevo con paneles solares incorporados. En las inmediaciones había un granero y un corral que albergaba a tres caballos que parecían estar muy bien atendidos. Por ahí vagaba una bandada de pollitos.

Nos saludaron dos nativos norteamericanos, una mujer de unos 80 años y un adolescente de unos 15 años. Se apresuraron a servirnos abundante comida compuesta de buñuelos de maíz, pollo y guacamole con cebolla. Una hora después estábamos duchados, habíamos comido y nos disponíamos a levantar nuestras tiendas sin apenas hablar. Al atardecer todos estábamos ya dormidos.

Dormí sin soñar hasta que un rayo de sol se coló por una rendija de la tienda y me dio en el rostro. Un coro de pájaros cantaba en las copas de los pequeños álamos que estaban sobre las tiendas. Salí después de calzarme las botas y vi un fuego encendido, así que me senté al lado. Por primera vez noté que el terreno descendía desde la casa hasta llegar a un estanque de unos cuatro mil metros cuadrados de superficie. En el estanque había un álamo grandísimo. Varios cuervos graznaban desde una zona rocosa que había más allá del estanque.

Mientras admiraba el paisaje, sentí como si los días pasados hubieran sido un sueño y por fin estuviera volviendo a mi antiguo yo. Vaya que si necesitaba la taza de café que me ofreció el adolescente.

—¿Cómo te llamas? —le pregunté.

—Tommy —dijo en perfecto inglés.

Miré a la mujer mayor que estaba cerca.

—¿Es tu abuela?

—Sí.

—¿Cómo se llama?

—Abuela.

—¿Es ése su nombre?

Asintió.

En ese momento la mujer llamó al joven, quien corrió hasta ella abrazándola y comenzó a traerla con gran orgullo hasta donde estaba yo.

Endulcé mi café con miel que hallé en una jarra colocada en una canasta cerca del fuego; lo bebí lentamente sin ninguna intención de pensar en las experiencias vividas. Estaba seguro de que sobraría tiempo para hacerlo después. Por ahora sólo quería permanecer sentado, admirar la belleza sencilla del lugar y sentir la normalidad por un rato. Un cuervo sobrevoló el corral y aterrizó en un poste cercano para luego mirarme fijamente. Desvié la mirada.

—¿Ya estás despierto? —preguntó de forma abrupta Rachel, que estaba a mi espalda. El timbre de su voz me pareció ligeramente distinto a la noche anterior.

—Sí —respondí poniéndome de pie. Cuando nuestros ojos se encontraron me sonrojé por alguna razón y evité volver a mirarla directamente. Era como si hubiéramos tenido una aventura de una noche o algo parecido.

Se sentó en un cojín cercano al fuego y el muchacho también le sirvió café. Rachel sacó un billete de un dólar del bolsillo y se lo ofreció, pero el muchacho se negó a aceptarlo mirando a su abuela. Rachel insistió y él terminó por aceptarlo y se lo guardó en los pantalones.

Al mirar a Rachel algunas de nuestras experiencias en la montaña se abrieron paso de nuevo hasta mi conciencia, al menos intelectualmente. Sabía que había experimentado lo que sólo puede llamarse Conexión Divina y una verdadera Protección que compartía con Rachel y con los demás. También sabía que habían ocurrido muchas otras cosas que no podía recordar.

Recordé a Wil diciendo que se trataba de una mínima parte de lo que podía ocurrir, de una experiencia sobre la que deberíamos trabajar más adelante. Todavía no lograba entender bien a qué se refería. Después de un rato dejé que esos pensamientos se esfumaran. De repente volví a sentirme vulnerable y llegué a considerar la posibilidad de irme. La lógica me decía que ya era suficiente. Un grupo de extremistas había tratado de matarnos y, aunque habíamos escapado, ¿para qué tentar más al destino?

De pronto Rachel acercó su cojín al mío y dijo:

—Todo lo ocurrido es importante.

—¿De verdad? —dije sin estar seguro de querer escuchar lo que iba a decir.

Trató de animarme.

—El Documento dice que la apertura a la Conexión con Dios sucede con mucha mayor frecuencia de lo que la gente piensa. Está integrada en la estructura del universo y en el funcionamiento mental de las personas.

Su sonrisa era tan contagiosa que me dejé llevar por su tren de pensamiento y pensé de nuevo en las ideas de Jung deseando que Coleman estuviera aquí. El psiquiatra suizo no sólo había descubierto el fenómeno de la Sincronización. También era famoso por su noción de que nuestros cerebros estaban estructurados por arquetipos.

Pensaba que los humanos, por ejemplo, eran capaces de aprender a caminar sin pensar en cada músculo individual involucrado en el proceso, porque el patrón de coordinación muscular necesario para esta actividad ya estaba integrado en la estructura de nuestro cerebro, contenido en lo que él llamó rutas arquetípicas preestablecidas, que se transmitían genéticamente.

Para caminar sólo teníamos que ver a otros y tratar de hacerlo, lo que dispara el patrón de rutas neuronales que nos ayuda a aprender con rapidez esta actividad. Puesto que estas rutas son básicamente las mismas en todos los cerebros, aprender a caminar es igual en todos los seres humanos.

Jung sostuvo que el desarrollo espiritual estaba estructurado de la misma manera, en una especie de sendero o ruta latente que esperaba nuestra instrucción para ponerse en marcha. Y de nuevo esta experiencia sería igual en todos los casos.

—Sucedieron tantas cosas ayer —dije al fin—. Es difícil digerirlo. Y la verdad es que parece que no puedo volver a sentir lo mismo que sentí ayer en la montaña.

Me miró emocionada.

—Sí, pero la Quinta Integración dice que no tenemos que recordar el hecho. Sólo tenemos que seguir integrando los demás elementos para volver a la experiencia; ya sabes, me refiero a la Ascensión a la Sagrada Influencia que trata el Documento. La única parte de la experiencia que debemos conservar ahora, como parte de la Quinta Integración, es el sentimiento de amor y protección.

—Es lo mismo que me dijo Wil —aclaré para luego pedirle que continuara.

—La Quinta Integración completa lo que preparó la Cuarta. Si tenemos la intención de ser veraces y mantenernos alineados frente a las mayores mentiras ideológicas, algo en nuestro cerebro se abre en consecuencia. Sabemos que no podemos enfrentarnos a este tipo de peligro solos, valiéndonos únicamente de la fuerza de nuestro ego. Nadie puede hacerlo. Sin embargo, ese reconocimiento dispara una ruta preexistente y por ello experimentamos el Descubrimiento, un descubrimiento que conduce a la Conexión Divina y a las premoniciones y Sincronizaciones necesarias para ser protegido.

En efecto. Recuperaba la sensación de Protección. Hasta ahora habían sucedido cosas horribles al azar a ciertas personas porque no disponíamos de la conciencia necesaria para escuchar las advertencias que podían apartarnos de ese peligro.

Si el Documento estaba en lo correcto, la Protección parecía ser una parte natural de nuestra habilidad espiritual innata, partiendo, supuse, de la Ley de la Conexión. Al pensar en esto me llegó una imagen del futuro. ¿Llegará el día en el que la humanidad será tan sensible a las premoniciones que todos sabremos, por ejemplo, que ha llegado el momento de dejar una ciudad y subir a las montañas antes de que se presente un tsunami o un terremoto, igual que sucede a veces con los animales?

Rachel me miraba fijamente.

—Nos corresponde comenzar a procesar de manera sistemática la experiencia vivida en la montaña para poder vivirla todos los días. Estamos en la Sexta Integración. ¿Recuerdas la Profecía hallada en Perú? Vamos a descubrir una Misión.

Hizo un leve intento por volver a mirarme a los ojos. Sostuve su mirada un instante antes de desviarla.

De repente Wolf se acercó a la casa en su coche. Nos levantamos para saludarlo. Sorprendentemente Coleman viajaba con él, además de otro hombre que estaba en el asiento trasero y que no pude ver bien, pero al acercarnos me di cuenta de que el hombre en cuestión era Adjar.

Wil salió de la casa. Wolf nos dijo que había encontrado a Coleman en compañía de otros científicos en Sedona. Él también había escapado cuando el helicóptero distrajo a los extremistas. En cuanto a Adjar, algunos hopi del pueblo lo habían visto en una clínica. Wolf dijo que Adjar había logrado escapar tras ser interrogado por los extremistas.

—Por desgracia —añadió Wolf—, aunque la policía estaba enterada de la presencia de los extremistas no atraparon a ninguno.

—¿Has escuchado eso? —dijo Hira—. Eso significa que pueden llegar en cualquier momento. Debemos hacer algo.

—¿Qué te sucede? —tronó Adjar—. ¿No puedes estar en paz ni un momento?

—¡Mira quién habla! —gritó Hira—. ¡Sois los grandes destructores de la paz!

Rachel contuvo a Hira y la abuela llevó a Adjar hacia la casa. Por primera vez advertí que Adjar tenía una gran herida en la frente, además de tener inmovilizado uno de los brazos.

Wil miraba de manera insistente a Wolf.

—¿Dónde está ese sitio del que me hablaste? —preguntó.

—Cerca del estanque y del árbol grande. A ese sitio lo llamamos el lugar de la armonía.

—Bien —respondió Wil—. Vamos a necesitar mucho de eso.

Durante la mayor parte del día descansamos y comimos solos. Adjar no volvió a salir de la casa e Hira permaneció casi todo el tiempo en silencio y reservada. Después de hablarme brevemente de cómo había sido capturado por los extremistas, Coleman durmió casi todo el día. Parecía distraído, como si estuviera trabajando en algo y tuviera que terminar este proceso para poder contármelo.

Yo estaba obsesionado con la idea de que nuestra experiencia de Descubrimiento estaba integrada en cada cerebro humano. Si era cierto, entonces podía implicar que todas las Integraciones estaban también incorporadas a nuestro cerebro y por tanto estaban, en cierto sentido, destinadas a toda la humanidad. Me dediqué a revisar la Cuarta y la Quinta parte del Documento, que coincidían exactamente con lo que me habían dicho.

Cerca del atardecer vi que Hira y Adjar conversaban con Wil. Al principio de la discusión ambos alzaron la voz y se daban la espalda. Al final los dos hablaron unos minutos sin rencor. Finalmente los tres caminaron hacia el gran álamo y se reunieron con Wolf, quien arrojaba leños a una gran hoguera ubicada en el centro de un círculo de troncos. Sabía que Wil y Wolf tramaban algo. Podía sentirlo. Una sensación de expectativa flotaba en el aire.

Me dirigí hacia allí y de camino pasé junto a la tienda de Rachel. Ella salió con un pequeño diario y sonriéndome, como si hubiéramos quedado en vernos en ese lugar y a esa hora específica.

—Quería tomar algunas notas —dijo moviendo el diario.

—Wil nos está reuniendo para algo —comenté.

Me devolvió una sonrisa críptica, como si ya supiera de qué se trataba pero no estuviera dispuesta a revelarlo.

Al aproximarnos al árbol me di cuenta de que Coleman se dirigía también hacia allá. No nos miraba. Tuve la clara sensación de que él, al igual que yo, pensaba con profundidad en nuestra experiencia compartida. Para cuando llegamos al círculo de fuego ya casi había anochecido y todos estaban ahí. Rachel y yo nos sentamos a un lado del fuego; Adjar, Hira y Coleman estaban al otro lado.

Wil se había separado del grupo, como si se estuviera preparando para dirigirse a nosotros; Wolf se colocó a un lado del fuego, sosteniendo un largo palo que usaba para atizarlo. La abuela estaba detrás de todos nosotros, debajo del álamo, haciendo mínimos movimientos con los pies que semejaban un intento de danza. Tommy estaba junto a ella.

En ese momento Wolf usó el palo para extender el fuego y apagar las llamas. Volaron chispas por todas partes. Entonces Wil pidió que nos sentáramos enfrente los unos de los otros sobre los seis pequeños troncos que formaban un círculo alrededor de la hoguera, que era sobre todo brasas.

Rachel me miró y se sentó frente a Coleman. Hira y Adjar se sentaron uno frente al otro. Era demasiado tarde cuando me percaté de que me había quedado sin pareja. Estaba a punto de comentarlo cuando, para mi sorpresa, Tommy se acercó a mí con una madurez superior a su edad y elevó las cejas como pidiéndome permiso para sentarse frente a mí.

—Por supuesto —dije.

Durante largo tiempo nos dedicamos únicamente a mirarnos; las brasas proyectaban un tono rojizo en nuestros rostros. La oscuridad era completa y, aunque no distábamos más de cuatro metros de la persona que estaba frente a nosotros, era difícil enfocar el rostro del otro con una luz tan tenue. Era como si fuéramos obligados a mirar a la persona como una forma, dificultando la comunicación por medio del lenguaje corporal o la expresión facial. Me pareció lógico suponer que la disposición de la hoguera respondía a una estratagema psicológica hopi.

—He querido reuniros —comenzó Wil— porque Wolf ha sido capaz de hallar la Sexta Integración. También sé que muchos de vosotros os disponéis a partir, así que quiero hablar con algunos antes de que os vayáis. El Documento dice que cuando ya se ha experimentado el Descubrimiento de la Conexión con Dios se han completado los Cimientos de la Espiritualidad, un nivel de conciencia estable que constituye un punto de partida inmejorable para, si lo deseamos, proceder con las Integraciones restantes, un viaje que el Documento llama Ascenso a la Sagrada Influencia. El Documento describe este ascenso como una recuperación sistemática de la Conexión Divina, recuperación que tiene lugar conforme elevamos nuestra conciencia a ese estado superior. Esto culmina en el Descubrimiento del Duodécimo nivel y en ese momento seremos capaces de mantener esta conciencia.

En este momento Wil hizo una pausa y nos miró.

»Sea como sea —continuó— dice claramente que todas las personas que estén alrededor durante el Descubrimiento están allí por una razón importante. Conforman un grupo que puede ayudar a que el tránsito entre las Integraciones restantes sea más rápido. De acuerdo con el Documento estos grupos tienen también otro propósito: al estar juntos se conforma el llamado Modelo de Acuerdo, que sirve para ponerse de acuerdo sobre la veracidad de cada Integración y para influir en los demás con el poder de este acuerdo. Estos grupos o Modelos de Acuerdo son muy importantes porque, en la medida que están formados por personas que representan distintas tradiciones religiosas, sirven para contrarrestar y resolver la peligrosa polarización y el odio que se genera entre los extremismos religiosos del mundo.

Wil se acercó a nosotros.

»Los Modelos tienen ese efecto en los extremistas porque al proceder con las Integraciones restantes y crecer en influencia comenzaremos a difundir una verdad central al resto del mundo: en esencia todas las religiones apuntan a la misma experiencia de Conexión con Dios que hemos compartido. Es esta experiencia común la que, una vez reconocida, puede servir para reconciliar las diferencias entre las religiones y ayudar a lograr una Unidad. La verdad, no lo olviden, es contagiosa.

No podía ver bien las expresiones de sus rostros, pero sí pude distinguir los gestos de Adjar, Hira y quizá también de Coleman. Lo último que quería la mayoría de nosotros al unirnos al corro era quedarnos allí hasta que acabara el día y mucho menos permanecer reunidos hasta que se produjera alguna forma de Unidad.

Wil hizo otra pausa sabiendo que nos acababa de hundir el ánimo. Miré a Wolf y hubiera jurado que me había guiñado un ojo.

»Antes de tomar decisiones en este sentido —siguió Wil— quiero comunicaros aquello que el Documento dice que está en juego. Al igual que sucede con las Integraciones anteriores, es necesario que un número suficiente de personas dé los pasos restantes para que la influencia crezca y se haga más poderosa, lo suficiente para contrarrestar los peligros que surgen fuera. Al no actuar en consecuencia estamos propagando otra especie de contagio: la que da por perdido al mundo.

Pensé que Wil había logrado su propósito. Ahora todos estábamos obligados por igual. Puede que quisiéramos huir y salvarnos, pero si lo hacíamos la polarización constante podría acarrear la destrucción del mundo. En realidad la situación había sido la misma desde la Primera Integración. Ninguno habíamos tenido opción.

Conforme nos mirábamos en silencio noté que Hira estaba inquieta, como si supiera algo que los demás ignorábamos. Finalmente gritó:

—Si todo esto es cierto, ¿qué estamos haciendo aquí limitándonos a hablar de ello? ¡Echemos esto a andar! Los adversarios siguen por ahí. ¡Tenemos que resolver todo esto!

Miró a Rachel.

—Mientras debatías con Adjar sobre el Documento y experimentabais las elevaciones, yo compartía tus sensaciones y tus experiencias. Pero no te dije algo importante y tampoco lo hizo Adjar. Anish y el resto de esa gente ya tiene un plan para destruir el mundo. ¡Y lo van a hacer!

Miró directamente a Adjar.

—¡Sabes que lo que digo es cierto! ¡Cuéntaselo!

Adjar se levantó y desvió la mirada. Por un momento pensé que se alejaría hasta perderse en la oscuridad. En lugar de eso nos miró y volvió a sentarse.

—Es cierto —dijo—. Tienen un plan para forzar el fin de los tiempos. El grupo con el que estábamos se compone de dos facciones extremas, una que se adhiere a la tradición musulmana de Alá y otra que sigue las religiones occidentales de Dios o Yahvé. Ambas facciones creen que, antes de que llegue el fin de los tiempos, deben ocurrir algunos hechos históricos que se describen en sus respectivas escrituras.

—Cada bando cree que, cuando tengan lugar estos hechos, sus respectivos profetas o figuras sagradas regresarán para reunir a los verdaderos creyentes y acabarán con sus enemigos y establecerán en la Tierra un mundo completamente espiritual basado en su doctrina particular. Sin embargo, ellos creen que su principal deber es procurar que estos hechos sucedan tan pronto como sea posible. Han dejado a un lado el odio que sienten entre sí para colaborar en este sentido, al menos por un tiempo. Se llaman a sí mismos Apocalípticos y tienen el objetivo esencial de provocar esta última guerra que permitirá que suceda todo lo anteriormente expuesto: el Armagedón.

No podía creer lo que escuchaba. Adjar describía prácticamente la misma amenaza que Peterson había mencionado, sólo que esta vez las cosas eran peores: una coalición de grupos occidentales y árabes trabajaban de forma activa para acabar con el mundo.

Ahora todo cobraba sentido: el hecho de que el grupo estuviera integrado por miembros tanto árabes como occidentales y que discutieran tanto entre ellos con tal frecuencia. Habían pactado una tregua difícil de sobrellevar para comenzar una última guerra, tras la cual sólo tendrían que esperar a que la mejor religión se impusiera, por decirlo así. Cada bando pensaba que su tradición prevalecería.

Mientras hablaba sentí que Adjar suavizaba el tono. También él sabía que no teníamos opción. Debíamos intentar influir en las personas que compartían estas creencias ideológicas capaces de hacer tantísimo daño.

—Alguna vez creí —continuó Adjar— que este mundo estaba maldito y también deseé que la divinidad lo reemplazara con un mundo ideal. Por eso me uní a los Apocalípticos. Pero este grupo ha decidido usar toda la violencia necesaria para proteger su plan y para provocar una guerra total. Por eso los he abandonado. Cuando escapé de ellos, también experimenté el Descubrimiento que supuso el gran cambio en mí.

Por vez primera se dirigió abiertamente a Hira. Sentí que ella también recordaba su experiencia de Descubrimiento.

—Me pasa lo mismo —confirmó ella—. Ha de producirse la llegada de lo Divino. Y los humanos deben ayudar de alguna manera. Pero no se puede provocar el fin de los tiempos mediante la violencia. También me vi obligada a rechazar la visión de los Apocalípticos.

De pronto recordé algo. Por alguna razón la conversación sobre Dios interviniendo para salvar al mundo me llevó al misterioso punto de Conexión experimentado en la Montaña Secreta. Durante mi acceso de amor y euforia tuve la experiencia de un punto, o una fuente, del que parecía brotar el amor. Incluso recordé haber tenido la idea de que las Profecías del fin de los tiempos tienen otro significado que aún no ha sido comprendido del todo.

—El Documento dice —afirmó Wil— que un grupo modelo no puede seguir adelante a menos que todos sus miembros se den cuenta de que su verdadera Misión es involucrarse.

Nos miramos en silencio o más bien miramos los contornos que la poca luz nos ofrecía. O tal vez miramos nuestros respectivos espíritus. Poco a poco me di cuenta de que todos volvíamos a unirnos. Lo sentí de la misma manera como lo había sentido en la Montaña Secreta. Tommy y Adjar se me presentaban como adiciones lógicas al grupo.

Miré a Wolf. ¿Eran tan listos estos hopi como para devolvernos al estado de Conexión? ¿Y todo con ayuda de una hoguera?

A continuación tuvimos una ronda de revelaciones personales; cada uno describió la manera en la que su viaje espiritual lo había llevado hasta ese momento y a creer en la tradición religiosa elegida. Adjar nos dijo que había sido educado como musulmán y que en los últimos años se había interesado en la Profecía del Mesías islámico, el Duodécimo Imán.

Hira, que había vivido toda su vida en Israel, dijo que lo que más le interesaba era la utopía judía que se crearía tras la llegada de su esperado Mesías.

Luego llegó el turno de Rachel, que afirmó ser cristiana y haber estudiado las Profecías del fin de los tiempos, especialmente la del Éxtasis —la idea de que todos los creyentes se unirían flotando en un solo cuerpo, siendo protegidos del Armagedón—. Le parecía significativo que la mayoría de las tradiciones tuvieran un hecho similar en sus profecías.

A continuación habló Tommy, que parecía algo nervioso. Miró a la abuela y dijo representar la tradición de los nativos, pues había estudiado la Profecía Maya y había crecido bajo la influencia tanto de los hopi como de los yaquis. Durante su búsqueda el año anterior él también había experimentado el Descubrimiento. Ahora estaba fascinado por el Calendario Maya. Este Calendario bien podía ser descrito, nos dijo, como una Profecía del fin de los tiempos en sí mismo, ya que se refiere al final de una etapa de la Creación y al comienzo de otra mejor.

—De acuerdo con los mayas —explicó— entraremos en una etapa en la que la iluminación estará más accesible, pero no será impuesta. Debemos darnos cuenta de que la búsqueda de todos quienes viven actualmente tiene como objetivo acceder a esa parte ignorada de nosotros mismos que constituye la fuente de la conciencia misma.

No podía creer lo que oía. Yo, como muchos otros, había intuido que el Calendario se refería a algo nuevo en la historia. Y aquí estaba un joven que decía comprender las cosas de esa misma manera. Mientras hablaba comencé a sentir que la comprensión del Calendario debía ser una parte muy importante de las siguientes Integraciones, especialmente de la Duodécima.

Con Tommy habían quedado cubiertas buena parte de las religiones mayores a excepción de las tradiciones religiosas orientales.

—Yo siempre me he sentido inclinado a la vía oriental —dijo Wil de manera abrupta. Luego nos hizo un claro resumen de su vida, que denotaba una búsqueda incansable por lograr una comprensión práctica de la conciencia espiritual.

De nuevo el silencio. Las miradas se dirigían ahora hacia Coleman. Nos habló de su vida en general y del tránsito que lo había llevado del escepticismo a la exploración de nuestra más profunda naturaleza. Cuando llegó al tema de la religión, se limitó a levantar los hombros. Todos parecimos contentarnos con eso, pero me quedé con la impresión de que pensaba en algo que no quería decirnos aún.

Cuando volví a concentrarme en el grupo, me di cuenta de que las miradas recaían sobre mí.

—Yo amo partes de todas las religiones —espeté.

Wil se rio, pero los demás se quedaron en silencio, al menos al principio; luego empezaron a reír también, hasta que todos reímos a carcajada batiente. En ese momento nos unimos todavía más. Nos movíamos hacia la Conexión total experimentada en la montaña, teníamos casi la misma facilidad para hablar e interactuar.

—El Documento afirma —añadió finalmente Wil— que una vez que los miembros de un grupo experimentan la realidad de una Conexión Divina comprenden que ésta es la misma para todos sin importar los antecedentes religiosos. Y también se dan cuenta de otra cosa: que cada religión del mundo enfatiza sólo algunos aspectos de esta experiencia. Los otros elementos son minimizados, por no hablar de los que de plano son suprimidos.

»¡Pensad en lo que significa esto! —continuó—. Entre todas las religiones se completa adecuadamente la experiencia. Sin embargo, si se consideran de forma aislada, todas las religiones están incompletas. Por tanto, lo que se requiere es que cada religión enseñe su parte correcta de la Conexión Divina para así poder obtener de las demás religiones lo que le falta. Ésta es la única manera de entender la experiencia en su totalidad y así convertirla en parte de la vida diaria de la humanidad. Tal es el propósito de los Modelos de Acuerdo: llegar a un consenso público sobre la reconciliación natural de las religiones. Y no debemos olvidar que ya están operando por ahí muchos grupos de este tipo. Unos grupos avanzarán más que otros, pero con el paso del tiempo y mediante la Conversación Consciente las reconciliaciones más veraces evolucionarán en la mente de las personas, y así aumentarán su influencia en la cultura humana conforme avanzamos en las Integraciones restantes.

Todos seguíamos sus argumentos con atención, manteniendo e incluso aumentando el nivel de energía. Habíamos dejado de ser miembros de distintas religiones para convertirnos en un grupo de almas que decidieron ayudar a hacer historia.

Cuando desperté a la mañana siguiente, mi cabeza seguía revolucionada por la experiencia de la noche anterior, especialmente por la revelación de que el grupo extremista ya tenía un plan para echar a andar el Armagedón. ¿Cuántos Modelos de Acuerdo se necesitarían para llegar a estos Apocalípticos y a otros como ellos? ¿Mil? ¿Diez mil?

Al salir de la tienda vi que los demás ya estaban bebiendo café y observando la colorida danza del amanecer en el escenario del cielo azul oscuro. Caminé hacia ellos y cuando me vio Coleman corrió con varias páginas del Documento.

—Hay otra cosa que quisiera señalar respecto a la Sexta Integración —dijo señalando un pasaje específico—. Aquí dice que existe otra tradición que debe ser también parte de la reconciliación religiosa, una tradición que se dedique a explorar la espiritualidad a través de una óptica que se proponga ser tan objetiva como sea posible.

—¿A quiénes te refieres? —pregunté todavía adormilado.

—¡A nosotros, los científicos! —respondió—. ¡Yo puedo aportar a nuestro grupo la perspectiva de la tradición científica!

Algunos, incluyendo a Wil, habían escuchado lo dicho por Coleman y se mostraron de acuerdo con la idea. Coleman me miró.

—Sí, por supuesto —dije.

Desayunamos y a media mañana nos dirigimos de nuevo al círculo. Wolf había vuelto a encender una hoguera, sólo que más pequeña que la última, lo necesario para vencer el frío matinal.

Nos miramos durante un tiempo, solazándonos en la sensación que habíamos alcanzado la noche anterior. Entonces habló Wil.

—El Documento comenta algunos acuerdos que deben alcanzarse antes de que un grupo modelo pueda evolucionar, acuerdos que resultan claves para que el proceso funcione. Uno de esos acuerdos es el siguiente: de ninguna manera podemos pretender que los adeptos de cualquier tradición tengan que renegar de su fe o de cualquiera de sus aspectos. Deben limitarse a integrar lo mejor del resto a la propia tradición. El otro acuerdo consiste en que nadie debe pensar que su camino es el único posible para alcanzar la Conexión Divina. Recordad: todos experimentamos este Descubrimiento a pesar de las diferentes perspectivas religiosas que nos precedían. La Conexión ocurrió porque estábamos en el mismo lugar por propia voluntad y porque necesitábamos abrirnos a una Conciencia Divina superior.

Lo que Wil había expresado era un hecho innegable: todos habíamos experimentado el mismo Descubrimiento y eso significaba que había muchas vías para llegar hasta allí, pero sólo una experiencia. Nos quedamos sin palabras durante un momento; la expectación era palpable. Luego Wil sonrió y miró el Documento.

—Dice que debemos comenzar por concentrarnos en la parte de la Conexión Divina que mejor haya quedado grabada en la memoria.

Todos esperamos a que alguien tomara la palabra. Los ojos de todo el grupo se fijaron en Coleman.

—Como científico —dijo Coleman finalmente— el primer elemento de esta Conexión que recuerdo es una sensación de extremo bienestar y amor, el sentimiento de haberme reencontrado con una parte perdida de mí mismo; también sentí que me protegían.

Todos asentimos con la cabeza.

—¿Cómo describiríais este elemento amoroso y de pertenencia a la Conexión Divina?

—El Espíritu Santo nos colmó —explicó Rachel.

—Alá nos ofreció su guía —comentó Adjar.

—Dios recompensó nuestro trabajo —dijo Hira.

Todos miraban a Tommy.

—¡El Espíritu llenó el mundo y éste cobró vida! —dijo con una lucidez y un poder que sorprendió a todos.

Coleman parecía estar pensando de nuevo.

—Espera un minuto. Son descripciones religiosas. Necesitamos hablar con más precisión sobre la experiencia misma de llegar a casa para amar y discernir qué tradición enfatiza esto más que las otras.

Rachel se moría por hablar.

—Sólo hay una tradición —dijo ella— que enfatiza especialmente el Amor Divino: el cristianismo. Sé que la palabra *amor* suena hueca en ocasiones y que no siempre expresamos tanto amor como debiéramos, pero creemos que, si buscamos esta experiencia con humildad, podemos acceder y sentir lo mismo que en la montaña. Nos elevamos por encima de nuestras vidas y todos los errores que hemos cometido quedan atrás. Nos renovamos y alcanzamos la plenitud. Para mí esta experiencia era como llegar a casa, donde finalmente nos liberamos de todo aquello que no quisiéramos haber hecho. Tengo la sensación de que, cuando accedemos a esta Conexión, podemos empezar de nuevo.

Nadie habló. Todos sabíamos que tenía razón. El amor y el bienestar que experimentamos nos brindaron la sensación de dejar atrás el pasado.

Ella continuó:

»Enseñamos que cualquiera que desee llegar a casa y empezar de nuevo puede hacerlo. Pero esto equivale a la refutación de la idea del ojo por ojo. Como vimos en la Montaña Secreta, en un nivel superior de conciencia no existe justificación del Ciclo de la Venganza, no existe la posibilidad. La verdad es que tenemos que permitir que todos tengan la capacidad de cambiar, de ser redimidos en un abrir y cerrar de ojos.

No podía creer que ella se estuviera refiriendo al Ciclo de la Venganza. El coronel Peterson había dicho que no podía superarse. ¿Había otra tradición que refutara el Ciclo de la Venganza aunque fuera de forma parcial?

Finalmente habló Adjar.

—Debo admitir que nuestra tradición no enfatiza este elemento de amor y perdón, no de la manera en la que lo experimentamos en la montaña. Y también nuestra tradición tiene la venganza y el castigo como principios básicos. De hecho no había entendido el perdón hasta el Descubrimiento. Pero hay partes de nuestra tradición, como los sufís, que dicen esencialmente lo mismo sólo que no se les presta mucha atención.

Varios más comentaron después los preceptos y los escritos poco conocidos de sus tradiciones que también señalaban la importancia del amor y de superar el pasado.

—De modo que —dijo Wil— ¿estamos de acuerdo en que el cristianismo enfatiza este elemento de la Experiencia de Dios, un énfasis que las demás tradiciones, para ser exactos al describir la experiencia, deberían integrar también?

Tommy habló:

—Los pueblos nativos se han concentrado a veces en la venganza y en la enemistad. Estoy de acuerdo en que el cristianismo hace el mayor énfasis.

—Yo también estoy de acuerdo —dijo Wil—. El pensamiento oriental se expresa más en términos de plenitud, pero también existen corrientes que enseñan sobre el amor y la reconciliación. Pero el amor que todo lo trasforma de la tradición cristiana es el más preciso.

Todos asintieron.

»De acuerdo —siguió Wil—. Debo retomar un tema. Comenzaré contigo, Rachel. ¿Reconoces que las personas de otras religiones pueden alcanzar este estado eufórico dentro de su propia tradición?

Ella lo miró con completa honestidad.

—Debo admitir que siempre me ha resultado problemático aceptar esto; esencialmente porque nuestras escrituras afirman que sólo se puede llegar a Dios por medio de Cristo. Y sé que aquí hay otras personas que también piensan que la vía de su religión es la única válida.

Miré alrededor con la sensación de que habíamos llegado a un callejón sin salida. El mayor obstáculo para la reconciliación religiosa estaba sobre la mesa para nuestro estudio. Entonces se me ocurrió una idea y sin pensarlo dije:

—Pero, Rachel, ¿estás de acuerdo con que en el bautismo Cristo se reunió completamente con Dios? ¿Y se hizo igual a Dios según la teoría de la Santísima Trinidad?

Lo aceptó.

»Si alguien busca sinceramente la Conexión Divina y de verdad la encuentra, a pesar de no haber escuchado hablar de Cristo jamás, ¿no podemos afirmar que ha transitado el mismo camino de expansión de la conciencia que nos enseñó Cristo? En cierto sentido habría participado de Cristo. Tal vez sea eso lo que las escrituras quisieron decir.

El grupo quedó impresionado por mi comentario y todos miraron a Rachel.

Me miró durante lo que pareció un largo rato y luego sonrió y dijo:

—Sí, ahora lo creo así, porque después de nuestra experiencia pienso que la Conexión es cuestión de dejarse llevar y abrirse a una conciencia superior. Por tanto, pienso que tienes razón aunque nuestro eje es la fe y la confirmación de esa fe.

La mirada de Rachel se fijaba ahora en Hira, como si le formulara la siguiente pregunta: ¿Estás dispuesta a aceptar que tu tradición puede ser una de muchas vías? ¿Aceptarías que todas las demás tradiciones pueden llevar al amor y la redención?

—Esta discusión me afecta —dijo Hira devolviendo la mirada a Rachel—. Al igual que vosotros experimenté una seguridad interior y la sensación de ser amada y protegida sin importar los obstáculos. De modo que debo decir, de acuerdo con mi experiencia, que mi tradición debe reconocer que la redención instantánea existe y que las personas de otras tradiciones religiosas pueden entrar en Conexión con el Dios único.

Añadió sonriendo:

»Y de hecho tenemos nuestras propias escrituras y nuestros profetas, que han dicho prácticamente lo mismo.

Terminó y miró a Adjar, quien la observaba a su vez en total aceptación. Todos sentimos que el muro que se había construido durante siglos de conflicto empezaba ya a derrumbarse.

—Sé que tu gente ha sufrido también —dijo Adjar—. Y puedo mostrarte el camino: sólo existe una Conexión Divina y es la misma para todos nosotros sin importar el sendero que elijamos transitar, siempre y cuando se trate de un camino genuino y lleno de amor.

Durante unos minutos nos limitamos a mirarnos entre nosotros sintiendo cómo se elevaba el amor y la Conexión.

Finalmente Wil dijo:

—Hemos recordado un nuevo elemento: la sensación de que existe una Misión personal y también colectiva que percibimos durante nuestro Descubrimiento, la experiencia que nos llevó a formar este grupo. ¿Qué tradición es la que más enfatiza la noción de que estamos en la Tierra para hacer algo importante?

Hira respondió de inmediato:

—Estás refiriéndote a la tradición judaica. Creemos que estar en Conexión con Dios equivale a que se nos dé un trabajo que hacer. La Conexión con lo Divino no sólo nos brinda amor y perdón. También nos da una Misión que sabemos que debe ser cumplida. No sé en nuestro caso, pero en la montaña tuve la certeza de que existe un Plan y que cada uno de nosotros forma parte de él.

Todos estuvieron de acuerdo y varios comentaron que sus tradiciones también tenían escritos importantes que resaltaban la Misión. Digamos que el énfasis no era tan claro como en el caso del judaísmo.

—¿Estamos de acuerdo en que la tradición judaica es la que mejor enfatiza la parte de la Conexión que constituye una Misión? —preguntó Wil.

Podría afirmar que la claridad respecto de la Misión —reforzada por nuestra decisión de crear un Modelo de Acuerdo— elevaba nuestra conciencia todavía más. Habíamos recopilado tres elementos de nuestra Conexión Divina: el amor y todo lo que conlleva, la Protección y la redención. Ahora teníamos la Misión. Pude ver la elevación en todos los rostros.

—Todo lo que debemos hacer para permanecer en la Quinta y en la Sexta Integración es recordar cómo se sienten esos elementos y procurar volver a ellos si los perdemos. Si perdemos esta Conexión del amor, por ejemplo, es porque ha sido reemplazada por una de las emociones inferiores. Hay que intentar volver al amor, la emoción primaria de la Conexión, y estas emociones inferiores se esfumarán. Luego, cuando ya estés en el amor, la Protección y la Misión llegarán también a nosotros. La clave para avanzar es *escuchar*.

Wil pronunció la palabra escuchar con un énfasis particular; yo sabía que era su manera de aludir a la siguiente Integración.

—¿Sabéis algo de la Séptima Integración? —pregunté.

Wil me miró con complicidad.

—Todavía no hemos encontrado esa parte del Documento —dijo Wil—, pero apostaría a que la Séptima se trata de descubrir más acerca de la Ley de la Conexión. Tenemos que encontrar todos nuestros poderes de intuición y darnos cuenta de que nos guiamos por ellos.

El arte de Sintonizar

Conforme el sol empezó a ocultarse por el oeste, sentí una repentina necesidad de caminar colina abajo, pasado el estanque, hasta la zona rocosa que me había atraído antes por alguna razón. Wil terminó nuestra última sesión de forma bastante abrupta, tanto que me entró la desagradable sensación de que nos iríamos pronto, por lo que decidí conocer esa parte de la granja mientras todavía había tiempo.

Al caminar me vinieron a la mente nuevas ideas en relación con la Séptima Integración. La antigua Profecía predijo que en un momento dado la humanidad elevaría su nivel de Percepción de esas impresiones internas que durante tanto tiempo hemos clasificado como intuiciones o corazonadas. Después de haber pasado tantos años enfatizando el pensamiento racional y la lógica, durante el dominio de las visiones materialista y laica, la Profecía anunció que finalmente nos tomaríamos en serio el tesoro de la información proveniente del hemisferio derecho del cerebro: la parte que nos da la sensación de saber sin tener muy claro cómo llegamos a conocer las cosas.

En ese momento vi una figura solitaria que caminaba por mi izquierda a unos setenta metros de mí. Era Tommy que regresaba a la granja. Por un instante pensé en volverme y llamarlo, pues me interesaba mucho aprender más sobre el Calendario Maya. Sin embargo, seguí caminando con la certeza de que había llegado hasta allí por una razón distinta. Estaba seguro de que la Sincronización estaba a punto de entrar en juego.

Después de varios minutos llegué a un área de suelo arenoso donde se podían ver algunos nopales desperdigados cerca de un grupo de grandes mezquites. Sin advertencia alguna un hombre salió del mezquital. ¡Peterson!

Hice una mueca. La verdad es que no era a quien estaba esperando.

—Necesito hablar contigo —dijo—. Es algo serio.

Miró hacia la casa para asegurarse de que nadie más se acercaba; me pidió que lo siguiera. Nos adentramos en el mezquital.

»¿Sabes que esos extremistas aún te buscan? —preguntó.

—Tenía la esperanza de que se hubieran marchado —respondí.

—Algunos lo hicieron, pero quedan otros que tratan de encontrarte. ¿Sabes quiénes son estas personas?

—Sí. ¿Qué piensas hacer al respecto? —pregunté.

Desvió la mirada.

—No lo sé. ¿Qué estás aprendiendo ahora del Documento?

Dudé durante un instante si debía responder a esta pregunta, pero luego decidí actuar diciendo la verdad y nada más.

—El Documento describe la forma de detener una escalada de violencia.

—Los Modelos —dijo.

Me quedé sorprendido.

—¿De manera que estás leyendo esta parte?

—Es mi trabajo.

—¿Pero comprendes lo que lees? ¿Te diste cuenta de que fuimos protegidos?

Se rio.

—Vi que tuvisteis suerte. Si no hubiéramos aparecido, no os habríais salvado.

—No creo que fuera suerte —comenté.

—No importa. Escúchame. Las cosas se están acelerando, tal como predije. A pesar de las medidas adoptadas contra Irán nada ha cambiado. Irán continúa con su programa nuclear. Pensamos que ya pueden tener la capacidad de proporcionárselo a los grupos terroristas.

Lo miré con dureza.

—He oído que los Apocalípticos ya tienen un plan para crear una guerra.

Se colocó las gafas oscuras.

—Todavía tengo la esperanza de que este loco Documento nos enseñe otra salida. Como te dije, a nadie le va a gustar lo que tenemos que hacer para detener esta amenaza.

En ese momento me di cuenta de que nos contactaba y seguía el progreso del Documento, haciendo solo mucho más de lo que cabría pensar. Al verlo supe que estaba al tanto de lo que estaba pensando.

»Trabajo por mi cuenta —dijo— pero a los dos se nos está agotando el tiempo.

Me miró como si solicitara más información, de modo que le expliqué lo mejor que pude el Descubrimiento de la montaña y la idea de que los Modelos de Entendimiento pueden crear una nueva influencia que termine con las intenciones de los Apocalípticos, aunque la verdad no teníamos muy claro cómo funcionaría esta parte de la ecuación.

Me miró como si estuviera completamente equivocado.

—¿De eso habla el dichoso Documento, de una locura como ésa?

Sabía cómo se sentía. Desde la perspectiva del mundo laico efectivamente *podía* considerarse que era ilógico y tonto. No había modo de leer el Documento y comprender sin más a no ser que uno hubiera tenido ya las experiencias en él descritas.

—Escucha —dije—. Sé que puede sonarte como una locura, pero existe una Conexión esotérica entre la gente. Se trata de una influencia real. Si comprendes esto, el resto cobrará sentido.

—Pues, bueno, sigue buscando. Y más vale que lo hagas rápido. Ya te he dicho que se están tomando medidas en todos los países occidentales para afrontar este problema. Si los planes se ponen en marcha, las cosas sucederán antes de que la gente tenga tiempo de percatarse.

—Espera un minuto —dije—. Parecería que podéis adueñaros así como así de naciones con una larga tradición democrática.

Retiró la mirada.

—Por desgracia no es tan difícil hacerlo, especialmente en épocas de dificultades económicas. Mira el caso de Venezuela. Sólo tienes que lograr que la mayoría de la población se enganche a las ayudas gubernamentales y luego amenazarla con quitárselas. La gente votará por quienes prometan cuidar de ellos, especialmente si se involucra a las grandes empresas convenciéndolas de que compren medios de comunicación. Sólo tienes que convencer a la derecha y a la izquierda de que lo haces para apoyar su Ideología. Luego todo mundo finge no darse cuenta de nada conforme se aprueban leyes que facilitan las cosas y después se nombran jueces de manera gradual. Una vez que se controlan las votaciones el resto es fácil. Basta con esperar el momento justo, la emergencia ideal.

La seguridad con que hablaba de poner en marcha un plan semejante me dio escalofríos. Pareció haberse dado cuenta de que había hablado de más. Abrió una cartera y sacó una carpeta grande.

—Aquí tienes las copias de la Séptima Integración —dijo mientras se retiraba.

Tomé la carpeta.

—¿De dónde has sacado estas copias?

—Ésta fue enviada a la oficina de la CIA en Langley. ¿Puedes creerlo? Si tú estuvieras revelando partes de un documento como éste, ¿mandarías una copia a la CIA? Logré que me las reenviaran por medio de un amigo antes de que los mandos superiores ordenaran una investigación en toda regla. Los investigadores no lograron averiguar nada. Seguimos sin tener idea de quién distribuye estas traducciones.

Parecía a punto de retirarse.

»Tienes cinco días para darme información útil.

Me apresuré a regresar a la casa. Allí encontré a Coleman, Adjar e Hira reunidos en torno a Wil; ya todos sentían que algo no iba bien. Les conté lo que me había dicho Peterson, incluyendo el dato de que los extremistas seguían buscándonos.

—Creo que debemos irnos cuanto antes —opinó Wil.

Adjar intervino:

—¿Para ir dónde? ¿Cómo sabremos cuál es el curso de acción correcto si no tenemos la Séptima Integración?

Levanté la carpeta que tenía debajo del brazo y todos se quedaron sorprendidos.

Me miraron como si hubiera hecho un milagro. Cada uno se quedó con una copia y empezaron a leer.

—¿Dónde está Tommy? —pregunté a Wil considerando todavía que el Calendario Maya podría arrojar luz sobre este asunto.

—Su madre acaba de mandar a un amigo para que lo lleve de vuelta con ella. Por cierto, ella está en Egipto.

—¿Qué? ¿Por qué? ¿No hay peligro allí?

—Conozco a la persona que envió su madre —dijo Wil—. Es de confianza. Dijo que la presencia de Tommy era necesaria.

Me puse de pie enfadado.

Wil se aproximó.

»Mira: Tommy no es un chico ordinario. Existe otro grupo modelo al que pertenece su madre. Tommy ha estado allí con ella muchas veces. Estará bien.

—De acuerdo. ¿Y dónde está Rachel?

—Se fue con ellos.

Sólo atiné a mirarlo; me quedé sin palabras, sintiéndome un poco desorientado. Las cosas estaban pasando muy rápido.

—¿Por qué haría algo así? —pregunté.

—Sintió que debía acompañarlos. Y no había tiempo para decir adiós.

Me pregunté por qué no había vuelto cuando vi a Tommy. Pero de haberlo hecho no habría visto a Peterson ni tendríamos las copias de la Séptima Integración. Sabía que se trataba de la Sincronización, pero no me gustó la partida de Rachel.

Wil miraba las páginas.

»¡Tenemos que leer esto cuanto antes!

Me senté cerca de mi tienda y empecé a leer. El Documento comenzaba diciendo que en esta Integración podríamos ser testigos de cómo funciona la Sincronización.

Seguía explicando que los momentos de descubrimiento sincrónico producen la misma sensación que tenemos cuando estamos en el lugar justo, en el momento justo, para recibir información importante. Si lo analizamos con detenimiento, nos damos cuenta de que estos momentos sincrónicos suelen estar precedidos por la sensación de que es necesario ir a alguna parte o decir algo; de ahí suele partir la Sincronización. A lo largo de la historia los momentos de grandes logros y descubrimientos se han producido al seguir una guía parecida, pero de un modo más o menos inconsciente.

Según el Documento, ha llegado la hora de despertar y encaminar la parte intuitiva de la Sincronización a una conciencia más plena. La clave para lograrlo es ensanchar nuestra espera de Sincronización, que conlleva estar a la expectativa de las intuiciones que forman parte de este proceso. Y para poder hacerlo debemos identificar de forma adecuada esa guía aprendiendo a distinguir nuestros pensamientos guía de los pensamientos ordinarios o estrategias del ego.

Miré a Wil.

—Esto es similar a lo que se dice en la Profecía, en la Séptima Revelación.

—Lee un poco más —respondió Wil—. Explica cómo hacerlo.

Los pensamientos del ego, aclaraba el Documento, son palabras que nos decimos nosotros mismos sobre nuestra situación para poder evaluar lógicamente cómo hacer las cosas en el mundo.

Estos pensamientos nos llegan de forma espontánea gracias a años de aprendizaje.

No obstante, el Documento dice que si observamos con detenimiento podemos empezar a distinguir otro tipo de pensamiento, uno que parece más espontáneo. Se siente como si literalmente apareciera de improviso en la mente y normalmente lo hace sin tener relación directa con el análisis lógico. Estos pensamientos suelen presentarse con una imagen de nosotros haciendo algo o con un sentimiento que nos compele a actuar sin muchas razones aparentes. Este tipo de pensamientos, según el Documento, son los pensamientos guía.

—Si se siguen, normalmente llevan a una Sincronización importante.

Pensé en esto y me di cuenta de que es así exactamente como pasa. ¿Cuántas veces sucede que, por ejemplo, de pronto se nos ocurre hablar a un viejo amigo y esa persona dice: «Qué curioso: estaba pensando en ti»? No es raro que después de estos hechos se presenten Sincronizaciones de algún tipo.

Miré a Wil, que fingía no darse cuenta, pero lo delataba el ceño ligeramente fruncido. Sabía que me estaba dando a entender que no le hablara, que siguiera leyendo.

El resto de las páginas completaban la Integración diciendo, de nuevo, que la clave para poder identificar estos pensamientos y ser plenamente consciente de ellos consiste en permanecer tanto como sea posible en estado de alerta, hasta que llegue la siguiente intuición. El secreto radica en no permitir que se nos vaya ni una sola de estas ideas sin que por lo menos la consideremos seriamente. El Documento reiteraba que, como nos encontrábamos en un momento de transición en el que a nuestra mentalidad racional y lógica se le sumaba el componente espiritual, debíamos valernos primero de la lógica para encontrar la manera de actuar de acuerdo a la intuición.

Un consejo para estar alerta en espera de guía es preguntarnos de manera constante: «¿Por qué pensé eso en este momento?».

Dejé a un lado los papeles, dándome cuenta de que ya me había formulado esa pregunta con cierta regularidad. ¿Cómo llegué a formarme ese hábito? Luego recordé que Wil me lo había enseñado mientras estábamos en Perú.

Seguí leyendo. El Documento mencionaba otra técnica para cuando uno necesitara una guía intuitiva, una perspectiva más elevada, en situaciones apremiantes. En lugar de conformarnos con esperar podemos buscar orientación activamente por medio de la Sintonía.

Por ejemplo, cuando se tiene que tomar una decisión respecto a ir o no a algún sitio, podemos imaginarnos viajando a ese lugar y llegando allí. El objetivo de este método es ilustrar lo fácil que es la visualización del viaje. Si puedes verte yendo fácilmente a ese sitio, entonces significa que ir es una buena idea. Si te cuesta trabajo visualizar las imágenes o de plano no consigues verlas, debes tomar precauciones.

El Documento reiteraba que cuando vemos el curso de acción correcto sentiremos el correspondiente aumento de energía o una sensación de urgencia, como si uno estuviera siendo inspirado para actuar.

Me detuve a pensar un momento en este proceso. La Sintonía formaba ya parte del vocabulario popular. Lo que el Documento parecía subrayar es que existe una manera más precisa de practicar este arte.

Al volver al Documento me percaté de que mencionaba un último punto. Decía que podíamos usar este método para entrar en Sintonía con muchas situaciones distintas, pero que no descubriríamos lo profunda que puede ser esa Sintonía hasta que un número suficiente de personas regresaran al monte.

Esta afirmación me hizo pensar mucho. ¿Se trataba de un mensaje literal o simbólico? Y si era literal, ¿a qué monte se refería? En las sagradas escrituras de varias tradiciones aparecían muchas montañas. Al mirar a Wil vi que había puesto las páginas sobre las piernas y que miraba a lo lejos. Hira y Adjar hacían lo mismo. Cuando vi a Coleman, caminaba lentamente hacia el gran álamo; también parecía sumido en sus pensamientos. Supe de inmediato qué estaba pasando: analizaban nuestra situación actual y buscaban guía.

Ya estaban entrando en Sintonía.

Puse en claro mi mente y traté de hacer lo mismo, comprobando antes si algo me venía a la mente de pronto. Durante un tiempo me dediqué a dar una vuelta por el lugar dejando vagar mi mente. Murmuré algo sobre lo bien que se estaba en esta granja y lo triste que sería dejarla. Luego pensé en las experiencias conjuntas de nuestro grupo en la Montaña Secreta y en la posibilidad de que la montaña mencionada en el Documento fuera precisamente esa montaña.

De repente me llegó la imagen de otro lugar, una región muy rocosa, con montañas y neblina. ¡Y yo estaba ahí con Rachel! Eso elevó mi nivel de energía. Siendo apenas capaz de contener la emoción, miré de nuevo a Wil, quien parecía estar esperando a que yo terminara.

Se incorporó y llegó hasta mí. Vi que Coleman se dirigía también hacia mí. Hira y Adjar lo seguían a pocos pasos. Pronto formamos un círculo mirándonos los unos a los otros.

—Sé qué necesitamos hacer —comenzó Wil—. Todavía no conocemos en qué parte del mundo se ha revelado la Duodécima parte del Documento, si es que proviene de algún lugar conocido. Tarde o temprano tendremos que encontrar este lugar. Iré a El Cairo, a casa de mi amigo, para ver si puedo dar con alguna clave.

Adjar dio un paso adelante.

—Yo regresaré a Arabia Saudí. Allí existe otra montaña que tiene algo que ver con todo esto.

Las miradas recayeron en mí.

—Yo me vi con Rachel. ¿Adónde fue ella?

Wil me regaló una amplia sonrisa.

—¡Fue a la ciudad de Santa Catarina, en Egipto, cerca del Monte Sinaí!

Me lo quedé mirando mientras el resto se reía. La energía se elevaba hasta el cielo. El Documento decía que todos teníamos que regresar al monte. Quizá debíamos ir a diferentes montes.

—¿Y tú qué? —pregunté a Coleman—. ¿Adónde piensas ir?

—Pienso acompañarte —replicó.

—¿Estás seguro?

—Mira: todo esto es nuevo para mí. Yo soy el que tomó la ruta equivocada cuando los extremistas nos disparaban desde el risco. ¿Os acordáis? Traté de discernir qué hacer y sólo me vi contigo en otra montaña muy rocosa.

Sonrió y me guiñó un ojo.

Miré a Wil, sorprendido de lo mucho que se elevaba la energía.

—¿Sientes esto? —pregunté—. Estamos sintiendo la Séptima Integración, ¿verdad?

—¡Sí, y ya la hemos sentido antes!

Nos miramos. Por supuesto. Volvíamos a recuperar esta parte de nuestra Conexión en la Montaña Secreta. Estamos solos en este mundo. Somos guiados. Recuperé el recuerdo completo: me refiero a la forma en la que supe espontáneamente que me guiaban para hacer algo; sabía qué movimientos ejecutar en cada caso.

Hira dio un paso al frente.

—Recordad el Modelo —dijo ella—. También debemos alcanzar un acuerdo en relación con la guía. Mi tradición habla mucho de obedecer a Dios.

—También pasa eso en la tradición cristiana —dije sintiendo que hablaba por Rachel—. Se llama «obedecer la voluntad divina».

Wil aceptó lo dicho y agregó:

—En el pensamiento oriental este concepto se expresa mejor en el Zen, como un flujo de armonía con lo divino.

—Sí —dijo Adjar—, pero ninguna tradición señala este punto mejor que la mía. Lo llamamos la rendición a Dios. Es el fundamento de toda mi religión. Se debe poner al ego en el sitio que le corresponde al buscar cotidianamente la guía divina por medio de la oración varias veces al día ¡de modo que todos nuestros actos sean realizados por el espíritu!

Tenía razón y todos lo sabíamos. El islam era el que más enfatizaba esta parte de nuestra Conexión.

—Por cierto —comentó Hira—, voy a regresar a Jerusalén. No puedo explicarlo, pero algo está sucediendo en el Monte del Templo, donde están las ruinas del templo de David.

Me estremecí. De alguna manera estaba al tanto de que su intuición estaba directamente conectada con los Apocalípticos y su plan clandestino de terminar con el mundo. El cómo y el porqué se me escapaban.

Durante una hora me dediqué a ayudar a que los otros terminaran de preparar sus cosas para la partida. Wil se las había arreglado para encontrar un vuelo chárter de Sedona a Phoenix, y luego otro que nos llevaría a Nueva York y después a El Cairo. Adjar e Hira conducirían hasta Phoenix y luego volarían a sus respectivos destinos. Coleman y yo habíamos decidido quedarnos en la granja esa noche y partir temprano por la mañana, principalmente porque necesitábamos todo el día para ocuparnos de nuestros coches y hacer toda clase de arreglos.

Wolf de alguna manera había conseguido teléfonos móviles para todos. En un momento dado Wil los repartió.

—Esto nos ayudará a permanecer comunicados y recordad que sólo mensajes de texto y nada de llamadas de voz. Aquí hay una lista con los números de todos. Aprendedlos de memoria y luego destruid la lista. Todos tenemos un teléfono, excepto Rachel y Tommy. Procurad usar el teléfono lo menos posible.

Seguí a Wil y lo ayudé a desmontar su tienda. Me sentía un tanto incómodo por su partida.

—¿Qué crees que vaya a pasar? —pregunté.

Me miró de arriba abajo.

—Creo que las cosas empezarán a ser más fáciles de ahora en adelante. Nos moveremos a través del resto de estas Integraciones y encontraremos la Duodécima. Sólo espero que haya mucha gente haciendo lo mismo que nosotros. No importa lo que suceda, siempre debes seguir adelante. Nos vemos en el Monte Sinaí.

Un par de minutos más tarde había guardado su equipaje y se alejaba con Hira, Adjar y Wolf. Con su partida percibí que crecía mi resolución.

—Wil tiene una gran guía —dijo de repente la abuela, que estaba atrás de mí.

Al volverme vi que estaba a varios metros de distancia, ofreciéndome una taza de té que olía a salvia y romero.

»Esto te ayudará en tu camino —dijo.

—Abuela —respondí alcanzando la taza de té—, con tu baile nos ayudaste a comenzar.

No respondió con la voz sino con un movimiento afirmativo de la cabeza que parecía dirigirse al horizonte. Seguí su mirada y vi la luna en cuarto menguante colgando del cielo de la tarde.

Entonces un cuervo graznó cerca del gran álamo, lo cual me estremeció por alguna razón.

—Tú también tienes una buena guía —dijo la abuela—. Disfrutarás de tu visita a la Montaña Hermana.

Seguía con la mirada extraviada en la distancia.

—¿Te refieres al Monte Sinaí? —pregunté.

Se alejaba.

—También es rojo, como las colinas de Sedona.

—Vives en un mundo interesante, abuela.

Dejó de caminar durante un instante, sonrió y continuó su camino sin mirar atrás.

Estaba recostado sobre un pequeño árbol cercano a mi tienda, preguntándome por qué la abuela se habría referido al Monte Sinaí como la Montaña Hermana, cuando llegó Coleman.

—Me preguntaba adónde habías ido —dije.

—A caminar por ahí —respondió sonriendo—. Necesito tiempo para reflexionar sobre todo lo que ha sucedido en este viaje. Nunca imaginé que tendría estas experiencias y mucho menos me sentiría obligado a aplicar una mentalidad de científico para analizar lo sucedido.

Asentí.

»No es broma. Han sucedido muchas cosas. Nos están obligando a poner en práctica nuestra espiritualidad, que parece más fortalecida cada día.

Coleman asintió y tuve la impresión de que quería que siguiera elaborando el argumento, así que me permití continuar de forma intuitiva.

—La Primera Integración —dije—, la que sostiene el Flujo de la Sincronización, nos permitió comenzar a andar el camino. Fue tan difícil en ese momento. Y todo lo que debemos hacer es esperarla para que las cosas sucedan. Después todo es cuestión de permanecer en ese estado —que se parece a ser la estrella de tu propia película—, centrado en decir la verdad a los demás. Entonces una Sincronización lleva a otra. Luego se nos mostró cómo funciona la Segunda Integración y cómo debemos tratar de descubrir una verdad superior con ayuda de otros, aunque los encuentros sean desagradables.

Me acordé de la primera vez que Coleman y yo habíamos conversado; en esa ocasión yo lo había tachado de escéptico. Él sabía que yo pensaba en eso y se rio en voz alta.

»Nos mostraban —continué— que si participamos en Conversaciones Conscientes, podríamos obtener verdades sobre el funcionamiento de la espiritualidad. Así contribuimos a la construcción de una perspectiva espiritual más completa. La Tercera Integración nos ofreció una visión panorámica de lo que sucede cuando permanecemos en esta verdad centrada, demostrando que si operamos desde la verdad entramos en Alineación con la Ley de la Verdad y podemos ver cómo otras leyes apoyan ese flujo: Conexión, Karma y Servicio. Si nos aferramos a la verdad en nuestras relaciones con los demás, no mentimos ni manipulamos nunca y nos esforzamos por ser útiles, entonces estaremos en armonía con la Ley del Karma, evitando sus correctivos y atrayendo de forma natural a aquellos que nos pueden ser útiles, de modo que fluimos con más rapidez hacia una Conexión superior con los demás y con lo Divino.

»La Cuarta Integración nos mostró lo que está en juego en relación con nuestra búsqueda de esta Conexión espiritual más profunda. Quienes están obsesionados con el laicismo construyen sistemas aún más polarizados y falsos, y se vuelven más extremos en su deshumanización, poniéndolo todo en peligro. Por fortuna la Quinta y la Sexta nos dieron una muestra de cuán profunda puede llegar a ser nuestra Conexión con lo Divino. Ahí encontramos amor y, más importante aún, Protección, además de ser conscientes de tener una Misión. Nos dimos cuenta de que participamos ayudándonos mutuamente a superar las Integraciones. Ahora debemos averiguar cómo lograr el Ascenso a la Sagrada Influencia para crear este Modelo de Acuerdo que supuestamente llegará hasta aquellos que viven con temor. —Respiré—. Y así llegamos al presente. La Séptima Integración nos mostró cómo alentar la Sincronización aún más siguiendo la guía que nos llegará si sabemos entrar en Sintonía.

Hice una pausa y lo miré; me sentía un tanto sorprendido por haber logrado abarcar todas las Integraciones con tal rapidez.

—Tenías razón —dijo Coleman—. Se trata de una conciencia que construye sobre sí misma.

Lo miré un momento y luego dije:

—Me recuerda un verso que aprendí siendo niño. Era algo como «Si te comportas honradamente en las cuestiones menudas, recibirás mucho a cambio». Parece que resultó ser cierto.

—¿Y qué crees que pasará ahora? —preguntó Coleman.

—Con suerte —dije—, la Sincronización seguirá guiándonos por los siguientes pasos y seguiremos integrando cada vez más la Conexión que experimentamos en la montaña... hasta que logremos recordar la experiencia entera. Supongo que será entonces cuando alcanzaremos la mayor influencia.

Por un momento los dos nos quedamos pensativos.

Finalmente Coleman dijo:

—Sólo deseo poder comprender una cuestión que tuvo lugar en la montaña. Era como un punto de Conexión con todo lo que sentía.

—¿Qué? ¿Estás bromeando?

—No, de verdad sentí algo. Fue difícil de comprender y parecía ir y venir.

Me incorporé de un salto.

—¡Me pasó lo mismo!

Estaba sorprendido.

»Sí. ¡Fue casi exactamente como tú lo has descrito!

A la mañana siguiente nos levantamos temprano y con el primer rayo de sol nos dirigimos de vuelta a Sedona. Wolf había regresado tarde la noche anterior con tiempo apenas suficiente para dormir un poco y ayudarnos a cargar nuestras cosas. Ahora, conforme avanzábamos en la temprana luz matinal, parecía cansado pero lleno de malicia.

—Tengo una sorpresa —dijo.

—¿De qué se trata? —pregunté. Coleman sonreía desde el asiento trasero.

—No se puede preguntar —dijo—. Te daré la sorpresa más tarde.

Tratamos de tirarle de la lengua, pero no cedió. Y todos caímos en un largo silencio. Luego, cuando llegábamos a los límites de la ciudad, nos recibió el maravilloso amanecer de Sedona. Como era habitual en este sitio, la gente se paró para admirar el espectáculo que anunciaba el comienzo del día. Me pregunté si el amanecer sería la sorpresa de Wolf, pero su rostro me indicaba otra cosa.

El amanecer nos vigorizó. Estábamos perfectamente centrados y había un aire de expectación en el ambiente a pesar de que nadie hablaba de ello. Y estábamos alertas, no sólo a la espera de la Sincronización, sino de la guía que la precedía.

De pronto Wolf dio la vuelta en una callejuela y detuvo el coche. Parecía preocupado.

—Algo va mal —me dijo—. Los amigos que cuidaban de tu camioneta debían esperarnos en la gasolinera que acabamos de pasar. No estaban allí.

Coleman y yo nos miramos.

Wolf se quedó pensando un momento y luego dijo:

—Creo que debo llevarte directamente al aeropuerto de Phoenix, ahora mismo y tan pronto como podamos llegar.

—Espera —dijo Coleman—. Mi coche está en el hotel. No puedo dejarlo allí así como así. ¿Y qué pasa con el resto de mi ropa?

Mientras hablaba traté de visualizarnos conduciendo hacia el aeropuerto, viendo fácilmente cómo llegábamos y cómo subíamos al avión. Luego traté de visualizarnos yendo por los coches y de inmediato percibí dificultad. De hecho no podía visualizaros llegando al hotel de Coleman.

—Estoy de acuerdo con Wolf —dije—. Creo que debemos ir ahora al aeropuerto.

Coleman no estaba del todo convencido, aunque esto no fue un obstáculo para que aceptara.

—Supongo que está bien —dijo—. Puedo hablar más tarde con mis amigos y pedirles que se ocupen de mi coche.

—Yo sería muy cauto respecto de llamar a alguien —dijo Wolf.

Coleman me miraba fijamente.

—Pareces convencido de que ir directo al aeropuerto es la mejor opción.

Le conté lo que había visto. Se quedó pensativo un momento y luego dijo:

»Sí, ahora puedo verlo. ¿Sabes? Es mucho más difícil seguir tu intuición si hay que cambiar los planes.

—Sí —dije.

—Ya lo sabes —agregó Coleman—. Estamos sintonizando, siguiendo la Séptima Integración exactamente. Lástima que no tenemos una copia de la siguiente Integración.

Wolf se animó.

—Oh, por cierto. Wil y yo pasamos por casa de un amigo para obtener comida para su viaje —dijo Wolf en tono socarrón.

Se agachó y sacó de debajo del asiento una carpeta.

»¡Sorpresa! —exclamó—. Nuestro amigo tenía una copia de la Octava Integración. Ahora, dado que son tan buenos en Sintonizar y obtener guía, pueden aprender algo más.

Le dio la carpeta a Coleman.

»Puedes aprender a Sintonizar con la gente.

La Intención de Unicidad

Al comienzo del viaje de dos horas al aeropuerto me pregunté cómo haríamos para encontrar a Rachel y a Tommy. Wil sabía que se dirigían a la ciudad de Santa Catarina en Egipto. Y eso era todo lo que sabíamos.

—Es una ciudad pequeña —había dicho Wil—. Los encontraréis. Sólo hay que prestar atención. Algo sucederá.

Probablemente tenía razón. A partir de las intuiciones que Coleman y yo habíamos experimentado no teníamos duda de que debíamos ir allí. Egipto puede ser peligroso en ocasiones, pero el gobierno es amistoso con los turistas, especialmente con los que podrían estar interesados en peregrinar al Monte Sinaí.

Coleman había dejado de leer el Documento, de modo que lo tomé y empecé a leer. Como había sugerido Wolf, la Octava Integración decía que seríamos conducidos a otro nivel de Conexión con los demás, un nivel que elevaría nuestra comprensión de la Conversación Consciente.

Pensé que las cosas se estaban acelerando. Tal vez Wil tenía razón al decir que comenzábamos un camino cuesta abajo a través de las Integraciones restantes.

Me acordé de que la Octava Revelación de la antigua Profecía había predicho que aprenderíamos a elevar a los otros en la conversación, al intentar conectar con y elevar su yo superior o alma. La idea era que esta elevación espiritual llevara a la otra persona a un nivel de conciencia más alto. En este nivel además de aumentar su conocimiento sobre la propia vida, sería más probable que esta persona proveyera información sincrónica que necesitamos en lo individual.

En ese momento había confusión sobre la mecánica del proceso, pero en la mayoría de las ocasiones la sola intención funcionó.

Las personas que eran elevadas de pronto se sentían más alertas y parecían tener acceso a una parte inconsciente de ellos mismos. Solían comenzar sus comentarios diciendo: «No sé por qué te estoy diciendo esto» o «Nunca se me había ocurrido esto, pero...». Y luego resultaba que la información facilitada era justamente la que necesitábamos conocer en ese momento.

Releí las páginas que tenía en las manos y continué con el siguiente pasaje. Parecía decir que esta elevación podía ahora expandirse, a la luz de las otras Integraciones, al fundir conscientemente la mente con el yo superior de la otra persona. ¿Fundir mentes?

En este punto, interrumpí mi lectura al llegar a las afueras de la parte norte de Phoenix. Comenzamos nuestra búsqueda de comida. Después de una media hora encontramos una tienda especializada donde nos abastecimos. Y quiso la fortuna que, junto a la tienda de comestibles, hubiera una tienda en la que Coleman podía comprar ropa.

Después fuimos al aeropuerto por un camino alternativo. Wolf fue muy cuidadoso al llegar a la terminal internacional. Todos estábamos pendientes de cualquier evento inusual y tratamos de permanecer vigilantes a la espera de cualquier intuición que guiara nuestro camino. Como sea, no ocurrió nada digno de contarse, de manera que Coleman y yo fuimos por nuestras cosas.

Finalmente caminé hasta donde estaba Wolf, le estreché la mano y le di las gracias.

—Llega a la Montaña Hermana tan pronto como puedas —dijo, críptico—. Ya se te mostrará qué hacer.

En menos de una hora estábamos en un avión a punto de despegar con destino a El Cairo. Revisé mi móvil y no encontré mensajes. Lo apagué rápidamente pues el avión ya levantaba el vuelo.

Coleman se había dormido, así que tomé la Octava Integración y comencé a leer de nuevo. Explicaba el pasaje relativo a las mentes que se funden diciendo que podíamos empezar este proceso de fundición al aplicar la llamada Intención de Unicidad.

Según el Documento este término significaba mucho más que la idea abstracta expresada por muchas religiones de que todos somos uno. En realidad definía una forma enteramente nueva en la que los humanos podían relacionarse entre sí. Su efectividad podía ser probada enseguida en uno mismo. Más aún, la mejor manera de entender esta nueva forma de relacionarnos era analizar atentamente el fenómeno de las personas que terminan las oraciones de sus interlocutores.

Pensé en esto durante un momento. Estaba convencido de que esa habilidad era resultado del mucho tiempo que pasábamos con una persona en particular, porque era muy común entre esposos, entre ejecutivos y sus secretarias, entre compañeros de cuarto y compañeros de trabajo.

Al volver mi atención al Documento leí que aunque esta capacidad es común podría serlo aún más y surgir incluso entre extraños, practicando la Unicidad Rectora, que consiste en abordar toda interacción humana con la intención de unir las mentes superiores.

«Espera un minuto», pensé metiendo el freno mental. ¿De verdad querríamos hacer eso? De pronto sentí una enorme resistencia a esta idea. De hecho estaba tan perplejo por mi reacción que desperté a Coleman y le conté todo lo que había leído y el problema que me causaba fundir mentes con otras personas, sobre todo si se trataba de extraños.

No sé si sería verdad, pero tuve la impresión de que Coleman había cambiado. No podía evitar verlo bajo una óptica diferente. De hecho parecía comportarse de modo ligeramente distinto, como si fuera más sensato que antes.

—Siendo como soy un tipo con un gran ego —dijo—, se me ocurre que tal vez no te guste la idea de fundir mentes con otra persona porque temes que contaminen tu pensamiento con bobadas.

Me reí y luego pensé lo que había dicho. ¿Sería eso? ¿Quería yo sentirme especial y único, y eso me llevaba a pensar que al fundir la mente con alguien se diluiría mi creatividad?

»Por otra parte —continuó— no puedes negar que en cierto modo nuestro grupo ya ha sido fundido, porque actuamos al unísono. ¿Recuerdas cuán poderoso fue lo sucedido en la Montaña Secreta?

Claro que me acordaba. Estuvimos en ese estado de Conexión durante horas. Y el hecho era que no me había sentido disminuido o con la energía baja como consecuencia de la Conexión. En todo caso me había sentido fortalecido. De alguna manera estábamos coordinando nuestras acciones y nuestras decisiones a la velocidad de la luz, como lo hace una bandada de pájaros cuando sus integrantes cambian de dirección justo al mismo tiempo. Y también habíamos sentido algo parecido en la granja.

Miré de nuevo el Documento y aclaraba que la unión no es de los egos, sino de la mente superior, que está ligada a lo Divino. Seguía explicando que, cuando dos personas se funden de esta manera, ambos se sienten engrandecidos porque tienen acceso no sólo a su propio yo superior sino también a la conciencia superior del otro. A fin de cuentas se obtiene mayor claridad y guía. Esta aclaración me hizo sentir mejor.

»Me parece que —continuó Coleman con los párpados notoriamente pesados—, puesto que dice que uno puede probar el poder de la Intención de Unicidad personalmente, puedes tratar de ponerla en práctica un rato.

Después de decir eso volvió a dormir.

Mientras miraba por la ventanilla medité sobre la brevedad de su sugerencia. De hecho sonaba como algo que podría haberme dicho a mí mismo si no lo hubiera hecho él. «¿Por qué no intentarlo ahora?», pensé. Quité las cosas que tenía sobre las piernas y caminé hasta el puesto de las azafatas para pedir un poco de agua.

Sólo estaba una de ellas, una mujer egipcia mayor con cabello corto y negro, y uniformada; era la misma que nos había servido momentos antes. Decidí hacer lo que dice el Documento. Al aproximarme a ella afirmé en silencio la intención de unir las mentes superiores.

Se volvió de inmediato.

—¿Quiere algo más de beber?

—Sí, por favor —respondí extendiendo mi taza vacía—. Será un largo vuelo, ¿no?

—Sí, pero no está tan mal. Atiendo en este vuelo varias veces a la semana.

Ella me miraba el hombro.

—¿Eso es para mí?

Me percaté de que aún tenía la copia del Documento bajo el brazo. Lo había colocado ahí mientras apartaba el resto de mis cosas para poder levantarme del asiento. Había olvidado dejar la carpeta con lo demás.

—Oh, no, sólo es una copia de un antiguo... Bueno, es algo que me traje ahora por error.

—¿Un antiguo qué?

Parecía ávida de saber; debía decir la verdad al respecto.

—Es un antiguo Documento sobre espiritualidad humana que están estudiando muchas personas en estos momentos.

—¿De qué trata?

Me esforcé por explicarlo con simplicidad.

—Bueno, se trata de cómo los humanos están dándose cuenta de que todos estamos espiritualmente conectados.

Miró al suelo en actitud pensativa y luego dijo:

—Ya he escuchado hablar sobre esto. El marido de mi hermana está estudiando unos escritos como ésos. Hay muchos.

Se inclinó hacia mí y bajó la voz al añadir:

»Normalmente él es reservado y tímido, pero desde que empezó a reunirse con ese grupo se ha vuelto parlanchín, está obsesionado con decir la verdad.

—Es el mismo Documento —dije sorprendido por la familiaridad con la que me hablaba la mujer, como si mantuviera un intercambio con un amigo cercano. Estaba impaciente por escuchar la respuesta a mi siguiente pregunta—: ¿Dónde vive su hermana?

—En un pequeño pueblo en el desierto. Se llama Santa Catarina.

Sabía que iba a decir eso, pero aun así me sorprendió la Sincronización.

—No se lo va a creer, pero nos dirigimos a El Cairo justamente para viajar a ese pueblo.

Se le iluminaron los ojos.

—¿De verdad? Tengo que darle el número de teléfono de mi cuñado. Se llama Joseph. —Abrió un cajón, tomó papel y pluma y escribió rápidamente el nombre completo y el número de teléfono—. No he hablado con él desde hace mucho tiempo. Lo llamaré y le preguntaré más sobre este Documento. Le comentaré que lo conocí en el avión.

—Gracias —dije mientras me apuntaba también sus datos.

En ese momento llegó la otra azafata, de manera que regresé a mi asiento para despertar a Coleman y contarle lo ocurrido.

—Supuse que ya estabas acostumbrado a este tipo de Sincronización —dijo.

—N-n-no —tartamudeé—. Normalmente no es tan sencillo con un extraño. Una Sincronización tan exacta requiere bastante más tiempo de conversación, si es que llega a tener lugar. A veces uno se siente atraído por alguien, pero cuando tratas de hablar con él o ella la conversación no llega a ninguna parte. Los extraños necesitan tiempo para construir una base de confianza.

De pronto, ya bien espabilado, me miró intensamente.

—Hiciste lo que dije, ¿no? Pusiste en práctica el principio de Unicidad.

Afirmé con la cabeza. Coleman me quitó la copia del Documento de las manos.

»Déjame leer esto un rato.

Por mí no había problema. Quería pensar las cosas. Tal vez estaba exagerando la apertura mostrada por la mujer, pero no me parecía. Lo que me sorprendió no era tanto haberme encontrado a una persona amigable que tenía un cuñado en la ciudad a la que nos dirigíamos sino la calidad de la conversación en sí misma: hubo una gran cercanía y buen entendimiento. Honestidad, mejor dicho. A este nivel de Conexión ni siquiera tenía que acordarme de ser directo y honesto. Mis palabras fluían con naturalidad.

Cuando desperté, Coleman ya estaba arreglando sus cosas. Cuando notó que despertaba, se inclinó hacia mí.

—¿Qué hora es? —pregunté.

—Las dos de la madrugada —respondió—. Aterrizaremos en El Cairo en veinte minutos.

Estaba todavía adormilado, como si el hecho de haber ocupado unos asientos lo hubiera fatigado aún más durante la noche. Yo me sentía igual. Había dormido unas pocas horas.

Después de aterrizar nos apresuramos a recoger nuestro equipaje para buscar un transporte que nos llevara a Santa Catarina. Cuando llegó el vehículo, nos alegramos al ver que se trataba de una camioneta grande y que éramos los únicos pasajeros. El vehículo tenía dos asientos largos, de manera que ambos pudimos recostarnos. Dormimos durante todo el camino y llegamos a Santa Catarina a las once de la mañana.

El pueblo estaba compuesto de un conjunto de calles llenas de establecimientos de servicios turísticos y pequeños hostales, todos construidos en el fondo de un valle con forma de tazón. La ciudad estaba rodeada de enormes montañas rojizas que incluían, hacia el sudeste, la cordillera del Sinaí.

Hicimos algunas llamadas desde un teléfono público hasta encontrar el hotel más cercano al Monte Sinaí. Cuando llegamos y entramos en la pequeña oficina para registrarnos, el cansancio del viaje nos pasaba ya factura. Mi energía había caído de manera drástica así que repasé mi lista mental de Integraciones para lograr centrarme: debes estar a la espera de la intuición y la Sincronización; permanece en Alineación y retorna a la Conexión del amor. Ahora agregué una: procura la Unicidad.

Cuando hicimos sonar la campanilla de la recepción, nos saludó un caballero mayor, de cabello gris y con un aspecto bastante distinguido. Hablaba un perfecto inglés, pero al principio parecía muy cauto, haciéndonos muchas preguntas sobre nuestros planes de viaje y nuestros pasaportes. Aun así, para cuando terminamos el registro, nos sonreía y se mostraba extremadamente amigable.

Nos dio las llaves y mientras nos alejábamos se quedó pensativo un momento.

—Si les interesa una excursión por el monte, aquí afuera hay un sendero que lleva a una colina cercana. Desde allí disfrutarán de una vista formidable del pueblo y de la Montaña de Moisés.

Le dimos las gracias y echamos a andar por un largo pasillo que conducía a las habitaciones, una frente a la otra. Aún mejor, mi cuarto tenía una puerta que permitía salir a un pequeño patio. Veíamos el sendero mencionado ahí cerca, cruzando la calle.

—Es fantástico —dijo Coleman.

Después de ducharnos caminamos un poco y comimos en un restaurante pequeño. Al terminar pregunté a Coleman:

—¿Qué percibes cuando visualizas si debemos contactar a Joseph, el cuñado de la azafata?

Se tomó un tiempo antes de contestar.

—Siento que debemos ponernos en contacto. Es lógico y me da buena espina.

Tomé mi teléfono y envié un mensaje de texto a Joseph explicando que habíamos conocido a su cuñada. Le pregunté si podíamos hablar con él sobre el Documento. Dejé encendido el teléfono para estar al tanto en caso de que entrara una respuesta.

»Okay —dijo Coleman—. Subamos a esta colina.

El día era hermoso. El sol brillaba con intensidad y unas pequeñas nubes blancas contrastaban con el fondo azul del cielo. Al caminar veíamos las montañas rojas que se elevaban alrededor.

»Guau —dijo Coleman—. Esto se parece mucho a Sedona.

Seguimos el camino hasta la colina y comenzamos la marcha francamente asombrados por los colores de las rocas. Junto al rojo ya mencionado, se podían ver franjas grises y doradas. Me sentía mejor a cada paso.

»También se siente como Sedona —dijo Coleman.

En un momento dado el sendero serpenteaba hasta llegar a un saliente plano desde el que se veía la ciudad. Nos detuvimos a mirar el pueblo. Cuando me abandonaba al paisaje, noté que Coleman miraba a otro punto, más adelante de nosotros.

Al otro lado del saliente había una plataforma redonda de roca. Un hombre estaba arrodillado sobre ella; vestía con ropas de oración. Tenía cabello largo y oscuro y llevaba una barba corta. Miraba en lontananza hacia el sudeste. Sin vernos cambió de postura y se sentó, sacó un móvil y marcó un número.

De repente sonó la alerta de mensajes del mío. Cuando el hombre la escuchó, se giró y nos miró con una expresión confundida. El texto decía: «Mi hermana ya me ha informado de su llegada. Me gustaría mucho hablar con vosotros. Por favor, llamad».

Lo miré también. Sonreía ampliamente. Coleman rio. Era Joseph.

De inmediato se incorporó y caminó hasta nosotros.

—Vaya Sincronización —dijo con un fuerte acento egipcio—. Soy Joseph. Encantado de conoceros.

La mirada de Coleman me recordó practicar la Unicidad y de inmediato la puse en práctica. Nos presentamos y dijimos a Joseph que buscábamos a algunos de nuestros amigos que se habían unido a un grupo que estudiaba el Documento aquí en Santa Catarina.

»Conozco a un grupo aquí —dijo—. Pero decidme: ¿hasta dónde habéis llegado con las Integraciones?

—Hemos formado un grupo modelo —dije— y estamos entrando en Sintonía con nuestra guía. Acabamos de empezar con la Unicidad.

—Así que acabáis de comenzar con el Octavo paso —dijo con un tono que me hizo pensar en que pronto averiguaríamos más.

—Así es —confirmó Coleman.

Joseph me pidió que describiera a Tommy y a Rachel, y al hacerlo pareció sorprendido.

—Creo saber quiénes son tus amigos. No los conozco todavía, pero están aquí. Os llevaré con ellos.

Miró por última vez en dirección a las montañas.

—¿Cuál de esas cimas es el Sinaí? —pregunté.

Apuntó hacia el sudeste.

—¿Jebel Musa? Está ahí, justo a la derecha de la catedral de Santa Catarina.

Lo miramos durante largo tiempo y a medida que entraba en Sintonía creí tener una sensación de calma, como si nos dieran la bienvenida. Un recuerdo me vino a la mente de repente y me percaté de que estaba recibiendo otro indicio de ese misterioso punto de Conexión experimentado en la Montaña Secreta.

Le dije a Joseph que había notado que estaba arrodillado orientado en esa dirección cuando rezaba.

»Oh, no —exclamó sonriente—, rezaba en dirección a La Meca, que se encuentra en la misma dirección que Jebel Musa. Cuando rezo, siento como si los dos lugares estuvieran alineados en mi corazón. —Miró atento al Monte Sinaí—. Se dice que Moisés vio el rostro de Dios en ese lugar. ¿No te encantaría experimentarlo?

En sólo media hora cruzamos la reja de una casa de piedra gris, situada a un kilómetro y medio del hotel. Joseph nos había llevado en su todoterreno.

En ese momento tuve la certeza de que estaba a punto de volver a ver a Rachel. ¿Sería capaz de abrirme a ella en Unicidad? ¿Sentiría la misma vacilación? Sabía que habíamos conectado de forma espontánea en la Montaña Secreta, pero desde entonces por alguna razón me había resistido a abrirme a ella. La Conexión parecía demasiado profunda, como si fuera a acarrear problemas o algo así.

Al salir del vehículo la puerta de la casa se abrió y Rachel y Tommy se apresuraron a saludarnos. Acaricié el cabello de Tommy y abracé a Rachel, pero solté el abrazo antes de tiempo y de nuevo evité un contacto visual prolongado con ella.

Coleman se acercó y le dio a Rachel un gran abrazo. Parecía que era el que estaba más emocionado por la reunión y mientras caminábamos hacia la casa me confió sus sentimientos.

—Mis padres eran unos científicos distantes. Benditos sean, pero nunca he tenido una familia de verdad.

Dentro de la casa caminamos hasta una gran habitación decorada con alfombras persas y muebles forrados en piel. Una docena de personas nos esperaban; todas me miraban pero yo los rehuía.

Tommy me tomó del brazo para conducirme hasta donde estaba su madre. Me presenté y Tommy dijo que su nombre era Amor a la Montaña.

—Tommy me ha hablado mucho de ti —dijo ella apoyando su brazo en los hombros de su hijo.

—Ahora sé por qué no quiso venir conmigo antes. Seguro que sabía que iba a conocerte.

—¿Por qué has venido a Santa Catarina? —le pregunté.

Me miró con orgullo.

—Para visitar la razón de mi nombre, Montaña Hermana. Mi padre, que fue comerciante, me trajo aquí cuando yo era joven y fue amor a primera vista. La Montaña Secreta y Jebel Musa tienen la misma energía. Ambas son capaces de abrir a la gente.

Tommy estaba de acuerdo.

Me llegó una pregunta con una fuerza tal que la formulé al instante:

—¿Cómo es que Tommy no tiene un nombre de la tradición nativa norteamericana?

Sonrió a Tommy.

—Porque es muy terco.

—Han tratado de ponerme nombres —intervino Tommy—, pero ninguno era correcto. Sé que cuando haga algo importante conoceré mi nombre tribal.

Entonces, como si de pronto hubiera recordado que tenía algo que hacer, Amor a la Montaña se ausentó de la habitación y nos dejó solos a Tommy y a mí. Su mirada denotaba que tenía que decirme algo. Le pregunté si era así.

—Tommy, tengo que saber de qué manera se relaciona todo esto con el Calendario Maya. Tú lo sabes, ¿verdad?

—Sí —dijo—. Debemos darnos prisa.

Me condujo hasta una terraza con paredes de vidrio y nos sentamos a la mesa. A través del cristal vi a Coleman en la otra habitación. Hablaba con Rachel y con varios de los recién conocidos. Por un instante mis ojos coincidieron con los de Rachel otra vez. Las personas de esa habitación parecían muy ocupadas; parecían empaquetar para emprender un viaje.

»La mitología de mi tribu —comenzó Tommy— dice que las montañas de la zona de Red Rock, en Arizona, y las Montañas Rojas de aquí están conectadas. Para los nativos norteamericanos las montañas siempre han sido lugares sagrados que nos elevan sobre la sabiduría común para permitirnos ver de manera fugaz al espíritu sagrado. Ahora este espíritu quiere acercarse. Los mayas lo sabían y vinieron a este mundo para brindarnos el mensaje del Calendario a nosotros.

—Pero ¿cuál es el mensaje, Tommy? —pregunté—. Los medios de comunicación han tergiversado las cosas hasta convertir ese mensaje en una suerte de anuncio del fin de los tiempos. Es difícil optar por una interpretación.

En ese momento Coleman entró a la habitación. Era obvio que había sentido que hablábamos de algo importante. Noté un deje de impaciencia en el rostro de Tommy, lo que me produjo una sonrisa que traté de ocultar.

—Estoy seguro de que necesito escuchar esto —dijo Coleman con cierta urgencia.

Tommy y yo le indicamos que se sentara.

—La verdad del Calendario es simple —continuó Tommy—. Nada tiene que ver con el fin de los tiempos. Ofrece una línea cronológica para el cosmos entero y muestra el verdadero propósito de la historia humana. Los mayas creen que el universo fue creado hace aproximadamente dieciséis mil millones de años, pero según ellos la Creación no tuvo lugar toda de una vez. Este Calendario proporciona las fechas de nueve Etapas de Creación que tendrían lugar entre el comienzo y el fin del Calendario, es decir, en 2012.

Hizo una pausa y me miró como si la fecha de inicio del Calendario fuera importante. Yo sabía por qué. Recientemente los científicos se han puesto de acuerdo en una fecha para el inicio del universo, el Big Bang, y esa fecha es muy parecida a la que los mayas establecieron. ¿Cómo pudieron los mayas conocer esa fecha con tal exactitud hace siglos? ¿Es igual de preciso el resto del Calendario?

»Un estudioso en particular —continuó Tommy— ha definido con precisión y claridad las fechas que el Calendario asigna a cada etapa de la Creación. Como ya dije, la Primera Etapa de la Creación comenzó hace cerca de dieciséis mil millones de años y abarcó la formación del universo, la fusión de la materia en galaxias, estrellas y planetas, y el comienzo de la vida con las primeras células y su evolución a organismos más complejos. Entre la Segunda y la Cuarta Etapas de la Creación aparecieron los mamíferos, los antropoides y finalmente, hace dos millones de años, los humanos. Las Etapas de la Creación restantes se centran en la expansión del alcance de la conciencia humana, comenzando con una conciencia tribal y llegando hace unos ciento tres mil años a una conciencia regional en la que los humanos desarrollaron el lenguaje y comenzaron a hacerse conscientes de los otros grupos humanos en un área geográfica mayor. Según el Calendario, luego se produjo una conciencia nacional, que comenzó alrededor del año 3115 a.C., cuando los humanos se organizaron primero en imperios y finalmente en naciones. Entonces, el 24 de julio de 1755, comenzó otra etapa de la Creación. Esta etapa nos ha brindado conciencia planetaria. Por primera vez nos percatamos de que compartíamos un planeta finito y comenzamos a interactuar económicamente a lo largo y ancho del mundo. —Tommy hizo una pausa para enfatizar algo—: Es importante recordar que estas etapas no sólo son simbólicas. Implican un verdadero cambio de conciencia. Cuando llegamos a la etapa planetaria, por ejemplo, empezamos a Sintonizar con una conciencia que trascendía la percepción de la Tierra plana. Literalmente pudimos sentir que estábamos juntos en una Tierra redonda, flotando en el espacio. Y la siguiente oleada de la Creación sucedió el 5 de enero de 1999 —la conciencia galáctica—, que nos dio la capacidad de estirar nuestra conciencia todavía más allá. Nos permitió ir más allá de nuestro planeta y nos brindó la posibilidad de sentir el cosmos. Esto aceleró el cambio de una visión material y laica a un estado de despertar espiritual. Sabíamos que flotábamos en el espacio sin entender por qué. Queríamos conocer la verdad sobre nuestra existencia. Se cuestionó la religión misma porque necesitábamos respuestas más completas a nuestras averiguaciones. Estas preguntas desembocaron en que los fanáticos de la Ideología pensaran que tenían que defender sus doctrinas e incluso imponérselas a la gente, a veces de manera violenta. Esta perspectiva galáctica comenzó sólo dos años antes de 2001, cuando empezaron las guerras para ver qué religión es mejor.

No sabía que el Calendario Maya era tan específico en las fechas.

»Los académicos siguen discutiendo las fechas —siguió Tommy—, pero lo importante es el esquema general de la Creación. Los mayas predijeron esta secuencia del progreso humano hace siglos.

Me acordé de que Tommy había dicho que el Calendario Maya había predicho estas nueve Etapas de la Creación. Hasta ahora había mencionado solamente ocho. Le pregunté al respecto.

»El Calendario predice otra Etapa de la Creación, una que ya está llegando y que comienza a sentirse. Se supone que dará pie a un mundo ideal.

Me sobresalté al recordar que Tommy había dicho al grupo que el Calendario mismo era una Profecía similar a las visiones apocalípticas de muchas religiones. La mayoría de estas Profecías de las escrituras hablaban de una figura mesiánica que llegaría para ofrecer un mundo ideal, y ahora decía que el Calendario también apuntaba hacia un mundo ideal.

—Háblame acerca de lo que predice el Calendario —dije.

Me hizo una seña con la mano como para descalificar mi pregunta por el momento. Era obvio que quería decir algo más.

—Mi tribu cree que esta última etapa no nos será impuesta. Un número suficiente de hombres y mujeres ha de aprender a Sintonizar con el siguiente nivel de la Creación. Y para lograrlo primero debemos saber de qué hablan las Integraciones, comenzando por la que nos ocupa ahora, la Octava.

Me miraba como si fuera mi obligación comprenderlo de inmediato.

Nos interrumpieron los sonidos provenientes de la otra habitación. A través de la puerta vi a Amor a la Montaña y a otros enrollando una de las alfombras persas y abriendo una trampilla en el suelo. Pidió a Tommy que la ayudara con una seña.

Coleman y yo nos pusimos de pie.

—Sabes lo que están haciendo, ¿no? —preguntó Coleman.

—Se alistan para ir a la montaña.

—¿Por qué? —pregunté.

—No lo sé, y parece que ellos tampoco, pero están seguros de que deben ir.

Regresábamos a la otra habitación cuando Rachel apareció de forma abrupta y me tomó del brazo.

—Tengo que hablar contigo —dijo, conduciéndome de vuelta a la habitación con paredes de vidrio y luego a un patio al que se accedía por una puerta trasera. La zona tenía suelo de piedra y estaba rodeada de setos y flores. Un aroma a nenúfar llegaba desde un pequeño estanque ubicado en la esquina.

—Todos están haciendo las maletas —dije—. ¿Qué traman?

—Van a la Montaña Hermana —respondió Rachel—. Algo está a punto de suceder allí.

—¿Cómo lo sabes?

Me miró muy seria.

—Sé muchas cosas. ¡Si no me evitaras, ya te habrías dado cuenta! ¿Por qué tratas de evitarme? —insistió.

—Porque trato de mantenerme en Alineación —espeté con ganas de regresar corriendo a la casa.

Ella sonrió y me miró como si yo fuera un niño.

—Si te hubieras conectado lo suficiente como para hablarme de verdad, no estarías confundido. ¿Sabes por qué estoy aquí y por qué trato de alcanzar tu verdadero yo? No tiene nada que ver con ligar, sino con las Integraciones. El Modelo de Acuerdo no sirve únicamente para resolver la polarización extrema que tiene lugar en los ámbitos religioso y político. También sirve para construir puentes sobre los mitos y la polarización que mantienen separados a los hombres y las mujeres. ¿Sabes qué me enseñó de niña mi madre? Que los hombres y las mujeres son animales completamente distintos, con una visión y un lenguaje diferentes, y que están condenados a malinterpretar y manipular al otro. Me enseñó a mentir y a controlar para obtener lo que quería de los hombres. Conforme pasé de una relación fracasada a otra, llegué a odiar a los hombres por obligarme a vivir así. Y odié a mi madre por no evitar que el mundo fuera de esa manera. Dejé de hablarle durante años... y luego murió sin que pudiera volver a casa para hablar con ella.

Me miró y yo traté de sostenerle la mirada.

»Ahora sé que no fue culpa suya. No soy la única que vivía en ese malentendido. Todos participamos del juego del sexo y la seguridad. Tú piensas que debes mantener el control, de modo que limitas tu Conexión conmigo o la manipulas de alguna manera. El hecho es que esto de cerrarte a una mujer es algo que probablemente has hecho siempre. Apuesto a que en realidad nunca te has abierto a una mujer. Has estado ocupado manipulando, tratando de conseguir que establecieran una relación contigo. O las rechazabas si no parecían representar una posibilidad sexual. Todos estamos confundidos al no poder conectar del todo con el sexo opuesto —las mujeres usan su sexualidad para manipular a los hombres y los hombres manipulan a las mujeres para tener sexo—. Pero ahora conforme aprendemos a Sintonizar verdaderamente con el otro estamos a punto de superar para siempre la manipulación sexual.

Yo la veía hablar y quedé impresionado por la forma abierta y genuina en la que había expresado todo esto. Lo hizo con una profunda Conexión de almas, incluso en este caso se trató de una Conexión que no significaba nada más que eso: una Conexión profunda.

—¿Cómo llegaste a tener tanta claridad sobre este tema? —pregunté espontáneamente.

—Me lo dijo mi madre.

—Pensé que me habías dicho que tu madre había muerto antes de que pudieras hablar con ella.

—Así fue.

La miré pensando en las implicaciones de esa afirmación. Y en ese momento me di cuenta de que mi temor de relacionarme con ella parecía difuminarse.

»Pronto te contaré sobre mi comunicación con mi madre —siguió Rachel—. Pero ese asunto no debe distraernos ahora. Hay que salvar esta distancia entre hombre y mujer. Para la mayoría se trata de ligar o nada al hablar del sexo opuesto. Y no podremos evolucionar a otro nivel de conciencia hasta que esto cambie. Si un grupo modelo funciona, es porque instaura un nuevo patrón de común acuerdo y envía esa energía al mundo, y así ayuda a diseminar un nuevo estándar en la mente colectiva. De manera que lo que tú y yo sanemos aquí influirá al resto. Debemos regresar adonde estuvimos en la Montaña Secreta. ¡Debemos compartir las almas!

Alcanzó una cartera que llevaba y sacó unas doce páginas maltratadas.

—No sé cuánto habrás leído de la Octava Integración, pero aquí está.

Encontré un banco cerca de la fuente y comencé a leer en el punto del texto en el que me había quedado. De inmediato me hechizó.

El Documento decía que para fundir completamente las mentes debemos pretender la Unicidad, pero también debemos regresar a un estado amoroso que trascienda completamente la complejidad sexual. Decía que esta emoción se llamaba Ágape o amor incondicional.

Pensé en la palabra. «Ágape» era un término griego (de *agape*) que se refería a un tipo particular de amor: el del alma por toda la creación, el amor incondicional. Al centrarse en este tipo de amor las personas implicadas se elevaron al más alto nivel de la sabiduría del alma, mayor incluso al obtenido por medio de la Unicidad o la Conversación Consciente. Este ascenso era muchas veces más intenso todavía si se practicaba en grupo.

Dejé a un lado las páginas y fui a la otra habitación, donde encontré a Rachel de pie en el pasillo, esperándome. Nuestros ojos se encontraron y esta vez me dejé llevar plenamente por su mirada con intención de Unicidad y abierto al amor.

De repente sentí un movimiento perceptible en el corazón, una carga de emoción que me centraba y me alejaba de toda preocupación, de todo lo que había experimentado desde la Montaña Secreta. Era algo bueno y completamente en Alineación en todos los aspectos. Era el *amor incondicional*.

Noté que algunas personas de la habitación nos miraban, pero permanecí concentrado en Rachel. Ella se acercó a mí y me hizo mirar en la dirección contraria, hacia las ventanas que daban al patio.

—Mira qué bellas son las cosas afuera —dijo ella—. ¿Recuerdas cómo se veía el mundo en la Montaña Secreta? Estamos recorriendo nuestro camino de vuelta allí con cada Integración. El siguiente paso es abrir los sentidos completamente a la verdadera apariencia del mundo para saber cómo se ven las cosas cuando todos estamos conectados en un estado de amor.

Por un momento me deleité en la belleza, pero parte de mí no quería irse todavía. Sólo deseaba experimentar de nuevo este nivel de amor.

Me volví para ver a Rachel.

Quería hacerle otra pregunta, pero el poder de las miradas que se clavaban en nosotros desde la otra habitación me llevaba a ellas. Todos se apretujaban en la puerta para vernos, incluyendo a Coleman, quien saltaba una y otra vez desde la parte de atrás del grupo, agitando las páginas del Documento con una de las manos.

Devolví la mirada con el mismo amor profundo que había proyectado hacia Rachel, y todo esto sin prestar la menor atención al hecho de quiénes eran hombres y quiénes eran mujeres. El nivel de energía y de amor incondicional con el grupo se hizo más grande dentro de mí. Todos parecían felices.

—Madre mía —dije en voz alta.

Rachel se aproximó, se paró junto a mí y miró a los demás.

—Cada vez —dijo ella— que alguien integra este amor por primera vez se crea una onda o amor elevado en todos los que lo rodean, como el calor en un invernadero o como una experiencia de conversión en una iglesia rural atiborrada.

Abrirnos a la Percepción

Durante veinte minutos caminé por ahí y conversé con todas las personas del grupo. Dediqué tiempo a cada una. La mayoría hablaba inglés, pero se prestaban fácil y espontáneamente a interpretar para los demás sin problema alguno.

El grupo era muy representativo de la sociedad de la región, pues estaba integrado lo mismo por panaderos que por profesores o ingenieros y representaban a la mayor parte de las tradiciones y de las sectas conocidas. Habían experimentado una Conexión de Descubrimiento a su manera y procedían a poner en práctica las Integraciones una a una. Conforme hablábamos, me di cuenta de que estábamos convirtiéndonos en un grupo modelo más grande.

De hecho muchos dijeron que el Ágape entre las personas era primariamente un concepto que había surgido del pensamiento occidental judeocristiano. Pero los que provenían de otras religiones señalaron que sus historias estaban también llenas de iconos que enfatizaban la importancia del amor del alma. Yo mismo estaba al tanto de que el concepto es conocido en el pensamiento oriental; me refiero a una tradición del jainismo, llamada Ahimsa, que aunque no se considera académicamente idéntica al Ágape, en la práctica puede considerársela igual. Finalmente coincidimos en que, aunque varias tradiciones destacan este nivel de Conexión, de alguna manera los cristianos y las religiones orientales hacen mayor énfasis en el concepto.

Revisé mi teléfono y me encontré con un mensaje de texto de Wil. Nos comunicaba que había llegado bien y que había experimentado la Octava Integración en El Cairo con un grupo más pequeño. Hira también se había comunicado y había dicho prácticamente lo mismo. Había hallado otro grupo modelo en Jerusalén. Tanto ella como Wil habían llegado a las mismas conclusiones que nosotros respecto de la Octava Integración.

Poco después Adjar envió un mensaje; parecía que nos hubiéramos puesto de acuerdo. También él compartía nuestras conclusiones y se tomó tiempo para expresar la dificultad que este tipo de amor constituía para su religión, especialmente entre hombres y mujeres que no están casados. Mencionó algunas opiniones minoritarias en este sentido, que según él merecerían nueva consideración a la luz de los hechos.

Me senté a solas para pensar un momento aún bajo los efectos de la Unicidad y el Ágape que nos elevaban. Yo sabía que la honestidad y la sabiduría de Rachel me habían cambiado por completo y estaba seguro de que nunca volvería a conversar con mujeres de la misma manera.

El mismo impacto tuvo el resumen del Calendario Maya que Tommy había hecho. Aunque no había terminado de decirme lo predicho para la última Etapa de la Creación, ahora comprendía la razón por la que había llamado al Calendario «Profecía». Se pensaba que la última Etapa consistía en una ola de Creación Divina que estaba diseñada para dirigirnos hacia ese mundo ideal que muchos estábamos percibiendo.

Luego comencé a notar que la gente iba por la casa fijándose en las pinturas y en las plantas de manera muy particular. Algunos fueron a la habitación de muros y techo transparente y observaban el atardecer brumoso a través de los cristales. Pasado un tiempo me percaté de que trataban de ver más belleza. Tenía todo el sentido. Este grupo parecía haber completado la Octava Integración, y estaba en pos de la Novena.

Esta observación me recordó la búsqueda de la Novena Revelación de la antigua Profecía. La hallada en Perú había predicho que un día comenzaríamos a ver el mundo como algo inmensamente hermoso, lleno de luz incluso.

Ahora estaba sentado en el apoyabrazos de una silla en una habitación grande. Coleman entró y se sentó en un sofá que estaba frente a mí, como si tuviera algo que decirme.

—Algunas personas de este grupo han comenzado ya a integrar la Novena. Van bastante adelantados —dijo.

Me miró como si esperara que yo iniciara una conversación sobre este tema.

—Y el Documento habla de un modo práctico de mantener la experiencia —apunté.

—¡Exacto! ¡Algunos son científicos! Piensan que la capacidad para abrirnos a la Percepción está integrada en la estructura de nuestro cerebro, igual que todos los demás saltos de la conciencia que hemos experimentado. Ahora piensan que cada etapa o salto es arquetípico y, en cierto sentido, una clase superior de Alineación que debemos sostener.

Eso me sobresaltó. ¡Un grupo de científicos analizaban esto basándose en la similitud de la experiencia espiritual entre la gente! Me pregunté cuán extendida se hallaba esta Percepción.

»Por eso ahora la mejor manera de proceder es mediante grupos —siguió Coleman—, porque si una persona del grupo obtiene esta Percepción los demás ven la nueva conciencia y la sienten, con lo que muy pronto todos han puesto en marcha esta capacidad de su cerebro. Así todo se prueba con rapidez. Estamos ante el proceso que respalda la idea de un contagio positivo de conciencia. El Documento dice que ver más belleza significa acercarse a la conciencia que existe en el Cielo. Allí, las personas saben usar el poder del Ágape con todos, especialmente aquellos que están inmersos en Ideologías. El Documento dice que para alcanzar a los temerosos o a los iracundos tenemos que hacer lo que se hace en la vida después de la muerte. La Novena Integración dice que es un paso importante para lograrlo. Nos acerca a un nivel celestial de conciencia. Éste es el secreto para llegar a aquellos que temen y sienten ira. Debemos ser capaces de elevarlos a este estado.

—¿Cómo se hace eso? —pregunté.

Se encogió de hombros.

Entonces noté que llevaba una carpeta.

»¿Tienes el Documento? —lo interrogué.

—Parte de él —respondió—. ¿Quieres leerlo?

Conforme leía, me di cuenta de que el Documento seguía casi al pie de la letra la exposición de Coleman. Afirmaba que el Ágape era fácil de lograr con personas que te aman. Se hace más difícil cuando se trata de personas ideológicamente opuestas. La única manera de alcanzar a todos, como Coleman había mencionado, era lograr una posición elevada de conciencia, muy parecida a la que se tiene en la vida celestial.

De pronto empezamos a escuchar ruido y movimiento detrás de nosotros. Los demás ya no sólo hablaban. Ahora transportaban bultos pesados y comida hacia los vehículos.

Coleman y yo nos miramos; estaba a punto de reemprender la lectura cuando se me ocurrió revisar si habían llegado nuevos mensajes al teléfono. Encontré un mensaje de Adjar. Un ex miembro de los Apocalípticos le había dicho que los extremistas sabían que estábamos en Santa Catarina. Pensaban evitar que llegáramos a la montaña.

—Supongo que por eso se están dando prisa —dijo Coleman—. Seguro que han percibido el peligro. Les diré lo que hemos averiguado.

Asentí y vi cómo se alejaba. Quería pensar bien las cosas. Ni Coleman ni yo habíamos experimentado una premonición de problemas, de modo que traté de Sintonizar para ver si lograba vernos en el monte. Vi el viaje fácilmente y sentí que era correcto emprenderlo, pero cuando trate de visualizarnos alcanzando la cima del monte no lo logré. Lo intenté de nuevo con los mismos resultados.

«Oh, oh», pensé, y me apresuré a salir. Todos estaban reunidos cerca de los vehículos; era obvio que se preguntaban entre ellos para averiguar quién tenía la visualización más certera.

A continuación tuvo lugar uno de esos momentos acelerados de Sincronización, en el que todos hablan al mismo tiempo y con perfecta claridad sobre las intuiciones que estaban recibiendo. La conclusión era virtualmente unánime: todos vieron que podían dirigirse al monte, pero una vez ahí debíamos ser muy cuidadosos.

Entonces Rachel se dirigió al centro del grupo para decir algo más.

—No podemos permitir que estas amenazas interrumpan nuestro progreso con las Integraciones. Si permanecemos en Ágape, encontraremos la manera de detener este peligro. Acordaos de dónde nos encontramos. La Novena Integración dice que debemos utilizar el Ágape para ubicar a los Apocalípticos en un estado superior fuera de su Ideología.

Silencio. Luego Tommy agregó:

—Descubriremos la manera de hacer eso cuando estemos ya en la montaña. El siguiente paso es Sintonizar con la naturaleza sagrada, abrir nuestra Percepción y acercarnos al mundo espiritual.

Los nativos norteamericanos han enfatizado esta capacidad durante mucho tiempo. Si prestamos atención, la montaña misma nos mostrará el camino.

A pesar del peligro la mayoría aceptó ir. Algunos no lo hicieron sintiendo que sus caminos los llevaban a otra parte. Dijeron que rezarían por nosotros. Quedamos doce personas que nos acomodamos en tres vehículos: el de Joseph, el de Amor a la Montaña y uno viejo que pertenecía a otro. Coleman, Rachel y yo viajamos con Joseph.

El plan consistía en separarnos para volver a reunirnos en un lugar específico que la madre de Tommy había sugerido: el comienzo de un sendero poco conocido que conducía a la falda sur oriental del Monte Sinaí. Amor a la Montaña nos dijo que esta ruta estaría vigilada por tropas egipcias, pero que sería menos frecuentada. Debido a la disposición geográfica del poblado tendríamos que conducir hacia el oeste y luego al sur para dar con el sendero al Sinaí.

No nos debería haber llevado más de treinta minutos el viaje hacia el sendero, pero en el trayecto nos encontramos con un embotellamiento tras otro. Ahora esperábamos en una larga fila para dar la vuelta en una intersección.

—Vaya si se ha llenado este pueblito —dijo Coleman—. Busqué Santa Catarina en Internet antes de llegar. Llega una buena cantidad de visitantes al Monte Sinaí durante todo el año, pero nada que ver con esto. Por lo menos hay un millar de personas más aquí.

Miré con atención los vehículos que nos rodeaban y a los peatones que caminaban por las calles. La mayoría parecía ser de Oriente Medio, pero al menos una cuarta parte era de Europa y de Norteamérica.

—¿Piensas que están aquí debido al Documento? —preguntó Rachel.

Nos miramos.

—Tal vez deberíamos detenernos y preguntar a alguno de ellos —sugerí.

—No lo creo —objetó Coleman—. Debemos ir a la montaña lo antes posible.

Estuvimos de acuerdo y nos dirigimos al sur. Salimos del pueblo y entramos en un terreno desértico plano con pequeñas plantas y arbustos que parecían brillar en el incipiente atardecer.

«Igual que en Sedona», pensé.

Veinte minutos más tarde nos acercábamos al inicio del sendero; la realidad de nuestra situación comenzaba a pesar: estábamos a punto de escalar una montaña en un país extranjero, sin permiso, enfrentándonos además a un grupo de extremistas que ya habían tratado de matarnos.

Traté de mantener mi nivel de energía y de recordarme que no había elección posible. Para tener la oportunidad de llegar a los extremistas debíamos subir a este monte y terminar las Integraciones.

—Tengo un hermano que es un alto oficial en esta zona —dijo Joseph sin más—. Quiero que lo sepáis porque puede ser útil mencionarlo llegado el momento. Ha sido radical en ocasiones, pero he tratado de convencerlo de la importancia del Documento.

Nos miramos y de alguna manera sentí que su hermano sería de gran importancia en el Sinaí.

»También conozco a su amiga Hira —continuó— desde que viví en Jerusalén durante mi juventud. Mi madre era judía y ella conocía a la madre de Hira. Estudiábamos las Profecías del fin de los tiempos en la Biblia y en la Torá. Creo que el aspecto más fascinante de la literatura profética es que las profecías de las tres religiones principales tienen la misma estructura. Las tres tienen la idea de un conflicto último o Armagedón. Y las tres tienen la noción de que un Mesías Divino llegará para establecer un mundo espiritual ideal.

Me acordé de lo que había dicho Tommy. La siguiente etapa de la Creación en el Calendario Maya también parecía tener una estructura semejante. ¿Qué trataba de enseñarnos la Sincronización en este caso?

»Es fascinante —siguió Joseph—. Y algunas tradiciones también coinciden literalmente en los hechos que antecederán al Armagedón. El primero es que los judíos deben regresar a la Tierra Santa, lo que ya ha ocurrido. Luego debe reconstruirse el templo de David en Jerusalén en el mismo lugar de su antiquísima fundación.

—El problema es —intervino Rachel— que la Cúpula de la Roca, una mezquita especialmente importante, ocupa ese sitio.

—¿Existe alguna razón para que la mezquita y el templo no puedan compartir el lugar? —pregunté.

Todos me miraron en silencio.

—El problema —dijo finalmente Rachel— es que las dos religiones pretenden ser dueñas absolutas de toda la roca.

—Exacto —enfatizó Joseph—. Y muchos creen que el intento de reconstruir el templo sería una señal del inicio del Armagedón y de todo el drama del fin de los tiempos, incluyendo la llegada del Mesías. Nuestra tradición espera la llegada del Duodécimo Imán. —Miró a Rachel—. Podrías agregar que esperáis el regreso de Cristo.

—Espera un poco —dijo Coleman—. ¿Estás diciendo que estos hechos —los judíos regresando a la Tierra Santa y la reconstrucción del templo de David en Jerusalén— son los primeros ejemplos de la Profecía que señalarían el comienzo del Armagedón?

—Añadiría un elemento más, proveniente de la tradición árabe —dijo Joseph—. Uno de nuestros profetas dijo que el final de los tiempos estaría cerca cuando el caos y la descortesía sean comunes en la sociedad, esto sumado a una deshonra general de las personas. Se trata de una época en la que la verdad es despreciada en favor de mentiras más convenientes.

—¿Te refieres a las ideologías fuera de control? —preguntó Coleman.

—Sí —afirmó Joseph.

La energía de esta conversación comenzaba a adoptar tintes sobrenaturales. Estaba seguro de que hablábamos de esto por alguna razón.

—También hay otro hecho —intervino Rachel— que muchos creen que tendrá lugar cuando el final esté cerca. En el cristianismo se llama Rapto, pero otras tradiciones tienen ideas similares. Se trata de la noción de que, con la llegada del Mesías y el Armagedón, los cuerpos de los verdaderos creyentes se elevarán hasta el espíritu y se encontrarán con Dios en el Cielo, y allí serán protegidos.

Miró a Joseph.

—Sí, es correcto —dijo éste—. En nuestra religión se cree que cuando el Duodécimo Imán se aproxime los verdaderos creyentes serán conducidos, en espíritu, a la protección y la salvación.

Coleman nos miró uno a uno.

—Es sorprendente. Nunca me había percatado de todo esto. Todas las religiones principales tienen la misma estructura del fin de los tiempos, sólo que con nombres diferentes.

Nuestra discusión quedó interrumpida cuando Joseph se desvió del camino principal para adentrarse en un camino de tierra; tras nosotros dejábamos una estela de polvo que se elevaba en esa luz crepuscular. En unos minutos llegamos a un lugar en el que se ensanchaba el camino para terminar en un punto muerto. Imposible seguir adelante.

—Aquí quedamos en vernos con Amor a la Montaña y los demás —dijo Joseph.

Esperamos diez minutos hasta distinguir las luces de un vehículo que se aproximaba.

—Es Amor a la Montaña —comentó Rachel.

Segundos después llegó el otro. Cuando estuvimos todos listos, Tommy nos preparó para la ruta que haríamos. Nos dijo que el primer kilómetro y medio sería de desierto relativamente plano, pero que el segundo tramo sería muy agreste y nos llevaría a la falda sur oriental del Monte Sinaí. Su madre sugirió que escaláramos un poco más, amparándonos en la oscuridad, para luego dormir antes de tratar de ascender más la montaña.

—¿Y qué hay de los guardias egipcios que mencionaste? —pregunté.

—Llegaremos a un puesto de guardia. Para superarlo debemos abrir nuestra Percepción y aprender de ellos en espíritu.

Sin decir nada más Tommy y su madre marcaron el ritmo de la marcha a través del desierto. Con el tiempo llegamos a un área en la que aumentaba la pendiente y vimos enormes monolitos que adornaban el paisaje. Después de otros cien metros llegamos a un círculo formado por grandes rocas. Tommy nos condujo por el laberinto hasta llegar a un área arenosa completamente rodeada de rocas.

—Acamparemos aquí —dijo.

Rachel y yo montamos nuestras tiendas juntas. Me percaté de que Tommy también ponía la tienda que compartía con su madre al lado de la de Rachel.

Cuando estuvieron levantadas las tiendas, encendí una pequeña fogata con ramas secas de algunos arbustos que crecían cerca de los monolitos; al hacerlo me di cuenta de que el Círculo de Rocas gigantes proyectaba sobre nosotros la luz de la luna, y esto creaba lo que sentíamos como una cortina de seguridad.

Rachel parecía notarlo también y me miraba mientras sacaba una pequeña olla y calentaba el estofado congelado que llevábamos. Me senté a su lado.

—¿Sabes? —dijo—. Los nativos norteamericanos jamás acampan en un sitio que no tenga un alto nivel de energía. Hablé con la madre de Tommy y de todas las montañas que ha visitado su favorita es la cordillera del Sinaí. —Rachel me regaló una sonrisa—. Dice que aquí es más fácil conseguir la iluminación.

Al día siguiente fui el primero en despertar. Al salir de la tienda vi que comenzaba a asomar la luz por el este. Recogí un poco más de leña, alimenté el fuego y me senté. En lo alto los jirones de nubes empezaban a enrojecer con la luz del amanecer.

La madre de Tommy salió de su tienda y caminó como si buscara algo. Salió del Círculo de Rocas y tardó en regresar. Los demás salían también de sus tiendas.

Finalmente se acercó y preguntó:

—¿Has visto a Tommy? Salió de la tienda durante la noche.

—¿Qué? —dije sobresaltado.

Trató de calmarme.

—No te preocupes. Lo ha hecho antes. Hemos estado aquí muchas veces y conoce bien el área, de modo que, a menos que sientas algo diferente, lo mejor, creo, será esperar a que vuelva.

Traté de Sintonizar, pero no lograba concentrarme. No sabía cómo podía estar ella tranquila. Nos acababan de advertir que los Apocalípticos nos buscaban y podía suceder cualquier cosa por esos lares. Fue a comentar el hecho con los demás y Rachel se sentó a mi lado.

—¿Qué sucede? —preguntó Rachel.

Le comenté que Tommy se había ido.

»¿Solo? ¿No deberíamos estar buscándolo?

—Su madre no parece estar preocupada. Prefiere esperar a que vuelva.

Nuestras miradas se encontraron. Por mi parte no existían reticencias y nos sostuvimos la mirada hasta que ambos sonreímos. De pronto vi una imagen de Tommy en mi mente. Estaba arriba, en la montaña... ¡y yo estaba con él!

La visión constituía una clara intuición; miré a Rachel, que se encontraba en profunda reflexión y ligeramente triste en apariencia.

»Creo que debo ir a buscar a Tommy. ¿Y tú?

Negó con la cabeza mirando al horizonte.

—Debo quedarme aquí.

Recogí mis cosas. Rachel caminó hasta su tienda y regresó con una pluma de ave.

»Es la pluma guía que me dio Wolf —dijo—. Bromeó diciendo que servía para reunir a dos espíritus y que sabría qué hacer con la pluma cuando llegara el momento justo.

Me dio la pluma y yo sonreí. Luego me di la vuelta para marcharme.

»Antes de que te vayas quiero decirte algo —dijo Rachel—. No olvides en qué punto de las Integraciones nos encontramos. Debemos abrir nuestra Percepción lo antes posible.

Noté que aún quedaba un rastro de tristeza.

—Te vi sintonizando justo ahora —dije—. ¿Viste algo?

Una lágrima rodó mejilla abajo. La limpió y adoptó una expresión de felicidad.

—No te preocupes, te veré a la vuelta. La pluma se encargará de eso.

Me dio un abrazo y me empujó juguetona:

»Anda. Date prisa. Todos tenemos un destino que cumplir.

Cuando me alejaba caminando, la madre de Tommy se me acercó. Parecía tener una idea muy clara de lo que estaba haciendo. Describió la ruta hasta el área del puesto de guardia y me deseó lo mejor. Añadió que estaba convencida de que todo saldría bien y de que Tommy se encontraba a salvo cerca de esa zona. Debía de tener una muy buena razón para no ir, puesto que no parecía dispuesta a ponerse en marcha.

Cuando pasé el último de los monolitos gigantes y comenzaba la subida, alguien me llamó a mis espaldas. Al girar vi a Coleman que corría hacia mí con la mochila.

—Se supone que debo ir contigo —dijo.

Lo tomé del brazo con la alegría de poder disfrutar de su compañía de nuevo. Me miró con determinación y nos fundimos en Ágape.

—¿Alguien ha mencionado la Novena Integración en el campamento? —pregunté.

—No mucho, pero todos están estudiándola. Tommy da la impresión de ser el que mejor la entiende.

Seguimos caminando, esta vez sin hablar, en dirección al este, por donde se veían las elevadas cimas de piedra. Después de unos ochocientos metros llegamos a una cresta inclinada que sobresalía en dirección también al este, de manera que podíamos ver el camino que serpenteaba entre los riscos y las grietas frente a nosotros. La cima tenía forma de corona.

—Ése es el Monte Sinaí —dije.

—Y ahí está el puesto de guardia —respondió Coleman apuntando directamente debajo de nosotros, hacia una construcción de hormigón situada en una pequeña planicie entre dos riscos. Varias antenas se aferraban a su techo de teja y podíamos distinguir el rumor discreto de un generador eléctrico a gasolina. Dos soldados hablaban y fumaban afuera. Nos sentamos en unas rocas y nos pusimos a observar el lugar. El edificio era lo suficientemente grande para albergar a unos veinte soldados.

Justo entonces escuchamos que alguien nos llamaba desde arriba. La voz era apenas perceptible. Escudriñamos el área hasta ver a una persona que movía los brazos a unos setenta metros camino arriba. Era Tommy.

Subimos la colina y pronto vimos su rostro sonriente. Nos ofreció agua que había servido en una taza de metal y la bebimos con gusto. Estaba muy fresca.

—¿De dónde viene esta agua? —pregunté.

—De allí —dijo—. Podéis rellenar las cantimploras.

El agua cristalina salía de las rocas y caía unos siete metros hasta desaparecer en una grieta.

—Pensé que no había agua en este desierto —dijo Coleman.

—Lo llaman el manantial de Moisés —respondió Tommy.

Coleman y yo nos miramos.

Capté la mirada del joven.

—Estás aquí por alguna razón, Tommy. ¿Qué estás haciendo en este lugar?

Miró en dirección al puesto de guardia.

—Hace varios meses conocí a uno de los oficiales del puesto de guardia. Creo que piensa que soy un vagabundo, un profeta o algo así. Se me había terminado el agua y él me dijo dónde encontrar este manantial. He hablado con él varias veces durante mis viajes a esta montaña. Sabe del Documento, pero ha sido siempre muy reservado al tocar ese tema. Creo que también conoce al hermano de Joseph.

—¿Qué? —dije mirando a Coleman—. Joseph dijo que su hermano era un oficial de alto rango en este sitio, un comandante.

—Vi a mi amigo hablando con un hombre muy grande; tenía aspecto de oficial de alto rango.

Miré a Coleman.

—¿Dónde estaba Joseph esta mañana?

—Ya se había ido del campamento —respondió Coleman—. Su tienda estaba junto a la mía y me despertó al marcharse. Todavía estaba oscuro.

—¿Has visto a Joseph hoy por aquí? —pregunté a Tommy. Negó con la cabeza.

—Nadie ha estado por aquí, excepto los dos soldados de allá abajo.

—Creo que podríamos colarnos entre esos dos sin que nos vieran —dijo Coleman.

—No es momento todavía —advirtió Tommy—. No nos permitirán subir a la montaña hasta que aprendamos a *ver*.

Nos quedamos en ese lugar durante un rato largo. Tommy decía que debíamos esperar a que el sol estuviera en la posición correcta antes de tratar de abrir nuestra Percepción. Tommy explicó que, cuando el sol estaba a punto de ponerse, irradiaba una luz de misterio y entonces podían ocurrir hechos extraordinarios.

Coleman y yo pasamos la mayor parte del día hablando de la antigua Profecía y lo que había ocurrido en Perú. En la Novena Revelación la Profecía había predicho que la humanidad aumentaría lentamente su nivel de energía y que, de forma sistemática, se incrementaría también el nivel de Percepción. La pregunta era cómo practicar esa habilidad. Hablamos de esto mientras picoteábamos algo de comida y esperábamos con paciencia a que el sol descendiera. Entonces Tommy sugirió que reuniéramos nuestras cosas. El sol apenas asomaba por el horizonte.

—Ésta es la hora que tiene más magia —insistió—. A esta hora un ser humano puede hacer cosas que no pueden hacerse a ninguna otra hora. Observad esta luz.

Tommy señalaba hacia el este, donde estaba todo bañado por un aura de color dorado en contraste con el azul oscuro del cielo. Las nubes se iban llenando de ocres con franjas anaranjadas. Lo que más me impresionó fue la luz que se reflejó en la roca y en la arena, lo que produjo aún más destellos ondulados.

»Descendamos al sur para llegar al desierto —dijo Tommy—. Allí podremos verlo todo mejor.

Tommy nos guió entre las rocas por una ruta diferente a la que habíamos recorrido Coleman y yo; rodeábamos los riscos y bordeábamos los abismos con mayor eficiencia, como si siguiéramos una brecha oculta que ni Coleman ni yo podíamos detectar.

Cuando llegamos a una zona más plana, se detuvo y se sentó mirando al Sinaí. Ahora el sol se había ocultado por completo y la escena tenía un tono aún más misterioso. Nos sentamos junto a él.

»Mirad la Montaña Hermana —instruyó— y concentraos en ella. Fijaos en las líneas que dibujan las sombras.

Esto me interesó y me di cuenta de que la enorme cordillera tenía una forma muy particular. Me percaté de que toda cadena montañosa, ya sea rocosa o boscosa, tiene diferentes líneas creadas por sus sombras. Así todo sistema montañoso tiene un aspecto único.

»Ahora sintonizad con su belleza —dijo Tommy— y sentid el Ágape hacia ella.

Recordé mi experiencia en Perú, en Viciente para ser precisos, cuando tratábamos de ver auras o halos alrededor de las plantas. Pero tuve la sensación de que Tommy quería que observáramos algo más trascendente en el paisaje.

Me concentré en la belleza de la montaña y traté de interpretarla como una forma expresiva. Y luego una ola de Ágape, como consecuencia de la montaña, surgió de mí. Coleman y yo nos miramos. Él también lo sentía.

»Y ahora mirad la planta que se encuentra aquí, enfrente de nosotros —mandó Tommy—. Fijaos en su singularidad y en su belleza estando en Ágape.

Hablaba de un arbusto bajo, compacto y redondo que parecía un helecho volante. Estaba a menos de un metro de nosotros. Sintonicé con la planta y observé su belleza. Igual que había sucedido antes, mis emociones explotaron con el Ágape.

»Y ahora volved a la montaña —dijo Tommy— y ved cómo se hacen más fuertes los colores y las formas, como si ahora tuviera una mayor majestuosidad dentro de su campo de visión.

Cuando Tommy decía esto, la montaña literalmente cambió de color con un efecto impresionante. Miré a Coleman, que movía la cabeza incrédulo sin poder retirar la vista de esa belleza. Corroboraba así que podía disfrutarla con la misma intensidad que yo.

Luego me percaté de que mientras miraba a Coleman podía sentir el lugar de la montaña aunque no la estuviera mirando. La podía sentir igual que sentía la mano que tenía detrás de la espalda, sólo que con mayor intensidad.

»Y ahora mirad de nuevo la planta y sentid el impacto en sus emociones —instruyó Tommy—. Todo lo que vemos tiene más que apariencia; se trata también de entidades emocionales, lo que la Novena llama Identidad de Sentimientos.

Al instante me di cuenta de que esta pequeña planta tenía, en efecto, una identidad emocional al igual que la montaña. Experimenté una revelación súbita y comprendí por qué todos tenemos muebles favoritos o por qué regresamos una y otra vez a ver un paisaje. Los objetos tienen una identidad que nos toca emocionalmente.

»Ahora cambiad de enfoque y alternadlo entre la montaña y la planta.

Lo hice, concentrándome y sintiendo la lejana montaña para luego hacer lo propio con la planta que estaba muy cerca. Al principio no ocurrió nada, pero luego, de pronto, los vi de una manera nueva y sorprendente. Sólo puedo describirlo como estar perfectamente concentrado en ambas cosas al mismo tiempo.

Me puse de pie y miré alrededor para darme cuenta de que todo respondía al mismo hiperenfoque, lo que creaba un efecto tridimensional mejorado. Todo irradiaba una increíble claridad de color, forma, belleza y existencia, todo al mismo tiempo. Parecía incluso que mi conciencia se estiraba, como si al extender el brazo fuera posible tocar la nube más lejana o la última cima rocosa.

Y entonces recordé mi experiencia en la Montaña Secreta, cuando superé una preocupación por el espacio cósmico. Volvía ahora a ese estado de conciencia.

Tommy se percató de ello y dijo:

»Es la conciencia que ha empezado a hacerse accesible conforme se aproxima la siguiente etapa de la Creación.

Coleman daba la vuelta y miraba en todas direcciones. Tuve la sensación de estar mirando en tres dimensiones de forma expandida, como en las películas. Me pregunté si la popularidad en aumento de las películas en 3-D provendría de la intuición inconsciente de que estamos cerca de ver las cosas así. ¿Se abría un nuevo camino en el cerebro humano?

El extraordinario aspecto de esta manera de ver era que en ese momento parecía muy fácil y natural hacerlo. Coleman tomó mi brazo y me miró radiante.

—Así fue en la Montaña Secreta —dijo—, sólo que ahora parece más normal.

Ésa era la palabra: normal. En la Montaña Secreta el efecto aún implicaba el deslumbramiento o la sensación de adrenalina, pero ahora el efecto era tranquilizador y lo sentíamos como real, como si ya lo hubiéramos incorporado como parte de una percepción susceptible de ser mantenida en la vida diaria.

Además de la tridimensionalidad, otro realce consistía en que mis ojos parecían haber adquirido una agudeza inusitada, todo era más claro y brillante, como si de pronto hubiera entrado en una tierra maravillosa en la que los objetos estuvieran iluminados por dentro. Y eso incluía nuestros cuerpos. Literalmente habían adoptado un brillo que era más radiante y bello. Insisto: todo parecía normal.

Tommy me miraba con una enorme sonrisa y su rostro resplandecía. Estábamos en un estado de amor puro, de Ágape entre nosotros y respecto de la belleza y de la majestuosidad de todo lo que nos rodeaba.

De repente me acordé de revisar el teléfono por si había llegado algún mensaje. Al ver uno de Wil me reí feliz. Decía que podía sentirnos alcanzando la Novena Integración y que él ya la había alcanzado. Añadió que mientras muchas otras tradiciones hablaban de este tipo de percepción, las tradiciones nativas enfatizaban sobremanera la capacidad para mirar la naturaleza como realmente es. Terminaba diciendo que estaba en contacto con alguien que sabía en dónde se había dado a conocer la Duodécima parte del Documento y que viajaría al Sinaí en cuanto hablara con esta persona.

Guardé el teléfono y miré a Tommy.

—¿Así que has estado viendo así todo el tiempo?

—La mayor parte del tiempo —dijo—, pero hay que mantener y atesorar el Ágape con la Madre Tierra. Y uno debe comer comida limpia para mantener este nivel de Percepción.

Nos miramos.

—Ésta es la Novena Integración, ¿no? —preguntó Coleman.

—Sí —respondió Tommy—. Para mantener una Percepción sublime o elevada del mundo uno sólo necesita intentar entrar en Sintonía, en Ágape, con un nuevo nivel de belleza y practicar para verlo todo con un solo enfoque. Las montañas se iluminarán.

Miró a Coleman.

—Como has dicho, ¡hay que probarlo!

Entonces, con el rabillo del ojo vi que algo se movía en el desierto. La expresión de Coleman me hizo comprender que él también había visto el movimiento.

—¿Qué ha sido eso? —pregunté a Tommy.

Se aproximó.

—En este nivel de Percepción estamos mucho más cerca del otro lado.

—¿Te refieres a la vida después de la muerte? —cuestionó Coleman—. ¿Se trata del cielo?

—Sí.

Coleman miró a Tommy otra vez.

—¿Crees que lo que hemos visto es un espíritu?

—Sí —respondió Tommy riendo—. Pero los espíritus también son personas. Y tienen cosas que decirnos.

Lo que el Cielo sabe

Aunque deseaba quedarme en la montaña, la oscuridad casi total que ahora nos cobijaba lo impedía. Tommy dijo que debíamos regresar. Vi en su rostro una mirada que me preocupó, así que traté de Sintonizar nuestro regreso al Círculo de Rocas. Me resultó difícil de visualizar.

Después de cien metros Tommy nos obligó a detenernos. Miraba al horizonte y escuchaba.

—¿Qué sucede? —pregunté.

—No sé —contestó—. Debemos ser cuidadosos. Mantened alta la energía.

Observó la noche durante unos segundos más y dijo:

»¿Escucháis eso?

Tommy comenzó a caminar de nuevo.

»Hay personas hablando por ahí. Debemos encontrarlas.

Caminamos de frente a lo largo de unos treinta y cinco metros, hasta llegar a un saliente de diez metros de altura. Al acercarnos comencé a escuchar la conversación. Subimos a la roca y encontramos un buen lugar para mirar. A unos diez metros de nosotros había un grupo de Apocalípticos reunidos. Discutían algo en voz alta. En el centro del grupo estaba el líder: Anish. Hablaba en árabe con un hombre bajo y gordo que llevaba un uniforme de la milicia egipcia.

—Puedo entenderlo —susurró Tommy—. Ese hombre gordo es el hermano de Joseph. Le está hablando del Círculo de Rocas y le describe su ubicación. —Tommy nos miró alarmado—. Ahora sabe dónde está nuestro campamento.

La ira me invadió al recordar que Joseph nos había dicho que quería contactar con su hermano. ¿Nos había delatado?

—¡Debemos regresar! —dije por lo bajo tratando de controlarme—. ¡Ahora! ¡Vamos!

Regresamos al círculo tan pronto como pudimos. Yo luchaba contra el miedo. Por alguna razón empecé a recordar cosas que mi padre me había contado sobre sus experiencias en la Segunda Guerra Mundial. Decía que era imposible librarse del miedo. «Sólo puedes concentrarte en lo que estás haciendo, incluso si hay gente muriendo alrededor, concéntrate en el trabajo y llévalo a cabo». La verdad es que no lo había entendido del todo.

Al aproximarnos a las primeras rocas del círculo Coleman me llevó a un lado.

—Tienes aspecto de que tu energía se está derrumbando —dijo Coleman tratando de mirarme profundamente para restablecer la Conexión de Ágape.

No le hice mucho caso.

—Si los Apocalípticos llegan aquí antes que nosotros, todos podríamos morir asesinados.

Cuando logramos llegar al círculo, los demás estaban ya desmontando el campamento. Corrí hacia Rachel y ella notó el cambio en mí de inmediato.

—¿Qué ocurre? —preguntó.

Le hablé sobre los comentarios de los Apocalípticos y luego añadí muy enfadado:

—El hermano de Joseph nos ha vendido. Joseph mismo puede estar involucrado.

—Cálmate —dijo ella—. Todos recibíamos la imagen que nos indicaba que debíamos partir de inmediato y nos dimos toda la prisa que pudimos. Sin embargo, debe de haber un error. Joseph no le habría dicho a su hermano dónde acampamos.

Señaló un montón de papeles que estaban sobre una roca cerca de su tienda.

—Joseph trajo copias de la Décima Integración que encontró y luego volvió a irse. Todavía está buscando a su hermano. ¿Por qué nos traicionaría?

—No lo sé.

Sus ojos me atraían de nuevo y sentí que recuperaba algo del Ágape y la paz, pero mi Percepción se había hundido.

—Hemos estado trabajando en la Novena mientras estabas por ahí. Podíamos sentirte. Debes aferrarte a ese estado. Y ya hemos encontrado la Décima Integración —concluyó Rachel.

—¡Debemos irnos ya! —insistí.

—De acuerdo, de acuerdo. Aquí está el resto de nuestras pertenencias.

Señaló hacia mi tienda ya desmontada y guardada y a otras cosas que había dejado allí. Mientras terminaba de empaquetar pareció acordarse de algo, echó a correr, tomó las copias del Documento y las metió en mi mochila.

»Ahí tienes —dijo ella—. Puedes cuidarlas si ocurre algo.

Su tono tenía un deje de dolor. Era la segunda vez que decía algo semejante. Quise pedirle que me dijera lo que sabía, pero ella ya había cargado con su propia mochila y se alejaba caminando.

»Vamos. Hemos encontrado otra forma de salida de este círculo —dijo Rachel.

Antes de que lograra alcanzarla ella miró en derredor y sus ojos se congelaron al dar con algo que estaba detrás de mí.

»¿Todavía conservas la pluma? —preguntó.

—Sí ¿Por qué?

Seguía mirando algo a mis espaldas. Al volverme logré distinguir una silueta solitaria que estaba de pie sobre una roca enorme, la más lejana a nosotros. Era imposible confundir esa figura: Anish.

Nos quedamos congelados durante mucho tiempo; luego Rachel me miró y dijo:

—Escucha: ninguno de nosotros saldrá vivo de aquí a menos que logre contactar con él. Saca a los demás de aquí.

Sin moverse se concentró en el líder; él la miraba sin perder detalle. Sus miradas eran palpables en medio de la noche. Varios integrantes de nuestro grupo notaron lo que pasaba y se detuvieron a mirar, pero Coleman conocía el peligro de la situación y los instaba a seguir adelante. Pedí a los que podían escucharme que se fueran.

»Todavía no soy lo suficientemente fuerte —escuché que decía Rachel.

Me di la vuelta para mirarla. Era demasiado tarde. Anish hizo una seña con la mano y al instante empezó a caer una lluvia de balas que llegaban de todas partes. Golpeaban las rocas y el suelo. Una pegó en mi mochila con tanta fuerza que me arrojó de espaldas sobre una de las grandes rocas. La caída hizo que la pluma que Rachel me había dado saliera de mi bolsillo. Me cayó en la cara un par de segundos más tarde.

Instintivamente me aferré a la pluma mientras luchaba por ver entre tanto polvo y confusión. De pronto sentí que los brazos de Rachel me rodeaban ayudándome a ponerme de pie otra vez.

»Por aquí —dijo con urgencia.

En un momento dado me soltó. Conforme avanzaba a tropezones comencé a sentir que mi mente se aclaraba por fin. Sorprendentemente disponía ahora de una claridad perfecta y ya no sentía ni temor ni ira. De hecho mi estado emocional, inexplicablemente, había retornado al Ágape. El cielo nocturno estaba radiante por la luz de la luna; las rocas brillaban más que nunca. Había recuperado mi Percepción.

Rachel estaba delante de mí y caminaba deprisa, pero no tanto como para que me costara trabajo seguirla. Noté que su cuerpo se movía con inusual fluidez y gracia y que su ropa parecía brillante. Me llevó al sitio donde Coleman, Tommy y yo habíamos conversado antes, mirando al puesto de guardia. Luego Rachel avanzó por una ruta oculta, evitando a los soldados para seguir en dirección a la cima.

Mientras caminábamos me pregunté cómo es que ella conocía esta ruta secreta. ¿Quizá se la había descrito Tommy o su madre?

—¿Adónde vamos? —pregunté.

—Subiremos un poco más —respondió.

El sonido de su voz era un tanto distinto y me impresionó. Experimentaba ese sonido de su voz tanto dentro como fuera de mi cabeza. Reduje la velocidad y luego me detuve de repente desconcertado. Ella lo notó y regresó al sitio donde me encontraba.

»Podemos ir más lento si quieres —dijo—. Es cuestión de que te acostumbres.

Su rostro era más luminoso que nunca.

Al sentarme produje un ruido sordo y eso me recordó que aún tenía la mochila en la espalda.

Ella se sentó sin ayuda de las manos, algo que nunca la había visto hacer. Ni un rastro de tristeza en su cara a diferencia de lo ocurrido en el círculo.

»Sabes en dónde estamos, ¿verdad? —preguntó.

—¿Qué?

—Ya no estamos en Kansas.

—¿De qué hablas?

Se inclinó hacia mí.

—¿Recuerdas que te dije que había leído la Décima Integración?

—Sí.

—Dice que si seguimos la Sincronización, podremos aprender directamente de los que están en el Cielo y eso nos elevará hasta el siguiente nivel de conciencia.

Guardé silencio esperando a que siguiera.

»Nunca terminé de contarte sobre mi madre. La odiaba por haberme convertido en una controladora y cuando murió sin que hubiéramos podido hablar me sentí culpable. Luego, tal vez debido a que pensaba todo el tiempo en lo que debía haberle dicho, empecé a notar que tenían lugar pequeñas coincidencias. Compraba zapatos y veía un par exactamente igual a los que ella solía ponerse. O pasaba por la tienda de jabones y olía las fragancias de los que ella usaba. Escuchaba sus viejas canciones favoritas en los momentos más inverosímiles. Y entonces un día, así, de la nada, decidí contarle cómo me sentía en voz alta, como si estuviera allí. De inmediato empecé a intuir lo que ella me respondería, sólo que me fui dando cuenta de que no necesariamente habría podido imaginar las respuestas que estaba recibiendo. Así me di cuenta de que estaba sosteniendo una verdadera comunicación con ella. La idea de la comunicación con la Vida después de la Muerte parece muy extraña al principio. Durante un tiempo dejé de comunicarme con ella, pero el recuerdo de aquella experiencia me llenó de energía y fue tan profundo que, de forma gradual, comencé a comunicarme con ella con mayor frecuencia. Con el tiempo me dijo que lamentaba mucho la manera como me había criado respecto a los hombres. Dijo que se trataba de un error que la atormentaba y ahora había hecho suyo el Ágape y hablaba de verdad. Dijo que deseaba haberlo conocido antes para enseñarme esta nueva manera de ver las cosas.

Yo miraba a Rachel confundido.

»¿No te das cuenta? —dijo Rachel—. El Documento dice que podemos comunicarnos con quienes están en la otra vida para aclarar nuestros resentimientos y nuestros problemas con ellos. Sólo tenemos que usar mejor nuestra capacidad de Sintonizar y tener una conversación. Nunca es demasiado tarde. ¡Y hay tantas cosas que quieren comunicarnos! De hecho mi madre dice que quieren hablar con nosotros desesperadamente, justo ahora, en este momento crucial de la historia. Conocen el verdadero Plan para el mundo humano y ha llegado el momento de disponernos a escuchar y entender.

Levantó la mirada y miró a mis espaldas. Me di la vuelta pero no vi nada. Rachel se aproximó, lo que yo experimenté como un abrazo de algún tipo aunque todavía mediaban algunos metros entre ella y yo.

»¿Recuerdas de qué habla la Novena Integración? —preguntó—. Estoy segura de que Tommy te lo dijo. Todo lo que nos rodea tiene su propia Identidad de Sentimientos que podemos detectar emocionalmente.

Ya captaba el sentido.

»Por eso —continuó—, cuando las personas cercanas a nosotros mueren, incluso cuando pensamos que estamos listos para asimilarlo, nos sentimos devastados. La pérdida consiste en que ya no disponemos de ese sentimiento que es ellos, algo que siempre habíamos tenido y que dábamos por hecho. Por eso, cuando muere un ser querido, la gente suele decir que parte de nosotros muere también. Nos duele la pérdida de esa constante emocional que ya no está ahí.

Hizo una pausa y de nuevo parecía mirar a través de mí. Supe en ese instante que habíamos cruzado la frontera a la otra vida. Estábamos en la Vida después de la Muerte.

»Alguien quiere hablar contigo —dijo ella sonriendo—. ¿Puedes Sintonizar con ese sentimiento que recuerdas?

Supe de quién se trataba incluso antes de preguntar. Podía oler los cigarrillos en el bolsillo de su camisa como si siguiera sentado en sus piernas, siendo un niño. Podía detectar la fuerza de su ser, su forma de hablar, la risa infantil de sus bromas. Todo eso formaba parte del sentimiento único que constituía él.

Sin embargo, al mismo tiempo me percaté de que parte de él había cambiado, nada quedaba de la ira nerviosa y la frustración que demostró cada mañana de mi juventud, forzando a que todos camináramos casi de puntillas para evitar la inevitable reacción explosiva. También había desaparecido esa mirada de desaprobación que me había producido ansiedad y miedo hacia los demás. Todo eso había cambiado.

»Es tu padre —dijo Rachel.

Al volverme estaba ahí, radiante y con una apariencia joven. Ahora recibía yo impresiones que, sabía, provenían de él. Me dijo que la causa de su conducta —sus propios resentimientos y preocupaciones— había sido resuelta en la otra vida con sus propios padres. La única parte que quedaba incompleta era su necesidad de resolver los resentimientos a los que me aferraba.

—Cerrarnos a otros —me comunicó— es una tendencia heredada por los miembros de nuestra familia, casi tanto como lo es el color de los ojos. No obstante, ver la historia de un problema y reconocerlo con veracidad nos permite superarlo. Y ahora la Vida después de la Muerte está cambiando. No tenemos que esperar hasta reunirnos aquí. En este momento estás tan cerca de nosotros que puedes alcanzarnos, y resolverlo todo inmediatamente. Cuando han desaparecido esos obstáculos, podemos entender lo que ya sabemos.

En un instante supe que mis resentimientos se habían terminado. Puede que la falta de práctica me haga volver a sentir un poco de resentimiento, pero sucederá cada vez menos sin que me percate de ello. Sabía gracias a la antigua Profecía que una vez que nos damos cuenta de en qué consiste el drama en el que participamos su fuerza disminuye.

Al mismo tiempo que me llegaban esos pensamientos él comenzó a difuminarse hasta que no pude verlo.

—Espera —dije en voz alta—. Tengo otras preguntas que hacerte.

Llegado ese punto ya no lograba sentirlo y casi caigo en el mismo pánico que me invadió cuando murió. Miré a Rachel; su mirada me pedía que sintonizara. Recordé lo que sentía cuando estaba presente y volvió de inmediato aunque esta vez había una ligera distorsión en el espacio, parecida a la que se produce en las olas de calor que salen de la carretera. Pero no importaba. Su Identidad de Sentimientos estaba ahí y eso era lo más importante.

»Mencionaste que podía entender más —le dije—. ¿A qué te referías?

Entonces escuché:

—Sólo observa.

Después de su partida me percaté de que ya amanecía; la luz creaba aún más belleza en el cielo y las rocas que me rodeaban.

Me sobresalté al mirar a Rachel. Ahora la rodeaban varias personas más. Intuí que la mujer más cercana a ella era su madre y al instante supe que ella y Rachel habían experimentado una catarsis similar a la que había tenido lugar entre mi padre y yo.

También supe que se me mostraba todo esto por una razón. Igual que en el caso de mi padre, su madre había sido incapaz de dirigir su atención a otros asuntos, porque estaba concentrada en resolverlos con Rachel. Luego, cuando ella y Rachel ya habían solucionado el pasado, se habían comunicado mientras Rachel estaba aún en el plano terrestre y su madre en la Vida después de la Muerte. Esta comunicación y otras similares nos descubrían un territorio completamente nuevo. Se sanaban el dolor y el resentimiento en dos dimensiones. Lo importante era que ambas dimensiones de la existencia, en ese acto de reconciliación, se habían vuelto más libres y claras, y así resonaban a un nivel superior de nuestras conciencias.

Al ver a mi padre sentí confirmación plena. Muchos en la Vida después de la Muerte desean ardientemente la liberación de los resentimientos acumulados: todas esas verdades no expresadas, los actos que no se realizaron y muchas otras cosas que se sienten igual que en la Tierra. Y ahora, con las Integraciones elevando nuestra conciencia, estábamos lo suficientemente cerca como para comunicarnos a través de las dimensiones. Como resultado, tanto el Cielo como la Tierra recibían más energía y eran elevados a otro nivel.

De repente pensé en una Profecía Bíblica del libro de las Revelaciones en relación con el final de los tiempos: «... Y existirá una Nueva Tierra y un *Nuevo Cielo*...». Ahora conocíamos el sentido de esta Profecía que se cumplía paso a paso.

Mientras pensaba en esto, toda acción alrededor se detuvo y todos, especialmente Rachel, me miraban. Todos parecían exultantes por mis conclusiones.

—Estás accediendo a la Décima Integración —dijo Rachel—. Todo lo que debes hacer es mantenerte en Sintonía y pronto sabrás todo lo que se sabe en el Cielo.

Después el grupo que rodeaba a Rachel comenzó a descender la pendiente. Más que caminar era como si se deslizaran. Esos presuntos habitantes permanentes de la Vida después de la Muerte tenían cuerpos similares a los nuestros y se movían sobre el suelo con piernas que, más que caminar, parecían simular el movimiento de andar con destellos que los desplazaban. Todo lo que Rachel y yo podíamos hacer era correr lo más rápido posible para seguir su ritmo; al poco tiempo me di cuenta de que Rachel se asemejaba a los demás.

En ese momento no me importó. Aún no sentía temor, pues seguía arropado en un estado de Ágape pleno. Supe que me enseñarían muchas cosas. Caminamos entre una serie de rocas con forma de aguja y llegamos a otro saliente de piedra que tenía bordes altos, como si fuera un barco. Desde este sitio teníamos una vista maravillosa de la cima del Monte Sinaí y, hacia abajo, podíamos ver con claridad los caminos que llevaban a la cima.

De pronto todos vimos un grupo de soldados egipcios que se reunían por el norte. Algo parecía haberle sucedido a uno de los soldados. Trataban de manera desesperada de reavivarlo mojándolo y abanicándolo para bajarle la temperatura.

—Un golpe de calor —dijo Rachel.

Finalmente se dieron por vencidos y cubrieron el cadáver, lo levantaron y se lo llevaron en dirección al puesto de guardia. Había docenas de personas luminosas que caminaban junto a los soldados, hablándoles, según parecía. Los soldados no lograban verlos. No les prestaban ninguna atención.

—¿Qué dicen a los soldados? —pregunté a Rachel.

—Escucha tú mismo —respondió.

Sintonicé su conversación y al instante supe lo que decían. La gente luminosa se valía de los principios de Unicidad y Ágape para fundirse con los soldados en un intento de incrementar la conciencia de los militares, con la esperanza de que se dieran cuenta de que se dirigían al peligro.

Ahora podía ver la razón de todo ello. Quince metros más adelante había gente armada escondiéndose entre las piedras. Reconocí a varios. Eran los Apocalípticos, docenas de ellos, alistando sus armas para proteger algo que se encontraba del lado de su trinchera.

—Se dirigen justo hacia los extremistas —exclamé mirando a Rachel y a los demás. No me devolvieron la mirada, pues todos estaban concentrados en el grupo de soldados.

Miré a los Apocalípticos y, para mi sorpresa, vi que ellos también tenían a docenas de individuos luminosos formando un círculo alrededor, tratando también de elevarlos a un nivel de mayor comprensión e instándolos a que encontraran su propia Conexión Superior.

Me di cuenta de que los luminosos querían que los soldados vieran algo: una bifurcación del camino que estaba un poco más adelante; deseaban que tomaran una de las rutas y no la otra, pues la que se dirigía al norte podía ponerlos fuera de peligro.

Me sumé al esfuerzo de los demás, poniendo en práctica el procedimiento de intentar la Unicidad con los soldados hasta sentir el Ágape con ellos. Traté de visualizar que ellos podían abrirse y sentir el peligro, pero los soldados parecían no darse cuenta de nada y aceleraban la marcha hacia los Apocalípticos.

De repente volví a experimentar la reconfortante sensación que tuve en el momento de mi caída, cuando era joven, la sensación que me decía que iba a estar bien. También vi algo inusual: luces intermitentes que rodeaban a los soldados. Por un momento nada cambió. El capitán del grupo parecía estar conduciéndolos a la debacle. Entonces desaceleraron la marcha hasta detenerse. El capitán ordenó a sus hombres que tomaran la ruta segura que iba hacia el norte. Una ola de celebración se extendió entre todos los seres luminosos que habían ayudado.

—¿Cómo ha sucedido eso? —pregunté a Rachel.

—Los soldados estaban siendo elevados a una Conciencia Celestial, al menos un poco, de manera que la premonición pudiera alcanzarlos y advertirles —dijo Rachel.

—¿Se trata solamente de personas que desean fervientemente que se dé un resultado determinado?

—No. En algunas situaciones es obvio qué resultado conviene visualizar, pero existen otras que no son tan claras. Por tanto, las personas de aquí se limitan a procurar la fusión mental con los de la dimensión terrestre. Aparentemente eso es todo lo que se necesita. Una conciencia superior siempre tiene el efecto de elevar a un nivel superior a quien se encuentra en un nivel inferior.

Rachel me sonrió.

«Como diría Coleman, si alguien que tiene más rutas activadas en el cerebro se funde con alguien que tiene menos, las rutas de la persona que está en el nivel inferior se abren como por contagio. Por supuesto existen otras maneras de amplificar nuestra influencia aún más, como verás en la siguiente Integración. Pero básicamente funciona así.

Ya conocía la respuesta pero pregunté de todas formas:

—¿Qué era el parpadeo de la luz que vi alrededor de los soldados?

Me regaló una sonrisa.

—Ángeles. Ayudan de manera espontánea, en especial si nos acordamos de pedirles ayuda.

Rachel empezó a comportarse como si tuviera prisa. De pronto afirmó que yo debía ver otra cosa. Nos movimos hacia otra zona del saliente desde donde podíamos mirar hacia el este, al otro lado del Sinaí. Nos sentamos sin hablar y nos concentramos en el panorama de riscos que parecían una cascada cayendo al suelo del desierto.

Me llamó la atención un movimiento a mi izquierda. Vimos a un soldado solitario que deambulaba entre las rocas como aturdido. Estaba más luminoso que los soldados que habíamos visto antes.

—Debe de tratarse del soldado que murió —dijo Rachel.

De pronto el hombre se sentó y miró al vacío sin moverse.

—¿Qué hace? —pregunté y luego recordé que debía Sintonizar. De inmediato empecé a tener impresiones de lo que sucedía. El hombre repasaba su vida y se daba cuenta de las muchas oportunidades de conseguir sus objetivos que había desaprovechado, ya fuera por ignorancia o por miedo. Se concentraba en su esposa; la mueca denotaba que sabía cuán inmaduro había sido al haber preferido pasar tiempo con los amigos en lugar de estar con su pequeña de cinco años.

Sin embargo, estaba seguro de que la niña era la mejor parte de su destino. Desde que vio a su esposa supo que se casarían y tendrían una hija, y que la hija lograría muchas cosas. También sabía que debía dar a su hija muchas lecciones a lo largo de su vida. Se preguntaba cómo lo haría ahora. Miré a Rachel.

—Pronto sabrá cómo ayudarla —dijo con ojos centelleantes—. ¿No es así?

De repente el hombre se incorporó de un salto y miró alrededor.

—¿Qué hace? —pregunté.

—Sabe que ha dejado un tema sin resolver con su padre. Y no puede hallarlo.

El soldado comenzó a difuminarse hasta que apenas podíamos verlo.

—¿Qué pasa? —pregunté—. ¿Adónde va?

Me miró preocupada.

—Puede que no quieras ir allí.

—¿Por qué?

—No te gustará.

Vinieron a mí viejos recuerdos de mis experiencias de la Vida después de la Muerte, sucedidas cuando estudiaba la Profecía y la Décima Revelación.

—Te refieres al Infierno, ¿verdad?

—Sí. No en el sentido en el que se lo imagina mucha gente. Se trata de algo más parecido a la sensación de estar perdido o de estar tan reprimido psicológicamente que uno mismo se coloca en un limbo autoimpuesto.

Decidí que intentaría entrar en Sintonía; lo que siguió fue un viaje al territorio de la frialdad y la baja energía en el que el soldado encontró a su padre. Éste había estado en el ejército toda su vida; no había tenido un modelo espiritual. Por supuesto que había tenido sus oportunidades, ya que muchos amigos conscientes y devotos habían llegado de forma sincronizada a su vida. Él se las había arreglado para sacar los mensajes de su mente.

Después de morir su ansiedad era tan grande que construyó alrededor un mundo imaginario constituido por el mismo materialismo indiscutido, con sus enemigos imaginarios, guerras y conquistas, todo ello como reflejo de sus experiencias en la Tierra. Me percaté de cuál era la fuerza que sostenía este engaño: el Ciclo de la Venganza. Se había mantenido dormido con un odio sobrecogedor y con un enorme deseo de vengar la muerte de sus amigos. Y eso nunca tenía fin. Él les hacía daño, sus enemigos se retiraban, luego él volvía a buscar venganza y sentía satisfacción al herir a aquellos que lo habían herido.

Igual que antes, pude ver a muchos fallecidos que rodeaban al padre; buscaban fundir mentes con él y visualizaban su elevación, su Conexión y su despertar. No obstante, el padre se obstinaba a pesar de que la falta de luz creaba un tormento inconsciente en su interior. Pero la oscuridad fue demasiado para mí. Volví a mirar a Rachel rompiendo la Conexión con el soldado. Respiré hondo aspirando el tibio Ágape y lo aprecié todavía más.

—¿Sale alguien de ese lugar? —pregunté a Rachel.

—Oh, sí. A todos les queda la sensación latente de que hay más. El problema es que las personas absortas en el miedo y la Ideología llevan consigo esas obsesiones a la otra vida. Por eso es tan importante permanecer en Alineación y ayudar en esta Tierra a que los demás despierten.

—Los más difíciles de alcanzar son quienes se aferran a ciertas doctrinas relacionadas con la espiritualidad. Piensan que ya conocen la verdad intelectualmente y se olvidan de sentir el amor y de abrir la conciencia para obtener la Conexión Divina.

—Vamos —dijo ella—. Aún hay más por conocer aquí.

Me llevó aún más lejos, pendiente abajo, hacia el este. Llegamos a una zona más plana de la montaña donde otro grupo de personas luminosas se concentraban en un individuo, una mujer. Ella estaba ligeramente fuera de foco.

Rachel sonrió cuando me concentré en la mujer para Sintonizar con ella. Lo logré casi de manera automática y traté de averiguar qué sucedía. Con el tiempo lo entendí. La persona que se desdibujaba estaba en el proceso de nacer en la dimensión terrestre.

Me concentré para recibir las intenciones de los que estaban de pie alrededor de la mujer. Apoyaban sus sueños para la vida que apenas iniciaba. Su intención era ayudar a que surgiera una nueva generación de ciencia honesta en el mundo. Quedaba claro que ésta era su manera de colaborar con el Plan.

¿El Plan? Me volví y miré a Rachel fijamente. Ahí estaba de nuevo la mención de algún tipo de Plan, aparentemente conocido en la otra vida pero no del todo comprendido en el plano terrestre. Rachel me indicó que prestara atención a la mujer.

Me concentré tanto como pude y por fin comencé a verla en un contexto más amplio, comprendiendo mejor su nueva vida en la Tierra. Se trataba de un sentido de la historia mucho más amplio de lo que habíamos concebido a partir de la Segunda Integración. Contemplaba todo lo sucedido en la creación e incluía el significado mismo de la vida.

Lo comprendí en un instante. El propósito de la existencia humana es propagar de forma sistemática la sabiduría y la conciencia conocidas en la Vida después de la Muerte, de modo que puedan aplicarse en la dimensión terrestre, procurando que ambas dimensiones se unan entre sí y con la Conciencia Divina. Ella llevaba en la mente este Plan —este propósito principal de la vida—, así como la idea clara de lo que deseaba hacer después de nacer.

Al Sintonizar aún más profundamente comencé a entender el papel de este deseo de Unidad en la historia. Todo comenzó con la creación de la dimensión terrestre misma hace cerca de dieciséis mil millones de años. Así se estableció la llamada «plataforma física» de nuestro viaje colectivo. La historia entera de la creación se reprodujo en mi mente.

En este universo incipiente los gases y los primeros elementos químicos gravitaron juntos hasta ser tan densos que se calentaron y se convirtieron en estrellas, viviendo y muriendo para diseminar nuevos elementos en el universo. En la Tierra el agua y estos elementos más complejos interactuaron hasta formar estanques poco profundos y en consonancia con esta urgencia de Unidad se unificaron las cadenas de aminoácidos para formar células más grandes. Entonces estas células comenzaron a unirse aún más para formar organismos multicelulares con el objetivo de llegar a un mayor nivel de complejidad y potencial de conciencia. Con el paso de los milenios llegaron los peces, los anfibios, los reptiles, los mamíferos y finalmente los humanos.

En este momento el punto focal de la historia de la creación cambió la humanidad. Ahora esta urgencia de Unidad se concretaba en una conciencia humana del mundo en perpetua expansión. A lo largo de milenios las familias se unieron hasta formar tribus y aldeas para después dar el salto a coaliciones regionales, imperios y naciones.

En cada etapa del camino habían nacido héroes en la realidad terrestre, héroes provenientes de la otra vida —algunos fueron reconocidos y otros trabajaron en el anonimato— que luchaban para impulsar el mejor entendimiento aunque fuera un poco más. De forma paulatina pasamos de la idea de las deidades de la naturaleza a los dioses arquetípicos griegos. A continuación accedimos a la gran verdad del politeísmo, el concepto que implica una fuente Divina. Con el paso de los años llegaron las tres religiones principales: el judaísmo, el islam y el cristianismo. Cada una de estas religiones creyó que su camino era el único.

Con los tiempos modernos llegaron la Ilustración, la ciencia y una creciente urgencia por unificar el saber humano. De pronto vi cómo esta conciencia planetaria comenzaba a progresar durante la última parte del siglo XX, hasta convertirse en una perspectiva más elevada, galáctica. Las preguntas sobre la vida comenzaron a plantearse de manera masiva. ¿Qué hacemos aquí? ¿Cuál es el sentido de la vida?

Me di cuenta de que esta necesidad de respuestas espirituales claras había creado una profunda inseguridad en las religiones más antiguas. Sentían que sus doctrinas podrían ser cuestionadas o de plano destruidas. Justo al comenzar el siglo XXI habían comenzado las guerras para determinar si una religión podía imponerse a las otras.

Luego me di cuenta de que la mujer conocía el Documento y la reciente urgencia de Unidad: la Integración de la información espiritual a la vida diaria y a una conciencia despierta en Conexión con el Dios único. Conocía los esfuerzos para unificar las religiones gracias a la experiencia común de la Conexión Divina y al surgimiento de los Modelos de Acuerdo... y también conocía el Ascenso a la Sagrada Influencia.

Por primera vez vi con claridad la larga historia de la creación en su totalidad. Mi nivel de energía aumentó de repente: sabía que estaba experimentando más de la Décima Integración. Se trataba de la conciencia de que teníamos el potencial, justo en este momento de nuestra vida, para poner este Plan en plena conciencia. He aquí lo que constituiría la culminación de miles de millones de años de creación.

No obstante, al mismo tiempo sentí que había un último aspecto del Plan que no había comprendido.

—¿Encontraste algo familiar en el Plan que acabas de ver? —preguntó Rachel.

De inmediato supe a qué se refería. Las etapas del largo desarrollo del universo se parecían mucho a las Etapas de la Creación profetizadas por el Calendario Maya.

»Correcto —dijo ella leyendo mi mente—. En su momento los antiguos mayas hicieron el Descubrimiento por sí mismos; lo hicieron al recordar buena parte del Plan de la creación. Sin embargo, su cultura estaba aún fuera de Alineación y sabían que no podían aferrarse a la sabiduría. De modo que elaboraron una línea cronológica para este Plan y la esculpieron en su arquitectura de piedra e inscripciones en espera de que los futuros humanos la descubrieran y transcribieran su mensaje. Y eso es exactamente lo que ocurrió.

Hizo una pausa y me miró. Sentí su abrazo energético.

»Pero los mayas demostraron que la Creación no estaba completa, que vendría otra oleada para unificarnos completamente siempre y cuando entráramos en Alineación y fuéramos capaces de Sintonizar. Algunos estudiosos han llamado a esto Conciencia Universal. Aparentemente los mayas lo concibieron como una fase final de la Creación, una fase que conduciría a las almas de ambas dimensiones de la vida a la Unidad final. Y eso sucederá siempre que haya suficientes personas como nosotros que se esfuercen por lograrlo.

Parecía que se estaba preparando para acabar su discurso.

»Ya podemos entrever el advenimiento de esta fuerza de la creación y pronto será más fácil sentirlo. Todos lo sentimos en la Montaña Secreta.

Volvió a hacer una pausa.

Me sentía electrificado.

—Te refieres al punto de Conexión que he tratado de desentrañar todo este tiempo. ¿También lo experimentaste?

—Sí, la última etapa de la Unidad comienza con la comprensión de este fenómeno y con el descubrimiento de la manera de conectar con este fenómeno más plenamente. Ahora estamos listos para descubrir nuestra naturaleza espiritual. Así se marcará el inicio de la última expansión de la conciencia humana hasta lograr la unificación.

La imagen de Rachel empezaba a difuminarse.

»Recuerda todo lo que hablamos —continuó—. La mayor parte de las Profecías que sostienen las tradiciones religiosas tienen algún concepto del Rapto: la adquisición de un cuerpo espiritual para llevarlos al Cielo, evitando el Armagedón. Los humanos trajeron estas imágenes a la cultura terrenal porque también forman parte del Plan, sólo que no exactamente como dijeron los profetas. Debe entenderse simbólicamente. Todas esas profecías y referencias de las escrituras han llegado a la historia gracias a personas que trataron de recordar lo que sabían de la otra vida, pero no les llegó la información con toda claridad. La verdad les llegó a través de la lente de su propia religión, lo que propició esta competencia. En realidad las Profecías se refieren a otra cosa, a un hecho común para todos.

No entendí del todo.

»¿No lo ves? ¡Sólo existe un Rapto posible! El Rapto es la transformación corporal que tiene lugar mediante la Percepción sublimada y la conciencia, como ya hemos visto. No debemos esperar a que Dios provoque el Rapto. ¡Dios espera que lo hagamos nosotros! Tenemos que abrirnos suficientemente a esta Conciencia Divina para que nuestra Percepción y nuestra energía se expandan lo suficiente para que suceda el Rapto. Y puede que requiera mucho tiempo. Lo importante es que ahora sabemos en qué trabajar y qué podemos lograr con nuestro deseo de Unidad. Si sabemos Sintonizar, llegará más ayuda.

Ahora sí comprendía.

—De nuevo te refieres a esta Conciencia Universal que vieron los mayas.

—Sí, pero no te aferres a un nombre. Es algo más personal... y se trata de la última etapa para entender lo que sabe el Cielo. Ya estamos sintiendo...

Ahora se difuminaba casi por completo y ya no pude escuchar sus comentarios finales. Sólo quedaba una suerte de petición urgente.

»Sólo haz lo que hacemos y eleva tu influencia —parecía estar comunicándome—. Lo entenderás cuando estudies la Undécima Integración y encuentres la Duodécima.

Traté de formular otra pregunta, pero mis ojos ya no lograban enfocar. Sentí que todo me daba vueltas y que caía de espaldas a una luz repentina y cegadora.

El Ascenso a la Sagrada Influencia

Pasaron horas antes de que empezara a escuchar que hablaban alrededor. Luché por abrir los ojos.

—Está despertando —escuché que gritaba Coleman.

Antes que ver sentí que otros se reunían alrededor. Estaba de nuevo en el saliente de roca desde el que se veía el puesto de guardia en la falda sudeste del Sinaí. Vi mi mochila tirada a un lado. Estaba abierta, alguien había sacado las copias de la Décima Integración y estaban tiradas por ahí. No había señales de Rachel.

Noté que la pluma seguía en mi mano y en ese momento lo supe.

»Te encontramos aquí —decía Coleman—. Seguro que te golpeaste la cabeza. Has estado inconsciente.

—¿Dónde está Rachel? —pregunté.

Me tocó el hombro. Los demás estaban devastados.

—No sobrevivió —susurró—. La mataron en el Círculo de Rocas.

Asentí lentamente. Lo sabía. Lo supe todo el tiempo, pero aún me encontraba en estado de shock total. Estaba con ella.

—¿Estáis seguros? —pregunté—. Ella me sacó del círculo durante el tiroteo. Estuve con ella durante un rato largo. Vimos la otra vida juntos. Vimos el Plan.

—Yo mismo lo confirmé —dijo Coleman—. Y poco después un grupo de soldados egipcios vino a investigar la causa de las explosiones. Los Apocalípticos tuvieron que replegarse. Todos, excepto Rachel, logramos escapar. Faltabas tú. Vi que los soldados se llevaron su cuerpo. Envié un mensaje de texto a Wil y a los demás para avisarlos. Lo siento tanto.

En ese momento caí en una de las más profundas sensaciones de pérdida que he experimentado. La energía de Rachel había sido parte de todo este viaje, comenzando por la primera Conexión en El Pub. Fue mi compañera en el descubrimiento del Ágape y ahora se había ido. Mi cabeza me decía que aún estaba viva en la otra vida, pero extrañaba sus ojos radiantes y su inteligencia que me había mantenido con los pies en la tierra. Entre lágrimas expresé todo esto a los demás.

Entonces, cuando me encontraba en el momento más oscuro, sentí de repente su abrazo distante, como lo había sentido en la otra vida. También percibí el perfume de rosas que siempre había usado.

No sólo estaba viva. ¡Estaba junto a nosotros!

»Me ayudó en tantos momentos de este viaje —dijo Coleman—. Y ahora está muerta.

—¡No está muerta! —protesté.

—Lo sé, lo sé —dijo Coleman—. Entiendo la Décima Integración. Todos sintonizábamos con el Plan. Pero no es igual saber que aún vive a tenerla aquí y poder hablar con ella o recibir uno de sus famosos abrazos.

—No. No entiendes —grité confiado—. Está aquí con nosotros. Ahora mismo. Me toca en la distancia, desde la Vida después de la Muerte, para demostrar que se puede. ¡Sintoniza! ¡Todavía puedes recibir ese abrazo!

Los otros se reunían alrededor de nosotros; cerraban el círculo y escuchaban con atención. Y así comenzaron a sentir también a Rachel. Durante varias horas les referí todo lo que había ocurrido en la otra vida, sobre todo lo relacionado con el Plan y el objetivo de la historia: traer a la Tierra la sabiduría y la conciencia celestiales. Comenté las afirmaciones de Rachel sobre la Conciencia Universal. Tommy me sonrió.

Todos me comentaron lo que había sucedido al leer la Décima parte del Documento que encontraron en mi mochila. Al hablar nuestra energía se elevó y nos llevó a la Décima Integración.

—Se trata de percatarnos de que la Vida después de la Muerte está aquí, ahora —aventuró Coleman—. Podemos resolver cualquier cosa con nuestros seres queridos y recibir su sabiduría. La clave radica en hacer lo que ellos hacen: usar su Influencia y la Ley de la Conexión para elevar a todos hasta una conciencia conectada. Se trata de otro nivel de la Alineación.

Habló Amor a la Montaña:

—Los nativos norteamericanos jamás han perdido la capacidad de comunicarse con el otro mundo. Los países desarrollados han encasillado esta habilidad como culto a los muertos, pero esta Conexión ha sido fundamental para nosotros desde que tenemos conciencia.

Nos miró de manera muy especial y de inmediato supe que tenía razón. Estábamos en una discusión de Modelo. Todos estuvieron de acuerdo en que la tradición nativa norteamericana había fomentado como ninguna otra esta Integración aunque el misticismo cristiano y ciertos escritos judíos de la tradición cabalística también hablan del contacto con el otro mundo.

—¡Por aquí! —exclamó la madre de Tommy.

Habíamos empezado a reunir nuestras cosas sintiendo que debíamos ascender aún más por la montaña. Nos dimos prisa para llegar al saliente y desde ahí pudimos ver a Joseph, que cruzaba la reja del puesto de guardia y se dirigía a nosotros. Se detuvo y tomó otra dirección, pero luego volvió a cambiar de idea. Parecía que deseaba ocultar su verdadero destino a los soldados. Cuando estuvo fuera del alcance de la vista de los guardias, vimos que volvía a dirigirse a nosotros.

—Tenemos que irnos antes de que llegue —gritó de repente Coleman—. Si estuvo involucrado en el ataque contra nosotros, es muy probable que con él lleguen también los soldados.

Muchos de los otros compartían los temores de Coleman. Sentí que me enfadaba otra vez. Mi energía se desplomó. ¿Y si Joseph había sido el responsable de la muerte de Rachel? ¿Qué clase de monstruo era? Ahí estaba, vivito y coleando, mientras que ella se había ido. Mis emociones me llevaban de la ira a la urgencia vengativa contra él.

Me obligué a detener el tren de pensamiento. Inconscientemente había llegado al Ciclo de la Venganza, así de rápido.

Tommy miraba a Joseph mientras dijo:

—Espera un minuto. Parece estar solo. Y no veo soldado alguno. Me parece que debemos hablar con él.

—Tiene razón —dije—. Debemos descubrir la verdad.

Todos estuvimos de acuerdo y esperamos hasta que llegó Joseph. Parecía muy sorprendido de vernos allí.

—Así que estáis aquí —dijo caminando con rapidez hasta nosotros—. No he encontrado a mi hermano. Nadie lo ha visto. Temo que lo hayan encontrado los Apocalípticos. —Su rostro denotaba tristeza, como si considerara que había fracasado.

Nadie respondió, de modo que siguió hablando.

»Uno de los soldados me dijo que mi hermano les había ordenado no patrullar más ciertas áreas de la montaña.

Miró a Tommy.

»Creo que ese soldado te conoce.

Seguimos sin decir palabra.

»Mira —Joseph señalaba su mochila—, también me dio esto. —Estaba sacando un montón de papeles—. ¡Es la Undécima Integración! Nos enseña a...

Guardó silencio al ver que no respondíamos y en cambio nos dedicábamos a mirarlo.

»¿Qué pasa? —preguntó.

Lo rodeamos y le preguntamos si sabía lo que había pasado en el Círculo de Rocas. Dijo que no. Le informamos del tiroteo. Estaba alterado, tanto que tuvo que sentarse, así que miembros del grupo lo abrazaron para darle aliento.

—Joseph, ¿por qué has venido a este lugar ahora? —preguntó Coleman.

—Porque los guardias dijeron que había mucha gente de todas partes que estaba llegando desde el pueblo. Vine por si alguien se acercaba por esta zona.

Coleman y yo nos miramos y luego vimos el sendero que ascendía a la montaña. Docenas de personas parecían venir hacia donde estábamos.

Mientras el resto del grupo seguía hablando con Joseph (discutían la Décima con él), caminé hasta el borde del saliente para pensar. Aún me preocupaba lo rápido que había caído en el Ciclo de la Venganza.

¿Cuánto había penetrado esta emoción en nuestro mundo? ¿Era la emoción predominante tras la maldición de los tiroteos en escuelas? ¿Sería el deseo de venganza la emoción predominante en la escena internacional, cuando los países parecen dispuestos a volar a otros con tal de que el enemigo pague? ¿Era ésta la forma en la que el temor y la ira humana se manifestaban en esta época de transición? ¿De verdad queríamos, a toda costa, que otros sufrieran lo mismo que sufríamos nosotros?

El coronel Peterson había dicho que este Ciclo de la Venganza evolucionaría hasta llegar a una fase nuclear en la que se haría el último acto de retribución y terminaría todo. De pronto sentí que a la humanidad se le estaba acabando el tiempo.

¿Dónde estaba Tommy?, me pregunté. Necesitaba hablar con él. Cuando me giré, vi que ya caminaba hacia mí. Me reí en voz alta, lo que produjo confusión en el joven.

—Necesito hablar contigo —dijo—. Es importante.

—¿Sobre la Conciencia Universal? —pregunté.

—Sí. Quiero decirte algo. Mi tribu cree que se hará mucho más fuerte antes de lo que mucha gente piensa.

—¿Cuándo sucederá?

—La mayoría considera que la última fecha en el Calendario es el 21 diciembre de 2012, pero hay quien dice que el principio de la última fase comenzará mucho antes, en la primavera de 2011.

—¿Qué? ¡Eso es ya mismo!

—Sí. Y no vamos a entender esta fuerza creadora venidera hasta que logremos desentrañar la verdadera naturaleza del punto de Conexión que sentimos en la Montaña Secreta y cómo relacionarnos con él. ¡Debemos conseguir las Integraciones que faltan!

De repente Coleman se abría camino hasta nosotros para mirar de nuevo el puesto de guardia.

—Mira eso —dijo alarmado.

Cerca de cincuenta soldados se distribuían alrededor del puesto.

—No quieren que esas personas lleguen a los senderos —dijo Joseph— y también creo que los extremistas andan cerca y quieren detenerlos.

—Los Apocalípticos se les han adelantado —comenté—. Están escondidos cerca de una roca, en el siguiente risco.

—¿Cómo lo sabes? —preguntó Coleman.

—Los vi cuando estuve allí con Rachel.

Todos me miraron sorprendidos. Coleman dijo:

—Va a ser muy difícil pasar inadvertidos entre todas esas tropas.

—No hay problema —repliqué—. Rachel me mostró otra manera de pasar. Ya casi es de noche. Creo que debemos partir ahora.

En cuestión de minutos dejábamos el saliente para empezar el descenso. Recordaba la ruta con toda claridad. Nos llevaría hasta un punto situado a unos treinta y cinco metros a la derecha del puesto. En ese lugar el sendero terminaba en una caída abrupta que parecía infranqueable. Lo que nadie parecía saber, a excepción de Rachel, era que había un borde lo suficientemente ancho como para que caminara una persona.

El borde se extendía a lo largo de unos treinta metros al norte, hasta un punto donde había un hueco en la pared del precipicio, lo que lo hacía escalable. Una vez superado el hueco, quedábamos fuera del campo visual de cualquiera que observara desde el puesto, lo que nos permitía entonces avanzar directamente a los niveles rocosos que se hallaban más arriba, desde los que Rachel y yo habíamos espiado a los Apocalípticos. El único sitio que estaba particularmente cerca del puesto era el punto que habíamos utilizado para bajar al saliente.

Mientras caminábamos vi que Joseph había integrado la Novena y la Décima partes, y ahora Coleman y los otros leían la Undécima. Pensé en la antigua Profecía y en la Undécima Revelación que había derivado de ella. Predecía la actualización de la intención y la oración y ofrecía los secretos para utilizar este poder.

—¿Crees lo que dice el Documento? —preguntó de pronto Coleman.

Vi que se dirigía a uno de los científicos. Coleman negaba con la cabeza incrédulo y caminaba hacia mí señalando el Documento.

»Escucha lo específico que es respecto de la influencia —dijo—. Gracias a la Ley de la Conexión todo lo que creemos —las cualidades de nuestro carácter— produce un campo de influencia que impacta a todo el mundo cuando interactuamos. Sirve para atraer a los demás a nuestro nivel de conciencia y conducta, para bien o para mal, y puede facilitar o complicar el hecho de permanecer en Alineación. Al mismo tiempo nuestra influencia individual también se mezcla con la Influencia de todos los demás, lo que ayuda a crear un nivel energético colectivo de conciencia para toda la humanidad.

Trataba de mantener el paso mientras caminaba por ese terreno agreste.

»¿Te lo puedes creer? —siguió—. Es como si existiera una gran balanza en el cielo que pesara la fuerza relativa de dos campos opuestos de influencia. Un plato de la balanza representa a quienes se están abriendo a una espiritualidad personal más elevada para así lograr levantar a los demás hasta esa conciencia. El otro plato de la balanza representa a quienes siguen atorados en el temor y la ira, a quienes tratan de acogotar a la gente hasta hundirla en un miedo falso y en la furia.

Esta afirmación me impactó sobremanera. Eso significaba que se contagiaban ambos extremos y que la balanza se movía a diario, dependiendo de con qué consistencia pudieran sostener su verdad frente a los demás los que estaban en Alineación.

»¿Te das cuenta de lo que esto significa? —agregó Coleman—. Es la confirmación del imperativo categórico kantiano: *Al actuar y ser como eres ahora estás determinando la forma de ser y de actuar de los demás.* Sus colegas pensaron que estaba loco, pero su intuición era correcta. ¡La influencia funciona exactamente así!

Capté su mirada.

—Rachel dijo que juntos integraríamos la forma de amplificar nuestra influencia positiva. ¿Dice cómo hacerlo el Documento?

Coleman buscaba con afán en las páginas que tenía en las manos.

—Dice que lo primero que debemos hacer es tener presente la balanza a todas horas y recordar que cada pensamiento y cada acción repercuten mucho más allá de nosotros mismos. También dice que si un número suficiente de personas no mantienen la energía de Alineación el mundo puede sufrir todavía más miedo e ira. En lo político eso significaría que la extrema izquierda y la extrema derecha continuarán la deshumanización del otro hasta que uno de los bandos llegue a hacer algo radical, probablemente un acto de despotismo para obtener el control, aduciendo la necesidad de salvar el mundo. En lo referente a la Ideología religiosa la polarización se torna aún más negativa. Dice que en casos previos de la historia el antagonismo ha llegado hasta donde lo permitía la tecnología disponible.

Nos miramos sabiendo que, en esta etapa, el riesgo era una escalada a nivel nuclear.

De pronto me di cuenta de que estábamos acercándonos al puesto de guardia, por lo que debíamos ser muy cuidadosos. Veíamos a varios soldados patrullando en el área que estaba justo debajo de nosotros, de modo que sugerí que los demás permanecieran ocultos mientras yo volvía a subir la pendiente para mirar mejor.

Al subir noté un movimiento por encima de mí y sentí que la sangre se me helaba. Mientras trataba de ver quién era, la figura se movió y se hizo visible. Era uno de los hombres de Peterson y me hacía señas para que subiera hasta donde estaba él. Al llegar me condujo a un sitio donde nadie nos podía ver y murmuró algo a un micrófono que estaba instalado cerca de su boca. Cinco minutos más tarde Peterson estaba frente a mí.

—¿Qué haces aquí? —preguntó—. Hemos seguido tus movimientos y no les encontramos sentido.

—Todo es intuitivo —dije—. El Documento dice que para lograr un aumento de la influencia debemos regresar al monte. Algo va a suceder allí.

Se mostró escéptico.

—¿Qué más dice este Documento sobre la influencia?

—Que finalmente estamos comprendiendo el poder de la intención y la oración. Aprenderemos a ampliar nuestra influencia.

—¿Eso es todo? —dijo—. ¡Así que lo único que os queda es rezar!

—Es más que la oración común —protesté—. Se debe buscar un nivel superior de experiencia. De no ser así puede darse el caso de que la energía del rezo termine sumándose a la de los Apocalípticos que están allí arriba. —Miré el siguiente risco.

—¡Vaya! —exclamó visiblemente estremecido—. ¿Estás diciendo que los Apocalípticos están en algún lugar de estas montañas?

—Sí. Están arriba, a unos doscientos metros de nosotros. Creemos que alguien del ejército egipcio evita que los soldados se acerquen a ellos.

Se quedó pensando y dijo:

—Tenemos aquí otra pieza del rompecabezas. Sabemos que han planeado algo en Jerusalén y en Arabia Saudí en una montaña en la que hay una base militar con misiles. Ahora están aquí. Planean toda una serie de acontecimientos que, según creen, llevará al mundo a una guerra. Te digo que las cargas de dinamita ya están colocadas bajo la Cúpula de la Roca.

Lo miré desconcertado.

»¿No te das cuenta? —dijo—. Piensan que deben hacer todo de acuerdo a la Profecía de las escrituras, lo que significa que el Armagedón no llegará hasta que el templo de David, en Jerusalén, sea reconstruido. La mezquita musulmana, la Cúpula de la Roca, les estorba. Hay que eliminarla, así que piensan volarla. La facción judeocristiana del grupo apocalíptico presiona para hacer esto, porque ya tienen la piedra de toque del templo original. Piensan que, si la piedra angular se coloca con rapidez en los cimientos, entonces se considera que ha comenzado la reconstrucción, con lo que podría considerarse que la Profecía bíblica se ha cumplido. Después sólo tienen que comenzar la pelea.

—¡Pero todas esas Profecías pueden cumplirse de distinta manera! —dije intuyéndolo todo.

—Mira: debemos ser objetivos. Estamos en el filo de la navaja. ¿Me escuchas? Estamos justo en el filo de la navaja. Tarde o temprano pondrán en marcha su plan, lo cual creará un tremendo caos en los países occidentales. Irán ya dispone de misiles que pueden bloquear completamente el canal de Suez y el estrecho de Ormuz. Allí está la fuente de la mayor parte del petróleo que consume Occidente. Cuando comience esta guerra, la gasolina será mucho más cara. Eso, por sí mismo, puede causar escasez de alimentos y a la vez almacenamiento. Si China se involucra, podrían realizar de forma simultánea un ciberataque contra nosotros. Entonces podríamos quedarnos sin luz. ¿Qué crees que pasará entonces? No habrá ni gasolina ni comida en las tiendas. Cientos de miles saldrán a las calles, lo que provocará disturbios.

Hizo una pausa y me miró.

»Si alguien, nosotros o quien sea, trata de detener a estos extremistas, las cargas explotarán y todo el conflicto ascenderá. La gran duda recae sobre Arabia Saudí. No sabemos cuál es exactamente su postura; en todo caso tu gobierno debe ser capaz de controlar si esos misiles se disparan o no. Y, la verdad, tampoco sé qué pretenden aquí en el Sinaí, pero puedes estar seguro de que no se trata de nada bueno. Por eso seguimos adelante con nuestro plan de intervenir. No podemos esperar.

—No. Escucha: tus acciones son tan extremas como las de los Apocalípticos —repuse—. ¡Planeáis tomar el poder y resolver las cosas de forma tiránica porque creéis que es la única manera de salvar la cultura occidental! —Escuché a los demás miembros de mi grupo gritando mi nombre desde abajo—. Mira, debo irme, pero tienes que entender que el Documento dice que si un número suficiente de personas se involucra conscientemente usando su influencia podemos detener esta guerra de otra manera.

Negaba con la cabeza.

—No se puede detener. Estallará el conflicto en Oriente Medio y sólo si mi grupo actúa podremos contrarrestar a China y contener la guerra. Mucha gente protestará, pero también podremos resolver ese problema. Además, tú no vas a ir a ninguna parte. Te vamos a escoltar para estar seguros de que te vas de aquí ahora mismo. Ya tuviste tu oportunidad.

Llevó su radio a los labios.

—Espera —dije—. ¿Recuerdas que me diste cinco días de plazo? El plazo se cumple mañana.

Sostuve el Ágape y me fundí con su yo superior. Su expresión se suavizó y me miró con una suerte de deseo de que la situación no fuera tan grave.

Tras un largo rato dijo:

—De acuerdo. Un día más. Corremos el riesgo de que cometas un error aquí y comience una guerra, pero creo que estoy haciendo lo correcto. Estamos preparados para hacer lo que tenemos que hacer.

Al llegar a donde estaba el resto de mi grupo les dije que debíamos marcharnos de allí. Recogí mis cosas; las manos me temblaban ligeramente. El grupo me siguió alrededor de un gran saliente y luego descendimos para dirigirnos al cañón.

Por suerte los soldados corrían ahora con intención de llegar a donde estaba Peterson, de modo que aprovechamos la oportunidad para deslizarnos por el borde del cañón sin que nos vieran para continuar hacia el monte.

Conforme caminábamos cuesta arriba, me acerqué de nuevo a Coleman y le conté lo que me había dicho Peterson. Me respondió con una sonrisa forzada. Me di cuenta de que estaba luchando por mantener alto su nivel de energía.

—¿Qué más dice el Documento? —pregunté.

—Dice que la solución es la misma en todas las etapas de la historia. En lo político tiene que surgir un centro iluminado, alineado para discutir abiertamente la verdad, para terminar así con la obvia manipulación de los votantes y con la corrupción, ya sea de izquierdas o de derechas. En lo religioso debe surgir un grupo igualmente veraz conformado por los sectores más tolerantes de toda tradición religiosa; todos deben procurar la experiencia a la que tenemos acceso. Los moderados deben predominar. Ya no permitiremos que una tradición trate de imponer su doctrina a otras personas ni que clamen que su forma de hacer las cosas constituye el único camino para lograr la Conexión Divina. Todas las religiones deberán enfatizar aquellos aspectos de sus tradiciones que coincidan con esta Conexión, de modo que las religiones se acerquen a la verdad y, al hacerlo, terminen acercándose entre sí.

Se detuvo en seco. Miraba el Documento.

»Esto es importante —destacó—. Dice que la parte final de la Undécima Integración ocurrirá cuando la gente esté en Alineación en todas partes, en todas las culturas y en todas las religiones, de manera que comiencen a Sintonizar entre sí.

«Por supuesto», pensé. Tenemos que Sintonizar una vez más en un nivel superior.

—¿Y cómo debemos hacerlo? —pregunté

—Conectándonos conscientemente en el Ágape, no sólo con las personas con quienes podemos hacer contacto visual, sino con todos alrededor del mundo. Lo lograremos con una intención clara y al visualizar esa Conexión con todo el poder de nuestras mentes. El Documento dice que cuando se logra esta Conexión la influencia natural de los individuos involucrados se amplifica muchas veces.

Asentí y me concentré en la escalada, que cada vez era más difícil. Tras varias horas de entrar y salir por grietas y saltar pequeños desfiladeros —para lo que debíamos quitarnos las mochilas y lanzarlas de un lado al otro—, llegamos al mirador con forma de fuerte donde Rachel y yo habíamos estado antes juntos. El sol se había ocultado tiempo atrás y un crepúsculo neblinoso se cernía sobre la montaña. Podíamos ver el área rocosa que había más abajo. Cerca de allí, lo sabía, estaban los Apocalípticos.

Como siempre, me desperté al siguiente día justo antes del amanecer; me levanté rápido sabiendo que sería un día importante. No me sorprendió encontrarme con que todos los demás dormían. Nos habíamos desvelado hablando de la Undécima Integración.

Me vino a la mente Wil. No sabíamos nada de él desde su último mensaje de texto, en el que afirmaba que pronto estaría en camino para reunirse con nosotros. La pregunta era cómo haría para encontrarnos. Saqué el teléfono para revisar los mensajes. Ningún mensaje de Wil. No me sorprendió. No se arriesgaría a usar el teléfono para recibir indicaciones.

De pronto vi un débil destello de linternas a lo lejos en la pendiente. Me acerqué al borde de las rocas para observar. Por fortuna las luces se alejaban de nosotros, así que pude relajarme de nuevo. La escalada había sido mucho más ardua que con Rachel y sabía que dicha dificultad sería un obstáculo para cualquiera que tratara de seguirnos ahora.

Al caminar por ahí me percaté de que Coleman hacía ruido al otro lado de su tienda. Cuando me vio, me ofreció una taza de café. En la otra mano tenía unos prismáticos.

—Ya casi amanece —dijo—. ¿Quieres ver si logramos distinguir a los Apocalípticos?

Acepté y caminamos hasta el borde del saliente, ocultándonos detrás de los bordes levantados. Al asomarme a la neblina matutina me di cuenta de que nuestra posición era magnífica. Desde este punto no sólo podíamos ver la zona rocosa donde se ocultaban los Apocalípticos, sino que también podíamos ver la enorme cima del Sinaí y todos los senderos que llevaban a ella.

El terraplén mismo se extendía unos treinta y cinco metros pendiente abajo frente a nosotros. Esperamos durante quince minutos hasta que dispusimos de luz suficiente para que Coleman usara los prismáticos. Otros se fueron despertando y uno a uno se nos unieron.

»Los veo —dijo Coleman de pronto—. Están haciendo algo al lecho de piedra que está detrás del montículo.

De la nada me llegó una imagen a la mente: bajaba para mirar más de cerca. La imagen estaba acompañada de un súbito aumento de energía. No me gustó la idea y bajé la cabeza. Tommy estaba junto a mí y lo notó.

—¿Qué sucede? —preguntó.

—Creo que debo bajar para echar un vistazo. ¿Alguien más ha tenido esa idea?

Nadie respondió.

—¿Estás seguro de que quieres hacerlo? —preguntó Coleman—. Recuerda la Segunda Integración: primero la lógica.

—Sé que es peligroso, pero me han pasado tantas cosas ya que no encuentro razón para no seguir esta intuición. Rachel siguió todas las suyas.

El grupo entero me miró por un momento. La determinación iba en aumento.

—Mejor iré contigo —dijo al fin Coleman.

Sintonicé para saber si debía ir solo o acompañado. En todos los casos aparecía solo.

—Me parece que debo ir solo esta vez.

Pedí consejo a Tommy y su madre sobre la ruta que debía seguir. Señalaron el camino que ellos tomarían y me alentaron.

—Nos concentraremos en ayudarte —dijo Tommy—. Como los ángeles.

Le di una palmada en el hombro y me descolgué del saliente cuando el sol por fin asomó. Me concentré en la belleza y logré mantener la energía al descender por la pendiente rocosa. Pensé en el consejo de mi padre para mantener la agudeza en momentos de gran peligro. Y sonreí. Sabía que mi padre estaba por ahí.

Llegué a una roca con forma de aguja con unos nueve metros de alto. Con mucho cuidado gateé hacia delante y miré. A veinte metros de donde estaba, una docena de hombres ocultaban algo en una grieta de unos cuatro metros de profundidad. No logré ver a Anish.

Entonces vi a alguien sentado solo con las manos atadas a la espalda. Cuando se volvió, sentí que el estómago se me encogía. ¡Era Wil!

Me quedé observándolo hasta que sintió mi mirada. Entonces se dio la vuelta y me vio. Con la mirada señalaba a su izquierda, hacia una vieja carpeta de cuero tirada en el suelo. Sobre ella había una radio. Estaba confundido. ¿Qué quería que hiciera? ¿Tomar la radio? No podía entender para qué serviría eso.

Escuché un ruido proveniente de las rocas que había debajo de mí. Me retiré calladamente y me introduje en una pequeña depresión de la roca para ocultarme. El ruido continuó y, para mi terror, me di cuenta de que alguien escalaba la misma aguja de piedra en la que yo me encontraba. Traté de agacharme aún más, pero era demasiado tarde. El hombre sostenía unos prismáticos y había escalado hasta detenerse a unos tres metros por debajo de mí. Era Anish.

Se giró y me reconoció de inmediato.

—Sabía que estarías por aquí —dijo—. Podía sentirte. Eres igual que yo: nunca te das por vencido.

Su tono y su comportamiento eran casuales, incluso serenos, como si se tratara de alguien que se siente invulnerable. Rachel había tratado de llegar a él y ahora era mi turno. Traté de centrarme y moverme hacia la Unicidad lo mejor que pude en espera de que él fuera capaz de sentir su propia Conexión Divina.

—Debo hablar contigo —dije—. No sé qué estás haciendo, pero debes pensarlo bien. Hay otra manera de lograr las cosas.

—¿Quieres dejar de trasladar tu corrupción a mi mundo? Deja de tratar de reformar mi religión.

Me puse de pie para que pudiera verme mejor.

—Todos tenemos alma. Todos somos lo mismo desde el punto de vista espiritual. Es cierto, existe mucha corrupción en todas partes, pero podemos arreglar las cosas juntos si encontramos la experiencia en común.

Se rio y me miró con lástima.

—¡Los profetas no mienten! El fin debe llegar ahora.

Durante un momento el silencio se apoderó de nosotros. No sabía qué decir. Luego pensé en Rachel y recordé mi última conversación con ella.

—Todas las Profecías apuntaban al Armagedón —dije—. Y también hablan de un Rapto en el que se protegerá a los verdaderos creyentes y así se evitarán los peligros de esta guerra. ¿Y si el mensaje del profeta es para todos nosotros en realidad? ¿Y si el mensaje consiste en que todos podemos acceder a una Conexión Divina que nos permitiría evitar el Armagedón? ¿Te das cuenta de lo que estoy diciendo? ¡El Armagedón no tiene que suceder!

Sentí que Rachel me empujaba a seguir hablando del Calendario y del punto de Conexión que había sentido en la Montaña Secreta, pero no logré articular nada coherente.

Anish me miró, primero confundido y luego enfadado. Cuando movió la mano para alcanzar el arma que tenía en el cinturón, yo ya estaba listo. Rodé y me escurrí de la piedra para situarme junto a él. Conforme lo hacía, pude ver de reojo lo que escondían los extremistas. Era del tamaño de una maleta y había varias luces parpadeantes en un lado.

Durante uno o dos minutos corrí frenéticamente por la colina pensando que me estaba persiguiendo. Luego escuché que me gritaba desde la roca.

—Si vuelvo a verte, tu amigo será el primero en morir —exclamó.

Cuando volví a donde se encontraban mis compañeros, estaba tan exhausto que no pude contarles nada durante un minuto.

—¡Tienen a Wil! —espeté finalmente—. Traté de convencer a Anish de que dejara de hacer lo que estaba haciendo, pero no funcionó. No había suficiente energía. Tienen algún tipo de aparato.

Coleman escuchaba con atención.

—¿Cómo era el aparato?

—Tiene forma de caja —dije—, como una maleta pequeña con asas. Y con luces en uno de los lados.

Hizo una mueca de desagrado y nos miró. Nuestros corazones parecieron detenerse. Sabíamos lo que iba a decir.

—Seguro que se trata de un pequeño artefacto nuclear —manifestó.

Nos quedamos atónitos y mudos. El peor miedo de todos nosotros se hacía realidad.

—¿Por qué aquí? —preguntó finalmente Tommy.

—Quizá para hacer creer que alguien atacó Egipto, de modo que los demás países reaccionen y se desencadene una guerra —aventuré.

Por un momento todos nos quedamos en silencio rumiando nuestros pensamientos y conscientes de que éste podía ser el fin. Probablemente todos moriríamos aquí, en el Monte Sinaí.

Entonces vi algo más abajo. Cientos de personas se aproximaban al Monte Sinaí desde todas direcciones. Trataban de pasar los retenes, pero los soldados los contenían a punta de pistola.

—Deprisa —gritó Tommy—. Debemos conectar con ellos.

El Regreso

Tommy nos reunió en el saliente. Abajo la multitud crecía a cada momento.

—Primero —dijo Tommy con el Documento sobre las piernas— debemos amplificar el Ágape entre nosotros y el Gran Espíritu.

Todos nos elevamos hasta esa Conexión en segundos.

»Ahora dice que proyectemos el Ágape a grupos aún más grandes con la intención de Unicidad con todos los que busquen una Conexión espiritual genuina, de todas las religiones, especialmente con los que están allí abajo.

Al hacerlo incrementamos nuestra energía hasta que recuperamos el nivel de intención colectiva que habíamos sentido de forma espontánea en la Montaña Secreta. Nos miramos un momento, sintiendo la Undécima elevación en pleno, para iniciar inmediatamente una discusión de Modelo.

Joseph señaló que a pesar de que la mayoría de las religiones hacen énfasis en la oración, algunas, como la rama sufí del islam, pregonaban una oración viva muy similar a lo que sentíamos ahora.

—El cristianismo —dije— también enfatiza mucho el poder de la oración colectiva.

En unos minutos estuvimos de acuerdo en que el islam y el cristianismo ponen más énfasis en la realidad de una intención grupal en la oración. La energía proveniente del acuerdo nos elevó a alturas aún mayores.

Miré mi teléfono sabiendo lo que estaba por ocurrir. El timbre de los mensajes de texto resonó dos veces. Eran mensajes de Hira y Adjar; ambos expresaban pesar por Rachel y nos informaban que habían trabajado con la Décima y la Undécima Integraciones, sintiendo Unidad con nosotros y con ella. Estaban preparándose para tener mayores alcances y mencionaban que cientos de personas se reunían en Jerusalén y cerca del monte, en Arabia Saudí.

Durante un largo rato nos concentramos en las personas que estaban más abajo y en aquellas que se reunían en Jerusalén y Arabia Saudí. Al principio no sucedió nada. Luego empezamos a ver que los individuos se reunían en los retenes, como si imitaran lo que nosotros hacíamos en el saliente. Algunos tenían copias del Documento y se las mostraban a los demás. La gente que estaba cerca de los soldados comenzó a dirigirse a ellos también.

—Hagamos que los soldados entren al Ágape colectivo —dijo Tommy—. Visualizad su ascenso hasta que logren obtener su propia Conexión con el Espíritu.

Casi al instante vimos que algunos soldados bajaban las armas. Algunos incluso se unían al grupo. En cambio, los oficiales se acercaron para tratar de interrumpir la interacción, pero los soldados ya permitían que los individuos pasaran el retén para internarse en los senderos que conducían a la cima.

También vimos que los Apocalípticos observaban la escena. Anish nos miró visiblemente preocupado.

—Mira eso —le dije a Coleman—. Sabe lo que estamos haciendo.

—¡Concentraos en los Apocalípticos! —gritó Tommy.

Visualicé una expresión superior en sus rostros, una expresión que reflejara el deseo de su alma por entrar en Conexión. Después de un rato muchos de los extremistas dejaron sus posiciones para ver qué hacía la gente.

De repente mi teléfono sonó dos veces. Eran Hira y Adjar para informarnos de que la multitud presionaba para entrar al Templo del Monte y al Monte Saudí, Jabal Al Lawz.

—¡Mirad la zona rocosa! —gritó Coleman.

Anish se encontraba con su grupo gritando y gesticulando con los brazos. Los hombres recogieron sus armas apresuradamente y volvieron a colocarse en posición. Un hombre se acercó con dudas por detrás de Anish. Se trataba del general regordete que habíamos visto antes.

—Es mi hermano —gritó Joseph—. Me he estado concentrando en él. ¡Ayudadme! —Joseph dejó el saliente y descendió la pendiente hacia la zona rocosa en donde estaban los Apocalípticos.

Antes de que pudiera reaccionar escuché a la madre de Tommy que respiraba con dificultad. Miraba hacia la multitud que se reunía abajo. Llegaban más tropas y empujaban a la gente. Varios comenzaron a disparar al aire sus armas. Con cada disparo sentíamos que la energía disminuía.

Volvió a sonar el aviso de que entraba un mensaje; lo leí rápidamente. Adjar decía que también habían llegado soldados y que estaban empujando a todos los presentes. Segundos más tarde entró otro mensaje. Era Hira para informarnos de que sucedía lo mismo en Jerusalén.

Miré otra vez a la multitud y vi que los habían retirado todavía más. Los soldados formaban barricadas. Estábamos fracasando.

—Mantened la energía —grité tratando de concentrarme.

Coleman me tomó por los hombros.

—¡No somos suficientemente fuertes! ¡No hemos llegado a recobrar la conciencia plena que tuvimos en la Montaña Secreta! ¡Necesitamos la Duodécima!

De inmediato pensé en el punto de Conexión que habíamos experimentado en la Montaña Secreta y tuve la impresión de estar volviendo a sentir lo mismo que en aquella ocasión. Miré a Coleman y su expresión denotaba que sentía lo mismo. Tommy se acercó enseguida. Era obvio que también sentía la Conexión.

—Ésta es la Conexión que tuvimos —gritó—. Debemos aferrarnos a esto, construir sobre la base de esta sensación.

Tan pronto como Tommy hizo el comentario dejamos de sentir el punto de Conexión. Desapareció por completo.

—¿Qué ha pasado? —preguntó Tommy.

Yo luchaba por recordar la experiencia de la Montaña Secreta.

—Espera. No puedes forzar las cosas. Tienes que permitirlo o tener fe en ello.

En cuanto pronuncié estas palabras sentimos la Conexión de nuevo, pero todavía era esporádica, aparecía un momento para desaparecer al siguiente.

—¡Algo nos falta! —grité—. ¿Qué es?

Entonces recordé. En el punto más intenso de la Conexión en la Montaña Secreta habíamos experimentado otra emoción que ya no recordaba: un sentido espiritual de agradecimiento.

También recordé algo que había pensado en aquella ocasión. El agradecimiento era el acto de reconocimiento que cerraba la Conexión. De inmediato sentí la Conexión con mayor intensidad y al hacerlo el Ágape crecía también de forma gradual hasta llegar a un nivel similar al vivido en la Montaña Secreta. Tommy y Coleman sentían ya lo que yo estaba haciendo y reunían a los demás para formar un círculo, explicando cómo sostener la emoción de agradecimiento.

Entonces me vino a la mente otra cosa. Llamábamos a este fenómeno punto de Conexión, pero en realidad se trataba de otra cosa. Rachel había dicho que no debíamos aferrarnos a un nombre. Debíamos entender más y mejor lo que estábamos sintiendo. Apenas había pensado eso cuando me vino a la mente la imagen de Wil abajo con los Apocalípticos. Y entonces llegó otra imagen: la de la radio sobre la carpeta. En un instante comprendí. ¡Wil no hacía señas para llamar mi atención respecto a la radio, sino que deseaba que viera la carpeta!

En los senderos de abajo había terminado el tiroteo. Los soldados y la multitud habían llegado a un incómodo empate. La gente presionaba para seguir adelante y los soldados trataban de evitarlo.

—Debo bajar —dije a los demás.

Estuvieron de acuerdo y sin decir palabra me deslicé por el saliente otra vez y me apresuré a bajar la pendiente procurando mantener la Conexión. Los demás estaban detrás de mí. Coleman me alcanzó y sonrió al tiempo que saltábamos sobre una grieta en la roca. Al acercarnos al montículo vimos a dos hombres que luchaban por un arma y a varios más que también luchaban a unos siete metros. Los evitamos y corrimos hasta llegar al otro saliente rocoso. Ahora veíamos a Anish y a algunos de sus hombres en posición de ataque. Algunos de los hombres habían despertado y apuntaban sus armas mientras rogaban a Anish que se rindiera. Joseph y su hermano estaban en ese grupo. Anish y varios más se enfrentaban a ellos sin reticencia pero conservando el control de la bomba. Uno de los hombres sostenía un pequeño control remoto, probablemente un detonador del artefacto nuclear.

Más próximo a nosotros, Wil permanecía sentado en el mismo lugar pero se las había arreglado para liberar pies y manos en medio de la confusión. A su lado estaba la carpeta, ahora abierta. Había cuatro o cinco hojas de papel desperdigadas alrededor. Nuestros ojos se encontraron y supe de inmediato que las páginas contenían la Duodécima, y que él ya la había leído. También me percaté de que me volvían a temblar las manos. Había perdido buena parte de mi Conexión debido al conflicto. Clavado aún en la mirada de Wil, entré en un Ágape profundo hasta empezar a sentir el punto de Conexión otra vez.

Enseguida me di cuenta de que Wil trataba de decirme algo de nuevo, pero no lograba escucharlo con tanto alboroto.

—Prepárate para detonar —dijo Anish llamando la atención de todos. Parecía haber recuperado su calma determinación.

Miré a Wil. Seguía mirándome intensamente, enviando un mensaje con los ojos. Detrás de mí estaban Coleman, Tommy y su madre. El resto del grupo estaba varios pasos por detrás. Abajo vi que las multitudes seguían empujando las barricadas colocadas por los soldados.

Anish trataba de reunir el valor para ordenar la detonación. Miré a Wil una vez más y por fin entendí. Quería que sintonizara con Rachel. De inmediato sentí que ella decía:

—¡Déjate ir! Se te mostrará el camino.

—¡E-e-espera un minuto! —tartamudeé dirigiéndome a Anish—. ¿No sientes lo que está pasando? Has tenido la Duodécima Integración todo el tiempo. ¡Debes de haberla leído!

Anish lo negó.

—Lo único que siento es la proximidad del fin de los tiempos.

—¡De eso mismo se trata! Algo se avecina, pero no es lo que tú piensas. Es algo que tienes que sentir dentro de ti.

Anish me miró de reojo.

»Pregúntate, en primer lugar, por qué has formado parte de este grupo con miembros de las tradiciones occidentales y orientales —continué—. Sus miembros eran enemigos mortales y tú lograste unirlos. ¿Te dio la idea la Duodécima Integración? Has comenzado a reconciliar las religiones. Y seguiste buscando partes del Documento durante mucho tiempo. ¿Por qué? Tal vez porque sabías que era la única manera de llegar tan lejos como querías.

Desvió la mirada y negó con la cabeza.

»¿Por qué llamar a tu grupo los Apocalípticos? —seguí—. ¿No sabes que la palabra «apocalipsis» quiere decir revelación? Podemos tener una revelación sobre el verdadero significado del fin de los tiempos. He tratado de decírtelo. Las Profecías están dirigidas a todos. Si todos intervenimos en un Rapto, entonces puede que el Armagedón sea innecesario. Llegaríamos así al Regreso sin la guerra. Ya estamos sintiendo...

Me detuve. Todavía no lograba explicar el punto de Conexión que sentíamos.

—No —gritó Anish mirando de nuevo al hombre con el detonador. Otra vez parecía listo para ordenar la detonación.

Alguien gritó a su derecha:

—¡Debes detenerte!

El hermano de Joseph, el general, caminaba hacia Anish en compañía de Joseph.

—Sabes que ambos leímos esos textos —dijo el general—. Nos reímos y ridiculizamos cada página, pero nos llegó el mensaje.

Anish montó en cólera y señaló con el dedo al general.

—¿Qué te ha sucedido? —gritó—. Sabes que nuestro plan es a prueba de tontos. Una explosión aquí en el Sinaí, otra simultánea en la Cúpula de la Roca en Jerusalén y en poco tiempo Irán volará el canal. Los misiles saudíes, que están bajo nuestro control, volarán hacia Irán. Nuestra gente en China aprovechará la oportunidad para desarticular el poder norteamericano en la región. ¡Y entonces explotará todo! Nada puede evitarlo, ni siquiera Peterson. Será el final por el que hemos estado rezando todo este tiempo.

—No —dijo el hermano de Joseph con firmeza—. Todas las Profecías dicen lo mismo porque provienen de una sola fuente divina. ¡Ahora lo sé! Sólo existe un Creador y sólo existe un Rapto: el que vendrá después de lograr una Conexión Superior y una conciencia más elevada. Ya estamos sintiendo el regreso divino. Es una presencia que podemos sentir en nuestro interior.

—¡Eso es! —grité—. Eso es lo que estamos sintiendo: ¡una Presencia Divina!

El sonido de mis palabras hizo eco en los demás. Wil y yo nos miramos. Eso habíamos sentido en la Montaña Secreta: la presencia de Dios como una realidad tangible. Éste era el Regreso que las Profecías mencionaban, la Alineación final.

Los pensamientos corrían por mi mente tratando de captar la magnitud de lo que sucedía. No era la idea de una presencia, ni la teoría abstracta de una presencia. Era una verdadera Presencia: la Identidad Sensible de lo Divino, real y personal, con nosotros en ese mismo momento.

Al pensar en eso mi nivel de energía y de conciencia aumentó con rapidez; podía detectar la Presencia creciendo dentro de mí. El tiempo se detuvo. Los Apocalípticos parecían congelados. Miré otra vez a Wil. Estaba muy emocionado. Coleman enviaba un mensaje de texto a Hira y Adjar comunicándoles lo que habíamos descubierto. Tommy y los demás estaban fascinados.

Al mirarnos la energía crecía. Recapturábamos juntos el último nivel de energía que habíamos sentido en las montañas de Sedona.

De inmediato sentí lo que el resto del grupo estaba pensando. Era ella: la Duodécima Revelación y su Integración. Podemos abrir la conciencia lo suficiente como para alcanzar la Presencia de lo Divino en este lugar donde nos ha estado esperando siempre.

Entramos en un Modelo de Acuerdo de manera espontánea. Sentía la conclusión. Todas las tradiciones sostienen que Dios es una presencia real, pero sólo las enseñanzas religiosas más esotéricas lo han enfatizado realmente.

—Reconoce la Presencia por medio del agradecimiento y el vínculo será más fuerte —escuché que Tommy decía a los demás—. Esto conectará nuestra conclusión final de Modelo con todas las personas que están sintiendo lo mismo alrededor del mundo.

Tan pronto como lo pusimos en práctica nuestra energía aumentó todavía más.

»Ahora unámonos a las almas superiores de los Apocalípticos —agregó Tommy— y elevémoslos a esta nueva Conexión con nosotros.

Al hacerlo la Presencia llegó a un nuevo nivel. Su carácter cambió. Ahora no sólo estaba dentro de nosotros, sino que también estaba fuera, manifestándose como una onda lumínica perceptible en toda el área. Luego la onda bajó a la multitud e iluminó las rocas a su paso.

Vimos que en los senderos la gente se acercaba de nuevo a los soldados, empujando las barricadas y dando la vuelta a las armas que les apuntaban. Se movían todos a un tiempo, como si fueran comandados por una sola mente, y comenzaban a ascender por los caminos.

Entonces, en una escena que bien podía recordar la caída de la Unión Soviética, los soldados rompieron su formación y rehusaron disparar. Se deshicieron de las armas. Los comandantes dejaron de gritar órdenes y se resignaron a lo inevitable. Algunos soldados incluso se unieron a los que ascendían a la cima por los senderos.

Anish se giró y me miró; por un momento pensé que había logrado entrar en contacto con él, pero no: pronto su rostro volvió a endurecerse.

—¡Haced explotar la bomba! —gritó.

—No —grité yo—. ¿No lo entiendes? Está bien cambiar la dirección de tu vida. No tienes por qué apretar ese botón. Puedes cambiar.

El hombre que tenía el detonador dudaba; me escuchaba sin moverse. De pronto Anish lo atacó y le quitó el detonador, que cayó entre las rocas. Estiró los brazos al tratar de alcanzarlo, pero el hermano de Joseph lo impidió.

Empezaron a sonar los disparos cuando se enfrentaron ambas facciones. Con una rápida reacción Joseph corrió hasta su hermano y lo empujó detrás de una roca para ponerlo a salvo. De manera simultánea Wil me golpeó con todas sus fuerzas y me alejó también del peligro. Explotó una granada que nos cubrió de humo y polvo.

Al abrir los ojos me di cuenta de que los Apocalípticos se habían ido. Wil y Coleman estaban sentados junto a mí. Nos mirábamos sabiendo lo afortunados que habíamos sido de que la bomba no estallara. Al revisar las inmediaciones vimos que Anish y otro extremista estaban gravemente heridos y que el hermano de Joseph tenía heridas superficiales. Nadie más había sido herido. En las alturas cientos de personas alcanzaban la cima del Monte Sinaí y movían los brazos a manera de celebración.

Minutos más tarde estábamos rodeados de soldados egipcios recién llegados. Un batallón completo se aprestaba a reinstalar el orden y a darnos cuidados médicos. Cientos de soldados se movían con rapidez por los senderos para tratar de retirar a quien quedara en la cima. La gente no se resistió. Se daban cuenta de que se había ganado la batalla. Nuestro grupo se regocijaba también. Al menos por ahora la amenaza había terminado.

Un teniente tomó el mando de nuestro grupo. Nos hizo sentar cerca de la roca. Llevó aparte a Tommy y a Joseph, quienes de inmediato despertaron su interés. Se trataba del oficial con el que Tommy había estado hablando desde hacía meses. Durante varios minutos los tres discutieron la situación con bastante intensidad y señalaban de cuando en cuando al resto de nosotros.

Entonces sonó mi teléfono. Era Adjar, que nos puso al corriente de lo sucedido en Jabal Al Lawz. Decía que los grupos modelo habían obtenido la Duodécima Revelación y su Integración en el mismo momento que nosotros. Los infiltrados en la base militar habían huido. Justo después llegó un mensaje de texto de Hira. No habían llegado al Templo del Monte, pero se habían reunido en el Muro de las Lamentaciones en el momento de alcanzar la

Duodécima. No se confirmaba nada respecto de las cargas explosivas localizadas en la Cúpula de la Roca.

Por fin escuché que el oficial decía:

—¡Sacadlos de aquí!

Joseph y Tommy señalaron el camino que llevaba a Santa Catarina y nos dijeron que podíamos irnos. Nos miramos y nos echamos a reír.

De repente noté que algunos papeles volaban cerca de la roca. Me acerqué para recogerlos cuando otro hombre, a quien reconocí como uno de los efectivos de Peterson, se paró frente a mí y los cogió con una sonrisa a medias y un movimiento de cabeza.

Vi que cacheaban a quienes me rodeaban, pero no habían encontrado nada parecido a una copia de las Integraciones. Cuando llegó nuestro turno, no ofrecimos resistencia.

Me pregunté por qué pensaría Peterson que el Documento representaba una amenaza para él. ¿Trataba de encontrar y destruir todas las copias, imitando al gobierno peruano que se las había arreglado para destruir todas las copias de la antigua Profecía? Como mucho lograría atemorizar a la gente y así evitar que hablara del Documento y escondiera sus copias. De hacer algo así, también debían borrar todos los rastros que había en Internet.

Cuando volví a reunirme con los demás, Joseph se despedía diciendo que pensaba quedarse a cuidar de su hermano herido.

—Gracias —le dije— por estar en esa colina de Santa Catarina cuando llegamos.

Me sonrió e inclinó levemente la cabeza.

Wil añadió:

—Muchas gracias además por no dar por perdido a tu hermano. No sé qué le habrás dicho, pero funcionó. Es un ejemplo evidente de que llegar a una sola persona puede marcar la diferencia.

—Sólo le dije lo que me había dicho Rachel: cualquiera puede despertar y cambiar en un instante —respondió Joseph—. Por cierto, ¿os comenté que las tres montañas —Jabal Al Lawz en Arabia Saudí, el Monte Sinaí y la Montaña Secreta en Arizona— están casi alineadas?

Nos miró un instante antes de que su rostro se llenara de Ágape y lágrimas; luego nos dio un gran abrazo.

»Quería ver el rostro de Dios —murmuró—, pero creo que es aún mejor sentir su presencia.

Mientras se alejaba caminando, el resto de nosotros bajamos de la montaña inmersos en nuestros pensamientos, hasta que llegamos al camino que conducía a Santa Catarina. Wil hablaba por teléfono. Al mirar a todos los que me rodeaban me di cuenta de que todavía sentían la Presencia. La Presencia permaneció con nosotros mientras caminábamos por el sendero; aumentaba automáticamente la luminosidad de las rocas a nuestro paso. Cuando nos encontramos con gente caminando en sentido inverso, algunos desaceleraban la marcha para mirarnos, como si sintieran una elevación de la energía.

Cuando Wil colgó el teléfono, fui a reunirme con él.

—¿Qué puedes decirme de la Duodécima? Cuéntanos qué dice el Documento en realidad.

Le brillaban los ojos mientras todos nos colocábamos alrededor.

—Dice que la Duodécima elimina todos los obstáculos en nuestra mente —afirmó—. Integra todas las demás Integraciones. Pensad en cómo os hace sentir la Presencia. Ahora no es difícil esperar y sostener la Sincronización, ¿o sí? Tampoco tenéis problemas para decir la verdad y aceptarla de los demás, conforme construimos los detalles de nuestra nueva visión espiritual del mundo. ¿Y qué me decís de manipular a las personas y sentir el impacto de todo ese Karma? ¿Alguien quiere volver a hacer eso? No. Queremos permanecer en Alineación y en la conciencia que nos da todas estas otras habilidades: premoniciones que nos ofrecen Protección, intuición de guía, relaciones de Ágape superior y una apertura plena a la Percepción y, por supuesto, todos los mensajes que nos lleguen de la Vida después de la Muerte. La Duodécima afirma que si un número suficiente de nosotros permanece en Alineación y en la Presencia, el Plan puede llegar a ser parte de la cultura humana. Con este conocimiento en el ámbito de la política surgirá un centro iluminado. La cortesía y la educación pueden volver a formar parte de la cultura humana. Y cada gobierno y cada campo de la actividad humana se moverán hacia un estado de Integridad.

—¿Qué dice de los Modelos de Acuerdo? —preguntó Coleman.

—Dice que los Modelos de Acuerdo irán haciendo cambiar las tradiciones de forma paulatina —respondió Wil—, al llevarlas hacia un reconocimiento de la Presencia, permitiendo que las diferencias existentes entre las religiones tiendan a dividir mucho menos. La reconciliación creará una Unidad revolucionaria conforme nos concentramos en una experiencia posible. —Hizo una pausa—. Los números son todo. Sólo depende de cuántas personas se mantienen en Alineación.

Al escuchar a Wil me formulé una pregunta:

—¿Dice la Duodécima cuántas personas son necesarias para cambiar el mundo y comenzar a crear el mundo ideal que anuncian las Profecías?

—Muchas, sólo para empezar. El Documento vuelve a mencionar que en la historia ha habido muchos otros grupos más pequeños que han llegado al punto en el que nos encontramos ahora y no fueron capaces de sostener la Alineación. El mundo está todavía inmerso en el temor. Y, como hemos visto, cada vez hay más en juego.

Todos abandonamos el sendero para formar un círculo.

—¿Da la Duodécima un número específico? —insistí.

—Sí —dijo Wil—. Es el mismo número que mencionan otras Profecías.

—¿Cuál es?

—144.000.

Tan pronto como llegamos a Santa Catarina, Tommy y su madre se despidieron diciendo que querían visitar a sus amigos de la casa grande una vez más. Abrazaron con fuerza a todos y se marcharon caminando. Pero Tommy se detuvo y se giró hacia mí.

—Hay tanto por hacer que nos volveremos a ver en Sedona —añadió.

Sonrió y luego corrió para alcanzar a su madre; me dejó pensando en el significado de sus palabras.

La mayoría se despidió también y siguió a Tommy y a su madre. Nos dejaron a Wil, a Coleman y a mí solos en la calle. Coleman me ofreció su mano.

—También me voy con ellos —dijo—. Algunos de mis amigos científicos quieren poner en marcha un instituto para estudiar todo esto. ¿Te lo puedes creer?

Nos dio a Wil y a mí un gran abrazo de oso.

—Escucha —le pedí—, gracias por estar siempre allí.

—Soy yo el que debe darte las gracias —respondió—. Tú entraste en contacto conmigo. Esto demuestra que las cosas cambian con cada Conversación Consciente.

Wil y yo lo despedimos haciendo un gesto con la mano mientras él se alejaba a la carrera para alcanzar a los demás. Entonces Wil me miró de frente.

—Pude reservar un asiento en un vuelo a El Cairo —dijo sonriendo.

Luego me contó que había entrado en contacto con su amigo el arqueólogo, quien le había enviado la primera parte del Documento. El hombre había estado escondiéndose y Wil quería ir a hablar con él.

Hizo una pausa en la que seguimos mirándonos para retrasar la partida.

»¿Qué hay del coronel Peterson? —preguntó Wil.

—Lo último que me dijo —respondí— fue que estaban listos y que sólo se necesita una coalición entre la extrema izquierda y la extrema derecha para poner en marcha su plan. No sé qué quiso decir.

—Me parece que vas a averiguarlo —dijo Wil—. Más te vale estar alerta.

Asentí y luego dije:

—Se me olvidaba preguntarte: ¿encontraste a quienes dieron a conocer el Documento originalmente?

Sonrió y dijo:

—Ya sabes quién fue.

Pensé un momento.

—¿Los shambala?

—Saben más de lo que pensé. Ayudarán en todo. Te comunicaré lo que descubra.

Empezaba a marcharse, pero pensé en una última pregunta.

—¿Por qué enviaron la Duodécima a Anish?

Wil rio y se echó la mochila al hombro.

—Son como Wolf —dijo—. Saben cosas.

Y después de decir eso se marchó y me dejó solo. Excepto que no estaba solo. Lo cierto es que jamás volvería a estar solo.

Epílogo

Al día siguiente reservé un asiento en un vuelo a El Cairo; pero no regresé a Georgia; me fui a Sedona. Durante el viaje la Presencia estuvo siempre allí sin debilitarse a menos que cediera al ego o me distrajera. Cuando eso ocurría, sólo tenía que volver a la Alineación, entrar en el agradecimiento y la Presencia volvía de inmediato. En el peor de los casos este estado de conciencia era demostrable en sí mismo.

Con la Presencia venía el Ágape y una expectativa automática de Sincronización. Me recordaban que debía decir siempre la verdad a los demás y expresar especialmente las ideas intuitivas que yo sintiera que debían escuchar. Lo que más cambió fue la intención de fundir mentes superiores con la gente. Cuando lo hacía las conversaciones más ordinarias se convertían de pronto en algo mágico que siempre me ofrecía algo.

Después de un tiempo experimenté lo que Wil había llamado la Integración de las Integraciones con sólo estar al tanto de que esa Presencia envolvente estaba en todas partes, en el avión, en una habitación llena de gente, y era frecuente que los demás la notaran claramente. La constatación de la Presencia compartida me mantenía en Alineación a un nivel superior. Sabía que si un número suficiente de personas lo hacía la conciencia podría expandirse con rapidez.

Descubrí que de ninguna manera la Duodécima Revelación emergente era sólo una teoría. Era un nuevo nivel del ser que podía descubrirse y ser vivido por cualquier persona, de cualesquiera religión y cultura. Si conservamos la Presencia y nos mantenemos alerta, nos llegarán los medios necesarios para ser útiles a los demás y para hacer del mundo un lugar mejor.

Sabía que la única dificultad para mantener esta conciencia era el insidioso efecto de la antigua perspectiva materialista. Todavía está por ahí susurrándonos al oído que el mundo es duro e inclemente y que es imposible llevar una vida con cierta intención esotérica y de santidad. Por supuesto que eso sería cierto si pensáramos en nosotros como entidades solitarias que habitan un universo carente de sentido. Pero la verdad es que no es así. Podemos permanecer en Alineación y probarnos que vivimos en un universo que es, en esencia, una máquina de sueños que espera a que la encendamos.

Dos días después, al llegar a Sedona, fui de inmediato al aeropuerto Vórtice y me subí a las rocas para ver el atardecer. Había sólo una o dos personas allí, así que me senté en la parte más alta y cerré los ojos para sentir la tibieza del sol en la cara.

De pronto alguien se sentó junto a mí. Era Tommy.

—Vienes a decirme que todo estará bien, ¿verdad? —dije.

Me miró de una manera que hacía que pareciera mayor.

—Vine a decirte que no debemos permitir que la llama de esta conciencia se agote. Este momento histórico es demasiado importante. Ha llegado la hora de decidir y debemos elegir.

Luego me miró como si estuviera a punto de romper a reír.

»Después de todo la balanza del doctor Coleman sigue ahí arriba, en el cielo, y cada pensamiento cuenta.

Estaba de acuerdo. Pregunté:

—¿Ya tienes tu nombre tribal, Tommy?

—Sí. Me lo dieron anoche los ancianos.

—¿Cuál es?

—Tiempo de la Montaña.

Sonreí sabiendo que el nombre era perfecto. Cumpliría su labor al dar a conocer el mensaje del Calendario.

Volvimos a guardar silencio y luego clavé la mirada en un atardecer que ya me resultaba familiar con sus nubecillas como pequeños ángeles rosas que contrastaban con un cielo azul oscuro.

Al observarlo mis pensamientos volvieron a derivar hacia el estado del mundo. ¿Llegaríamos a entrar en Alineación un número suficiente de hombres y mujeres para afrontar el reto? Al meditar la pregunta escuché el graznido de un cuervo en la distancia. Y en ese momento capté la sutil fragancia de rosas en el aire. Y pensé: «Sí. Apuesto a que sí».

Si sientes lo que está ocurriendo en realidad
y crees que las personas íntegras pueden
marcar la diferencia, actúa.
Para comunicar lo que estás haciendo
o recibir las últimas ideas de James Redfield
entra en celestinevision.com

Queremos compartir más momentos contigo.

Únete a la comunidad de Penguin Libros
y encuentra tu siguiente lectura.

¡Únete hoy!

Penguin
Random House
Grupo Editorial

NOAM CHOMSKY es profesor emérito de lingüística y filosofía en el Massachusetts Institute of Technology (MIT). Es autor de numerosos libros, entre los que destacan títulos como *Esperanzas y realidades*, *Hegemonía o supervivencia* y *Estados fallidos*, récords de ventas de *The New York Times*.

ILAN PAPPÉ es profesor de historia en la Universidad de Exeter (Reino Unido) y autor de *La limpieza étnica de Palestina*, *Historia de la Palestina moderna* y *The Israel/Palestine Question* [La cuestión israelo-palestina].

FRANK BARAT es activista de derechos humanos. Reside en Londres y es coordinador del Russell Tribunal sobre Palestina. Ha escrito para Electronic Intifada, CounterPunch, *ZMagazine*, *The New Internationalist*, *The Palestine Chronicle*, *State of Nature* y otras publicaciones y sitios web.

Papel certificado por el Forest Stewardship Council®

Título original: *Gaza in Crisis. Reflections on Israel's War Against the Palestinians*,
publicado originalmente por Haymarket Books.

Primera edición en B de Bolsillo: enero de 2026

© 2011, Ilan Pappé y Noam Chomsky
Edición a cargo de Frank Barat
© 2011, 2026, Penguin Random House Grupo Editorial, S.A.U.
Travessera de Gràcia, 47-49. 08021 Barcelona
© 2011, Miguel Marqués, por la traducción
Diseño de la cubierta: Penguin Random House Grupo Editorial / Laura Jubert

Printed in Spain – Impreso en España

ISBN: 979-13-87871-37-6
Depósito legal: B-19.651-2025

Impreso en Black Print CPI Ibérica
Sant Andreu de la Barca (Barcelona)

BB 7 1 3 7 6

Gaza en crisis
Un análisis clave para entender
los orígenes de la ocupación de Palestina

ILAN PAPPÉ Y NOAM CHOMSKY

Edición de Frank Barat
Traducción de Miguel Marqués

ÍNDICE DE CONTENIDOS

INTRODUCCIÓN

Cuando Noam Chomsky contestó al primer mensaje de correo electrónico que le envié, en diciembre de 2005, jamás habría imaginado que cinco años después estaría colaborando con él en un libro. Desde ese momento, Chomsky contestó regularmente a mis mensajes y preguntas y, poco a poco, desarrollamos una relación «escrita» estable.

Algunos años después de aquella primera correspondencia electrónica, tras reflexionar sobre cómo concienciar al gran público sobre la cuestión palestina, pregunté a Chomsky si estaría dispuesto a concederme una entrevista. Aceptó y pocos meses después me hizo llegar sus respuestas, las cuales, como es habitual en él, resultaron más detalladas e informadas de lo que yo esperaba.

La entrevista obtuvo una gran acogida y fue recogida en diversas publicaciones y webs, lo que me llevó a pensar que el formato periodístico podía ser muy eficaz a la hora de informar y educar a un público que demasiado a menudo depende de la información proporcionada por el sistema corporativo de medios de comunicación, el cual tiene su principal motivación en la búsqueda de beneficios económicos.

Poco a poco fui concibiendo la idea de una segunda entrevista. En esta ocasión buscaba algo distinto, más interactivo. Decidí preguntar al renombrado historiador israelí Ilan Pappé si querría participar en una entrevista-tertulia junto con el profesor Chomsky. Pappé estuvo de acuerdo y durante los siguientes meses trabajé con ambos en diversos temas clave en torno a lo que usualmente recibe el nombre de «conflicto israelo-palestino».

Dicha entrevista apareció en todavía más publicaciones y webs que la anterior, quizá por ser la primera y única realizada conjuntamente a Chomsky y Pappé. Tanto así que llamó la atención del editor belga Gilles Martin, quien la publicó en un cuadernillo titulado *Le Champ du possible* (Aden Éditions, noviembre de 2008).

Se nos ofreció entonces hacer una versión inglesa de ese cuadernillo. No obstante, había que dedicar más trabajo al proyecto. Intenté dilucidar qué tipo de libro buscaba, cuáles serían su objetivo y su sustancia. Lo último que quería era publicar por publicar, pues existen ya cientos de libros sobre el «conflicto israelo-palestino», algunos excepcionales. ¿Por qué iba a ser especial el que fuera a publicar yo?

Quise responder a esa pregunta haciéndome otra: «¿Por qué dura tanto este "conflicto", quién puede ponerle fin y cómo?». El conflicto dura por la ignorancia, podrá ponerle fin la gente y lo conseguirá mediante la resistencia popular y la negación del silencio: ésas fueron las primeras respuestas que me vinieron a la mente. Creo con sinceridad que la situación en Palestina jamás se habría prolongado tanto en el tiempo si el gran público estuviera debidamente informado sobre lo que realmente sucede en esta región de Oriente Próximo.

Noam, Ilan y yo trabajamos en la tertulia, titulada a la sazón *The Ghettoization of Palestine* [La guetización de Palestina]. Profundizamos en algunos aspectos, modificamos algunas de las preguntas y añadimos otras nuevas. Ilan aportó además artículos acerca de diversos aspectos fundamentales de la cuestión israelo-palestina, y Noam revisó su impresionante texto *«Exterminate All the Brutes»: Gaza 2009* [«Exterminar a todos los salvajes»: Gaza 2009].

Nos pareció importante combinar entrevista y ensayo. Por un lado, el formato interactivo de la entrevista-tertulia constituye un medio para expresar y explorar análisis y opiniones informadas de un modo accesible, y es a la vez una manera más flexible y amena de compartir el conocimiento de los expertos. La entrevista conjunta con dos de los más respetados especialistas en este campo, un profesor universitario estadounidense y un historiador israelí, llenaría las posibles lagunas en la comprensión del problema y permitiría llegar a un público más amplio. Ambas entrevistas abordan diversos temas relacionados con la cuestión israelo-palestina, incluido el ataque del ejército de Israel contra la «Flotilla de la Libertad» e, idealmente, permitirán a los lectores extraer sus propias conclusiones a partir de dos opiniones compatibles y aun así distintas.

Por otro lado, los ensayos, firmados por un solo autor, incorporan al libro un análisis en mayor profundidad, pues estudian periodos y sucesos históricos específicos desde novedosas perspectivas que supondrán un desafío para los lectores (también para los más versados en este tema). Los artículos seleccionados por Ilan

Pappé ahondan en el trasfondo histórico, clave para comprender la Palestina de hoy. En los capítulos segundo y tercero, Pappé traza el desarrollo histórico de la implicación de Estados Unidos en la cuestión palestina y la importancia que tiene la negación de la Nakba («catástrofe» en árabe) para Israel. Entender la Nakba es crucial para entender la historia palestino-israelí.

El capítulo cuarto es una versión actualizada del magnífico ensayo *«Exterminar a todos los salvajes»: Gaza 2009,* de Chomsky. Este escrito rompedor se centra principalmente en el asalto a Gaza protagonizado por Israel entre diciembre de 2008 y enero de 2009 y constituye un pormenorizado análisis de las relaciones que Israel mantiene con Estados Unidos y Europa así como del papel que desempeña la resistencia social y militar en los países árabes.

Regresamos a Pappé en los capítulos quinto y séptimo, en los que se ilustran el progreso del movimiento en pos de la solución uniestatal y, por fin, las masacres provocadas por el ejército israelí en Gaza. Estos artículos ofrecen una alternativa a lo relatado por el Gobierno israelí y —estoy convencido de ello— ayudarán al lector a reencuadrar el «conflicto». Cierran el libro las más recientes reflexiones de Chomsky sobre el proceso de paz.

Mi esperanza es que este libro pueda ser una guía para aquellos que deseen excavar en el pasado con el fin de obtener una mirada más clara sobre el presente y trabajar por un futuro en el que los derechos humanos sean universales y la justicia recupere su legítimo lugar.

FRANK BARAT
Londres, julio de 2010

Capítulo 1

El destino de Palestina.
Una entrevista con
Noam Chomsky (2007)

¿Qué opina sobre la actual situación en Gaza? ¿Cree que es indicio del comienzo del fin para la Autoridad Palestina?

Ante todo, hay que ponerse en antecedentes.

Retrocedamos a enero de 2006, cuando los palestinos votaron en unas elecciones estrechamente vigiladas, consideradas libres y justas por los observadores internacionales a pesar de los esfuerzos estadounidenses por inclinar la balanza a favor de sus favoritos, Mahmud Abbas y su partido, Al Fatah. Los palestinos, no obstante, cometieron un grave delito según los estándares occidentales. Votaron «mal». Estados Unidos unió fuerzas de inmediato con Israel para castigar a los palestinos por su error de conducta. Europa siguió, como de costumbre, torpemente su estela. No hubo nada nuevo en la reacción ante esos agravios palestinos. Aunque estemos obligados a vitorear a nuestros líderes por su sincera entrega en la labor de llevar la democracia a un mundo —pecando quizá de idealistas—, los eruditos y más serios defensores del «fomento de la democracia» reconocen que existe una «sólida línea de continuidad» que une a todas las administraciones: Estados Unidos apoyará el sistema democrático si, y sólo si, éste se ajusta a sus intereses estratégicos y económicos[1]. En resumidas cuentas: el proyecto es puro cinismo, si se piensa en ello con honestidad. De hecho, se trata de un plan para bloquear la democracia, más que para fomentarla. Un bloqueo que adquiere un carácter flagrante en Palestina.

El castigo impuesto a los palestinos por el delito de votar mal fue severo. Con el constante respaldo de Estados Unidos, Israel bloqueó fondos que legalmente debía transferir a la Autoridad Palestina, intensificó la violencia contra la franja de Gaza y estrechó el cerco sobre ella, llegando a cortar el suministro de agua en un acto de crueldad gratuita. Los ataques israelíes se endurecieron tras la captura del cabo Gilad Shalit el 25 de junio de 2006, hecho que en Occidente se tildó de crimen terrible. De nuevo, puro cinismo: justo el día anterior Israel había secuestrado a dos civiles en Gaza (un delito aún peor que el de capturar a un soldado) y los había trasladado a Israel, quebrantando así la legislación internacional, lo cual, no obstante, es ya rutina. Allí, teóricamente, pasaron a formar parte del millar de personas que Israel mantiene en prisión sin cargos, es decir, secuestrados[2]. En Occidente, esta noticia sólo despierta bostezos.

No es necesario abundar en los detalles más desagradables. El tándem Estados Unidos-Israel se aseguró de que Hamás no tuviera ninguna opción de gobierno. Claro está, los dos líderes del frente «rechacista» se negaron a responder a la petición de tregua a largo plazo hecha por Hamás con el objetivo de alcanzar un consenso internacional acerca de la creación de dos Estados, posibilidad que tanto Estados Unidos como

Israel llevan rechazando treinta años prácticamente en solitario, con contadas y breves excepciones.

Mientras tanto, Israel aceleraba sus programas de anexión, fragmentación y aislamiento de las comarcas palestinas de Cisjordania, siempre con el decisivo sostén de Estados Unidos, que ocasionalmente eleva tibias quejas acompañadas de fondos generosos y palmaditas en la espalda. El proceso quedó formalizado bajo el programa de «convergencia» del ministro Ehud Olmert, cuyo fin era impedir la creación de un Estado palestino viable. El programa de Olmert fue elogiado en Occidente por su «moderación», ya que no satisfacía las demandas de los extremistas del «Gran Israel». Pronto fue dejado de lado por «demasiado moderado», de nuevo con actitud condescendiente y tenues notas desaprobatorias por parte de los hipócritas occidentales.

Para derrocar un Gobierno no deseado existe un procedimiento operativo estándar: se dota al ejército del armamento necesario y se le prepara para un golpe de Estado. El tándem Estados Unidos-Israel adoptó el plan acostumbrado, armando y entrenando a Al Fatah para que recuperara por la fuerza lo que había perdido en las urnas. Asimismo, Estados Unidos animó a Mahmud Abbas a que acumulase poder, iniciativa que a los ojos de la Administración de Bush y los valedores del dictatorialismo presidencial pareció perfectamente adecuada. En lo que concierne al resto del Cuarteto, Rusia no parece tener objeción de principios alguna a tal proceso, las Naciones Unidas carecen del poder necesario para desafiar al Amo, y a Europa le sobra timidez. Egipto y Jordania respaldaron la propuesta, manteniendo así la coherencia con sus políticas internas de represión y bloqueo de la democracia, políticas que cuentan también con el apoyo de Estados Unidos.

La estrategia fracasó. A pesar del flujo de ayudas militares, las tropas de Al Fatah en Gaza fueron derrotadas en un brutal enfrentamiento que muchos observadores internacionales calificaron de ataque preventivo dirigido principalmente contra el hombre fuerte de Al Fatah, el despiadado Mohamed Dahlan[3]. No obstante, los que ejercen el poder supremo suelen salvar la victoria ante las mismas fauces de la derrota, y el tándem Estados Unidos-Israel supo mover ficha rápidamente para trocar el resultado a su favor: por fin tenía el pretexto perfecto para cerrar el puño sobre los habitantes de Gaza, aplicando medidas que el renombrado especialista en derecho internacional Richard Falk describe como el preludio de un genocidio que «debería recordar al mundo el famoso juramento post-nazi del "nunca más"»[4].

El tándem Estados Unidos-Israel está en condiciones de continuar con su plan contando con el apoyo internacional, a menos que Hamás cumpla tres condiciones impuestas por la «comunidad internacional», tecnicismo que hace referencia al Gobierno de Estados Unidos y a cualquier otro que éste lleve de la mano. Para que los palestinos puedan asomarse a los muros del calabozo que es Gaza, Hamás debe: (1) reconocer a Israel o, en última instancia, el «derecho a existir» de Israel; (2) renunciar a la violencia; (3) aceptar determinados acuerdos firmados previamente, en concreto la Hoja de Ruta del Cuarteto.

La hipocresía es, de nuevo, asombrosa. En efecto, al militarista, al más fuerte, no se le impone ninguna de esas condiciones: (1) Israel no reconoce a Palestina, de hecho, hace descomunales esfuerzos para garantizar que jamás exista un Estado palestino viable, y para ello cuenta siempre con el firme apoyo estadounidense; (2) Israel no renuncia a la violencia, y el mero hecho de plantear esa cuestión cuando se habla de Estados Unidos roza el ridículo; (3) Israel rechaza de plano acuerdos previos, en concreto la Hoja de Ruta, con el apoyo de Estados Unidos. Las dos primeras observaciones hablan por sí solas. La tercera hace referencia a una realidad apenas conocida. Cuando Israel aceptó formalmente la Hoja de Ruta, agregó catorce cláusulas que la vaciaron prácticamente de contenido. Sólo pondré como ejemplo la primera de ellas: Israel pedía, entre otras cosas, que para que se pusiera en marcha un proceso de paz con expectativas de continuidad, los palestinos debían garantizar que en las calles reinaría una tranquilidad total, que se instauraría una educación para la paz, que terminarían las provocaciones y que Hamás y otras organizaciones quedarían totalmente disueltas. Así pues, los palestinos se verían obligados a satisfacer exigencias prácticamente imposibles, pero el Gobierno israelí proclamó que «la Hoja de Ruta no obligará a Israel al cese de la violencia y la instigación contra los palestinos»[5]. El resto de cláusulas va en la misma línea.

El rechazo instantáneo por parte de Israel de la Hoja de Ruta —siempre con el respaldo de Estados Unidos— es inaceptable para la imagen que Occidente tiene de sí mismo, así que se optó por disimularlo. El gran público pudo conocer la realidad gracias a la publicación de *Palestine: Peace not Apartheid* [Palestina: paz, no *apartheid*], de Jimmy Carter. Fueron incontables y desesperados los esfuerzos que se hicieron por

desacreditar el ensayo, pero las secciones que dedica-
ba a este hecho —la única parte del libro que habría
aportado información nueva a los que sabían algo del
tema— fueron escrupulosamente obviadas.

Sería totalmente absurdo, y con razón, exigir que
un partido político de Estados Unidos o de Israel cumpla con las condiciones mencionadas, pero lo justo
sería que los Estados que poseen el poder absoluto sí
lo hicieran. La mentalidad imperial está tan profundamente imbricada en la cultura occidental que esta
paradoja pasa sin recibir crítica alguna y sin que siquiera se repare en ella.

Así pues, Israel se encuentra en situación de aplastar Gaza con aún mayor brutalidad y puede asimismo
continuar con sus planes para Cisjordania, Estados
Unidos mediante, esperando contar para ello con la
tácita colaboración de los líderes de Al Fatah, quienes
serán generosamente recompensados por su capitula-
ción. Entre otras medidas, Israel comenzó a liberar los
fondos —estimados en 600 millones de dólares— que
había robado como represalia por las elecciones de
enero de 2006, y se ha dignado a hacer alguna que
otra concesión más. Por su parte, los programas para
el debilitamiento de la democracia continúan funcionando con desvergonzada prepotencia moral y mal
disimulado regodeo. Mientras se multiplican los gestos para mantener a los nativos felices —al menos a
aquellos que sigan el juego—, Israel continúa con su
represión y violencia inhumanas y, por supuesto, con
su ciclópeo plan para garantizar la apropiación de
cualquier cosa de valor que exista sobre la faz de Cisjordania. Todo gracias a la benevolencia del tío rico siempre dispuesto a ayudar.

Para regresar por fin a su pregunta, el fin de la Autoridad Palestina quizá no sea una mala idea para los palestinos, a la luz de los planes que Estados Unidos e Israel tienen de convertirlo en poco más que un régimen colaboracionista que haga la vista gorda ante los designios del rechacismo extremo. Lo que nos debe preocupar mucho más es el triunfalismo de ambas potencias, por un lado, y la cobardía europea, por otro, que pueden significar el preludio de la muerte de una nación, un suceso tan infrecuente como sombrío.

¿Bajo qué circunstancias cree que Estados Unidos podría modificar su política de respaldo incondicional a Israel?

Una gran mayoría de estadounidenses se oponen al Gobierno de su país a este respecto y apoyan el consenso internacional en torno a la creación de dos Estados. En encuestas recientes se le ha llamado a esta iniciativa el «Plan Saudí», en referencia a la postura adoptada por la Liga Árabe, que apoyan prácticamente todos los países del mundo salvo Estados Unidos e Israel. Además, una gran mayoría piensa que Estados Unidos debería negarse a ayudar a ninguna de las dos partes contendientes —ni a Israel ni a los palestinos— si no se sientan a negociar de buena fe sobre un acuerdo en tal dirección. Esto ilustra, una vez más, la gran brecha existente entre la opinión y las políticas públicas en asuntos de crítica relevancia.

Debe insistirse en que son muy pocos los que se dan cuenta de que llevar sus opiniones a la práctica implicaría interrumpir toda ayuda a Israel. Para comprender esta consecuencia, hay que escapar de las atenazadoras tesis impuestas por el sistema doctrinal, el del poder y la homogeneidad, que dibuja un panorama definido por la benevolencia de Estados Unidos, la superioridad moral de Israel y el obstruccionismo y el terrorismo palestinos, independientemente de los hechos reales.

Para responder a su pregunta, diré que la política de Estados Unidos podría cambiar si el país se convirtiera en una sociedad democrática operativa en la que una masa social informada tuviera voz en la adopción de medidas y en el diseño de medidas políticas. Tal objetivo corre a cuenta de activistas y organizadores, no sólo en el caso del conflicto israelo-palestino. Se pueden pensar otras muchas condiciones que podrían empujar a un cambio en la política estadounidense, pero ninguna tan prometedora como ésta.

Al Jazeera informó de que Tony Blair ha sido nombrado [junio de 2007] enviado especial del Cuarteto en Oriente Próximo. ¿Cómo cree que se interpretará esta decisión en Palestina y en el resto de la región?

Quizá el comentario más acertado fue el que hizo el analista político libanés Rami Khouri. Khouri afirmó que nombrar a Tony Blair como enviado especial con el fin de alcanzar la paz entre israelíes y palestinos era como hacer al emperador Nerón jefe de los bomberos de Roma[6]. Blair ha sido en efecto nombrado enviado especial, pero no del Cuarteto, a pesar de lo que reza su cargo. La Administración de Bush no tardó un segundo en dejar muy claro que Blair representa a Washington y que sus competencias son muy limitadas. Se anunció en términos diáfanos que el presidente y Rice, la secretaria de Estado, ejercerían control unilateral sobre los asuntos más importantes, mientras que Blair se encargaría únicamente de los problemas suscitados durante el proceso de creación de instituciones, tarea imposible mientras Washington mantenga su política de rechazo extremo. Europa ni siquiera reaccionó ante esa nueva bofetada. Washington, evidentemente, da por sentado que Blair continuará siendo la «punta de lanza de la *Pax Americana*», tal y como describió el boletín del Royal Institute of International Affairs del Reino Unido[7].

¿Cree que los medios corporativos estadounidenses deberían preocuparse por cómo sus mentiras y fantasías salen a la luz en los medios independientes en línea (ZNet, CounterPunch, etcétera), o piensa que existe un límite en la capacidad que estos medios independientes tienen de permear la conciencia de una población como la de Estados Unidos?

Hoy en día los medios y la comunidad intelectual no tienen por qué preocuparse de que sus «mentiras y fantasías» salgan a la luz. Ese límite a que se refiere lo marcan la fuerza y el compromiso de los movimientos populares. Es cierto que existen barreras, pero no hay razón alguna para pensar que sean insalvables.

Debido a las constantes presiones del profesor Alan Dershowitz, el profesor Norman Finkelstein perdió hace poco [junio de 2007] la titularidad académica en la

Universidad DePaul. ¿Cómo es posible que alguien como Dershowitz tenga tal influencia, capaz de hacer que una institución incumpla sus propias reglas?

Se ha demostrado en repetidas ocasiones que Dershowitz es un mentiroso compulsivo y un charlatán detractor de los derechos civiles más elementales, además de —y esto no sorprende a nadie— un apologeta extremo de los delitos y la violencia del Estado de Israel. Sin embargo, tanto los medios como el mundo académico lo toman en serio, lo cual nos dice mucho sobre el ambiente intelectual reinante. Con respecto a por qué las instituciones sucumben, hay que decir que son pocas las que podrían sobrevivir a la marea de mentiras, calumnias y difamaciones vertidas por Dershowitz, la Anti-Defamation League y otros valedores de Israel y de sus crímenes, que disponen de carta blanca y apenas se preocupan por las reacciones que puedan provocar. Por ejemplo, los libros de Dershowitz son siempre reverenciados por *The Boston Globe,* probablemente el representante más claro del ultraliberalismo periodístico del país, que, sin embargo, se niega siquiera a leer los cuidadosamente documentados estudios de Norman Finkelstein, los cuales demuestran que los escritos de Dershowitz no son más que una absurda colección de invenciones y embustes. Los auténticos académicos, especialistas y eruditos saben cómo deben hacer las cosas, como se ha demostrado desde siempre, pero reciben escasa atención.

Para el difunto Edward W. Said la solución radicaba en la creación de un Estado en el que todos los ciudadanos (árabes, judíos, cristianos, etcétera) disfrutaran de los mismos derechos democráticos. ¿Cree que debido a la situación en Gaza y a la continua expansión de asentamientos habrá un movimiento pendular hacia la solución uniestatal como única salida del conflicto?

Hay que aclarar dos cosas. En primer lugar, existe una diferencia fundamental entre la solución uniestatal y el Estado binacional. En general, los Estados-nación se han impuesto con violencia y represión significativas, por una razón: porque quieren homogeneizar a poblaciones que son en realidad diversas y complejas. Uno de los avances más sanos a los que se está llegando en Europa hoy día tiene que ver con el renacimiento de un cierto tipo de autonomía regional e identidad cultural, que refleja de manera más fidedigna el carácter de las poblaciones. En el caso de Israel y Palestina, la solución uniestatal desembocaría en el modelo estadounidense, a saber: en el exterminio y la expulsión de la población indígena. Lo más sensato es abogar por una solución binacional y reconocer que el territorio incluye hoy día dos sociedades muy distintas.

El segundo punto es que Edward Said —que fue un viejo y querido amigo— fue uno de los primeros y más significados partidarios de la solución biestatal. Durante la década de 1990 llegó a la conclusión de que se había perdido la oportunidad de alcanzar dicha solución y propuso, sin dar muchos detalles, un único Estado, queriendo referirse —estoy convencido de ello— a un Estado binacional. Digo a propósito «propuso» y no «propugnó». Es esencial distinguir entre ambos términos. Podemos proponer que todo el mundo viva en paz y armonía: la propuesta se convierte en propugnación cuando diseñamos la manera de llegar desde un punto hasta otro. En el caso de la solución del Estado unitario y binacional, la única forma de propugnación que conozco obliga a pasar por diversas etapas: en primer lugar la redacción de un acuerdo conducente a un Estado doble en los términos del consenso internacional que Estados Unidos e Israel boicotean, tras lo cual se darían los pasos necesarios para la creación de una federación binacional y, por último, de un Estado democrático binacional, si las circunstancias lo permitiesen.

Es interesante considerar que cuando fue factible la creación de una federación binacional que abriese la puerta a una mayor integración —entre 1967 y mediados de la década de 1970—, las sugerencias que se hicieron al respecto (en mis propios artículos, por ejemplo) provocaron reacciones cercanas a la histeria. Hoy día dichas sugerencias no conducirían a ninguna realidad viable, pero el federalismo binacional recibe los elogios de los medios de comunicación mayoritarios (*The New York Times, The New York Review of Books,* etcétera). El motivo, sospecho, radica en el hecho de que reclamar hoy la solución uniestatal es un regalo para la derecha patriotera, que podrá entonces lamentarse y esgrimir su argumento de «están intentando destruirnos, así que debemos destruirlos antes nosotros a ellos» que justifique la defensa propia. La propugnación real del Estado binacional me parece por tanto tan apropiada como siempre. Mi opinión al respecto del mismo no ha cambiado desde la década de 1940. No me limito a proponerlo: lo propugno.

Miremos al futuro. ¿Cuáles podrían ser, en su opinión, el pronóstico más pesimista, el más optimista y el más probable en lo que respecta a los límites y el control de la Palestina ocupada para los próximos diez años?

El más pesimista implicaría la destrucción de Palestina. El mejor de los pronósticos a corto plazo sería la consecución de un acuerdo para la creación de dos Estados, según lo dispuesto en consenso internacional, algo que no sería en absoluto imposible. Apoyan esta opción la práctica mayoría de los países del mundo, además de la mayor parte de la población estadounidense. Se estuvo muy cerca una vez, durante el último mes de la presidencia de Clinton. En treinta años, ha sido la única ocasión en que Estados Unidos se ha desmarcado del rechacismo extremo. Estados Unidos prestó su apoyo a las negociaciones celebradas en Taba (Egipto) en enero de 2001, que rayaron en un acuerdo acorde al consenso internacional. Ehud Barak, entonces primer ministro, se apresuró a cancelar dichas negociaciones antes de tiempo. En la conferencia de prensa de clausura, los negociadores expresaron esperanzados que, de habérseles permitido continuar con su trabajo de colaboración, se habría alcanzado un acuerdo. Desde entonces han ocurrido muchas tragedias, pero la posibilidad sigue ahí. En cuanto al pronóstico más probable, me temo que será desgraciadamente similar al pesimista. Pero los asuntos humanos no son predecibles, pues demasiadas cosas dependen de la voluntad y de las decisiones que se tomen.

¿Está de acuerdo con la siguiente afirmación de Edward Said?: «El aspecto más desmoralizador del conflicto entre el sionismo y los palestinos es la oposición casi total entre los puntos de vista mayoritarios en ambos bandos. [...] ¿No sería razonable que se reuniese un grupo de historiadores e intelectuales universalmente reconocidos, compuesto por israelíes y palestinos a partes iguales, cuyo objetivo fuese intentar acordar, a través de una serie de encuentros, el mínimo común denominador que arroje luz sobre el origen del conflicto, [...] que se pusieran de acuerdo sobre un conjunto de hechos —quién tomó qué de quién, quién hizo qué a quién—, algo así como una Comisión de la Verdad Histórica y la Justicia Política?»[8].

¿Y quiénes son esos «intelectuales e historiadores universalmente reconocidos»? Edward confiaba mucho más que yo en la importancia e integridad de tales intelectuales reconocidos. Dicho esto, no creo que existan muchas discusiones en torno a los hechos desnudos, salvo por parte de unos cuantos mentirosos marginales. Las discusiones tienen que ver con los hechos que se quieren resaltar y con la interpretación que se les da.

El sindicato universitario University and College Union, del Reino Unido, ha votado a favor de considerar el boicot académico contra las universidades israelíes. ¿Cree que éste y otros tipos de boicots (contra los productos israelíes, por ejemplo) pueden ser medidas adecuadas con efectos positivos sobre la política de Israel?

Siempre me he mostrado muy escéptico con respecto a los boicots académicos. Puede que en un momento determinado se den motivos de fuerza mayor, pero en general me parece que los canales académicos deben mantenerse siempre abiertos. El boicot, en general, es una táctica, no un principio. Como otras tácticas, es necesario evaluar sus consecuencias probables. Es ésta una cuestión de gran importancia, al menos para aquellos que se preocupan por el destino de las víctimas. Deben considerarse cuidadosamente las circunstancias existentes.

Tomemos el ejemplo de Suráfrica e Israel, que a menudo son comparados en este contexto. Los boicots tuvieron cierto efecto en el caso de Suráfrica, pero no hay que olvidar que se pusieron en marcha tras un largo periodo de concienciación y organización. Dicho periodo desembocó en la condena masiva del *apartheid,* incluso en las corrientes de opinión mayoritarias y en el seno de poderosas instituciones, entre ellas el sector empresarial estadounidense, que ejerce indiscutiblemente una influencia abrumadora en la elaboración de programas políticos. Durante esa etapa, el boicot se convirtió en un instrumento efectivo, pero el caso de Israel es radicalmente distinto. El trabajo de concienciación y organización apenas ha comenzado. El resultado es que las llamadas al boicot terminan convirtiéndose en armas para la derecha más dura, lo cual ha ocurrido, tal y como era de esperar, en varias ocasiones. Los que se preocupan por el destino de los palestinos no deberían emprender acciones que puedan perjudicarlos.

No obstante, los boicots con objetivos cuidadosamente seleccionados, cuya naturaleza y fin puedan ser comprendidos por el público en la situación informativa actual, sí pueden ser herramientas efectivas. Un ejemplo es la retirada por parte de algunas universidades del capital invertido en empresas implicadas en la represión, la violencia y la violación de derechos humanos por parte de Estados Unidos e Israel. En Europa, una iniciativa inteligente sería pedir el fin del tratamiento preferente a las exportaciones israelíes hasta que Israel detenga la destrucción sistemática del sistema agrícola palestino y permita que la economía palestina se desarrolle libremente. En Estados Unidos, por otro lado, podrían reducirse las ayudas que el país dedica a Israel en 600 millones de dólares, los mismos que las autoridades israelíes han sustraído al negarse a transferir los fondos correspondientes al Gobierno electo en Gaza. Debe arrojarse luz sobre el cinismo con que se atreven a enviar cuantiosas ayudas a las facciones que apoyan, en un ejercicio más de socavación de la democracia. Mirando más allá, otro proyecto sensato sería respaldar la opinión de la mayoría de estadounidenses, según la cual toda la ayuda a Israel debería ser cancelada hasta que ese país acepte negociar un acuerdo de paz serio por vías diplomáticas y ceje en su empeño de impedir la realización del consenso internacional sobre un acuerdo biestatal. Dicho proyecto, no obstante, requerirá serios esfuerzos en lo que concierne a la concienciación y organización de la sociedad. Los lectores de la prensa mayoritaria conocen bien la naturaleza abominable del *apartheid,* pero diariamente se les ilustra con imágenes de un Israel que busca desesperadamente la paz ante los constantes ataques de terroristas palestinos que quieren destruir el país.

Esto no ocurre únicamente en los medios de comunicación, por cierto. Pondré un ejemplo: la Kennedy School of Government de la Universidad de Harvard publicó una investigación sobre la guerra del Líbano de 2006 que, pese a no ser en absoluto atípica, hay que leerla para creerla. Su autor es Marvin Kalb, un periodista muy respetado, director del programa sobre medios de comunicación de la Kennedy School. Según Kalb, los medios estaban controlados casi totalmente por Hezbolá y por esa razón se negaban a reconocer que Israel «libraba una batalla a vida o muerte por su supervivencia», inmerso en una guerra en defensa propia en dos frentes, el Líbano y Gaza[9]. El ataque de que había sido víctima el desvalido Israel en el frente de Gaza había sido, ni más ni menos, que la captura del cabo Shalit. El secuestro de civiles gazatíes el día anterior, y otros innumerables delitos similares habían sido por tanto en defensa propia. El ataque desde el frente del Líbano, por su parte, consistió en la captura de dos soldados por parte de Hezbolá el día 12 de julio. Más cinismo, así pues: durante décadas, Israel ha secuestrado y matado civiles en el Líbano o en alta mar, entre Líbano y Chipre, reteniendo a muchos como rehenes durante largos periodos, mientras otros tantos eran enviados a centros de tortura como la Instalación 1391, de la que ni siquiera se ha informado en Estados Unidos[10]. Nadie ha condenado nunca a Israel por sus agresiones ni ha exigido ataques terroristas exhaustivos como venganza. Como siempre, el cinismo alcanza límites insospechados, ilustrando la mentalidad imperialista, ya imperceptible de tan profundamente enraizada.

Pero déjeme continuar con lo que estaba explicando sobre la versión que la Kennedy School daba de la guerra. En ella se intentaba demostrar el sesgo radical de la prensa árabe y se revelaba con horror que ésta hablaba de una proporción de 22 a 1 entre bajas libanesas e israelíes, a diferencia del periodismo occidental que mantenía, por supuesto, la neutralidad. El hecho, sin embargo, es que la proporción real resultó ser de 25 a 1. Kalb cita además a Steven Erlanger, corresponsal de *The New York Times,* al que parecían haber disgustado enormemente las imágenes de destrucción de Beirut sur porque estaban sacadas de contexto: en ellas no se mostraba que el resto de Beirut no había sido destruido. Por la misma regla de tres, las fotografías del World Trade Center del 11-S serían prueba del extremo sesgo del periodismo occidental, pues no mostraban que el resto de la ciudad de Nueva York había salido indemne del ataque. La falsificación y el engaño, de las cuales éstos son sólo dos ejemplos, lo dejarían a uno de piedra, de no estar ya acostumbrado. Hasta que no superemos ambas cosas, es probable que las acciones punitivas, por merecidas que sean, se vuelvan contra quien las impone.

Todo esto nos lleva a otra cuestión. En la mayor parte de los casos, Israel puede actuar únicamente dentro del marco establecido por el gran poder del que depende desde que, en 1971, tomara la fatídica decisión de anteponer la expansión a la paz, rechazando la propuesta de paz entre Egipto e Israel hecha por el presidente Anuar el-Sadat y ocupando el Sinaí egipcio. Podría debatirse hasta qué punto los israelíes dependen del apoyo estadounidense, pero lo indiscutible es que las masacres de palestinos y el resto de crímenes violentos son sólo posibles porque Estados Unidos proporciona un apoyo económico, militar, diplomático e ideológico sin precedentes. Si tiene que haber boicots, ¿por qué no a Estados Unidos, cuyo delito menos grave es precisamente el respaldo a Israel? ¿Y al Reino Unido? Conocemos la respuesta, nada atractiva, pues menoscava la integridad del boicot.

Para terminar, Gilbert Achcar escribió en abril de 2003 una «Carta a un activista antiguerra algo deprimido» que terminaba así: «El espectacular crecimiento de este movimiento ha sido posible únicamente porque se apoya sobre los cimientos de tres años de progresos en el seno del movimiento internacional contra la globalización neoliberal nacido en Seattle. Estos dos frentes continuarán alimentándose mutuamente para seguir concienciando a la gente de que neoliberalismo y guerra son las dos caras de un mismo sistema de dominación que debe ser derrocado»[11]. ¿Qué mensaje enviaría hoy a los activistas contra la guerra y por los derechos humanos de todo el mundo acerca del papel que desempeñan en esta lucha a escala global?

Gilbert Achcar tiene toda la razón, aunque es necesario reconocer, y estoy convencido de que él estará de acuerdo conmigo, que el norte es un recién llegado a los muy prometedores movimientos por la justicia global. Éstos se originaron en el sur; no en vano las reuniones del Foro Social Mundial se han celebrado en lugares como Brasil, la India, Venezuela o Kenia. Tienen también gran importancia los movimientos solidarios que se originaron en la década de 1980, principalmente en Estados Unidos, y que han proliferado desde entonces en muchos ámbitos, lo cual constituye un hecho sin precedentes en los cientos de años de imperialismo occidental. La lección que deben aprender los activistas es llana y simple: el futuro, también el de Palestina, está en sus manos.

Capítulo 2

Racimos de historia:
la implicación de Estados Unidos
en la cuestión palestina

John Mearsheimer y Stephen Walt han publicado un artículo que incita a pensar. Se basa en investigaciones exhaustivas y habla del poder que el *lobby* israelí en Washington, el Comité de Asuntos Públicos Estados Unidos-Israel (American Israel Public Affairs Committee, AIPAC), posee a la hora de condicionar la política estadounidense, en Oriente Próximo en general y en Israel en particular[1]. El argumento básico es que el grupo de presión israelí dirige la política estadounidense en contra de los intereses nacionales del país norteamericano. Desde la década de 1960 no se publicaba una crítica tan dura del sionismo y la política estadounidense salida del mismo corazón académico y mediático del país.

El *lobby* ha desempeñado, sin duda, un papel clave a la hora de modelar la política de Estados Unidos en Oriente Próximo, que, como cualquiera de las medidas políticas regionales ejercidas por otras potencias históricas, es resultado de diversos factores. Para quienes como yo creen que el análisis de dichos programas políticos no es un tema meramente académico, sino una cuestión vital, se hace necesario un estudio más amplio que permita comprenderlos y enfrentarnos a sus peligrosos resultados. Como historiador profesional, espero que, al enmarcar el desarrollo de dichas políticas en un contexto histórico más amplio, quienes vivimos en Palestina y en el resto de la región entendamos qué podemos hacer y qué no en nuestra vida cotidiana, cara a cara con un poderosísimo condicionante que, previsiblemente, seguirá existiendo a medio plazo.

Para dar cuenta, desde una perspectiva académica, de caóticos procesos históricos tales como el desarrollo de una política exterior específica, es necesario aplicar un método organizativo que cuestione la brecha existente entre la representación estructurada de dicha política y su aplicación real sobre el terreno. Tal brecha se origina en el empeño de la historiografía moderna por —en palabras de Hayden White— organizar la realidad con la misma claridad con que un novelista intenta construir un mundo coherente y una trama con un planteamiento y desenlace claros. La historiografía es un esfuerzo constructivo cuyo fin es hablar del pasado tal y como fue, ya demos por sentado que tal cosa sea posible o, más modernamente, la pongamos en duda. Cualquiera que se atreva a zambullirse en el océano de palabras que inunda los documentos políticos y diplomáticos de los diversos archivos nacionales, comprenderá cuán precaria es la historia que se extrae de esos montones de papeles, los cuales, olvidados ya por las *intelligentsias,* han modelado nuestras vidas durante los dos últimos siglos. Desde el punto de vista técnico, para hilar una narrativa clara a partir del estudio de dichos documentos, el historiador debe seleccionar un número muy reducido de ellos, y lo hace de acuerdo con sus preferencias personales, no según criterios objetivos.

Una postura intermedia entre el relativismo y el positivismo en la historiografía política consiste en poner a disposición del lector interesado en un aspecto concreto de dicha política una serie de «racimos de historia», es decir conjuntos de datos y pruebas referentes al pasado, cada uno de los cuales proporciona una visión particular sobre el fenómeno investigado. En este artículo, que trata de la implicación política de Estados Unidos en Oriente Próximo en general y en Palestina en particular, dichos «racimos» aportan, al fusionarse unos con otros, una explicación más amplia del asunto. Tratar de centrarse en un solo racimo plantea multitud de problemas, como comprobaron Mearsheimer y Walt tras recibir críticas de amigos y detractores. Lo que sigue es un intento de ampliar el panorama histórico presentando cinco racimos de datos y contextos. Se trata, de hecho, de cinco «herencias» del pasado que nutren hoy día la política norteamericana en Oriente Próximo; cinco procesos desarrollados de forma independiente que en un determinado momento histórico se unieron para dar lugar a una única y poderosa voluntad, modeladora de la política estadounidense en la región.

LA HERENCIA BLACKSTONE-SCOFIELD

Si uno hace caso omiso de la señal de dirección prohibida que aparece a mano derecha cuando se sube en dirección a la Puerta de Yafa, en la Ciudad Vieja de Jerusalén, y gira para entrar en la ciudadela y recorrer la antigua muralla otomana, descubrirá una de las joyas ocultas de la capital. En la ladera de la montaña, mirando al oeste, se levanta la antigua escuela Gobat. Samuel Gobat fue un obispo anglicano que construyó una escuela para niños a mediados del siglo XIX donde estudiaban los hijos de las élites palestinas. Hoy día es una universidad estadounidense. En los muros de los bellos edificios levantados por los anglicanos, los norteamericanos han pegado carteles con mensajes de apoyo al «Gran Israel» y al Jerusalén sionista que el movimiento israelí de colonos ultraderechistas y sionistas no veía con malos ojos.

Gobat vino a Palestina por la misma razón que los estadounidenses vienen hoy: creía que el regreso de los judíos precipitaría la Segunda Venida del Mesías y la llegada del Apocalipsis y del «fin de los tiempos». Sin embargo, a diferencia de sus sucesores, Gobat se enamoró de los habitantes del país y los ayudó a integrarse en el sistema de educación occidental. En cierto modo, renunció a su tarea misional para ofrecerles una educación más universal. Sus esfuerzos contribuyeron al nacimiento de un embrión de movimiento nacional palestino.

Gobat fue, en muchos sentidos, acólito del irlandés John Nelson Darby y del escocés Edward Irving, padres del dogma premilenialista de principios del siglo XIX. Ambos creían en la llegada del Juicio Final, en el regreso de los judíos a su patria bíblica y en su conversión al cristianismo, todo lo cual resultaría en el pleno cumplimiento de las profecías apocalípticas. Éste y otros muchos dogmas judeocristianos tienen su origen en el judaísmo y, más concretamente, en la idea de apocalipsis nacida de la creencia en una segunda venida del Mesías. Una versión si cabe más radical de los credos del irlandés y del escocés apareció

en Estados Unidos. Echó raíces al parecer en Newton, en el estado de Massachusetts, que fue ciudad independiente antes de quedar absorbida por el área
metropolitana de Boston. Newton es hoy día un barrio de traza circular en cuyo centro, en mitad de un
típico bosque de Nueva Inglaterra, se alza el seminario teológico de Andover. En sus primeros años, el seminario dio cobijo a una hermandad presbiteriana
cuyo objetivo era llevar «la palabra de Dios al paga-
no»[2]. Doscientos cincuenta entusiasmados niños fueron inscritos en el seminario con ese objetivo en mente; un decenio más tarde viajaban a Palestina y sus
regiones circundantes para intentar convertir a una
sociedad que ya había tratado con misioneros jesuitas
y griegos ortodoxos, llegados años antes. Los de Andover construyeron institutos que, con los años, se
convertirían en las universidades estadounidenses del
Cairo y Beirut, almas máter de la primera generación
de líderes del movimiento nacional árabe. El evange-
lio que llevaron consigo no era sólo el de Jesús, sino el
de la nación más joven del mundo, recién liberada del
yugo colonial británico. El historiador George Antonius, autor del célebre estudio *The Arab Awakening* [El
despertar árabe] y alto cargo en el Gobierno del Mandato Británico de Palestina, afirmaba que esos misioneros fueron los principales agentes de moderniza-
ción y concienciación nacional durante el periodo de
formación del moderno Oriente Próximo[3]. Con la
aprición de nuevas y más complejas teorías para explicar el nacimiento de las naciones, el papel de los misioneros presbiterianos se vio relegado a un segundo
plano, si bien aún hoy se les considera un factor significativo en este periodo de la historia[4].

Esta ambivalencia de la teología estadounidense, que compaginaba el milenarismo con la identificación de un despertar de los pueblos árabes, se prolongó hasta la I Guerra Mundial. A finales del siglo XIX se plantea un debate entre ambas posturas. Por un lado, el predicador William Blackstone pidió al presidente Benjamin Harrison en la célebre Convención Protestante de 1891 que Estados Unidos «tuviese en cuenta la condición de los israelíes y la reivindicación que hacen de Palestina como su hogar desde tiempos inmemoriales»[5]. Por otro, el cónsul estadounidense en Jerusalén, Selah Merrill, trató de contrarrestar el peso cada vez mayor que tenía la idea del «regreso judío». Merrill escribió al presidente explicándole que, en su opinión —compartida por sus amigos, entre los que se contaban musulmanes notables de Jerusalén—, el sionismo no era un fenómeno religioso sino más bien un proyecto colonial que no duraría mucho, pues atañía únicamente a la esfera judía de la Europa oriental. A posteriori, su definición ha resultado ser correcta, pero se equivocó en la predicción[6].

Con el paso de los años, los milenaristas consiguieron llevarse el gato al agua. En la escena evangélica estadounidense, las voces de los «Merrills» quedaban enmudecidas por los estentóreos sermones de los «Blackstones», cuyo número se multiplicó durante el siglo XX. Sus opiniones positivas acerca del sionismo se veían reforzadas por la tensión existente entre los misioneros y los dirigentes religiosos musulmanes del Mediterráneo oriental. Esos misioneros, predicadores antaño contra el colonialismo europeo, esperaban que la cristiandad estadounidense fuera la luz que guiara a las nuevas naciones, y no la tradición islámica, como de hecho ocurriría. En muchos sentidos, la segunda y tercera generaciones de misioneros se convirtieron en los primeros «orientalistas», en el sentido más negativo del término. Pero cuarenta años antes de que Edward Said llamara nuestra atención sobre ese grupo en su obra *Orientalismo*, otro Edward ya había intentado advertirnos de la dudosa influencia del misionero orientalista: Edward Earle, quien dio clases, al igual que Said, en la Universidad de Columbia. En 1929, escribió lo siguiente para *Foreign Affairs*:

> Durante casi un siglo, la opinión pública estadounidense al respecto de Oriente Próximo ha estado en manos de los misioneros. Son ellos en gran parte los culpables de que en este país tengamos una opinión mal informada, o simplemente desinformada, y plagada de prejuicios. Al interpretar la historia desde el prisma del avance necesario del cristianismo, han dado una imagen inapropiada, distorsionada y en ocasiones grotesca de los musulmanes y el Islam[7].

Los misioneros presentaban imágenes aún más distorsionadas cuando hablaban de Palestina. Sus descripciones, sesgadas y negativas, se hacían fielmente eco de la inmensa decepción que sufrían en sus primeros encuentros cara a cara con Tierra Santa. Como a Mark Twain, les costó trabajo digerir la brecha abierta entre lo que descubrían y lo que las Escrituras les habían llevado a imaginar. Como los sionistas que los siguieron y los británicos y alemanes que acompañaron a éstos, no veían a los habitantes del lugar como «pueblo» o grupo con derechos o aspiraciones sobre aquel territorio, sino como un exótico fantasma o, en el peor de los casos, un estorbo ecológico. El movimiento sionista, que compartía esa visión, se ganó de inmediato el apoyo de los misioneros, aunque tuvieron que pasar años para que ese vínculo se convirtiera en la sólida alianza existente hoy día entre el fundamentalismo cristiano y el Estado de Israel, alianza que ha influido enormemente en la política estadounidense en Oriente Próximo en general.

Dicha alianza quedó sellada con la creación de Israel en 1948. A los ojos del cristianismo mesiánico estadounidense, la creación del Estado de Israel constituyó la prueba final y definitiva de que los planes apocalípticos de Dios estaban a punto de hacerse realidad ante sus ojos: el retorno de los judíos, su conversión al cristianismo y la Segunda Venida del Mesías.

Cyrus Scofield, predicador de Dallas, en el estado de Texas, era otro de los eslabones que conectaban la teología misional de ambos lados del Atlántico. Este clérigo exaltado realizó una extremista versión anotada de la Biblia, publicada por Oxford University Press en 1909, que es, en cierto modo, el bosquejo más claro de los tres puntales en los que se asienta la política estadounidense actual: el retorno de los judíos, la decadencia del Islam y el enriquecimiento de Estados Unidos y su ascenso como potencia mundial[8]. Algunas partes de los sermones de Scofield parecen sacadas de un discurso de George W. Bush. El movimiento sionista no podía pedir más: el entusiasmo que se apoderó de los protestantes en el Reino Unido y Estados Unidos venía a pedir de boca para impulsar una idea por la que la mayoría de judíos no había mostrado apenas interés en los años anteriores a la II Guerra Mundial.

Texas se convirtió en centro neurálgico de este tipo de actividades. Así se produjo un incontenible manantial de alucinaciones fundamentalistas que resultaron en programas políticos como el de George W. Bush, también texano. Conforme avanzaba el siglo xx, los predicadores del sur de Estados Unidos dieron de lado a sus colegas de la costa este y se dedicaron a escribir y a profetizar; como el famoso Hal Lindsey, quien auguró que tras el Armagedón millones de judíos se arrodillarían ante Cristo retornado. Ese sermón reaparece en las ceremonias celebradas por los sionistas cristianos que todos los años se reúnen en las antiguas ruinas de Tel Megido, donde supuestamente se librará la batalla definitiva entre el bien y el mal. Sus delegados son recibidos en Israel como los nuevos salvadores del estado. *The Late, Great Planet Earth* [El gran difunto planeta Tierra], es un exitoso *best seller* apocalíptico escrito por Lindsey, libro de cabecera del sionista cristiano estándar[9]. Según Lindsey, el apoyo incondicional a un Israel agresivo y destructor es una exigencia divina: «Lo que Israel quiere es lo que Dios quiere», es la verdad que guió al principio el peregrinaje fundamentalista a Jerusalén de mediados de la década de 1980.

Así pues, en septiembre de 2001, un siglo después de la publicación de la Biblia de Scofield, su fantasma se materializó en política real cuando la Administración estadounidense se hubo de enfrentar a un grupo de terroristas provenientes de Arabia Saudí y de Egipto y entrenados en Afganistán. Los líderes norteamericanos no dispusieron un contingente que se encargase de localizar y detener a los terroristas, sino que declararon la guerra total contra el Islam apoyándose en su destructivo poderío militar. La ayuda a y el fortalecimiento de Israel fueron parte sustantiva de la «guerra contra el terrorismo». La infraestructura ideológica de esta medida política de Bush fue en gran medida legada por Scofield y sus amigos integristas.

Es posible que el elemento antisemita del dogma milenialista, subrepticio pero acendrado, disuadiera en un primer momento al *lobby* proisraelí de establecer vínculos demasiado estrechos con la red cada vez más amplia de organizaciones integristas cristianas. Sin embargo, en la década de 1970 cambiaron las tornas: el Gobierno israelí no pudo resistir la tentación. Menachem abrió camino con la ayuda de un joven y entusiasta *likudnik*, Benjamín Netanyahu. En 1978 el Gobierno del Likud declaró su intención de estrechar el vínculo con los integristas cristianos. Cuando Israel ocupó el sur del Líbano en la Operación Litani, les abrió las puertas para que pusieran en marcha una cadena de televisión. Mayor importancia tuvo, no obstante, el consentimiento por parte del Gobierno para la apertura en Jerusalén de la embajada internacional cristiana en 1980. El bastión del fundamentalismo cristiano en el Israel de hoy se construyó, así pues, en el que debía ser «el mejor lugar de la ciudad», un emplazamiento inmejorable asomado al valle en el que la resurrección profetizada tendría supuestamente lugar. En 1985, Netanyahu, entonces embajador de Israel ante las Naciones Unidas, declaró en la convención anual de los cristianos sionistas que el apoyo de éstos a Israel era una tarea moralmente superior a cualquier otra. Esa noche, Netanyahu se convirtió en el ojito derecho de todos los que deseaban ver a los judíos arder en el infierno a menos que se convirtieran al cristianismo el día del Juicio Final. Las iglesias no se contentaron con las meras palabras y establecieron un dispositivo especial cuyo principal objetivo era asistir a Israel desde dentro de Estados Unidos, dispositivo del cual Netanyahu supo hacer buen uso una vez alcanzó el cargo de primer ministro[10].

Mientras el *lobby* proisraelí (ver más adelante) concentraba sus esfuerzos en ganarse el apoyo del Partido Demócrata, los cristianos consiguieron hacerse, como mínimo, con las simpatías del Partido Republicano. No debe infravalorarse ese logro, pues los empresarios vinculados a este partido eran más bien proclives a aceptar los puntos de vista árabes (más adelante hablaremos también de ello) y apoyaban la creación de un eje proestadounidense en Oriente Próximo integrado por regímenes árabes amigos. Esta postura quedó sin embargo neutralizada en los últimos años del siglo pasado debido al inmenso poder acumulado por los fundamentalistas, quienes ya por entonces eran oficialmente denominados «sionistas cristianos». No deja de ser llamativo que el *lobby* proisraelí fuera creado, según las declaraciones de su fundador, con el fin de eliminar las influencias proárabes que se ejercían sobre el Departamento de Estado. La política exterior propugnada por Reagan en la década de 1980 —según la cual el presidente estadounidense y su colega británica, Margaret Thatcher, debían liderar a un Occidente audaz hacia la victoria sobre el gran demonio, Moscú— y el acontecer histórico que la acompañó reforzaron aún más el sionismo cristiano. Todo ello se vio alimentado por una revolución televisiva que purgó el sistema de valores estadounidense y redujo el fundamentalismo cristiano al formato de la pequeña pantalla. Valiéndose del discurso propio de un medio tan superficial como la televisión, histriónicos predicadores consiguieron transmitir mensajes cada vez más simplistas desde el púlpito del sionismo cristiano. Así pues, las transformaciones de ese mundo bipolar, la revolución de las comunicaciones y el ascenso de la derecha en Israel hicieron que la influencia del Estado judío sobre Estados Unidos se convirtiera en una realidad de dimensiones formidables, imposible de anular.

Los programas televisivos de Jerry Falwell ejemplifican esta última transformación de la realidad integrista. En 1981 Falwell dijo en uno de ellos: «Quien se oponga a Israel se opone a Dios». Ese mismo año fue galardonado con el premio Jabotinsky, que recibió de manos de Menachem Begin. Los diversos grupos que abanderaban el sionismo cristiano alcanzaron un estatus que nunca habían tenido en el sistema político israelí. Así pues, a pesar de la vigorosa oposición de los judíos ultraortodoxos a cualquier obra misional en Jerusalén, Falwell y sus colegas consiguieron cambiar la percepción que existía sobre la actividad de los cristianos sionistas en la capital israelí. Desde entonces, cada pocos años se celebra en Jerusalén la convención de los cristianos sionistas estadounidenses. En múltiples ocasiones este grupo ha exigido a Israel que aplique una política expansionista con el fin de recuperar los territorios ocupados y ha exhortado a Estados Unidos a que no abandone la guerra contra el Islam y el mundo árabe. El país norteamericano, así pues, había adoptado esa postura mucho antes de los ataques de Al Qaeda[11].

Como resultado, millones de estadounidenses (probablemente, alrededor de cuarenta) apoyan sin reservas a Israel hoy día y esperan incluso que apliquen medidas políticas radicales contra el mundo árabe y los palestinos. De este segmento social salió el dinero que permitió instalar a George W. Bush en la Casa Blanca y sus miembros están representados en los medios de comunicación estadounidenses y en todas las comisiones de importancia del Capitolio. Desde la segunda Intifada, la mayor parte de las iglesias que comulgan con estas opiniones consideran el voluntariado en Israel algo obligatorio.

Por si esto no bastase, desde septiembre de 2001 esta teología ha adoptado asimismo una clara línea antiislámica. En un importante estudio al respecto, Stephen Sizer ha revelado cómo los sionistas cristianos han construido una versión de la historia que tacha de genocida la actitud musulmana hacia la Cristiandad a través de los siglos, primero contra los judíos y luego contra los cristianos[12]. De ahí que lo que una vez fueran considerados grandes avances de la humanidad en el ámbito de Oriente Próximo —el renacimiento islámico durante la Edad Media, el esplendor del Imperio otomano, la emergencia de la independencia árabe y el final del colonialismo europeo— fueron reinterpretados como actos paganos, satánicos y anticristianos. A la luz de esa nueva visión de la historia, Estados Unidos se convertía en san Jorge, Israel en su escudo y su lanza, y el Islam en el dragón.

EL LEGADO KING-CRANE

En el corazón de Ohio se levanta un pueblo llamado Oberlin. A principios del siglo XIX era el típico asentamiento del Medio Oeste estadounidense, rodeado de maizales infinitos, lejos de las torres de marfil de las costas este y oeste. Se trataba de un rincón del mundo dedicado a la religión, que no se habría ganado un hueco en la memoria colectiva estadounidense de no haberse fundado allí en 1833 una escuela de teología bastante particular. El Oberlin College fue fundado por pastores muy distintos a aquellos de los que hemos hablado anteriormente: los motivaba el compromiso por la paz y la igualdad, tanto en Estados Unidos como en el resto del mundo. En sus primeros años, la escuela luchó contra la segregación racial y la discriminación de la mujer en las instituciones académicas del país. Henry King impartió clases durante muchos años en el edificio neogótico de la escuela, aunque, como solía ocurrir con los investigadores de entonces, no llegó a especializarse en ninguna área en concreto. En un principio King se sintió atraído por la formación teológica, después por las matemáticas y, finalmente, por la filosofía. En 1902 fue nombrado rector de la escuela y durante la I Guerra Mundial dejó su cómodo puesto para dirigir la Young Men Christian Association (YMCA) en París. En la galería del Oberlin College puede verse la fotografía de un hombre de rostro alargado y bigote a lo Groucho Marx, sentado junto a una mesa alargada, de aspecto sólido y a la vez liviano, como hecha a su medida. La foto fue tomada en el YMCA de París. Fue allí donde el presidente Woodrow Wilson, buen amigo de King, le invitó a interesarse por la política internacional. El presidente estadounidense quería aprovechar los resultados de la guerra desintegrando los grandes imperios coloniales europeos en nombre del derecho a la independencia y a la autodeterminación. Desde el punto de vista de Wilson, los pueblos árabes tenían derecho a perseguir el objetivo de la liberación nacional que les había sido negado durante cuatrocientos años de mandato otomano. Wilson sospechaba que el Reino Unido y Francia tenían la intención de reemplazar el imperialismo turco por el colonialismo europeo. Así pues, pidió en la Conferencia de Paz de Versalles que se enviara una comisión de investigación a los países árabes con el fin de comprobar cuáles eran las aspiraciones de las gentes que los habitaban. La investigación incluía Palestina, y King se convirtió en el principal candidato para dirigir la comisión[13].

King contó con un compañero de empresa de bagaje muy diferente. Al noreste de la ciudad de Estambul, asomada al estrecho del Bósforo, se levanta la Universidad de Boğaziçi. Sus edificios parecen escalar las laderas de la colina que descienden hasta el mar. No es de extrañar que recuerden a los del Oberlin College, pues también fueron construidos por el clero estadounidense. La universidad abrió en 1839 con el nombre de Roberts College[14]. Sobrevivió a la Gran Guerra —que enemistó a Estados Unidos y Turquía— y se mantuvo como centro cultural estadounidense en el corazón de Estambul. Charles Crane, empresario de Chicago y mediocre diplomático, fue el principal administrador de la institución. Estando ya inmerso en sus planes para propagar por los países árabes el sistema de campus universitarios a la estadounidense, recibió la llamada del presidente Wilson, quien le invitó a colaborar con King en la misión de paz por Oriente Próximo[15]. Crane aceptó encantado participar en el esfuerzo colectivo por la independencia de los pueblos árabes, en virtud de los principios de autodeterminación postulados por el presidente en su célebre discurso de 1914 en Mount Vermont.

Cuando King y Crane se presentaron en las oficinas de la Conferencia de Paz, descubrieron que su cometido sería mucho más modesto. La mayor parte del mundo árabe ya había sido dividido en nuevas naciones-Estado por los poderes coloniales, antes incluso de la firma del Tratado de Versalles. Sólo quedaba por definir un área: el Levante Mediterráneo, que los británicos y franceses se habían repartido en virtud del Acuerdo de Sykes-Picot de 1916. No obstante, el presidente Wilson esperaba poder apaciguar los apetitos coloniales salpimentando el plato con una pizca de liberalismo. Seguía siendo necesario conocer las auténticas ambiciones del pueblo que habitaba las regiones anheladas por el Reino Unido y Francia, de modo que, a pesar de la hostilidad probada de ambas potencias, la Conferencia de Paz acordó retrasar el establecimiento de mandatos en Siria, Líbano y Palestina. King y Crane ficharon a siete expertos de distintos ámbitos profesionales y partieron en dirección a Oriente Próximo el 10 de junio de 1919 para una estancia de cuarenta y dos días. Visitaron más de 1.500 lugares, un logro impresionante para una delegación tan reducida. Estuvieron en Yafa, Rishon LeZion, Jerusalén, Ramala, Nablús, Yenín, Nazaret, Haifa y Acre, para luego regresar a Turquía a bordo del destructor *Hazelwood* de la armada estadounidense. Les había sorprendido la sinceridad de los habitantes de Palestina, tanto del campo como de la ciudad. Descubrieron que la mayor parte de ellos veía con buenos ojos la idea de un Estado árabe y sirio, aunque la población urbana deseaba en su mayoría que Palestina fuese algún día independiente. Lo que sí sabían con seguridad era lo que no querían: ni la llegada de los sionistas, ni la Declaración Balfour ni mandatos británicos ni franceses. El informe presentado por King y Crane no llevó a conclusiones definitivas, salvo en un aspecto: el impacto negativo que la Declaración Balfour había tenido en el pueblo palestino[16].

El informe desasosegó a los Gobiernos de París y Londres. Desde 1912, ambos habían firmado una serie de acuerdos secretos para repartirse la Gran Siria (Palestina, Líbano, Siria y Jordania). Más tarde se integró en esa serie de acuerdos la Declaración Balfour, en virtud de la cual se acordaba la restauración de la patria judía en Palestina, así como la creación de un reino hachemí en Jordania. Los miembros de la comisión King-Crane se dieron cuenta de que los habitantes de la Gran Siria creían ingenuamente que su sueño podría encajar en la perspectiva más amplia del presidente Wilson.

No cabe sorprenderse, así pues, de que el informe de la comisión quedara archivado. El presidente Wilson enfermó de gravedad y murió el verano siguiente. Con él desaparecieron la enérgica implicación de Estados Unidos en Oriente Próximo y el único programa estadounidense de la historia contemporánea que ha tenido como objetivo la construcción de un nuevo Oriente Próximo acorde con las aspiraciones de la población local y no las de sus gobernantes y aliados. Chispas de esta energía positiva reaparecerían en distintos momentos entre los diplomáticos y altos cargos del Departamento de Estado más proárabes, especialmente durante el periodo del Mandato de Palestina. El presidente Franklin Roosevelt pidió que un grupo de expertos le asesorara acerca del movimiento sionista, y éstos escribieron: «El Gobierno de Estados Unidos nunca ha tenido en cuenta que la creación de una Patria Nacional Judía estaba directamente relacionada con la salvaguarda de los derechos e intereses estadounidenses»[17]. La mayor parte de esos expertos recomendaba aplicar una política de neutralidad y continuar prestando asistencia clandestina a los británicos. Esta línea de actuación se mantuvo hasta 1942, cuando los líderes sionistas de Palestina obtuvieron por primera vez el apoyo abrumador de la comunidad judía estadounidense. Dicho apoyo se tradujo de inmediato en medidas de presión sobre la Casa Blanca que tenían como objetivo modificar la postura gubernamental con respecto a Palestina e imponer el rechazo a ideas como las propuestas por King y Crane.

Todo ello no ocurrió de un día para otro. Sucedieron a King y Crane un grupo de profesionales y titulados universitarios que dirigían las secciones del Departamento de Estado concernientes a Oriente Próximo: eran los famosos «arabistas». Su última acción de impacto en la política estadounidense tuvo lugar hacia el final del Mandato Británico de Palestina (1948) y nos dice muchas cosas sobre los potenciales cambios que podrían producirse en la política estadounidense a medio y largo plazo.

El escenario del último éxito de los arabistas fue la ciudad de Lake Success, en Long Island, en el estado de Nueva York. Contrariamente a lo que sugiere su nombre, Lake Success es un escenario de antiguas derrotas; a saber, las de los Montauketts, indígenas norteamericanos víctimas del genocidio. Como en otros muchos casos en este país, el lugar fue bautizado en honor al jefe de la tribu derrotada, Sacut. Desde el final de la colonización, el área ha albergado un complejo militar e industrial en el que se fabricaron gran cantidad de armas que el ejército estadounidense utilizó en las dos guerras mundiales. En 1946, la recién nacida Organización de las Naciones Unidas se dirigió inesperadamente al alcalde del pequeño pueblo de Lake Success para comunicarle que deseaba alquilar algunos de esos terrenos industriales y unos cuantos hangares como sede temporal. En noviembre de 1947, la Asamblea General de las Naciones Unidas anunció en uno de esos enormes hangares la creación de un Estado judío. Sin embargo, la agradable efeméride sionista se diluye en el aire, pues pocos meses más tarde, en ese mismo hangar, se representó un espectáculo de otro tipo. El 24 de febrero de 1948 el delegado estadounidense ante las Naciones Unidas, Warren Austin, declaró que el Gobierno de su país deseaba anular la resolución relativa a la partición del área (en la que se incluía la creación de un Estado judío), pues no provocaría, en su opinión, más que caos y destrucción, y sería inútil para la consolidación de la paz. Austin sugirió crear en Palestina un fideicomiso internacional hasta que se encontrase una solución mejor. Este paso puso fin al largo proceso durante el cual el Departamento de Estado había modificado su postura frente a la nueva realidad aparecida en Palestina. Los arabistas sabían que, al amparo de la resolución de partición de las Naciones Unidas, el movimiento sionista había puesto en marcha una operación de limpieza étnica contra la población nativa de Palestina. Así pues, Austin pronunció su discurso ese día de febrero, apenas una semana después de ponerse en marcha la primera acción antipalestina por parte de Israel, concretada en la limpieza étnica de cinco pueblos costeros y en una masacre en el norte[18].

El presidente Harry Truman sabía muy bien lo que le esperaba. Había desarrollado ya ciertas antipatías contra algunos de los líderes sionistas de su país, como Abba Hillel Silver, quien de cuando en cuando era invitado por los asesores judíos del presidente a exponer sus quejas sobre el comportamiento del Departamento de Estado. Estas iniciativas de desestabilización formaban parte de la nueva campaña prosionista que los judíos de Estados Unidos habían puesto en marcha tras la visita de David Ben-Gurion, acaecida en 1942. Ese año, el líder sionista concertó una reunión en el hotel Biltmore de Nueva York que tenía como objetivo la institucionalización de un *lobby* prosionista en Estados Unidos. Las represalias sionistas, en efecto, no tardarían en llegar. Hicieron acto de presencia Abba Hillel Silver y Chaim Weizmann, y, aunque Truman dejó claro a sus asesores que no permitiría exabruptos, la estratagema dio resultado. No en vano era año de elecciones. Estados Unidos se retractó de su postura y arreció la limpieza étnica israelí[19].

En cualquier caso, el Departamento de Estado continuó identificando en la limpieza étnica en Palestina de 1948 la causa principal de los conflictos. Las Naciones Unidas trataron de aplicar durante todo el año 1949 una iniciativa de paz que, bajo la supervisión del Departamento de Estado, se cimentó sobre el derecho al retorno de los palestinos. En un primer momento, tal y como había ocurrido en febrero de 1948, la Casa Blanca y el resto de agencias gubernamentales implicadas en la formulación de la política nacional sobre Palestina aceptaron las directrices del Departamento de Estado. El mes de mayo de 1949 fue crucial: Estados Unidos exigió a Israel la repatriación de cientos de miles de refugiados palestinos, independientemente del motivo de su huida y sin esperar a la firma de un acuerdo final. El 29 de mayo de 1949, el embajador de Estados Unidos ante Israel, James McDonald, trasladó una áspera misiva dirigida por el presidente Truman a David Ben-Gurion en la que el primero amenazaba con severas sanciones si Israel no deponía su política, a lo que acompañó la suspensión de un préstamo previamente apalabrado.

En junio de 1949 Israel estuvo a punto de convencer a Estados Unidos de que iba a reducir la presión, aunque pidió tiempo para resolver ciertos aspectos técnicos. Entre tanto, surgieron conflictos en distintas partes del globo como consecuencia de la escalada de la Guerra Fría. Como consecuencia, y hasta el final de la Administración de Truman, no se volvió a criticar las presiones israelíes. No obstante, podría argumentarse que, a día de hoy, Estados Unidos no ha llegado jamás a retractarse oficialmente de su apoyo al derecho al retorno de los palestinos.

Aparentemente, el legado de los arabistas influyó también en el sucesor de Truman, Dwight Eisenhower. Israel y la comunidad judía, indignados por lo que consideraban un exceso, reaccionaron con la creación del AIPAC. Con él llegó el canto del cisne de los arabistas. De cuando en cuando se hicieron oír críticas que exigían el reconocimiento de las reivindicaciones del pueblo palestino, en especial durante el mandato de George Bush padre. Hoy día, los arabistas

ocupan cargos de bajo rango y no ejercen influencia
alguna en el proceso de toma de decisiones de la política estadounidense para Oriente Próximo. En 2003
los más veteranos pusieron en marcha una campaña
que acusaba a George Bush hijo de perjudicar gravemente los intereses nacionales de los estadounidenses
al ocupar Irak y apoyar incondicionalmente las medidas políticas de Israel. Pero hasta Michael Moore tiene más influencia en la política estadounidense que
ellos, a pesar del leal servicio que han prestado en la
región, a pesar de conocer sus idiomas y a pesar de
la solidaridad de que hacen gala con las aspiraciones
básicas de sus habitantes. Desde aquel verano de 1919
en que King y Crane intentaron traducir esas aspiraciones en realidades, la política de Estados Unidos en
relación con Palestina y los países árabes se ha visto
confinada con el paso de los años al estrecho carril
trazado por el AIPAC.

EL LEGADO DE LAGUARDIA Y KENEN

Fiorello H. LaGuardia nació en el barrio neoyor-
quino del Bronx en 1882. Su padre había emigrado
desde Italia y su madre era una judía húngara. Esta
doble etnicidad se reveló una útil herramienta política durante su carrera en el American Labor Party, que
culminó con su elección a la Cámara de Representantes y alcalde de Nueva York. Durante toda su vida política, hasta que murió en 1947, recurrió a su carné de
identidad étnica —italiana o judía— para ampliar sus
posibilidades de acceder a cargos políticos codiciados.
Hablaba italiano y yiddish, y hay quien afirma que su

hebreo era bastante decente. A través de su legado muchos de sus seguidores comprendieron lo útil que resulta la política identitaria dentro de la escena política global. LaGuardia no dudaba en acusar a sus oponentes de intentar socavar la posición de los grupos étnicos que él representaba: primero los italianos de Nueva York (en East Harlem), después los judíos de Brooklyn y, por fin, los irlandeses, dondequiera que estuviesen[20]. En la década de 1950 la siguiente generación de políticos prestó especial atención a las tres íes (Israel, Italia e Irlanda) con la esperanza de asegurarse votos en los sufragios locales. Desde este punto de vista, la política exterior estadounidense parece a menudo un reflejo del equilibrio de poderes interno. En este contexto nació el *lobby* proisraelí.

En las sociedades de inmigrantes, el uso que los candidatos políticos hacen de la identidad de grupo como trampolín para su carrera puede relacionarse con otro fenómeno común en la política estadounidense: los *lobbies* o grupos de presión. La palabra *lobby* («recibidor» en inglés) hacía referencia originalmente al vestíbulo del Congress Hall de Filadelfia, sede del primer Parlamento estadounidense. Ocurrió por primera vez en 1830: el vestíbulo de la cámara se llenó de gente que intentaba influir físicamente sobre sus representantes. De ahí el término, que hoy día se asocia con grupos que, aunque con algo más de labia, se dedican más o menos a lo mismo. Desde ese año en adelante, muchos miembros del Congreso han invertido largas horas en hablar con los *lobbies* y sus representantes. Inevitablemente, los *lobbies* traen consigo corrupción, a la que los legisladores se ven obligados a poner coto. Una primera ley aprobada en 1946 regulaba claramente la actividad de los *lobbies*. Pocos años más tarde, el AIPAC se encargaría de incumplir todas y cada una de esas regulaciones, una por una. De ellas, la más importante era la que prohibía terminantemente ejercer la representación de países foráneos[21].

En enero de 1953 pareció por momentos que Eisenhower había tomado la decisión de renovar el activismo estadounidense en el asunto de los refugiados palestinos. Se le oyó decir en más de una ocasión que había que permitir su repatriación. Además, a diferencia de su predecesor Truman, Eisenhower supo diferenciar entre la obligación de proporcionar ayuda humanitaria a los refugiados en sus campamentos, por un lado, y la reivindicación por parte de Estados Unidos del derecho al retorno de los palestinos, por otro. Su secretario de Estado, John Foster Dulles, visitó la región e informó de que el retorno de los refugiados seguía siendo físicamente viable, llegando a discutirse en el Congreso la posibilidad de un reasentamiento a lo largo de las riberas del río Jordán. El presidente Eisenhower opinaba que el problema de los trescientos mil refugiados podía solucionarse de esa manera. Sin embargo, el mundo árabe no apoyaba el plan e Israel lo rechazó de plano, en ambos casos por el elemento del retorno y, principalmente, porque entraba en conflicto con el proyecto de un trasvase que tendría como fin proveer de agua a Israel. Las obras en este proyecto provocaron una airada respuesta por parte del presidente estadounidense, que suspendió las ayudas a Israel mientras continuaran las obras del trasvase iniciadas por Israel en septiembre de 1953. Israel decidió esperar la llegada de una Administración más amistosa[22].

Estados Unidos mantuvo esa postura relativamente crítica y la guerra del Sinaí de 1956 trajo de nuevo la amenaza de sanciones como castigo a la agresiva política de Israel. Así pues, en cuestión de siete años, el país fue amenazado con sanciones por parte de Estados Unidos en tres ocasiones. Los estadounidenses obligaron a los israelíes a abandonar el Sinaí, con lo que los líderes del país aprendieron una lección traumática. La posibilidad de que la postura mantenida por los estadounidenses se profundizara y se expandiera a otros ámbitos constituía, a los ojos de la clase política israelí, una auténtica amenaza contra la existencia del Estado judío. Tal era la opinión del embajador de Israel ante las Naciones Unidas, Abba Eban. Como parte de sus esfuerzos por evitar que la política estadounidense tomara esos derroteros, fichó a un funcionario de origen canadiense que trabajaba en la oficina de relaciones públicas de las Naciones Unidas: Isaiah L. Kenen, alias *Si*. El primer cometido de Kenen fue redactar un artículo que alertara a la opinión pública sobre el peligroso cariz antiisraelí adoptado por la política estadounidense en Oriente Próximo. Ése fue el mensaje que obligadamente Kenen debió incluir en una serie de artículos publicados en *Near East Policy*, publicación de nueva aparición y convertida en portavoz del *lobby* judío gracias a la financiación parcial de Israel. Kenen se encargó de buscar el apoyo de los judíos, primero en los sindicatos locales y después entre la comunidad de todos los rincones del país; asimismo se fundó el Washington Institute for Near East Policy, futuro *think tank* del AIPAC. Kenen obtuvo los primeros resultados visibles de su labor cuando los trabajadores judíos del sindicato de estibadores boicotearon barcos árabes anclados en diversos puertos del país para impedir que la ayuda estadounidense llegara a Estados árabes que no reconocían a Israel. Fue entonces, sobre 1960, cuando apareció en Capitol Hill la primera de muchas propuestas legislativas judías de cariz antiárabe[23].

El *lobby* proisraelí funcionó de manera ininterrumpida hasta 1963, año en que el famoso senador William Fulbright, intrigado por sus actividades, solicitó una investigación parlamentaria acerca de su financiación. Las trescientas páginas resultantes revelaron que, en los cuatro años anteriores, el *lobby* había recaudado cinco millones de dólares libres de impuestos de la comunidad judía estadounidense a través de la compra de bonos que eran clandestinamente transferidos al Estado de Israel. La ley estadounidense prohibía los grupos de presión a favor de países extranjeros. Para esquivar la prohibición legal, se afirmó que los bonos tenían el fin de financiar programas de asistencia social en Israel. No obstante, la comisión investigadora descubrió que los indigentes israelíes jamás recibieron uno solo de esos dólares. El dinero terminaba en las arcas del país y desde ahí regresaba a Estados Unidos, directamente a la cuenta bancaria del AIPAC. Según publicó *Newsweek* el 12 de agosto de 1963, la investigación había logrado determinar que el AIPAC era «una de las más efectivas redes de presión foránea».

Fulbright se había convertido en el mayor enemigo del *lobby* proisraelí y debía, por tanto, ser defenestrado a cualquier precio. La campaña contra él se convirtió en un modelo para futuras actuaciones del AIPAC. Se hizo todo lo posible para que no fuera reelegido; todo el que estuviera en su contra recibía apoyo y financiación. Desde entonces hasta hoy, las cunetas del camino al Capitolio se han ido llenando de candidatos de la élite política estadounidense cuyas carreras han sido igualmente torpedeadas por el AIPAC. El *lobby* consiguió condicionar la política del Congreso con tal éxito que muy pocos se han atrevido desde entonces a seguir los pasos de Fulbright[24].

Kenen no estaba muy contento con el sucesor de Eisenhower, John Kennedy, pero no se atrevió a decirlo públicamente debido a la inmensa popularidad de éste. Kennedy «defraudó», pues no introdujo ningún cambio significativo en la política de su predecesor. El vicepresidente, Lyndon Johnson, era harina de otro costal, pues se mostraba atento con Israel y sus necesidades. Cuando Kennedy fue asesinado y Johnson asumió la presidencia, Kenen declaró: «Hemos perdido a un buen amigo, pero hemos conocido a otro mejor»[25]. En 1969, vigesimoprimer aniversario de la fundación de Israel, se descorrieron todos los telones: en un extenso comunicado que publicó *The New York Times* decenas de senadores y miembros de la Cámara de Representantes juraban lealtad a la política nacional israelí y sus objetivos; a saber, inmigración judía desde la Unión Soviética, envío sin límites de armas desde Estados Unidos y una dura política contra Palestina por parte de las Naciones Unidas.

Si Johnson había sido un amigo de verdad, Richard Nixon y su secretario de Estado, Henry Kissinger, se comportaron como unos auténticos héroes para el *lobby* proisraelí. Cuando Nixon detalló su doctrina acerca de la salvaguarda de los intereses nacionales de Estados Unidos, no pasó por alto el incondicional respaldo a Israel como pilar básico de la política para Oriente Próximo. El AIPAC había cumplido su misión: el Departamento de Estado había sido neutralizado y parecía como si a la hora de tomar decisiones relativas al futuro de Israel, o aun del mundo árabe en general, sólo contasen la voz y el voto de los judíos. En la realidad, no obstante, las cosas resultaron hasta cierto punto diferentes. Durante las Administraciones de Ford, Reagan y Bush padre, el AIPAC salió perdiendo en momentos cruciales para la historia de Oriente Próximo. Ello se debió a que su bien engrasado mecanismo —no en vano, el AIPAC contaba con más de treinta mil afiliados— había hecho tantos esfuerzos por amedrentar a los candidatos antisionistas que la aprobación de ciertas medidas llegó a pasar desapercibida en la Cámara. Cayeron senadores como el republicano Charles Percy, quien, según se sospechaba, era renuente a prestar apoyo absoluto a Israel. De hecho, podemos examinar las efemérides de cualquier año a partir de 1963 y encontraremos en todos ellos víctimas similares de la campaña del AIPAC. Más recientemente, han estado en su punto de mira Earl Hilliard y Cynthia McKinney, miembros afroamericanos de la Cámara de Representantes[26].

De vez en cuando, si el *lobby* se sobrepasaba en sus tareas, se ponían obstáculos en su camino. Algunos de sus miembros actuaban como verdaderos espías para Israel. Jonathan Pollard fue condenado por esa razón en 1986 y, en 2004, el FBI investigó a otras personas acusadas de espiar en el Pentágono. Larry Franklin, ex analista de alto rango del departamento del Pentágono dedicado a Irán, fue condenado a casi trece años de prisión por entregar información de alto secreto a Steve Rosen y Keith Weissman, quienes trabajaban entonces para el AIPAC[27].

Estos descalabros no han modificado, a día de hoy, la perspectiva general de las cosas. Todos los miembros de alto rango de la Administración de Bush implicados en el diseño de las políticas a seguir en Israel y Oriente Próximo están conectados de un modo otro con el AIPAC y, más concretamente, con su *think tank*, el Institute for Near East Policy. Los de mayor calado son Donald Rumsfeld y Dick Cheney, que no se han perdido ni una edición del evento más glamuroso de Washington: la convención del AIPAC. Cada una de estas convenciones es un acto explícito de respaldo incondicional a la política israelí para con Palestina. Cualquiera que se oponga a ella es considerado a efectos inmediatos enemigo del *lobby*[28].

Hoy día, es imposible hacer la vista gorda ante el grado de integración de los judíos en las más altas instancias del poder financiero, cultural y académico de Estados Unidos. Esto, por supuesto, tiene muchas consecuencias positivas: en palabras de Hannah Arendt, los judíos de Estados Unidos no viven «fuera de la sociedad», como ocurría en Alemania[29], el antisemitismo que se alimenta, entre otras cosas, de la alienación de la realidad judía no arraigó en el país norteamericano. Por otro lado, la explotación de los frutos nacidos de la exitosa integración de los judíos en la sociedad estadounidense en beneficio de un país extranjero como Israel podría constituir el pretexto para una nueva oleada de antisemitismo en el futuro. Desde que Chaim Weizmann cargara en 1949 contra los judíos ricos que no se sacrificaban lo suficiente por el sionismo, la satisfacción de Israel por la riqueza de los judíos estadounidenses es la prueba que gran parte del capital acumulado por éstos se invierte en mantener la política estadounidense dentro del rumbo proisraelí[30].

EL LEGADO DE LAS CINCO HERMANAS

Hay quienes sostienen que si los plátanos hubiesen sido el principal recurso de Oriente Próximo, la región no habría atraído el interés de tantas Administraciones estadounidenses. El recurso de Oriente Próximo, sin embargo, no son los plátanos, sino el petróleo, y eso no se puede cambiar. Los estadounidenses comenzaron a mostrar interés por los yacimientos petrolíferos del mundo árabe en la década de 1920. Las primeras compañías que ganaron concesiones para buscar petróleo en Arabia Saudí fueron cuatro: Standard Oil of California, Standard Oil of New Jersey, Standard Oil of New York y Texaco. En 1938 descubrieron que había petróleo en ese país y en Bahréin. Una quinta compañía, Gulf Oil —la «hermana» número cinco—, encontró petróleo unos meses más tarde en Kuwait.

Desde entonces los pozos de petróleo han constituido uno de los principales recursos financieros del *American way of life,* haciendo posible la electrificación y acondicionamiento del aire conducentes a un derroche de energía sin precedentes y sin parangón. Controlar el flujo petrolífero y obtener beneficios de la producción de crudo fueron el doble objetivo de la política estadounidense de cara al mundo árabe. La emergencia de un nacionalismo árabe en Oriente

Próximo frustró el segundo de ellos. En efecto, los primeros en nacionalizar el petróleo fueron los iraníes y ni siquiera un intento de golpe de Estado apoyado por la CIA y patrocinado por Estados Unidos sirvió para detenerlos. El siguiente en la fila era Irak, que hizo lo propio en 1958. En la península Arábiga, las monarquías del petróleo dejaban más dinero en las cuentas de los bancos nacionales que en las de las «cinco hermanas».

Si bien los dividendos quedaban más uniformemente repartidos entre los regímenes árabes y los propietarios de las compañías petrolíferas estadounidenses, la cuestión es que el petróleo seguía llegando a Estados Unidos. El *lobby* petrolero estadounidense perdió su influencia cuando los Estados productores árabes declararon en 1973 su famoso embargo. Cuando trascendió que éste no tenía como objetivo dar apoyo a los palestinos —como se había afirmado— sino subir los precios del petróleo, el embargo se convirtió en lo que más tarde se interpretaría como un incidente aislado. Después de todo, en el sistema capitalista las tácticas agresivas están a la orden del día. Cuando los precios se estabilizaron, los Estados árabes pusieron en marcha una firme política proestadounidense, para satisfacción de todos los implicados. La moraleja era bien clara: los Gobiernos de Estados Unidos tendrían garantizado el flujo de petróleo desde Arabia, al mismo tiempo que podrían rechazar categóricamente cualquier propuesta de paz razonable hecha por la corona saudí con el fin de resolver el conflicto israelo-palestino. Ése fue el caso, por ejemplo, en 1981, cuando el rey Fahd elaboró una propuesta de paz que incluía el reconocimiento del derecho a existir de Israel y de un Estado palestino independiente con el que cohabitaría.

Ni siquiera a Sadam Husein parecía molestarle la belicista retórica israelí mientras pudo seguir enviando buques cargados de petróleo a Estados Unidos. Sólo la revolución iraní complicó la vida a los estadounidenses, aunque para enfrentarse al nuevo régimen de Teherán no necesitaban a Israel. Prefirieron crear un bastión en el Irak de Sadam, al que armaron y financiaron pertinentemente. Sadam también fue inducido a creer que sería respaldado en todos sus obsesivos deseos, entre ellos la recuperación de Kuwait, «perdido» años atrás. En octubre de 1989, tras una guerra entre Irán e Irak que había durado ocho años, April Gillespie, embajadora de Estados Unidos en Bagdad, recomendaba a Bush padre que aprobara un decreto presidencial con el fin de mejorar notablemente la relación comercial entre ambos países (particularmente en lo referido al crudo). Fue así como Estados Unidos comenzó a comprar mil millones de dólares de petróleo iraquí al año[31].

En 1990, a la tradición de los arabistas y las consideraciones sobre el petróleo mencionadas se unió la presión ejercida por el *lobby* proisraelí. En el mundo árabe, Sadam Husein era considerado un héroe del panarabismo debido a la firmeza que sus ejércitos habían presentado ante los planes iraníes, y Tarek Aziz, ministro iraquí de Asuntos Exteriores, desempeñaba un papel muy activo en la política regional. De nuevo, intereses concretos provocaron un giro político. La caída de la Unión Soviética, las iniciativas de paz saudí e israelí y la primera Intifada llamaron la atención de Washington sobre el punto de vista palestino. Se vivió entonces un momento histórico ciertamente inusitado. En Israel ejercía el poder una de las Administraciones más derechistas que ha gobernado el país. En consecuencia, Bush padre abrió un auténtico diálogo con los representantes de dos formaciones base del poder palestino: la Organización para la Liberación de Palestina en Túnez y los líderes palestinos de Jerusalén este, que tenían su sede en la llamada Casa Asia. Estas formaciones eran consideradas «moderadas» no sólo por los arabistas, sino también por miembros de la Casa Blanca.

Era la primera vez desde 1948 que un grupo palestino recibía tal trato. Sorprendentemente, todos los países árabes llegaron a un consenso acerca de cómo resolver el conflicto según la solución biestatal y cómo normalizar el suministro de petróleo a Estados Unidos. Todo el mundo era feliz, salvo Israel y el AIPAC. A Israel le perturbaba en particular la postura pragmática adoptada por los líderes palestinos de la Casa Asia. El Gobierno israelí respondió con una política de acoso y la construcción masiva de asentamientos ilegales en Jerusalén este. El Gobierno estadounidense respondió de forma airada y el secretario de Estado, James Baker, reprendió públicamente al gobierno israelí.

El *lobby* proisraelí reaccionó a dos niveles: mientras en la colina del Capitolio se demonizaba a los líderes palestinos de Jerusalén, trató de minar la alianza con Irak con la ayuda del Institute for Near East Policy[32]. La invasión de Kuwait supuso un gran paso adelante en la ruptura de las buenas relaciones con el país mesopotámico. Téngase en cuenta, en cualquier caso, que Estados Unidos no dudaba en aprobar cualquier invasión que sirviese a sus intereses; no en vano en aquellos años sus ejércitos ocuparon la isla de Granada y Panamá. El AIPAC se encargó de enrarecer el clima en contra de Irak mucho antes de que el ejército de Sadam Husein invadiese Kuwait. Sin embargo, el embajador de Estados Unidos en Bagdad ocultó la postura de su país al dictador, dándole a entender, incluso, que no se opondría a la ocupación. Cuando ésta comenzó, ni siquiera se puso sobre la mesa la alternativa de las sanciones. El presidente había adoptado esta inflexible política por consejo de diversos expertos del Consejo de Seguridad Nacional y del Pentágono, que mantenían vínculos ciertos con el Institute for Near East Policy de Washington. El primer objetivo, no obstante, la demonización de los palestinos moderados, resultó más difícil de alcanzar. Siempre hay excepciones a las reglas de la historia y ése fue el caso de George Bush padre, que estaba listo para abordar Irak. El presidente aceptó la propuesta del secretario de Estado, James Baker, quien para proteger los intereses estadounidenses en Oriente Próximo prefería una coalición árabe, aunque el precio a pagar fuera una conferencia de paz, que se celebraría en Madrid y sería rechazada de plano por Israel.

Durante la conferencia de Madrid, Bush padre y su secretario de Estado quedaron impresionados por la delegación palestina de la Casa Asia y su capacidad de liderazgo. El diálogo entre Estados Unidos y la OLP se había iniciado antes incluso de la conferencia de Madrid, en 1988, gracias a la mediación de intelectuales palestino-estadounidenses como el difunto Edward Said o Ibrahim Abu-Lughod. Dicho diálogo había contribuido a la mejora de la actitud frente a los palestinos tras doce años de agresivas políticas proisraelíes por parte de los republicanos. Durante ese periodo, Israel —que había recibido de Estados Unidos carta blanca y licencia para matar— invadió cuatro Estados árabes y dejó mil quinientos ciudadanos muertos. ¿Quién sabe hasta dónde habría llegado Israel de no haber estado primero Bush padre y luego Bill Clinton para apretarle las tuercas? Así pues, por primera vez en años, el Departamento de Estado mantenía contacto estrecho con un grupo palestino —el equipo de la Casa Asia de Jerusalén—, al que llevaron a creer que la mayor superpotencia del mundo podría llegar a castigar a Israel por sus maniobras de ocupación y por su inflexibilidad. Los palestinos se mostraron dispuestos a aceptar un mini-Estado, actitud que sería recompensada con presiones a Israel.

Sin embargo, la conferencia de Madrid y la crucial condena a la brutalidad israelí en los territorios ocupados no tuvieron una vigencia muy prolongada. Al final, Bill Clinton demostró ser una presa más fácil de lo que el AIPAC había sospechado. Clinton, demócrata al uso, creía que sin el voto judío no podría ganar las elecciones presidenciales. La victoria de las fuerzas afectas a la paz en las elecciones israelíes de 1992 le dio la oportunidad de poner en marcha una política explícitamente proisraelí que no descuidaba, en apariencia, los intereses palestinos. Clinton, en efecto, dedicó mucho tiempo y energía a la cuestión palestina, pero los cargos a los que encomendó la creación de una «hoja de ruta» que condujese a la paz eran fundamentalmente judíos; los arabistas que aún tenían alguna influencia en el asunto fueron dados de lado. Sin los arabistas, resultó sencillo presentar, el 30 de junio de 1993, un documento en el que se declaraba que Israel disfrutaría de libertad absoluta a la hora de «urbanizar» (léase arrasar y colonizar) Jerusalén este. Así fue como los asentamientos ilegales del pasado se convirtieron en los barrios de pleno derecho de la actualidad. Se había abierto la puerta al asentamiento de doscientos mil judíos en la parte oriental de la ciudad y al desplazamiento de los doscientos mil palestinos que la habitaban[33].

Los pocos que se enfrentaron al AIPAC durante los años de Clinton pertenecían al bando republicano. Se trataba de un frente que incluía a empresarios del petróleo, magnates que habían invertido en infraestructuras e industrias armamentísticas en el mundo árabe. Los representantes de esta coalición industrial-militar ocupaban altos cargos en la Administración: un secretario de Estado por aquí, un asesor de seguridad por allá. Algunos de los paladines de la industria armamentística sacaban provecho de las ayudas que se concedían a Israel, pero a otros muchos no les pasó inadvertido el potencial paraíso financiero que el mundo árabe parecía tenerles reservado. Se trató, así pues, de un frente poderoso y temible que, sin embargo, no supo en absoluto redirigir la política estadounidense. No es de extrañar que Mearsheimer y Walt se sintieran enormemente frustrados cuando esos paladines se retiraron impotentes ante la carga del AIPAC, pese a sus imponentes *think tanks* y sus contactos en las universidades de la Ivy League. Y tampoco es de extrañar que atribuyeran al *lobby* judío, en un artículo publicado en *London Review of Books,* ciertos poderes y fuerzas místicas.

La frustración no hizo sino aumentar tras la elección de George Bush hijo. La familia Bush y el complejo industrial-militar deberían de haber sido capaces de dar mayor peso a la voluntad de los representantes del petróleo, el cemento y las armas. En un primer momento, en efecto, pareció que ésas fueran las consideraciones más importantes a tener en cuenta. Bush hijo no mostró interés alguno en inmiscuirse en asuntos que su predecesor no había sabido solucionar. El estallido de la segunda Intifada llegó a ser considerado resultado de las fallidas políticas de Clinton y ni siquiera entró a formar parte de la agenda del nuevo presidente. Sin embargo, llegaron los ataques del 11 de septiembre y, con ellos, las divinas intervenciones cristianas y sionistas de Bush. Los sabios del Institute for Near East Policy —el vicepresidente Cheney, el secretario de Estado Rumsfeld, el vicesecretario Wolfowitz, y Perle, presidente del Comité Asesor del Consejo de Políticas de Defensa (Defense Policy Board Advisory Committee)— dieron de lado a Colin Powell, más moderado, e hicieron presión a favor de un ataque militar contra Irak. Al mismo tiempo, se consideraba la posibilidad de un ataque —más comprensible— contra Al Qaeda en Afganistán. Tal y como convincentemente argumentan Mearsheimer y Walt, la invasión de Irak fue presentada sin tapujos como una acción encaminada primordialmente a defender a Israel de las armas de destrucción masiva supuestamente desarrolladas por el régimen de Sadam Husein.

Actualmente, ese mismo séquito presiona para que se apliquen idénticas medidas contra Irán, plan pospuesto debido al atolladero en que se ha convertido Irak. En 2005, un alto cargo de la Administración testificó ante una de las comisiones del Senado acerca de la política seguida por Estados Unidos en el asunto del crudo de Oriente Próximo. El alto cargo hizo referencia a diversos datos: en primer lugar, Estados Unidos no cuenta con recursos energéticos alternativos y por tanto su política debe garantizar el flujo de crudo desde Oriente Próximo a toda costa; en segundo lugar, la inestabilidad en Oriente Próximo no hace sino dificultar dicho flujo; en tercer lugar, en el mundo en general y en la región en particular se respira un clima antiestadounidense. Como conclusión, la economía del país se enfrenta a peligros reales debido a su dependencia del petróleo árabe. Así pues, a través del prisma del «oro negro», Israel se presenta de nuevo como un lastre más que como un activo. Ése es el mensaje que los políticos arabistas han tratado de hacer llegar al Gobierno desde 1948. El tiempo dirá si el legado de las «cinco hermanas» es capaz por fin de contrarrestar el poder de los grupos de presión sionistas y cristianos en Estados Unidos[34].

EL LEGADO DE MORGENTHAU Y WALTZ

En 1943 se nacionalizó estadounidense el refugiado alemán Hans Morgenthau. Había llegado en 1937, e impartió clase en la Universidad de Kansas y luego en la de Chicago. Ningún otro refugiado, con la salvedad de Henry Kissinger, ha tenido nunca tanta influencia como él en la política exterior de Estados Unidos.

Su libro *Política entre las naciones,* publicado en 1947, da la pista sobre su futura influencia. Morgenthau asociaba la política exterior a la política empresarial. En otras palabras, defendía la aplicación de un proceso de toma de decisiones libre de cualquier sentimentalismo o valor, que se basara exclusivamente en consideraciones de coste y beneficio y de equilibrio de poderes. Durante el mes de octubre de 1948, el clímax de la limpieza étnica de Palestina, Morgenthau se dedicó a asesorar a David Ben-Gurion sobre multitud de asuntos políticos. El primero de los primeros ministros de Israel decidió recompensar al gurú académico rebautizando con su nombre un pueblo palestino destruido cuyos habitantes habían sido desahuciados; así fue como Jirbet Beit Far se convirtió en Tal Shahar, traducción al hebreo del alemán *morgenthau*[35]. Veinte años más tarde, Kenneth Waltz siguió el ejemplo de Morgenthau, impartiendo clase en Berkeley, en California, durante la mayor parte de su carrera.

Waltz sigue siendo una vaca sagrada de las relaciones internacionales como disciplina académica. La celebridad le llegó con el libro *Teoría de la política internacional*, publicado en 1979, en el que cuestiona algunas de las premisas básicas del realismo de Morgenthau; de ahí que éste sea considerado padre del «realismo» y aquél lo sea del «neorrealismo» en las relaciones internacionales. Waltz afirmaba que en el campo de las relaciones internacionales no existen patrones claros de conducta debido a la ausencia de un punto de gravedad y de una autoridad constantes (no obstante, Waltz afirmaría más adelante que la política estadounidense podía, pese a todo, basarse en las consideraciones de coste y beneficio bosquejadas por Morgenthau). Sobre este armazón ideológico se apoyan aún hoy los estudios de la mayoría de centros de investigación sobre relaciones internacionales de Estados Unidos, en los que se graduaron los diplomáticos elegidos para dirigir el proceso de paz en Oriente Próximo. El primer Gobierno que creó un equipo a este efecto fue el de Richard Nixon, aunque hasta el primer mandato de Bush no trascendió su existencia. Numerosos expertos, algunos del Departamento de Estado y otros del Consejo de Seguridad Nacional o del ámbito universitario, trasladaron las teorías realistas y neorrealistas a la política real. El resultado fue una política que puede resumirse en tres pautas principales. La primera y más importante apuntaba a la necesidad de alcanzar un equilibrio de poderes en el área de conflicto como condición previa para el proceso de paz.

Comenzó en consecuencia la búsqueda de los componentes que darían forma a una eventual solución, y que debían adaptarse más a la percepción de la parte más fuerte que a la de la débil. Salta a la vista que desde los primeros intentos de construcción de una *Pax Americana* en Palestina —más o menos a partir de 1969—, lo que Estados Unidos vendía como plan de paz era en realidad una fórmula que intentaba satisfacer las exigencias del punto de vista israelí. El resultado fue un constante y llamativo desprecio del punto de vista palestino y, lo que es más importante, de aquello que los expertos estadounidenses habían identificado como la raíz del problema: los refugiados. El guión del proceso de paz, que en puridad no es más que una demostración del poderío estadounidense, sigue aún hoy excluyendo este punto. No se ha dado en la historia reciente de la política ninguna labor diplomática tan esforzada que haya soslayado así el problema de raíz de un conflicto determinado. El inevitable fracaso de los esfuerzos hechos por la

paz en sucesivas etapas no ha alterado la postura básica de Estados Unidos. La segunda pauta, derivada de
la primera, estipula que para definir la eventual solución deberá consultarse únicamente a la parte más
fuerte del conflicto. No obstante, los mediadores habrán de buscar en el seno de la parte más fuerte al
«campamento de la paz» o *peace camp*, el frente más
moderado y partidario de la paz. La visión de este frente moderado le será entonces impuesta a la parte más
débil.

Así pues, la pacificación consiste fundamentalmente en, primero, ubicar ese «campamento de la paz» en
Israel en cada momento histórico determinado y, a
continuación, intentar imponer la visión política del
mismo a los palestinos. Hasta 1977, el campamento de
la paz se identificaba con el Partido Laborista Israelí.
Después, hasta 1984, el título le fue otorgado al ala
«moderada» del Likud, mientras estuvo en el poder.
Durante los gobiernos de coalición —que se prolon-
garon, con algunas interrupciones, hasta 1992— inte-
graron el campamento de la paz no tanto un partido
como una serie de figuras políticas que a los ojos de
los expertos estadounidenses representaban el centro político israelí. Ya en el presente siglo, lo ha per-
sonificado Ariel Sharon y el partido fundado por él,
Kadima, un sueño para cualquier mediador estadounidense que desee aplicar la segunda pauta en la
pacificación y la «gestión» de conflictos. Con «gestio-
nar», los neorrealistas quieren decir permitir que el
conflicto exista como «confrontación de baja intensidad», lo que supone la pérdida de vidas humanas locales sin que la superpotencia mediadora resulte
perjudicada.

Por supuesto, el debate abierto en el seno de Israel acerca de las áreas ocupadas en 1967 ayudó a consolidar esta pauta: se creó una falsa impresión de diálogo entre el campamento de la paz, que proponía la retirada total de las áreas ocupadas, y el «campamento de la guerra», que preconizaba el Gran Israel. Como la visión realista no consideraba los compromisos con grupos marginales, se centró la atención en el Partido Laborista Israelí. De ese modo, cuando éste designó a Jordania como única interlocutora válida para las negociaciones relativas a Cisjordania y la franja de Gaza, el plan de paz estadounidense se centró exclusivamente en la «opción jordana». Se envió a Henry Kissinger para que convenciera a los jordanos de que aceptaran el plan de paz israelí, pero el margen que éste dejaba era demasiado estrecho para persuadir al líder hachemí de que participase en el proceso. Aun así, este plan —en virtud del cual una parte significativa de la franja de Gaza recaería en manos de Israel y Gaza quedaría aislada como una prisión a cielo abierto— sigue conformando la base de todos los planes de paz propuestos hasta la fecha por los campamentos de la paz israelíes y las «hojas de ruta» estadounidenses.

Mientras la OLP careciese del poder suficiente para evitar el monopolio jordano sobre los planes de paz, los diplomáticos estadounidenses seguirían los pasos de Kissinger en la construcción de una alianza entre Israel y los hachemíes, en detrimento de los palestinos. Sin embargo, en 1976, los habitantes de Cisjordania y la franja de Gaza votaron en elecciones democráticas contra los líderes projordanos y los reemplazaron por otro que se identificaba con la OLP. Los estadounidenses seguían negándose a considerar a la OLP como interlocutor válido en el proceso de paz y aceptaban sin miramientos la imagen que Israel daba de la organización, considerada un grupo terrorista al servicio de la Unión Soviética más que un movimiento de liberación. Así pues, la visión realista quedaba vinculada a la de la derecha cristiana estadounidense, y la imagen de Israel como punta de lanza en la guerra santa contra el anticristo soviético continuaba dominando la política estadounidense en la región. Más adelante, el anticristo sería sustituido por «los musulmanes», pero Israel conservó su especial posición como defensora del reino en ese mismo frente de la batalla. Esta visión de las cosas distanciaba aún más a Estados Unidos del punto de vista palestino y de los esfuerzos que históricamente habían hecho las Naciones Unidas por solucionar el conflicto.

Los palestinos insistían en que el conflicto no se originaba en 1967, sino en los crímenes de limpieza étnica perpetrados por Israel en 1948. Asimismo, intentaron con escaso éxito transmitir a Estados Unidos una versión diferente de la historia, los orígenes y la esencia de la OLP, presentándola como una organización creada por los refugiados con el objetivo de facilitar su retorno. No parecía muy útil hacer hincapié ante los políticos estadounidenses en la transformación vivida en el seno de Al Fatah en 1974. Ese año, el movimiento aceptó la creación de un mini-Estado palestino en los territorios que Israel había ocupado en 1967 —que se corresponden con el 22 por ciento de la Palestina histórica—, siempre que se respetara el derecho al regreso de los refugiados y se mantuviera la paz. El elemental malentendido de las condiciones propuestas por los palestinos al respecto de la solución

biestatal provocó que los Acuerdos de Oslo terminaran tomando un rumbo nefasto, y que tras su fracaso
no llegaran más que precarias propuestas de paz.

La tercera pauta dispone que el proceso de paz no
tiene historia. Cada nuevo proceso debe empezar desde cero, obviándose los anteriores. De este modo se
anula la posibilidad de aprendizaje, crucial para cualquiera que se enfrente a los complejos problemas humanos que plantean los conflictos étnicos y nacionales.

Esta pauta resulta muy conveniente a los intereses
de quienes lideran el campamento de la paz sionista
en Israel. Cuando Estados Unidos se interesó de nuevo por la política palestina, en 1969, la idea que tenía
el campamento de la paz sionista —a saber, que el
conflicto no había estallado hasta 1967— quedó firmemente arraigada en la conciencia estadounidense
y, por aplicación de la segunda pauta, todo el proceso
de paz quedó definido a partir de la postura oficialmente adoptada por el país. Por consiguiente, el proceso de paz se centró en dar una solución al problema
de las áreas ocupadas por Israel en 1967. Lo ocurrido
el año 1948 quedó excluido de cualquier programa
de pacificación. Con ello se negaba a los palestinos la
condición de demandantes, que pasó a ser ejercida
por los hachemíes de Jordania. En 1988, la monar-
quía jordana se mostró cansada de esperar un acuerdo, consciente probablemente del fortalecimiento de
la identidad colectiva palestina en los territorios ocupados, identidad que la OLP alentaba de forma in-
equívoca. Ese mismo año el rey Hussein declaró la
cesión de Cisjordania por parte de Jordania, lo que
hizo necesario un nuevo planteamiento realista en Israel y, por ende, en Estados Unidos.

El derrumbamiento de la Unión Soviética debilitó, en cualquier caso, la imagen de la OLP como agente soviético y facilitó la puesta en marcha de las negociaciones entre la organización y Estados Unidos, iniciadas en Túnez ese año. Además, el movimiento pacifista israelí declaró que estaba dispuesto a entablar conversaciones con la OLP. Se fusionaron así pues procesos históricos concretos, que madurarían durante la Administración de Clinton. Hasta entonces, ningún especialista en relaciones internacionales había disfrutado de tanta libertad a la hora de diseñar un proceso de paz como Dennis Ross y sus colegas. Los desastrosos juegos teóricos que pusieron en práctica en Palestina y en Israel con riesgo de nuestras vidas tuvieron consecuencias que perduran hasta hoy. Se pusieron a prueba las tres pautas. El campamento de la paz estaba entonces en el Gobierno laborista de Rabin y la situación era la misma: Israel se mostraba dispuesto a retirarse únicamente de una parte de los territorios ocupados. El único cambio era la nueva parte «débil»: la OLP. Se le pidió que aceptara recibir sólo parte de los territorios, y además ejercer en ellos una autoridad únicamente parcial. Además se le exigió que abandonase sus aspiraciones sobre Jerusalén y que dejase de reclamar el derecho al retorno de los refugiados.

La realidad en los territorios ocupados también había cambiado. Los asentamientos se habían expandido en tal medida que la propuesta de paz israelí no servía más que para acentuar la humillación. Es cierto que en ese mismo periodo, las décadas de 1980 y 1990, los adalides de la paz estadounidenses se apuntaron varios logros en el ámbito de las relaciones bilaterales de Israel con Egipto y Jordania. Irónicamente, esos tratados de paz pudieron firmarse gracias a la mínima implicación de Estados Unidos en el proceso. La fórmula del éxito para la firma de esos tratados —si es que la «paz fría» entre Israel y sus dos vecinos puede tildarse de éxito— residió en el hecho de que ninguno de ellos abordaba la cuestión palestina. Los Acuerdos de Oslo, aunque comenzaron de igual manera —con una mínima implicación estadounidense—, terminaron convirtiéndose en un *show* al puro estilo americano. De hecho, era el único *show* que el atribulado presidente Clinton podía disfrutar esos días. En un principio pareció que podrían dar resultado, pues israelíes y estadounidenses habían dado con un líder palestino que estaba dispuesto a sucumbir a las presiones, completándose así el proceso: un plan de paz concebido por el campamento de la paz israelí e impuesto a los palestinos, forzados a aceptarlo.

Ahora sabemos que aquello fue posible porque ese líder palestino, Yasir Arafat, creía que el estado de las cosas era temporal y que el campamento de la paz israelí controlaría la situación durante cinco años, hasta del comienzo de las negociaciones finales, las cuales arrojarían luz sobre las exigencias básicas de los palestinos. ¿Cuándo se dio cuenta Arafat de que lo habían engañado? No lo sabemos. ¿Fue en El Cairo, en 1994, cuando fue casi físicamente obligado a firmar el Acuerdo B por el presidente Hosni Mubarak y los generales israelíes convirtieron las vagas ideas de la Declaración de Principios de septiembre de 1993 en una realidad imposible? La expansión de los asentamientos israelíes y el aislamiento de las áreas «autónomas» palestinas entre asentamientos, bases militares y autopistas no se vieron correspondidos con soluciones para el problema de los refugiados o el de Jerusalén. ¿O se dio cuenta durante el grotesco espectáculo protagonizado por Clinton mucho después, en 2000, cuando fue físicamente obligado a firmar una carta de rendición a la lógica neorrealista, en una cabaña de Camp David? Dicho texto presentaba una solución final que exigía la paz para Israel y la creación de un bantustán palestino en parte de los territorios ocupados. Era demasiado, incluso para el frágil Arafat, que se resistió. El resto, como sabemos, es historia. Tras el estallido de la segunda Intifada, se volvió a proponer una estéril versión de esta iniciativa. Los mediadores estadounidenses trataron en vano de poner de nuevo en marcha sus mecanismos en el marco de una «hoja de ruta» que no llevaba a ninguna parte.

La colonización sionista se recrudecía, generando una resistencia especialmente desesperada que, a su vez, provocó las bárbaras «represalias» que tan familiares nos son hoy día. Dennis Ross y sus colegas nunca llegaron a preguntarse quién es el que se beneficia económicamente de la ocupación en Israel, ni se plantearon que la respuesta a esa pregunta podía explicar también la falta de progresos en la resolución del conflicto. En su lugar, llegó el 11 de septiembre. El relato de los hechos subsiguientes sigue una lógica sencilla: el «primitivo fanatismo islámico» explicaba la incapacidad de los palestinos para participar de una *Pax Americana* razonable y sensata. Ariel Sharon y, tras él, Ehud Olmert, pergeñaron otra versión israelí de la paz: retirarse de Gaza, dejando a los palestinos, no obstante, un territorio aún menor que el prometido en Oslo en 1993 y en Camp David en 2000. La nueva receta prescribía una paz duradera sobre un Estado palestino que ocupaba un territorio equivalente al 12 por ciento de la Palestina histórica, sin una soberanía real ni independencia económica, y, por supuesto, sin solución de continuidad para las cuestiones de Jerusalén y de los refugiados. De nuevo, la realidad que tomaba forma sobre el terreno era aún más sombría que la palabra escrita. Gaza se convirtió en un enorme campo de prisioneros, bombardeado y empujado a la hambruna. Mientras tanto, la sociedad civil y la clase política estadounidenses seguían el paso, cegadas. Quién sabe, quizá encuentren algún día a un palestino que admita que la solución aplicada es aceptable.

CONCLUSIÓN

Las conclusiones a todos estos «racimos» de historia son definitivas: el AIPAC las presentó a bombo y platillo en su convención de 2005. En el Washington Convention Center se sirvieron 26.000 almuerzos *kosher,* guarnecidos con 32.640 entrantes, 5 toneladas de salmón, 2,5 toneladas de pavo, 1 tonelada de pollo y otra de humus. Lo suficiente para dar de comer a 5.000 asistentes. Sólo hay otro evento comparable a tal festín culinario en Washington: la reunión anual conjunta de ambas cámaras del Congreso. La lista de invitados es similar en ambas celebraciones. Otra de las conclusiones se expresa no en toneladas sino en dólares. Desde 1949 Estados Unidos ha entregado a Israel más de 100.000 millones de dólares en subvenciones y 10.000 millones más en préstamos especiales[36]. Otras instituciones no gubernamentales transfieren a Israel

1.000 millones de dólares anuales, más dinero del que Estados Unidos destina al norte de África, América del Sur y el Caribe juntos. La población conjunta de estas regiones suma más de mil millones de personas; la de Israel es de sólo siete. En los últimos veinte años, Israel ha recibido además 5.500 millones de dólares para adquisición de equipamiento militar[37]. No existen precedentes de una relación bilateral de esta índole y no es necesario exagerar las consecuencias que tiene para los palestinos y para la paz en Oriente Próximo. No obstante, en esta historia hay también rayos de esperanza. En la compleja realidad que modela la política estadounidense existen factores y procesos que en el pasado la han empujado a tomar un camino más positivo. Y es posible que la Historia, tal y como nos quiso explicar Michel Foucault, no sea sino una lista de procesos concretos e inconexos cuyo impacto conjunto no se debe específicamente a ninguno de ellos, sino a la fusión de todos en una gran deflagración. De ser correcta tal hipótesis, la Historia no debería entenderse como un movimiento lineal de infinitos apoyos estadounidenses a Israel, en contra y en detrimento de la causa palestina, sino como una línea curva, distorsionada, de subidas y bajadas que dejarían entrever la posibilidad de un futuro distinto. Merece además la pena concertar esfuerzos que traigan consigo ese futuro distinto, dentro y fuera de Estados Unidos. Por lo pronto, sin embargo, nos tenemos que enfrentar a la ominosa convocatoria de la convención del AIPAC de 2006, en la que se exigirá atacar e invadir Irán[38].

Capítulo 3

La negación continua: la Nakba en la historia israelí y en la actualidad

Para los israelíes, 1948 fue un año en el que se dieron dos hechos contradictorios. Por un lado, el sionismo —movimiento nacionalista judío— anunció el cumplimiento de un antiguo sueño: el regreso a la patria tras dos mil años de exilio. Desde este punto de vista, en 1948 se produjo lo que la memoria colectiva judía recuerda como un «suceso milagroso». Se trata de un capítulo histórico que proclama el triunfo y la realización de un sueño y queda asociado a la pureza moral y a la justicia absoluta. Todo lo que ocurrió en 1948, en efecto, está imbricado en los valores más básicos de la sociedad israelí actual. De ahí que el comportamiento de los soldados judíos en el campo de batalla ese año se convirtiese en un modelo para las generaciones venideras y la habilidad política de los líderes de esa época, en una aspiración para las élites políticas del futuro. Estos líderes son descritos como hombres consagrados a los ideales sionistas, que desatendían su interés personal por una causa común. El año de 1948, por tanto, es sagrado y reverenciado en varios sentidos como el punto de partida que dio forma a todas las cosas buenas de que puede presumir la sociedad judía de Israel.

Por otro lado, 1948 marca también el peor capítulo de la historia de los judíos. Ese año, hicieron en Palestina lo que no habían hecho en ningún otro lugar en los dos mil años anteriores. Incluso dejando a un lado el debate histórico sobre por qué ocurrió lo que ocurrió, nadie parece cuestionarse el calibre de la tragedia que se abatió sobre la población indígena de Palestina como resultado de la emergencia y triunfo del movimiento sionista. Ese año, los judíos expulsaron, masacraron, destruyeron, violaron y se comportaron en general como cualquier otra fuerza colonial de las que operaban en Oriente Próximo y África desde principios del siglo XIX.

En circunstancias normales, tal y como Edward Said recomendó en su fundacional *Cultura e imperialismo*[1], el doloroso diálogo con el pasado debería permitir a una sociedad determinada digerir los momentos más gloriosos de su historia, y también los más nefandos. Sin embargo, esto no funcionaría en un caso en el que la imagen moral que la sociedad tiene de sí misma es considerada el activo principal en la lucha por la opinión pública y la mejor herramienta para sobrevivir en un entorno hostil. La única salida para la sociedad judía en el Estado recién fundado era borrar de la memoria colectiva los capítulos desagradables del pasado, dejando intactos los gratificantes. Hablamos así pues de un mecanismo consciente, ideado y puesto en marcha para resolver la insoportable tensión que aparece entre los dos mensajes contradictorios llegados desde el pasado.

El hecho de que muchos de los habitantes de Israel hoy día vivieran esa época y recuerden el año 1948 complica mucho la tarea. El de ese año no es un recuerdo distante y los delitos cometidos entonces son aún visibles en el paisaje: la presente generación de israelíes puede verlos y comprenderlos. En el lado palestino viven aún víctimas de aquellos atropellos que pueden contar sus historias y, cuando ya no estén, sus descendientes —que han escuchado una y otra vez los horrores vividos aquel año— las darán a conocer a las generaciones por venir. Y, por supuesto, hay gente en Israel que sabe perfectamente lo que hizo y más gente aún que sabe lo que hicieron otros.

Sin embargo, las autoridades israelíes han sabido muy bien eliminar esos hechos de la memoria colectiva de la sociedad y han combatido con vigor a cualquiera que haya intentado arrojar luz sobre los repulsivos sucesos de 1948, dentro y fuera de Israel. Cuando uno lee los libros de texto y planes de estudio israelíes, o atiende a sus medios de comunicación y a su discurso político, se da cuenta de que ese capítulo de la historia judía —el de la expulsión, la colonización, la masacre, las violaciones y la quema de pueblos enteros— ha desaparecido por completo. En su lugar se descubren relatos de heroísmo y campañas gloriosas, asombrosas historias de moral, coraje y eficacia militar, desconocidas en el proceso libertador de cualquier otro pueblo durante el siglo xx.

Comencemos pues con un sucinto repaso a los sucesos ocurridos en 1948, los mismos que niega la historia oficial israelí y algunos de los cuales han desaparecido también de la memoria colectiva palestina. Estas dos amnesias se originan en dos formas de tratar con el pasado muy distintas entre sí: los judíos israelíes no están dispuestos a reconocer lo que ocurrió en 1948 ni a que se les haga responsables por ello, mientras que los palestinos, la comunidad de las víctimas, no está muy por la labor de revivir los traumas del pasado. Por razones distintas, así pues, la memoria popular de ambos bandos y la incapacidad de los historiadores profesionales de dar una representación veraz del pasado —sea por falta de voluntad o de competencia— nos arrebata la posibilidad de tener una imagen clara de los sucesos de ese año.

LOS CAPÍTULOS BORRADOS DEL MAL

Las maniobras diplomáticas y campañas militares de la guerra de 1948 están grabadas a fuego en la historiografía judía israelí. Lo que no aparece en ella es el capítulo referido a la limpieza étnica perpetrada por los judíos en 1948. En el marco de la misma fueron destruidos quinientos pueblos y once barrios urbanos palestinos, setecientos mil palestinos fueron expulsados y otros varios miles masacrados[2]. Hoy día sigue siendo difícil resumir la planificación, ejecución y repercusiones de esa tragedia.

En noviembre de 1947, las Naciones Unidas propusieron la solución que creían óptima para resolver el conflicto: dividir Palestina en dos Estados, uno árabe y otro judío. El proyecto presentaba muchos problemas desde su concepción misma, fundamentalmente por dos. En primer lugar, fue presentado a las dos partes enfrentadas no como una base de negociación sino como un hecho consumado, pese a que el rechazo palestino a los principios articuladores del plan era bien conocido por las Naciones Unidas. El camino alternativo, propuesto por varios Estados miembros y considerado después el más apropiado por el Departamento de Estado de los Estados Unidos, implicaba la puesta en marcha de una negociación de varios años bajo los auspicios de las Naciones Unidas. El proyecto propuesto por las Naciones Unidas, en cambio, respondía fielmente a la estrategia y política sionistas. La imposición de la voluntad de uno de los bandos por parte de las agencias de las Naciones Unidas habría sido una receta no de paz sino de guerra. El lado palestino veía el movimiento sionista como los argelinos veían a los colonos franceses. Tan impensable era para los palestinos entregar parte de Palestina al movimiento sionista como lo fue para los argelinos avenirse a compartir Argelia con los franceses. Los palestinos admitían, no obstante, que se trataba de dos casos distintos, y que por consiguiente el periodo de negociaciones debía ser más largo, pero sus peticiones no fueron atendidas.

En segundo lugar, la minoría judía (600.000 habitantes frente a dos millones de palestinos) recibió la mayor parte de la tierra (el 56 por ciento). La división impuesta, así pues, comenzaba siendo injusta. Por fin, hay que señalar la distribución geográfica de las dos comunidades, pues en el 56 por ciento de la tierra ofrecida a los judíos como Estado había tantos habitantes de una comunidad como de otra. Todos los líderes sionistas, de derecha e izquierda, coincidieron en destacar la necesidad de mantener una mayoría judía significativa en Palestina; de hecho, se consideraba que la ausencia de una mayoría sólida auguraría la decadencia del sionismo. La más somera familiaridad con la ideología y la estrategia sionistas habría permitido a los arquitectos de la paz de las Naciones Unidas prever que la realidad demográfica llevaría a la limpieza étnica de la población local por parte del futuro Estado judío.

El 10 de marzo de 1948, la Haganá, principal organización clandestina judía en Palestina, publicó un plan militar que preparaba a la comunidad para la esperada evacuación de Palestina por parte de los británicos, programada para el 15 de mayo de 1948. El rechazo total de árabes y palestinos a dicho plan había empujado a los líderes judíos a declarar nula a todos los efectos la resolución de las Naciones Unidas. Ya en mayo de 1947, la Agencia Judía había bosquejado un mapa en el que se declaraba la mayor parte de Palestina territorio judío, con la salvedad de la Cisjordania de hoy, entregada a los transjordanos. Así pues, el 10 de marzo de 1948 se ideó un plan para tomar toda Palestina, excepto las áreas prometidas a Transjordania. El plan fue bautizado Plan D (los planes A, B y C habían sido intentos previos de formular una estrategia sionista ante una realidad cambiante). El Plan D (*Dalet* en hebreo) instaba a las fuerzas judías a limpiar las áreas palestinas bajo su control. La Haganá tenía numerosas brigadas a su disposición, cada una de las cuales recibía una lista de pueblos y aldeas que debían ocupar y demoler. El destino de la mayoría era ser destruidos y únicamente en casos muy excepcionales las tropas recibían la orden de dejarlos intactos[3].

La operación de limpieza étnica, iniciada en diciembre de 1947, continuó hasta bien entrada la década de 1950. Se rodeaban las poblaciones por tres flancos y se dejaba uno abierto para la huida y la evacuación. En algunos casos, la estrategia no funcionaba, pues muchos se negaban a abandonar sus hogares; en esos casos se producían las masacres. Ésta fue la principal táctica utilizada en la judaización de Palestina.

La limpieza étnica se desarrolló en tres fases. La primera fase, durante la cual se destruyeron la costa y las llanuras interiores —cuyos pobladores fueron obligados a emigrar— tuvo lugar entre diciembre de 1947 y el verano de 1948. La segunda se desarrolló entre el otoño e invierno de 1948 y 1949 e incluyó Galilea y el Naqab (en hebreo, Negev).

Finalizado el invierno de 1949, las armas callaron en Palestina. Había terminado la segunda fase de la guerra y con ella, la segunda fase de la limpieza. No obstante, la expulsión de palestinos continuó hasta mucho después de amainar el fragor del conflicto. Esta tercera fase de la limpieza étnica se prolongó mucho más allá de la guerra, hasta 1954, cuando se destruyeron decenas de pueblos más y sus pobladores fueron expulsados. De los aproximadamente novecientos mil palestinos residentes en los territorios designados por las Naciones Unidas al Estado judío, sólo cien mil pudieron seguir viviendo en sus hogares o en lugares más o menos cercanos, convirtiéndose en una minoría dentro de Israel. El resto fue expulsado o huyó bajo la amenaza de la expulsión, y unos cuantos miles murieron en las masacres.

El paisaje del corazón rural de Palestina con sus miles de pintorescas y coloridas aldeas quedó reducido a ruinas. La mitad de los pueblos desaparecieron de la faz de la Tierra, arrasados por los buldóceres israelíes, que se pusieron en marcha en agosto de 1948, cuando el Gobierno decidió convertir esos pueblos en tierra cultivable o en nuevos asentamientos judíos. Se creó una comisión encargada de hebraizar los topónimos árabes originales. Así, Lubya se convirtió en Lavi y Safuria se pasó a llamarse Zipori. David Ben-Gurion, primer mandatario de Israel, explicó que esta iniciativa formaba parte de una estrategia para evitar que dichos pueblos fueran reclamados en el futuro. El proceso fue respaldado por arqueólogos israelíes que se encargaban de aprobar los nuevos topónimos, definiendo el cambio de nombre no como un despojamiento, sino como un acto de justicia poética que restauraba el mapa ancestral del «antiguo Israel». Se extrajeron, así pues, topónimos de la Biblia para asignarlos a los pueblos destruidos.

La Palestina urbana fue igualmente desmembrada y asolada. Los barrios palestinos de las ciudades mixtas fueron destruidos, excepción hecha de unos pocos vecindarios que quedaron vacíos para su repoblación con inmigrantes judíos provenientes de países árabes.

Los refugiados palestinos pasaron el invierno de 1948 en tiendas de campaña proporcionadas por organizaciones de voluntarios. La mayor parte de los campos de refugiados terminaron convirtiéndose en barriadas. Las tiendas fueron sustituidas por casas de adobe que se transformaron con el tiempo en un elemento habitual en la existencia de los palestinos en Oriente Próximo. La única esperanza que los refugiados tenían en esa época era la ofrecida por la resolución 194 de las Naciones Unidas, de 11 de diciembre de 1948, que prometía el pronto regreso a sus hogares. Uno de los muchos compromisos que la comunidad internacional ha contraído con los palestinos y que a día de hoy no se ha cumplido.

La catástrofe que se abatió sobre los palestinos sería recordada en la memoria nacional colectiva con el nombre de Nakba («desastre» o «catástrofe», en árabe). Este movimiento prendió la chispa que reavivaría el movimiento nacional palestino. En efecto, se veía a sí mismo como una guerrilla que, liderando al pueblo, trataba de hacer retroceder el reloj con muy escaso éxito, tal y como se demostraría más tarde.

La memoria colectiva israelí, por su lado, describía la guerra como un acto del movimiento de liberación nacional que luchaba tanto contra el colonialismo británico como contra la hostilidad árabe y acababa triunfando sobre todas las adversidades. La pérdida de un uno por ciento de la población judía ensombreció sin duda la fiesta de la independencia, pero no desalentaría la voluntad sionista de judaizar Palestina y convertirla en el paraíso futuro de todos los judíos del mundo. En cualquier caso, Israel terminaría convirtiéndose en uno de los lugares más peligrosos del mundo para los judíos durante la segunda mitad del siglo XX. Además, la mayor parte de éstos prefirieron seguir viviendo fuera de Israel y unos pocos no se identificaron con el proyecto judío en Palestina ni quisieron que se les asociara con sus funestas consecuencias. Sin embargo, una vociferante minoría de judíos de Estados Unidos sigue dando la impresión de que todos los judíos del mundo aprueban la expulsión de los palestinos y los demás sucesos de 1948. La ficción de que la mayoría de los judíos legitimizan lo que Israel hizo en 1948, sea lo que fuere, compromete la relación entre las minorías judías y el resto de las sociedades occidentales, especialmente en los lugares donde la hostilidad de la opinión pública hacia las políticas israelíes contra los palestinos sigue creciendo desde 1987.

LA «MEMORIA» PROFESIONAL DE LA NAKBA

Hasta hace muy poco, la versión de la guerra de 1948 generalmente aceptada en los ámbitos académicos es la ofrecida por los israelíes sionistas, lo cual ha determinado asimismo la percepción que el público en general tiene de la Nakba. Así pues, los sucesos de 1948 han sido descritos insistentemente como un enfrentamiento entre dos ejércitos. Ese supuesto se apoya en la competencia de los historiadores militares, que son quienes pueden analizar las estrategias militares aplicadas por ambos bandos. De esta manera, todos los acontecimientos, incluida cualquier atrocidad, quedan retratados como actos de un drama bélico, durante el desarrollo del cual las cosas se juzgan desde una base moral muy distinta a la cotidiana. Por ejemplo, en un contexto como aquél, la muerte de civiles durante una batalla es aceptada como parte integral de la misma, y validada como acción necesaria como parte del esfuerzo general por ganar una guerra. No obstante durante las guerras se cometen, claro está, monstruosidades excepcionales que la historiografía militar no acepta e ilegitimiza.

El calificar el conflicto de «guerra» implica la presunción de paridad en la responsabilidad moral por los acontecimientos ocurridos, incluida en este caso la expulsión masiva de la población local. Así, ese paradigma que equilibraba a los bandos era considerado «académico» y «objetivo», mientras que las versiones palestinas —según las cuales en 1948 no se enfrentaron dos ejércitos equiparables, sino un expulsado y un expulsor que humillaba a sus víctimas— son tachadas de burda propaganda.

Mi sugerencia, no obstante, es que los acontecimientos desarrollados a partir de mayo de 1948 en Israel y Palestina sean revisados desde el paradigma de la limpieza étnica y no como parte de la historia militar. Desde el punto de vista historiográfico, esto supondría aceptar que los hechos cometidos formaban parte de una política interna aplicada por un régimen contra civiles. En muchos casos, dado que la limpieza étnica tuvo lugar dentro de los límites del Estado judío designado por las Naciones Unidas, hay que hablar de operaciones orquestadas por el régimen contra sus propios ciudadanos.

Un residente palestino de un pueblo llamado Tantura describe esta nueva realidad mejor que cualquier historiador. Su pueblo, situado en la costa, treinta kilómetros al sur de Haifa, entró a formar parte del Estado judío el 15 de mayo de 1948, en virtud de la resolución 181 de las Naciones Unidas de 29 de noviembre de 1947. El 23 de mayo, esta persona se encontró junto a otras muchas en un campo de prisioneros de Umm Jaled (a treinta kilómetros al sur de su pueblo) y tras pasar allí año y medio fue expulsado a Cisjordania. «Pocos días después de que el nuevo Estado ocupara mi pueblo, dejé de ser ciudadano para convertirme en prisionero de guerra». Este hombre era entonces un niño, ni siquiera un «soldado enemigo». Fue en cualquier caso más afortunado que otros de su edad a los que masacraron en el mismo pueblo. En efecto, Tantura no fue un campo de batalla entre dos ejércitos, sino un espacio civil invadido por tropas militares. Los factores decisivos no fueron los planes militares, sino el etnicismo, la política de asentamientos y la estrategia democrática. Las masacres, premeditadas o no, fueron una parte integral y no excepcional de la limpieza étnica, aunque la historia demuestre que en la mayor parte de los casos se prefiriera la expulsión a la matanza.

Para los historiadores, las pruebas contenidas en los archivos del régimen no permiten hacerse una idea clara de lo ocurrido, pues desde el principio el objetivo fue oscurecer las intenciones de los responsables de la limpieza étnica. Esto queda reflejado en el lenguaje utilizado en las órdenes impartidas y en los informes posteriores a los sucesos. Por eso son fundamentales las pruebas aportadas por víctimas y victimizadores. En el caso de los sucesos de Tantura, por ejemplo, fue posible reconstruir lo ocurrido aunando las pruebas aportadas por la memoria individual y colectiva de unos y otros.

El paradigma de la limpieza étnica explica también por qué aquellos crímenes se caracterizaron más por las expulsiones que por las masacres. Tal y como ocurrió durante la guerra de los Balcanes de la década de 1990, dentro del patrón general de limpieza étnica las masacres esporádicas tienen su origen no tanto en la aplicación de un plan premeditado como en la consumación de una venganza. En cualquier caso, dichas masacres allanaron el camino al programa para la creación de una nueva realidad étnica igual de eficazmente que si hubieran sido el resultado de una política de expulsión sistematizada.

Las operaciones judías de 1948 se ajustan a la definición de limpieza étnica contenida en los informes de las Naciones Unidas sobre la guerra de los Balcanes. El Consejo de Derechos Humanos de la organización relacionó el deseo de imponer la superioridad étnica en un área mixta —la realización de una Gran

Serbia— con los actos de expulsión y demás estrategias de violencia. El informe considera dichos actos limpieza étnica; entre ellos se incluyen la separación de hombres y mujeres, el arresto de los primeros y la destrucción de viviendas para su repoblación posterior con miembros de otro grupo étnico. Exactamente lo que hacían los soldados judíos en la guerra de 1948.

El recuerdo de Nakba ante el ojo público

La limpieza étnica fue perpetrada en 1948, pero tanto Israel como los israelíes negaron más tarde que hubiera ocurrido. El mecanismo de negación está tan enraizado en ese país y entre sus ardientes partidarios estadounidenses que el punto de vista planteado en el presente ensayo suscita preguntas mucho más profundas. La más importante se refiere a la relevancia de la ideología sionista, en general, al respecto de los crímenes cometidos en 1948. Otros se han encargado de demostrar que la expulsión masiva fue el resultado inevitable de una estrategia que data de finales del siglo xix[4].

La ideología de la «transferencia» emergió cuando los líderes del movimiento sionista se dieron cuenta de que sería imposible crear un Estado judío en Palestina mientras sus pobladores originales siguieran habitándola. La presencia de una sociedad y cultura locales era conocida para los fundadores del sionismo incluso desde antes de que los primeros colonos pusieran pie en ella. Theodor Herzl, uno de los padres del sionismo, predijo ya que para consumar el sueño de una patria judía en Palestina sería necesario expulsar a la población indígena, tal y como expone en la entrada de su diario correspondiente al 12 de junio de 1895. Más allá de sus comentarios sobre cómo crear una sociedad judía en esa tierra, Herzl se preguntaba cómo constituir un Estado para judíos. «Tras ocupar la tierra y expropiar la propiedad privada, intentaremos por todos los medios expulsar inadvertidamente a la población pobre al otro lado de la frontera, procurándole empleo en los países de tránsito, pero negándoselo en nuestro país», escribió. Herzl añadía que «tanto el proceso de expropiación como el desahucio de los pobres debe llevarse a cabo con discreción y cautela»[5]. También los líderes de la segunda Aliyá, una suerte de *Mayflower* sionista, tenían en mente la limpieza étnica[6].

Para alterar la realidad demográfica y «étnica» de Palestina e imponer el programa sionista se utilizaron dos herramientas: la desposesión de la población nativa, a la que se expropió la tierra, y la repoblación con recién llegados. Es decir, expulsión y asentamiento. El esfuerzo colonizador fue impulsado por un movimiento que aún no había ganado legitimidad regional ni internacional y que tenía que comprar tierra y crear enclaves aislados dentro del territorio aborigen. El Imperio británico se mostró muy colaborador a la hora de hacer realidad estos planes. No obstante, desde los primeros tiempos de la estrategia sionista, sus líderes sabían que el asentamiento era un proceso largo y constante, que quizá no bastase para cumplir el deseo de modificar la realidad sobre el terreno e imponer una interpretación propia del pasado, del presente y del futuro de ese territorio. Para conseguirlo, el movimiento debía recurrir a medios más contundentes, como la limpieza étnica y el desplazamiento.

Limpieza étnica y desplazamiento de la población —opciones que parecían cada vez mejor justificadas por la clara «oportunidad histórica»— estaban muy relacionados entre sí en el pensamiento y la práctica sionistas. Entre las circunstancias adecuadas estarían la indiferencia internacional o la presencia de condiciones «revolucionarias» como las provocadas por una situación de enfrentamiento bélico. Entre voluntades y planes concretos se establece un vínculo claramente deducible a partir de la carta escrita por David Ben-Gurion a su hijo Amos el 5 de octubre de 1937: «Debemos expulsar a los árabes y apoderarnos de sus lugares [...] y si tenemos que recurrir a la fuerza —no para desposeerlos del Negev y Transjordania, sino para garantizar nuestro derecho a asentarnos en dichos lugares—, la tendremos a nuestra disposición»[7].

Esta idea aparece una y otra vez en las alocuciones de Ben-Gurion a los miembros del Mapai, su partido, durante todo el periodo de su mandato[8], hasta que llegó el momento oportuno tanto tiempo esperado: 1948.

No debemos sorprendernos, por tanto, al leer en la prensa israelí que Ariel Sharon se considere a sí mismo un nuevo Ben-Gurion dispuesto a dar carpetazo a la cuestión palestina de una vez por todas. Los medios occidentales se dejan engañar y llegan a creer que tal afirmación se inscribe en el discurso pacifista de un halcón que ya no lo es. Sin embargo, no estamos sino ante la representación contemporánea y siempre leal de un bengurionista en busca de un momento revolucionario que permita ampliar e incluso finalizar el proceso de desarabización y judaización de Palestina, iniciado ya en 1882.

LA LUCHA CONTRA LA NEGACIÓN DE LA NAKBA

La negación de la Nakba en Israel y Occidente ha contribuido a la negación general de la realidad de los palestinos como pueblo. Epitomiza dicha postura la ya infame negación de Palestina como pueblo por parte de Golda Meir, primera ministra israelí, en 1970. A finales de la década de 1980, como resultado de la primera Intifada, la situación mejoró en cierto sentido gracias a la humanización de los palestinos por parte de los medios occidentales y su introducción en el ámbito de los estudios de Oriente Próximo como materia de investigación legítima. En el mismo Israel, incluso en esos años, sólo los antiguos miembros de inteligencia expertos en la materia —vinculados a los servicios de seguridad de las Fuerzas de Defensa de Israel (FDI)— debatían los asuntos concernientes a Palestina, ya fuera en ámbitos públicos o académicos. La perspectiva académica israelí borró la Nakba como acontecimiento histórico e impidió que los especialistas y académicos del país desafiaran la negación generalizada y la supresión de la catástrofe extramuros de la torre de marfil universitaria.

Los mecanismos negacionistas israelíes son muy efectivos, pues funcionan como una exhaustiva herramienta de adoctrinamiento que abarca la existencia completa del ciudadano, de la cuna a la tumba. Esta herramienta garantiza al Estado que sus ciudadanos no se sentirán confusos ante los datos y la realidad o, al menos, que no tendrán problemas morales.

No obstante, ya en la década de 1980 comenzaron a aparecer grietas en el muro del negacionismo. La amplia cobertura que los medios internacionales hicieron de los crímenes de guerra israelíes a partir de 1982 suscitó desasosegantes preguntas acerca de la imagen que Israel tenía de sí mismo como «única democracia de Oriente Próximo» y como comunidad inscrita en el mundo de los derechos humanos y de los valores universales. Fue, sin embargo, la aparición en Israel de una historiografía crítica a principios de la década de 1990 —la llamada «nueva historia»— lo que volvió a situar a la Nakba en el centro del debate sobre del conflicto, en la calle y en las universidades. Esta nueva historia legitimizaba en efecto la versión palestina de los hechos, que durante años había sido considerada por la prensa, los políticos y los especialistas occidentales mera propaganda.

Diversas áreas de expresión cultural —en los medios, en las universidades y entre la gente de a pie— desafiaron la hasta entonces hegemónica versión sionista de lo ocurrido durante la guerra de 1948, condicionando así el discurso tanto en los Estados Unidos e Israel. Sin embargo, el escenario político no se inmutó. La celebrada nueva historia, de hecho, se reducía a unos pocos libros acerca de lo ocurrido en 1948 escritos en inglés por profesionales del tema. Por ejemplo, Flapan, que publicó en 1979 y 1987; Kimmerling, en 1983; Masalha, en 1992; Morris en 1987, 1990 y 1993; yo mismo, en 1988 y 1992; Segev, en 1986 y 1993; Shahak, en 1975; Shapira, en 1992; o Shlaim, en 1988. Sólo algunos de ellos se tradujeron al hebreo[9]. Estas traducciones, sea como fuere, permitieron a los interesados descubrir cómo el Estado de Israel se había fundado sobre las ruinas de los hogares de quienes originalmente poblaron Palestina, cuyo estilo de vida, viviendas, cultura y territorio habían sido objeto de una destrucción sistemática.

La respuesta pública en Israel en aquel momento basculó entre la indiferencia y el rechazo total ante los descubrimientos de los «nuevos historiadores». Sólo a través de ciertos elementos de los medios y el sistema educativo fue posible estimular a la gente para que, no sin vacilaciones, echaran un vistazo al pasado. Mientras tanto, no obstante, la clase dirigente hacía todo lo que podía para aplastar ese primer floreci-miento del autoconocimiento israelí y de la acepta-ción del papel desempeñado por Israel en la catástro-fe palestina. Una aceptación que en cualquier caso habría ayudado mucho a los israelíes a comprender mejor el eterno callejón sin salida en que se ha con-vertido el proceso de paz.

Fuera del mundo académico, en Occidente en ge-neral y en Estados Unidos e Israel en particular, esta evolución en la percepción por parte de los especialis-tas tuvo un impacto muy reducido sobre el escenario político y la opinión pública. Tanto en Estados Uni-dos como en el Israel judío, los términos como «lim-pieza étnica» o «expulsión» siguen siendo completa-mente ajenos a políticos, periodistas y gente de a pie. Los importantes episodios vividos en el pasado —y que justifican categóricamente la aplicación de tales términos a la historia de los orígenes de Israel— apa-recen distorsionados en el recuerdo colectivo, si es que llegan a aparecer.

Un rápido vistazo a la opinión pública occidental nos ilustrará al respecto. Durante la década de 1990 se pusieron en marcha en varios países europeos nuevas iniciativas cuyo objetivo era reubicar a los refugiados del pasado y del futuro. Es demasiado pronto para juzgar hasta qué punto tales esfuerzos, emprendidos fundamentalmente por ONG propalestinas, han condicionado las políticas gubernamentales de los diferentes países. Incluso en Estados Unidos aparecieron indicios de un movimiento en esa misma dirección en abril de 2000, cuando por primera vez se convocó en ese país un congreso sobre el derecho al retorno de los refugiados al que asistieron unos mil representantes de todos los Estados[10]. Sin embargo, en los últimos quince años, y hasta el 11 de septiembre de 2001, ninguna de esas iniciativas ha hecho mella en el Capitolio, en *The New York Times* o en la Casa Blanca, gobernase quien gobernase. Y en cualquier caso, los sucesos del 11-S cercenaron esa nueva tendencia y promovieron un renacer del antipalestinismo en Estados Unidos.

La negación de la Nakba y el proceso de paz israelo-palestino

Antes incluso del giro de ciento ochenta grados protagonizado por la opinión pública estadounidense tras el 11 de septiembre de 2001, los académicos críticos de Israel y Occidente —al tanto de los nuevos puntos de vista sobre la limpieza étnica de 1948— no destacaron como actores protagonistas sobre el escenario. No influyeron en absoluto en la agenda de paz entre Israel y Palestina, pese a que los esfuerzos por alcanzar la paz empezaron a centrarse en Palestina justo en el momento en que dichos puntos de vista saltaron a la palestra. El proceso de paz giraba en torno a los

Acuerdos de Oslo, que comenzaron a aplicarse en septiembre de 1993. Este proceso, como todos los anteriores en pos de la paz en Palestina, era de base sionista. Los Acuerdos de Oslo se plantearon de acuerdo con la percepción que Israel tenía de lo que debía ser la paz, en la cual, obviamente, la Nakba brillaba por su ausencia. La receta de Oslo fue diseñada por politólogos judíos adscritos al campamento de la paz, quienes desde 1967 habían desempeñado un importante papel en el escenario público israelí. Adheridos al movimiento extraparlamentario Peace Now, contaban con el apoyo de varias formaciones políticas con representación en el parlamento israelí. En todos sus discursos y planes anteriores, los integrantes de Peace Now habían soslayado el problema de lo ocurrido en 1948, pasando además de puntillas por la cuestión de los refugiados. En 1993 hicieron lo mismo, pero en esa ocasión se debieron enfrentar a las nefastas consecuencias que tiene el suscitar esperanzas de paz, pues habían encontrado al parecer un interlocutor palestino dispuesto a aceptar un acuerdo que en general enterraba los sucesos de 1948 y a sus víctimas.

Cuando las conversaciones entraban en su etapa final, los palestinos se dieron cuenta de que además de no haberse retirado realmente de la franja de Gaza ni de Cisjordania, los israelíes no proponían soluciones para la cuestión de los refugiados. La frustración empujó a los palestinos a la rebelión. El clímax de las negociaciones de Oslo en Camp David —la cumbre celebrada en el verano de 2000 entre el primer ministro israelí, Ehud Barak, y Yasir Arafat— dio la falsa impresión de que lo ofrecido era ni más ni menos que el final del conflicto. Los hasta cierto punto ingenuos negociadores palestinos pusieron la Nakba y el obligado reconocimiento de la misma por parte de Israel a la cabeza de su lista de exigencias, lo cual, obviamente, fue recibido con el rechazo categórico del equipo israelí, que terminó llevándose el gato al agua en sus planteamientos. No obstante, debemos reconocer a los palestinos que, al menos durante un tiempo, pusieron la catástrofe de 1948 en el candelero local, regional y, hasta cierto punto, mundial. No obstante, es evidente que la negación sistemática de la Nakba durante el proceso de paz fue la principal causa del fracaso de la cumbre de Camp David, el cual provocó a su vez el segundo alzamiento en los territorios ocupados.

Claramente, era necesario recordar a los preocupados por la cuestión palestina en Israel, en Estados Unidos e incluso en Europa que la resolución del conflicto israelo-palestino no se limitaba al porvenir de los territorios ocupados. Debía contemplarse también el futuro de los refugiados palestinos, forzados a abandonar sus hogares en 1948. Los israelíes habían conseguido anteriormente dejar el asunto de los derechos de los refugiados fuera de los Acuerdos de Oslo, objetivo que la mal gestionada estrategia palestina no hizo sino más sencillo.

En efecto, los israelíes habían sido tan eficaces a la hora de mantener la Nakba fuera de la agenda de los procesos de paz que cuando de repente ésta apareció en el orden del día creyeron que alguien había abierto la caja de Pandora en sus narices. El peor miedo de los negociadores israelíes era que se abriese la posibilidad de que la responsabilidad de Israel por los sucesos de 1948 se convirtiera en un asunto negociable. Así pues, se plantó cara a ese «riesgo» de manera inmediata. Los medios israelíes y la Knesset consensuaron posturas: ningún interlocutor israelí estaría autorizado a discutir el derecho al retorno de los refugiados palestinos a los que habían sido sus hogares hasta 1948. La Knesset aprobó una ley al efecto y Barak se comprometió públicamente a hacerla cumplir desde la escalerilla del avión que lo llevaría a Camp David.

Se observa así pues que un debate público sobre la Nakba celebrado en el mismo Israel o en Estados Unidos, su protector imperial, podría plantear determinadas preguntas concernientes a la legitimidad moral del proyecto sionista en general. El mecanismo negacionista, por tanto, era fundamental para anular las contrarreclamaciones hechas por los palestinos durante el proceso de paz y, sobre todo, para desautorizar cualquier debate de calado sobre la misma esencia del sionismo y sus cimientos morales.

Sin embargo, tras los terribles sucesos del 11 de septiembre de 2001, el estallido de la segunda Intifada y sus oleadas de atentados suicidas, las grietas aparecidas en la comunidad académica, que empezaban a salir a debate público, se cerraron inmediatamente. El negacionismo del pasado reapareció en Israel con una fuerza y una convicción todavía mayores.

En Estados Unidos, la infame coalición integrada por los neoconservadores, los sionistas cristianos y el AIPAC supo mantener un control absoluto sobre la imagen que los medios estadounidenses daban del conflicto en Palestina, especialmente a partir de 2001. Dicha imagen, la de una sociedad civilizada e irrebatiblemente inocente asediada por terroristas, permite a Israel salirse con la suya y no rendir cuentas por los actos cometidos en el pasado ni por las medidas políticas del presente. De haber sido cualquier otro Estado el responsable de tales acciones, de seguro habría merecido el calificativo de «Estado paria».

Perspectivas de futuro

Cuando hago recuento de los esfuerzos que he realizado con respecto a la Nakba —me he implicado personalmente en la lucha contra la negación de la Nakba en Israel y, junto a otros colegas, he tratado de devolver la Nakba a la escena pública israelí— me encuentro con un panorama variado. Detecto serias grietas en el muro del negacionismo y la represión que rodea el asunto de la Nakba en Israel. Dichas grietas son consecuencia del debate suscitado por la «nueva historia» de Israel y por la nueva agenda política de los palestinos en ese país. Este clima renovado ha contribuido asimismo a dejar clara la postura palestina en torno al problema de los refugiados al final del proceso de paz de Oslo. En consecuencia, pese a los más de cincuenta años de sistemática negación por parte del Gobierno, es cada vez más difícil ignorar la campaña de expulsión y destrucción dirigida a los palestinos en 1948. No obstante, este éxito relativo ha traído consigo dos reacciones negativas, que quedaron evidenciadas tras el estallido de la Intifada de Al-Aqsa. La primera reacción llegó de boca de la clase política israelí.

El Gobierno de Sharon, a través de su ministro de Educación, eliminó de todos los libros de texto y planes de estudio cualquier referencia a la Nakba, por marginal que fuese. Similares instrucciones se dieron a los directores de la radio y la televisión públicas. La segunda reacción fue aún más perturbadora y ha abarcado a secciones más amplias de la población. Aunque un gran número de políticos, periodistas y académicos israelíes han dejado de negar lo que ocurrió en 1948, muchos lo han justificado de buen grado en público, no sólo en retrospectiva, sino como receta para el futuro. Así pues, la idea de «desplazamiento» aparece abiertamente en el discurso político israelí por primera vez, legitimizándose el «desplazamiento de población» como medio más efectivo para abordar el «problema» palestino.

Si tuviera que hacer un resumen de lo que mejor caracteriza la actual actitud de Israel hacia la Nakba, haría hincapié en la cada vez mayor popularidad de la alternativa del desplazamiento en el pensamiento y el sentir popular israelí. Para muchos, la Nakba —la expulsión de los palestinos de su tierra— ocupa ahora el centro del mapa político como consecuencia inevitable y justificable del proyecto sionista en Palestina. Si alguien se lamenta de algo es de que la expulsión no sea completa. El hecho de que incluso un «nuevo historiador» israelí como Benny Morris comparta ahora la opinión de que la expulsión de 1948 fue inevitable y debería haber sido más exhaustiva contribuye a legitimar futuros planes israelíes de limpieza étnica.

El concepto de «desplazamiento de población» es hoy día la alternativa oficial y «moral» recomendada por uno de los centros académicos más prestigiosos de Israel, el Centre for Interdisciplinary Studies de Herzliya, que asesora al Gobierno. El concepto también ha pasado a formar parte de propuestas políticas contenidas en documentos presentados al Gobierno por los ministros de mayor peso del Partido Laborista, y es defendido abiertamente por profesores universitarios y tertulianos de los medios, mientras que muy pocos se atreven a condenarlo (de manera directa, los historiadores Benny Morris, de Beerseba, y Yoav Gelber, de Haifa, y Arnon Sofer, profesor de geografía de la Universidad de Haifa; de manera indirecta, Shlomo Avineri, profesor de la Universidad Hebrea, y Ephraim Sneh, del Partido Laborista, quienes sugieren la anexión de las partes palestinas de Israel a un Estado palestino). Últimamente, hasta el líder de la mayoría de la Cámara de Representantes de Estados Unidos ha respaldado abiertamente la idea[11].

Mientras se escribe este libro, un nuevo presidente accede a la Casa Blanca. Hasta hoy, la política estadounidense no ha conseguido provocar cambio alguno con sus planteamientos. El escenario político en Israel sigue siendo más o menos el mismo: los que respaldan el desplazamiento ocupan cargos clave —como Avigdor Liberman, ministro de Asuntos Exteriores— y frecuentes sondeos indican un respaldo cada vez mayor a la expulsión de árabes de cualquier lugar considerado judío.

De manera que el círculo se cierra ante nuestros ojos. Cuando Israel se apropió de casi el 80 por ciento de Palestina, en 1948, lo hizo a través de la colonización y la limpieza étnica de la población palestina original. El país está dirigido actualmente por un Gobierno de consenso que disfruta del apoyo de la población y que quiere determinar por la fuerza el futuro del 20 por ciento restante. Como todos sus predecesores, laboristas o del Likud, ha recurrido a la colonización como herramienta más eficaz, lo que implica la destrucción de la infraestructura necesaria para una Palestina independiente. Los políticos intuyen —y es posible que estén en lo correcto— que el sentir popular les permitiría ir aún más allá si lo desearan. Podrían emular la limpieza étnica de 1948, echar a los palestinos de los territorios ocupados y también, si fuese necesario, al millón que vive dentro de las fronteras de Israel previas a 1967.

En un clima tal, Israel parece celebrar la Nakba más que negarla. Sin embargo, los israelíes deben escuchar la historia completa de lo que ocurrió en 1948, pues quizá sigan existiendo ciudadanos o ciudadanas de ese Estado con cierta sensibilidad al respecto de la actitud de su país, en el pasado y en el presente. Este segmento de la población deberá ser alertado de los terribles actos perpetrados por Israel en 1948 —que le han sido ocultados— y también de que dichos actos podrían repetirse si no se actúa a tiempo. Esta responsabilidad corresponde a ese segmento de población, y a otras personas.

La lucha contra el negacionismo de la Nakba en Israel es hoy día el principal objetivo de determinados grupos palestinos, dentro y fuera del país. Contribuye a sus esfuerzos la muy comprometida y sorprendente Zochrot, organización no gubernamental israelí que lucha contra el negacionismo de la Nakba en Israel. Desde el cuadragésimo aniversario de ésta, en 1988, la minoría palestina de Israel ha establecido un vínculo sin precedentes entre la memoria individual y colectiva de la catástrofe y la problemática situación general de Palestina. Esta organización se ha manifestado a través de diversos gestos simbólicos, como ceremonias durante la conmemoración de la Nakba, visitas organizadas a pueblos palestinos abandonados en Israel, seminarios sobre historia y exhaustivas entrevistas en prensa con los supervivientes.

En el mismo Israel, a través de sus líderes políticos, organizaciones no gubernamentales y medios de comunicación, la minoría palestina ha obligado al gran público a dirigir su atención a la Nakba. La reaparición de ésta como tema de debate público desactivará cualquier proyecto de futuro cimentado sobre el negacionismo, incluidos, obviamente, los diversos planes e iniciativas propuestos desde 2003.

Capítulo 4

«Exterminar a todos los salvajes»: Gaza 2009

El sábado 27 de diciembre de 2008 se lanzó el más reciente de los ataques estadounidense-israelíes sobre palestinos indefensos. Según la prensa israelí, llevaba seis meses siendo planeado meticulosamente. La planificación se articuló en torno a dos elementos, el ejército y la propaganda, y tuvo muy en cuenta las lecciones aprendidas en la invasión del Líbano por parte de Israel de 2006, deficientemente organizada y publicitada. Así pues, podemos estar bastante seguros de que la mayor parte de las cosas que se han hecho y dicho han sido fruto de la premeditación.

Entre ellas debemos incluir el momento del ataque: poco antes de mediodía, cuando los niños vuelven de la escuela y las multitudes abarrotan las calles de la densamente poblada ciudad de Gaza. Matar a más de doscientas personas y herir a otras setecientas no llevó más de unos pocos minutos, ominosa inauguración de lo que sería una masacre de civiles desarmados y atrapados en una jaula diminuta, sin escapatoria posible[1].

El ataque estaba dirigido contra la ceremonia de clausura de una academia de policía. En él murieron, así pues, decenas de agentes. El departamento jurídico de las Fuerzas de Defensa de Israel llevaba meses criticando el plan, pero su directora, la coronel Pnina Sharvit-Baruch se vio obligada a dar su aprobación debido a las presiones del ejército. Según el diario *Haaretz*, «Sharvit-Baruch y el departamento también legitimaron bajo presión el ataque contra los edificios gubernamentales de Hamás y la laxitud en las reglas de combate, lo que resultó en numerosas bajas palestinas». El departamento jurídico adopta «posturas permisivas» con el fin de «mantener su relevancia e influencia», continúa el artículo. Sharvit-Baruch entró a formar parte del profesorado de la facultad de Derecho de la Universidad de Tel Aviv, haciendo caso omiso a las protestas del Centro de Derechos Humanos de la universidad y de otros profesores.

La decisión del departamento jurídico se debió al hecho de que el ejército consideraba a la policía como «una fuerza de resistencia en la eventualidad de que se produjera una incursión israelí en la franja de Gaza», observó Yuval Shany, profesor de Derecho de la Universidad Hebrea, añadiendo que ese principio «no los hace diferentes de los reservistas [israelíes], y tampoco de los adolescentes de dieciséis años que serán llamados a filas en dos años». Según ese razonamiento, gran parte de la población israelí puede ser considerada legítimo objetivo terrorista[2]. Por esa regla de tres, las Fuerzas de Defensa de Israel justificarían también el ataque terrorista contra la policía ocurrido en Lahore en marzo de 2009, en el que murieron al menos ocho cadetes, y que fue justamente tachado de «bárbaro». En aquella ocasión las fuerzas de élite paquistaníes tuvieron, no obstante, la posibilidad de contraatacar, matando o capturando a los terroristas, algo impensable para los gazatíes. La estrechez de miras de las FDI y su concepto de «civil protegido» fueron explicados más adelante por un alto cargo de su departamento jurídico: «Las personas que entran en una casa aunque se les haya advertido que no deben hacerlo no pueden ser consideradas civiles ni se les tendrá en cuenta a la hora de minimizar daños, pues están voluntariamente desempeñando la función de escudos humanos. Desde el punto de vista legal, no tenemos por qué mostrar consideración hacia ellas. Cuando se trata de personas que están regresando a sus casas para protegerlas, se considera que están participando en los combates»[3].

En un análisis retrospectivo titulado «Parsing Gains of Gaza War» [Balance de las ganancias de la guerra de Gaza], Ethan Bronner, corresponsal de *The New York Times*, incluía los logros de ese primer día entre los más significativos de la guerra. Israel predijo que simular el «haberse vuelto locos», provocando un terror enormemente desproporcionado, les proporcionaría una gran ventaja. Es ésta una táctica que data de la década de 1950. «Los palestinos de Gaza captaron el mensaje el primer día, cuando los aviones israelíes empezaron a bombardear numerosos objetivos simultáneamente, a media mañana del sábado. Doscientas personas murieron al instante. Hamás y toda Gaza quedaron conmocionados», escribió Bronner. Parece que la táctica del «volverse locos» tuvo éxito, concluía Bronner. «Hay ciertos indicios que llevan a pensar que el sufrimiento de los gazatíes en esta guerra los empuje a sofrenar a Hamás, el gobierno electo»[4]. Causar dolor a la población civil con fines políticos es otra antigua táctica del terrorismo de Estado; su estandarte,

de hecho. No recuerdo, por cierto, que el diario neo-
yorquino publicara ninguna retrospectiva titulada
«Balance de las ganancias de la guerra de Chechenia»,
si bien éstas no fueron precisamente pequeñas.

Al parecer, la meticulosa planificación tuvo también en cuenta cuándo debía terminar el asalto: justo
antes de la investidura, minimizándose el riesgo (remoto) de que el presidente Obama pudiera criticar
los sanguinarios crímenes, cometidos con el respaldo
de Estados Unidos.

Dos semanas después del sábado en que dio inicio
el ataque, con gran parte de Gaza reducida a escombros y cerca de un millar de muertos, la Agencia de
Obras Públicas y Socorro de las Naciones Unidas para
los Refugiados de Palestina en Oriente Próximo (United Nations Relief and Works Agency for Palestine Refugees in the Near East, UNRWA), de la que depende
la supervivencia de la mayoría de gazatíes, anunció
que el ejército israelí estaba impidiendo la entrada de
ayudas en Gaza, argumentando el cierre de los pasos
fronterizos por la fiesta del sabbat[5]. Por guardar el día
santo, los palestinos, al borde de la muerte, no podrían recibir alimentos ni medicinas, si bien varios
cientos de ellos habían sido masacrados por bombar-
deros y helicópteros estadounidense dos semanas antes, también en un sábado.

Ese doble rasero en la observancia del sabbat no
llamó apenas la atención, lo cual tiene mucho sentido. En los anales del crimen israelo-estadounidense,
tales muestras de cinismo y crueldad no merecen apenas una nota al pie, pues están a la orden del día. Por
citar un paralelismo relevante: en junio de 1982, Israel invadió el Líbano con el apoyo de Estados Unidos;

dicha invasión se inició con el bombardeo del campo de refugiados de Sabra y Shatila, popularizados más adelante por ser el escenario de terribles masacres que supervisaron las FDI. El bombardeo afectó al hospital local de Gaza y mató a más de doscientas personas, según el testimonio directo de un profesor universitario estadounidense, especialista en Oriente Próximo. La masacre fue el primer acto de una invasión en la que murieron entre quince y veinte mil personas y que destruyó gran parte del sur del Líbano y Beirut gracias en parte al respaldo militar y diplomático del ejército de Estados Unidos. Dicho respaldo se concretó en el veto a resoluciones del Consejo de Seguridad encaminadas a detener tal agresión criminal; veto apenas disimulado y que tenía el fin de defender a Israel de la amenaza de un acuerdo político pacífico. Lo cual contrastaba con las útiles mentiras —fantasías de apologeta— acerca de los israelíes y los duros ataques con cohetes de que eran víctimas[6].

Hasta aquí todo es normal. Son cuestiones que forman parte de los temas que con total transparencia debaten los altos cargos de Israel. Hace treinta años, el comandante en jefe Mordechai Gur señalaba que «llevaban luchando desde 1948 contra una población que habita pueblos y ciudades»[7]. Tal y como observó Ze'ev Schiff, el analista militar más prominente de Israel, «el ejército israelí siempre ha atacado a poblaciones civiles, conscientemente y a propósito. [...] El ejército nunca ha hecho distingos entre objetivos civiles y militares... [sino que] ha atacado deliberadamente objetivos civiles»[8]. El distinguido estadista Abba Eban explicaba los motivos: «La razón nos indicaba que existía la posibilidad, en última instancia hecha

realidad, de que las poblaciones afectadas presiona-
ran por el fin de las hostilidades». Eban había comprendido que, en consecuencia, Israel podría aplicar
con total tranquilidad sus programas de expansión
ilegal y represión sin paliativos. Eban más adelante comentó la valoración que el primer ministro Begin había
hecho sobre los ataques contra civiles del Gobierno
laborista, en la que éste presentaba la imagen, según
el estadista, «de un Israel que deliberadamente aplica
todas las medidas posibles que provoquen muerte y
desesperación entre la población civil, reminiscentes de
un régimen que ni el señor Begin ni yo seríamos capaces de nombrar»[9]. Eban no rebatía los hechos valo-
rados por Begin, sino que criticaba a éste por hablar
de ellos en público. Ni a Eban ni a sus partidarios les
preocupaba que la defensa que éste hacía de un terrorismo de Estado a gran escala fuera igualmente remi-
niscente de regímenes que ni él mismo se atrevería a
nombrar.

La justificación que Eban hacía del terrorismo de
Estado tuvo un efecto persuasivo entre las autoridades
más respetadas. Mientras se recrudecía el ataque israelo-estadounidense, Thomas Friedman, columnista de
The New York Times, explicaba que la estrategia aplicada
por Israel en dicho ataque se fundamentaba —como en
la invasión del Líbano de 2006— en un principio sólido: «[...] intentar "educar" a Hamás, provocando un
elevado número de muertes entre sus militantes y gran
dolor entre la población de Gaza». Este planteamiento
tiene sentido a nivel práctico, como ya lo tuvo en el
Líbano, donde «la única fuente de disuasión a largo plazo era infligir dolor a los civiles —las familias y emplea-
dores de los militantes—, lo cual inhibiría a Hezbolá

de sus actividades en el futuro»[10]. Según este razonamiento, también serían loables los esfuerzos de Bin Laden por «educar» a los estadounidenses el 11-S, los de los nazis al atacar Lidice u Oradour, la destrucción de Grozni por orden de Putin y otros notables ejercicios de vocación pedagógica.

Steven Erlanger, corresponsal de *The New York Times*, informa de que los grupos israelíes pro derechos humanos se manifiestan «indignados por los ataques de Israel contra edificios que, a su parecer, deberían haber sido clasificados como civiles, como el parlamento, las comisarías de policía o el palacio presidencial». A ellos deben añadirse pueblos, viviendas, campos de refugiados densamente poblados, alcantarillados e instalaciones de suministro de agua, hospitales, colegios y universidades, mezquitas, dependencias de las Naciones Unidas, ambulancias y cualquier otro elemento que pudiera servir para aliviar el dolor de unas víctimas indignas. Un alto cargo de la inteligencia israelí explicó que las FDI atacaban «ambas vertientes de Hamás: la resistencia, que es ala militar, y al Daua, que es el ala social», afirmación en la que al Daua actúa como eufemismo de «sociedad civil». «Ese mismo alto cargo argumenta que Hamás es un bloque monolítico y que, en situación de guerra, sus herramientas del control sociopolítico son un objetivo tan legítimo como sus depósitos de cohetes», continúa Erlanger. Éste y sus redactores no añaden comentario alguno sobre cómo se defiende y practica abiertamente el terrorismo de masas contra civiles, aunque, como se ha indicado, tanto corresponsales como columnistas dan a entender su tolerante posición, que llega a defender de forma explícita tales crímenes. Ciñéndose a la norma, Erlanger no deja de hacer hincapié en que, a diferencia de las acciones israelo-estadounidenses, el lanzamiento de cohetes por parte de Hamás es «una evidente violación del principio de discriminación entre objetivos de guerra y encaja perfectamente en la definición clásica de terrorismo»[11].

Como otros conocedores de la región, Fawaz Gerges, especialista en Oriente Próximo, señala: «Los oficiales israelíes y sus aliados estadounidenses no se dan cuenta de que Hamás no es únicamente una milicia armada, sino un movimiento social con gran base popular, muy enraizado en la sociedad». Por consiguiente, cuando Israel lleva a cabo sus planes de destruir el «ala social» de Hamás, su objetivo es destruir la sociedad palestina[12].

Gerges es, no obstante, demasiado generoso. Es poco probable que los funcionarios israelíes y estadounidenses —ni tampoco los medios de comunicación y demás creadores de opinión— desconozcan esa realidad. Lo que hacen es, más bien, adoptar implícitamente el tradicional punto de vista de quien acapara casi por completo los instrumentos de la violencia: nuestro puño de hierro aplastará cualquier oposición, y si nuestro iracundo ataque provoca numerosas bajas civiles, será por el bien de todos: quizá los que queden con vida aprendan la lección.

Los oficiales de las FDI son muy conscientes de que están aplastando a la sociedad civil. Ethan Bronner cita a un coronel israelí que afirma que a él y a sus hombres «no les impresionan mucho los combatientes de Hamás». «Son pueblerinos con pistolas», describía un artillero desde lo alto de un vehículo acorazado de transporte de personal. Se parecen a las víctimas

de las asesinas Operaciones Puño de Hierro, desarrolladas por las FDI en el sur del Líbano ocupado en 1985
y ordenadas por Simón Peres, uno de los mandatarios terroristas por excelencia durante la «guerra contra el terror» de Reagan. En esa ocasión, dirigentes y
estrategas israelíes explicaron que las víctimas eran
«terroristas pueblerinos» muy difíciles de erradicar,
pues «contaban con el apoyo de la mayor parte de la
población local». Un comandante israelí se quejaba
de que «aquí, el terrorista [...] tiene mil ojos, porque
ésta es su casa», mientras que el corresponsal militar
de *The Jerusalem Post* describía los múltiples problemas
a que se enfrentaban las fuerzas israelíes al combatir a
«mercenarios terroristas, fanáticos entregados a su
causa y capaces de arriesgar la vida en operaciones
contra las FDI», las cuales deben «mantener el orden
y la seguridad» en el sur del Líbano «a pesar del precio que los habitantes habrán de pagar». Dichos problemas son ya conocidos para estadounidenses, rusos
y alemanes —que los sufrieron en Vietnam del Sur, en
Afganistán y en la Europa ocupada, respectivamen-
te— y también para quienes se aplican en la superioridad moral y en la doctrina Gur-Eban-Friedman[13].

Gerges cree que el terrorismo de Estado israelo-estadounidense fracasará. Según escribe: «Hamás no podrá ser borrado del mapa sin masacrar antes a medio
millón de palestinos. Si Israel consigue matar a sus dirigentes principales, aparecerá de inmediato una nueva generación más radical que la anterior. Hamás es
ley de vida en Palestina. No va a desaparecer y no alza-
rá la bandera blanca por muchas bajas que sufra»[14].

Quizá tenga razón, aunque la tendencia es siempre
a infravalorar la eficacia de la violencia. Sorprende

aún más que en Estados Unidos se piense así. ¿Cómo hemos llegado a este punto?

A Hamás se le suele definir como «la formación que apoya Irán, consagrada a la destrucción de Israel». Costará muchísimo trabajo encontrar algo así como «la formación democráticamente elegida, que desde hace mucho tiempo clama por un acuerdo en virtud del cual se estipule la creación de dos Estados, según lo consensuado internacionalmente», acuerdo que Estados Unidos e Israel llevan treinta años bloqueando. Todo lo cual es cierto, pero prescindible, pues no contribuye a la Línea del Partido.

Detalles como los mencionados, aunque pierden peso al ser contextualizados, nos enseñan muchas cosas sobre nosotros mismos y sobre nuestros protegidos. Pero hay muchos más. Por ejemplo, cuando comenzó el último de los ataques israelo-estadounidenses contra Gaza, navegaba desde Chipre a Gaza el *Dignity*, una embarcación de recreo. Los médicos y activistas de los derechos humanos que viajaban a bordo tenían la intención de burlar el ilegal bloqueo impuesto por Israel para llevar material médico a la población atrapada. La embarcación fue interceptada en aguas internacionales por la armada israelí, cuyos buques embistieron duramente contra ella. A punto de hundirse, el *Dignity* arribó a duras penas al Líbano. Israel emitió un comunicado plagado de las mentiras acostumbradas, las cuales se encargaron de refutar los periodistas y pasajeros que viajaban a bordo de la embarcación, entre los que se encontraban Karl Penhaul y la ex miembro de la Cámara de los Representantes de Estados Unidos y candidata presidencial del Green Party, Cynthia McKinney[15]. Aquél fue un grave delito, mucho peor, por ejemplo, que el secuestro de barcos junto a la costa de Somalia, pero recibió escasa atención. De la tácita aceptación de tales ilegalidades se desprende que Gaza es en efecto un territorio ocupado y que Israel tiene derecho a mantener su asedio, gozando del consentimiento de los guardianes del orden internacional para cometer delitos en alta mar y aplicar programas de castigo a la población civil que desobedece sus órdenes, con los pretextos de siempre, aceptados casi de manera universal pero claramente insostenibles.

Como ya se ha dicho, es necesario no llamar la atención. Durante décadas, Israel ha secuestrado barcos en aguas internacionales que separan Chipre del Líbano y ha matado o raptado a sus pasajeros, encerrándolos a veces en prisiones israelíes y centros secretos de tortura para retenerlos como rehenes durante muchos años[16]. Dado el carácter rutinario de estas prácticas delictivas, ¿por qué dedicarles más que un bostezo? Chipre y el Líbano reaccionaron de forma muy diferente, pero ¿quiénes son, en el tablero de juego del mundo?

A quién le importa que redactores de *The Daily Star*, diario libanés generalmente prooccidental, escriban lo siguiente:

Más o menos 1,5 millones de personas en Gaza están sometidas a los designios asesinos de una de las máquinas militares tecnológicamente más avanzadas y retrógradas del mundo. A menudo se sugiere que los palestinos se han convertido para el mundo árabe en lo que los judíos fueron para Europa en las vísperas de la II Guerra Mundial. Hay algo de verdad en esta interpretación. Cuán perversamente apropiado resulta, por tanto, que así como los europeos y estadounidenses hicieron la vista gorda mientras los nazis perpetraban el Holocausto, los árabes hagan lo mismo ahora mientras los israelíes matan niños palestinos[17].

Probablemente, el más ignominioso de los regímenes árabes sea la brutal dictadura egipcia, una de las mayores beneficiarias junto con Israel de ayuda militar estadounidense.

Según el especialista libanés Amal Saad-Ghorayeb, Israel aún «secuestra de forma rutinaria a civiles libaneses del lado libanés de la Línea Azul [la frontera internacional], habiéndose dado el caso más reciente en diciembre de 2008». Y, por supuesto, «los aviones israelíes violan el espacio aéreo libanés a diario, incumpliendo así la Resolución 1701 de las Naciones Unidas», lo cual viene ocurriendo desde largo. Ze'ev Maoz, analista de estrategias israelí, condenó el doble rasero de Israel tras la invasión del Líbano de 2006 con estas palabras: «Israel ha violado el espacio aéreo libanés con misiones de reconocimiento aéreo prácticamente diarias desde su retirada del sur del Líbano, hace seis años. Es cierto que esos vuelos no han causado ninguna baja entre los libaneses, pero violar una frontera es violar una frontera. También en este caso Israel es incapaz de mostrar la mínima moralidad». En general, no existen bases que fundamenten el «absoluto consenso israelí acerca de la justicia y la moralidad de la guerra contra Hezbolá y el Líbano», un consenso «basado en la memoria selectiva a corto plazo, en una visión egocéntrica del mundo y en el doble rasero. Ésta no es una guerra justa, el uso de la fuerzas es excesivo e indiscriminado y su fin último es la extorsión»[18].

Maoz recuerda asimismo a sus lectores israelíes que el menor de los delitos cometidos por Israel en Líbano son los vuelos supersónicos, que aterrorizan a los libaneses con su estruendo, por no hablar de las cinco invasiones producidas desde 1978:

El 28 de julio de 1988, las Fuerzas Especiales Israelíes secuestraron al jeque Obeid; el 21 de mayo de 1994, Israel secuestró a Mustafa Dirani, responsable de la captura del piloto israelí Ron Arad [durante su participación en los bombardeos contra el Líbano de 1986]. Israel retuvo en prisión a estos dos libaneses y a otros veinte —capturados en circunstancias poco claras— durante periodos prolongados y sin juicio previo. Se les utilizaba como «moneda de cambio». Al parecer, el secuestro de personas para su intercambio por prisioneros es moralmente condenable y militarmente castigable si el secuestrador es Hezbolá, pero no si es Israel[19].

Todo lo cual ha adquirido dimensiones mucho mayores con el paso de los años.

Estas prácticas, llevadas a cabo de manera habitual por Israel, son significativas aun sin considerar lo que dicen sobre los crímenes israelíes y el respaldo de éstos por parte de Occidente. Como señala Maoz, ponen de manifiesto la absoluta hipocresía de las alegaciones oficiales israelíes, a saber, que Israel tenía derecho a invadir el Líbano de nuevo en 2006, pues soldados israelíes habían sido capturados en la frontera durante lo que había sido la primera acción transfronteriza de Hezbolá en los seis años posteriores a la

retirada de Israel del sur del Líbano, territorio ocupado en contravención de las órdenes dictadas por el
Consejo de Seguridad veintidós años antes. No obstante, aun transcurridos seis años de su retirada, Israel
seguía violando la frontera impunemente casi a diario. La única reacción en este caso fue el silencio.

La hipocresía es, de nuevo, la de siempre. En efecto, Thomas Friedman sigue instruyéndonos sobre
cómo «educar» a las razas menores mediante la violencia terrorista, y escribe a la vez que la invasión del
Líbano de 2006 —que de nuevo destruiría gran parte
de la capital y el sur del país y supondría la muerte de
otro millar de civiles— fue sólo un legítimo acto de autodefensa ante el delito cometido por Hezbolá de
«lanzar un ataque no provocado contra el otro lado
de la frontera reconocida por las Naciones Unidas, después de que Israel hubiese decidido unilateralmente
retirarse del Líbano». De igual manera, John Kerry,
presidente de la comisión de relaciones internacionales del Senado de Estados Unidos, lamentaba en una
conferencia ofrecida en la Brookings Institution el
«fracaso que para la llegada de la paz había supuesto
la retirada unilateral de Israel del sur del Líbano y de
Gaza» (luego regresaremos sobre el asunto de la «retirada» de Gaza). Falsedades a un lado, podríamos
afirmar, siguiendo la misma lógica, que un ataque terrorista contra los israelíes, aun siendo más destructivo y letal que cualquier otro, estaría completamente
justificado, pues respondería a los crímenes cometidos por Israel en el Líbano y en alta mar, los cuales
exceden de largo el cometido por Hezbolá al capturar a dos soldados en la frontera. El veterano especialista en Oriente Próximo de *The New York Times* está

seguramente al tanto de dichos delitos, si es que lee el periódico en que él mismo escribe. Por ejemplo, el decimoctavo párrafo de una noticia sobre el intercambio de prisioneros señala, casualmente, que treinta y siete de los árabes «habían sido recientemente capturados por la armada israelí cuando trataban de llegar desde Chipre a Trípoli», ciudad situada al norte de Beirut[20].

Desde luego, todas las conclusiones que se extraigan acerca de cuáles son las actuaciones apropiadas que se deben tomar contra los ricos y poderosos se fundamentan en un error básico: nosotros somos «nosotros» y ellos son «ellos». Este principio esencial, profundamente arraigado en la cultura occidental, basta para desmontar hasta la analogía más precisa y el razonamiento más impecable.

Los nuevos delitos que Estados Unidos e Israel cometieron en Gaza a principios de 2009 no encajan fácilmente en ninguna categoría estándar, salvo en la de «los de siempre». He mencionado varios ejemplos y volveré sobre otros. Literalmente, dichos delitos se ajustan punto por punto en la definición que el Gobierno estadounidense da de «terrorismo»; término no obstante que no captura sus verdaderas dimensiones. No pueden ser tildados de «agresiones», pues se cometen en territorios ocupados, tal y como Estados Unidos implícitamente admite y reconocen también los estudiosos más serios. En su exhaustiva investigación histórica sobre los asentamientos israelíes en los territorios ocupados, Idith Zertal y Akiva Eldar apuntan que aun después de que Israel retirase sus tropas de Gaza en agosto de 2005, el asolado territorio «siguió viviendo diariamente bajo la bota israelí y diariamente sus habitantes pagaron el precio de la ocupación». Según ambos, «Israel dejó atrás tierras quemadas, servicios devastados y un pueblo sin presente ni futuro. Los asentamientos fueron destruidos en una mezquina maniobra por parte de un ocupante corto de miras, que de hecho continúa controlando el territorio, matando y acosando a sus habitantes gracias a su extraordinario poderío militar»[21], el cual puede ser ejercido con extrema brutalidad merced al respaldo y la participación de Estados Unidos.

El asalto israelo-estadounidense a Gaza se recrudeció en enero de 2006, pocos meses después de la retirada formal, cuando los palestinos cometieron un crimen verdaderamente atroz: votaron «mal» en unas elecciones libres. Como otros en el pasado, los palestinos habían aprendido que no pueden desobedecer impunemente las órdenes del amo, el cual insiste sin cesar en sus «anhelos democráticos» sin por ello ser ridiculizado por las clases educadas (otro impresionante logro).

Como los términos «agresión» y «terrorismo» no son apropiados, se hacen necesarios otros que definan la sádica y cobarde tortura de personas encerradas sin posibilidad de escapar y machacadas por los productos más avanzados de la tecnología militar estadounidense. Dicha tecnología se utiliza en la infracción de las leyes internacionales y también estadounidenses, pero para los Estados que se declaran a sí mismos fuera de la ley éste es un detalle técnico sin importancia.

También es un detalle técnico sin importancia el hecho de que el 31 de diciembre de 2008, mientras los aterrorizados gazatíes buscaban desesperadamente dónde cobijarse de aquel despiadado ataque, Washington fletó un mercante alemán para transportar desde Grecia a Israel tres mil toneladas de «munición» no identificada. El nuevo flete «sucede al alquiler de un buque comercial para el transporte de una remesa mucho mayor de material de artillería, enviada el mes de diciembre desde Estados Unidos a Israel, con anterioridad a los ataques aéreos contra la franja de Gaza», informó Reuters[22]. «La intervención de Israel en la franja de Gaza se ha alimentado en gran parte del armamento proporcionado por Estados Unidos y pagado con dólares del contribuyente estadounidense», explicaba un informe de la New America Foundation, organización que vigila la compraventa mundial de armas[23]. La acción se vio obstaculizada por la decisión del Gobierno griego de prohibir el uso de cualquier puerto de Grecia «para el envío de suministros destinados al ejército israelí»[24].

Todo lo anterior es independiente de los más de 21.000 millones de dólares en ayuda militar que la Administración de Bush proporcionó a Israel, casi en su totalidad en concepto de subvenciones. Obama quiere asegurarse de que esa largueza se prorrogue en el tiempo, sin importar las circunstancias que el futuro pueda traer, y pide que «se envíen hasta 30.000 millones de dólares en ayudas militares a Israel en los próximos diez años, sin condiciones», afirma Stephen Zunes, analista de política exterior. Dicha cantidad supone un incremento del 25 por ciento en comparación con la era Bush y un «filón para la industria armamentística estadounidense», la cual aporta a los candidatos cantidades «que multiplican las contribuidas por los comités de acción política (PAC) proisraelíes», e incansablemente «promueven los envíos masivos de armas a Oriente Próximo y a cualquier otro lugar»[25].

La respuesta de Grecia a los delitos israelíes respaldados por Estados Unidos fue muy diferente de la cobarde reacción protagonizada por los líderes de la mayor parte de países europeos. Esta distinción hace pensar que quizá Washington fue muy realista al considerar a Grecia como parte de Oriente Próximo, y no de Europa, hasta 1974. Quizá Grecia sea, simplemente, demasiado civilizada para formar parte de Europa.

A quien le resulte curiosa la coincidencia entre el envío de armas a Israel y los ataques contra Gaza, el Pentágono tiene algo que decirle: el envío llegó demasiado tarde para ser utilizado en la intensificación del ataque contra Gaza. El equipamiento militar, fuera el que fuese, se quedaría en Israel para su uso eventual por parte del ejército estadounidense[26]. Se trata de una teoría bastante plausible. Uno de los muchos servicios que Israel presta a su patrón es el de ejercer de valiosa base militar a los pies de las mayores fuentes de recursos energéticos del mundo. Puede servir de base avanzada para una agresión estadounidense o, en términos técnicos, para «defender el Golfo» o «garantizar la estabilidad».

El caudaloso flujo de armamento que recibe Israel tiene diversos propósitos secundarios. Mouin Rabbani, analista político especializado en Oriente Próximo, observa que Israel puede probar nuevos sistemas de armamento contra blancos indefensos, algo muy valioso tanto para ese país como para Estados Unidos. «De hecho, doblemente valioso, pues los estadounidenses venden a los países árabes versiones menos efectivas de esos mismos sistemas de armamento a precios inflados de un modo escandaloso. De este modo, los países árabes contribuyen al desarrollo de la industria armamentística estadounidense y a las subvenciones militares de Estados Unidos a Israel»[27]. Ésta es, así pues, otra de las funciones que cumple Israel en el sistema geopolítico de Oriente Próximo dominado por Estados Unidos, y uno de los motivos que explican por qué Israel cuenta siempre con el favor de las autoridades estadounidenses, de una amplia gama de empresas de alta tecnología y, por supuesto, de la industria militar y los cuerpos de inteligencia.

Junto con Israel, Estados Unidos es de lejos el mayor exportador de armas del mundo. Un reciente informe de la New America Foundation concluye que «el armamento y el entrenamiento militar estadounidenses han desempeñado un papel significativo en veinte de las veintisiete guerras más importantes del mundo durante 2007», lo que ha supuesto a Estados Unidos 23.000 millones de dólares en ingresos, incrementados hasta los 32.000 millones en 2008. No es de extrañar, por tanto, que entre las muchas resoluciones de las Naciones Unidas a las que Estados Unidos se opuso en la sesión de diciembre de 2008 hubiese una encaminada a la regulación del comercio armamentístico. En 2006, el único país que votó contra dicha resolución fue Estados Unidos, pero en noviembre de 2008 se les unió un socio: Zimbabue[28].

En aquella sesión de diciembre de 2008 se celebraron otras votaciones relevantes. Fue adoptada una resolución sobre «el derecho del pueblo palestino a la autodeterminación» por ciento setenta y tres votos contra cinco (los de Estados Unidos, Israel y las dependencias estadounidenses del Pacífico; Estados

Unidos e Israel se excusaron con evasivas). Dicha votación reafirma el rechacismo israelo-estadounidense y su aislamiento internacional. También se adoptó una resolución sobre «la libertad universal de desplazamiento y la importancia vital de la reunificación de las familias», con la oposición de Estados Unidos, Israel y las dependencias estadounidenses del Pacífico, que votaron —presumiblemente— pensando en los palestinos: Israel prohíbe entrar desde los territorios ocupados a los palestinos y palestinas que desean reunirse con sus parejas israelíes.

Al votar contra el derecho al desarrollo, Estados Unidos perdió a un socio, Israel, pero ganó otro, Ucrania. Al votar contra el «derecho al alimento» Estados Unidos se quedó solo, lo que resulta especialmente chocante habida cuenta de la gran crisis alimentaria global, ante la cual la crisis financiera que amenaza a los países occidentales debería quedar eclipsada.

Es fácil comprender por qué las actas de las votaciones de las Naciones Unidas pasan desapercibidas una y otra vez, para terminar siendo relegadas por medios de comunicación e intelectuales conformistas al agujero negro de la memoria. No sería muy sensato mostrarlas al gran público y dejar en evidencia a los representantes elegidos por los ciudadanos.

Uno de los heroicos voluntarios que trabajan en Gaza, el médico noruego Mads Gilbert, describió las escenas de terror vividas durante la «guerra abierta contra la población civil de Gaza». Gilbert estimó que la mitad de los fallecidos fueron mujeres y niños e informó de que apenas había visto uniformes militares entre los cientos de cadáveres. No hay de qué sorprenderse. Hamás «dio a entender que quería pelear a distancia, o no pelear en absoluto», informaba Ethan Bronner mientras «hacía balance de las ganancias» del ataque israelo-estadounidense. Así pues, las fuerzas vivas de Hamás siguen intactas y son los civiles quienes más sufren: un resultado positivo, según la doctrina ampliamente aceptada[29].

Las anteriores observaciones fueron confirmadas por el responsable de asuntos humanitarios de las Naciones Unidas, John Holmes, quien informó a los periodistas de que «era lícito asumir» que la mayor parte de los civiles muertos eran mujeres y niños, destacando el telón de fondo de una crisis humanitaria que «empeora día a día, mientras la violencia continúa». Cabía, no obstante, consolarse con las palabras de la ministra de Asuntos Exteriores, Tzipi Livni, la «paloma de la paz» de la campaña electoral en marcha, quien aseguró al mundo que en Gaza «no había crisis humanitaria», gracias a la benevolencia de Israel[30].

Como muchas otras personas preocupadas por los seres humanos y su futuro, Gilbert y Holmes pidieron un alto el fuego, pero parece que aún no toca. «En las Naciones Unidas, Estados Unidos ha vetado la presentación el sábado por la noche de una declaración formal por parte del Consejo de Seguridad en la que se pide el alto el fuego inmediato», mencionó *The New York Times* de pasada. Oficialmente, la razón dada era que «no existían indicios de que Hamás se fuese a plegar a acuerdo alguno»[31]. En la historia de las justificaciones para matar, ésta debe de ser una de las más cínicas. Por supuesto, se trataba de la Administración de Bush y Rice, quienes muy pronto serían desplazados por Obama, el cual repitió compasivo: «Si alguien estuviera lanzando cohetes sobre mi casa mientras mis hijas duermen, haría todo lo que estuviera en mi mano para detenerlo». Se refería a los niños israelíes, no a los cientos destrozados por el armamento estadounidense en Gaza. Aparte de eso, no dijo más[32].

Unos días después, el 8 de enero, el Consejo de Seguridad aprobó una resolución en la que se solicitaba un «alto el fuego duradero». El voto fue de catorce contra cero. Estados Unidos se abstuvo. Los halcones estadounidenses e israelíes montaron en cólera cuando supieron que Estados Unidos no iba a vetar la resolución, como de costumbre. La abstención, sin embargo, bastó para que a Israel se le encendiera la luz ámbar y emprendiera una escalada de la violencia, la cual mantuvo hasta prácticamente la investidura de Obama, tal y como se habría augurado.

Cuando el alto el fuego entró (teóricamente) en vigor, el Palestinian Centre for Human Rights publicó las cifras del último día del ataque: 54 palestinos muertos, de los cuales 43 eran civiles desarmados y 17 niños. Las FDI seguían, no obstante, bombardeando viviendas de civiles y escuelas de las Naciones Unidas. Se estimó un total de 1.184 muertes, entre ellas las de 844 civiles, de los que 281 eran niños. En la franja, las FDI no dejaron en ningún momento de utilizar bombas incendiarias, ni de destruir viviendas y tierras de cultivo, obligando a los civiles a abandonar sus hogares. Pocas horas después de publicarse el recuento, Reuters informó de que habían muerto más de 1.300 personas. El personal del Al Mezan Center, organismo que realizó un detallado seguimiento de las víctimas y la destrucción, visitó zonas antes inaccesibles por los incesantes bombardeos. Allí encontraron decenas de cadáveres de civiles descomponiéndose bajo las ruinas de las casas destruidas o entre los escombros retirados por los buldóceres israelíes. Manzanas completas de bloques de casas habían desaparecido[33].

Las cifras de muertos y heridos son sin duda alguna estimaciones a la baja. Es poco probable que se realice una investigación seria acerca de estas atrocidades, a pesar de las exhortaciones de Amnistía Internacional (AI), Human Rights Watch y B'Tselem, organización israelí pro derechos humanos. Los delitos que cometen los enemigos oficiales están sujetos a una rigurosa investigación, pero los que cometen los nuestros se ignoran de manera sistemática. De nuevo, el comportamiento que cabe esperar por parte de los amos, quienes se adhieren rigurosamente a una variante de la incondicional «póliza de seguro» otorgada por Washington a las instituciones financieras *too big to fail*, es decir, «demasiado grandes para caer»: aquellas cuya quiebra el Estado no puede permitir. Dichas pólizas proporcionan enormes ventajas competitivas; estamos pues ante una forma de proteccionismo que se cuida muy bien de que no la llamen por ese nombre. Estados Unidos es un país «demasiado grande para ser hecho responsable», ya sea mediante investigación judicial, boicots, sanciones u otros medios cualesquiera.

Le resolución del Consejo de Seguridad del 8 de enero exigía que se pusiera fin a la entrada de armamento en Gaza. Estados Unidos e Israel (Rice y Livni) alcanzaron un acuerdo acerca de las medidas que garantizarían ese fin que se centraba en las armas iraníes. Acabar con el contrabando de armamento estadounidense en Israel no es necesario, porque tal contrabando no existe: esa caudalosa riada de armamento es de conocimiento público, incluso cuando no se informa explícitamente sobre ella, como en el caso del envío de armas anunciado justo cuando comenzaba la matanza en Gaza. Más adelante se supo que poco después de poner fin al ataque militar contra Gaza, Israel aparentemente bombardeó Sudán, matando a decenas de personas y hundiendo un buque en el mar Rojo[34]. Como se sospechaba que el objetivo de dichos bombardeos eran envíos de armas destinados a Gaza, no se produjo reacción alguna. Si Irán se hubiese atrevido a impedir el flujo de armas entre Estados Unidos y el agresor, su acción habría sido tachada de horrenda atrocidad terrorista, quizá conducente a la guerra nuclear.

La resolución llamó a «garantizar la reapertura sostenida de los pasos fronterizos según el Acuerdo de Movimiento y Acceso firmado en 2005 entre la Autoridad Palestina e Israel». Dicho acuerdo determinaba que los pasos fronterizos a Gaza funcionarían de manera continua y que Israel permitiría la circulación de bienes y personas entre Cisjordania y la franja de Gaza.

El acuerdo entre Rice y Livni no abordaba en sentido alguno dichos aspectos de la resolución del Consejo de Seguridad. Estados Unidos e Israel habían abandonado el acuerdo de 2005 como parte de la maniobra de castigo contra los palestinos por haber votado incorrectamente en las elecciones de enero de 2006. En la conferencia de prensa celebrada tras el acuerdo Rice-Livni de 2009, Rice hizo hincapié en los continuados esfuerzos realizados desde Washington para desautorizar los resultados de las únicas elecciones verdaderamente libres celebradas en el mundo árabe; en palabras suyas: «Se pueden hacer muchas cosas para sacar a Gaza del oscuro reinado de Hamás y atraerla hacia la luz y la buena gobernanza que ofrece la Autoridad Palestina» (y que seguirá ofreciendo al menos mientras sea un cliente leal, obediente, corrupto y dispuesto a ejercer la represión más cruda)[35].

Al regresar de una visita al mundo árabe, Fawaz Gerges informó con vehemencia de lo que le habían comunicado los demás actores que se movían en ese escenario. La ofensiva israelo-estadounidense sobre Gaza había enfurecido a la población y había conseguido enardecer el odio hacia los agresores y sus colaboradores. «Baste decir que los llamados Estados árabes moderados [es decir, aquellos que acatan las órdenes de Washington] están a la defensiva, y que el mayor beneficio va a parar al frente de resistencia liderado por Irán y Siria. De nuevo, Israel y la Administración de Bush han puesto en bandeja una dulce victoria a los líderes iraníes». Además, «Hamás emergerá como fuerza política con mayor poder que antes, equiparable incluso a Al Fatah, el aparato rector de la Autoridad Palestina y a su presidente Mahmud Abbas»[36], hoy por hoy el favorito de Washington. Tal conclusión se vio fortalecida a través de una encuesta realizada por el Jerusalem Media and Communications Centre (JMCC), una institución independiente. Según dicha encuesta, el apoyo a Hamás en Cisjordania se habría incrementado desde el 19 por ciento del mes de abril anterior hasta un 29 por ciento tras los ataques contra Gaza, mientras que el apoyo a Al Fatah habría caído del 34 al 30 por ciento. «Lejos de debilitar a los grupos militantes islamistas y a sus patrocinadores, la guerra ha socavado en gran medida a los más moderados, no sólo en Palestina sino en toda la región», concluía el informe del JMCC. El 53 por ciento de los palestinos de Cisjordania pensaban que Hamás había ganado la guerra y sólo un 10 por ciento consideraba que la victoria había sido israelí[37].

Es necesario tener en cuenta que el mundo árabe tenía acceso sin restricciones a la única retransmisión televisiva sobre lo que ocurría en Gaza, a saber, el «calmo y equilibrado análisis del caos y la destrucción» proporcionado por los excepcionales corresponsales de Al Jazeera, quienes ofrecían una «contundente alternativa a los canales terrestres israelíes», tal y como señaló *The Financial Times* desde Londres. En los ciento cinco países que carecen de nuestras eficaces modalidades de autocensura, la gente pudo ver lo ocurrido casi en directo. El impacto, aparentemente, fue muy grande. En Estados Unidos, *The New York Times* informó de que «el casi total apagón informativo [...] tiene que ver sin duda con las duras críticas que Al Jazeera recibió del Gobierno de Estados Unidos durante las primeras fases de la guerra de Irak por su cobertura de la invasión estadounidense». Cheney y Rumsfeld presentaron sus objeciones, así que, evidentemente, los medios independientes no pudieron hacer otra cosa que obedecer[38].

Se ha planteado un sobrio y amplio debate a raíz de la siguiente pregunta: ¿qué esperaban conseguir los atacantes? Se barajan varios objetivos, entre ellos el restablecimiento de la llamada «capacidad disuasoria» que Israel había perdido debido a sus fracasos de 2006 en el Líbano, es decir, la capacidad de aterrorizar a cualquier potencial oponente hasta sojuzgarlo. Israel tenía, no obstante, objetivos más importantes que tienden a soslayarse, aunque si consideramos la historia reciente parecen bastante evidentes.

Israel abandonó Gaza en septiembre de 2005. El ala dura y racional de Israel, cuyo principal representante puede ser Ariel Sharon, santo patrón del movimiento colonizador, comprendió que no tenía sentido subsidiar a unos cuantos miles de colonos ilegales en una Gaza destrozada, pues sería necesario hacer uso de un amplio efectivo de las FDI para protegerlos mientras que hacían uso de gran parte del territorio y de los escasos recursos. Parecía más inteligente convertir toda Gaza en una prisión, la más grande del mundo, desplazando a los colonos a Cisjordania, un territorio mucho más valioso donde Israel ha explicitado suficientemente sus intenciones, de palabra y, sobre todo, de hecho. Uno de los objetivos es anexar la tierra cultivable, los suministros de agua y los barrios residenciales de Jerusalén y Tel Aviv que queden a este lado del muro (declarado ilegal por el Tribunal Internacional de La Haya, lo cual tiene aparentemente nula relevancia para Israel). Esto supone una enorme expansión de Jerusalén en detrimento de las órdenes del Consejo de Seguridad emitidas hace cuarenta años, que también parecen irrelevantes. Israel ha ocupado también el valle del Jordán, que equivale a aproximadamente un tercio de Cisjordania. Lo que queda es un espacio totalmente aislado y fragmentado por lenguas de territorio colonizado por los judíos que dividen la zona en tres partes: una al este del Gran Jerusalén, desde la ciudad de Ma'aleh Adumim, desarrollada durante la era Clinton para partir en dos Cisjordania, y otras dos al norte, que culminan en las ciudades de Ariel y Kedumim. Lo que queda para los palestinos es a su vez segregado en distintas secciones dependiendo de los cientos de puestos de control, la mayor parte de ellos arbitrarios.

Los puestos de control no tienen ninguna relación con la seguridad de Israel, como tampoco la tiene el muro. Si su objetivo es el de proteger a los colonos, entonces son simple y llanamente ilegales, tal y como taxativamente dictaminó el Tribunal Internacional de La Haya[39]. En realidad, su principal objetivo es el de acosar a la población palestina y fortalecer lo que el pacifista israelí Jeff Halper ha definido como «la matriz de control», diseñada para hacer la vida insoportable a las «cucarachas atontadas que corretean por dentro de la botella» y que lo único que quieren es seguir viviendo en sus hogares y sus tierras. Todo eso tiene su razón de ser, porque ellos son «como saltamontes para nosotros», de modo que podemos «aplastarles la cabeza contra los bloques y los muros de hormigón». La terminología se ha tomado prestada de los más altos cargos políticos y militares de Israel, en este caso de los reverenciados «príncipes» (el comandante en jefe de las FDI, Rafael Eitan, y el primer ministro, Yitzhak Shamir). Éstas y otras actitudes similares, si bien más discretas, son las que luego se traducen en medidas políticas concretas[40].

La retórica racista de los líderes políticos y militares es bastante tibia en comparación con lo que predican las autoridades rabínicas, que no son en ningún caso un agente marginal. Al contrario, ejercen una gran influencia sobre el ejército y el movimiento de los colonos, a los que Zertal y Eldar describen, no sin razón, como los «señores de la tierra», y que pueden condicionar en gran medida las medidas políticas aplicadas. Una de las fotografías más memorables de la guerra de Gaza muestra a tres judíos ortodoxos con su tradicional atuendo negro y el siguiente pie de foto: «Israelíes como éstos han acudido a las colinas próximas a Gaza para contemplar cómo sus ejércitos golpean el enclave palestino en un intento por detener los ataques con cohetes de Hamás» (intento aquel sobre el que volveremos luego). El artículo, de *The Wall Street Journal*, describe cómo los israelíes, ortodoxos y seglares, se reúnen en las cimas de las colinas, «el gallinero de la guerra. [...] Algunos llevan el almuerzo y transistores en los que escuchan las últimas noticias sobre la batalla que se desarrolla ante ellos [...] y animan a los amigos y familiares que están luchando». Algunos gritan «¡Bravo, bravo!» cuando las bombas estallan, incapaces de contener la alegría; otros, pertrechados de prismáticos y sillas plegables, critican a los atacantes israelíes cuando disparan contra objetivos equivocados, más o menos como cuando los aficionados de un deporte critican al entrenador[41].

Los soldados que luchaban en el norte de Gaza recibieron una «edificante» visita de dos rabinos de alto copete, quienes explicaron que en Gaza no hay «inocentes» y todo el mundo es blanco legítimo, citando un famoso pasaje de los Salmos en el que se clama al Señor que tome a los hijos de los opresores de Israel y los estrelle contra las rocas. Los rabinos sabían dónde pisaban. Un año antes, el antiguo jefe de los sefardíes escribió al primer ministro Olmert informándole de que todos los civiles de Gaza son colectivamente culpables de los ataques con cohetes y, por tanto, no existía «ley moral alguna que prohíba la matanza indiscriminada de civiles durante una ofensiva militar contra Gaza cuyo objetivo sea detener el lanzamiento de cohetes». Su hijo, el gran rabino de Safed, desarrolló la idea: «Si no deponen su actitud cuando hayamos matado a cien, deberemos matar a mil. Y si no, deberemos matar a diez mil. Y si aun así persisten en su empeño, deberemos matar a cien mil, incluso a un millón. Lo que sea necesario para que depongan su actitud»[42].

Prominentes intelectuales estadounidenses expresan opiniones similares. Cuando Israel invadió el Líbano en 2006, Alan Dershowitz, profesor de Derecho de Harvard, explicaba en *The Huffington Post,* periódico ultraliberal en línea, que todos los libaneses son blanco legítimo de la violencia israelí. Los ciudadanos del Líbano «pagan el precio» de respaldar el «terrorismo», es decir, por dar su apoyo a la resistencia contra la invasión por parte de Israel. Así pues, la vasta mayoría de los civiles libaneses es susceptible de ataques, como lo fueron los austriacos que apoyaron a los nazis. La *fatua* del rabino sefardí también sería, así pues, aplicable en su caso. En un vídeo publicado en el sitio web de *The Jerusalem Post,* Dershowitz rozaba el ridículo al hablar de la excesiva proporción existente entre muertos palestinos e israelíes, afirmando que debería incrementarse hasta mil contra uno e incluso hasta mil contra cero, con lo que daba a entender que los salvajes debían ser completamente exterminados. Claramente, se refiere a los «terroristas», laxa categoría que incluye a todas las víctimas del poder israelí, pues «Israel nunca ataca a civiles», como enfáticamente declara. De ahí se deduce que palestinos, libaneses y tunecinos, cualquiera de hecho que se interponga en el camino de las despiadadas tropas del Santo Estado es un terrorista o, en su caso, una víctima accidental de sus muy justos crímenes[43].

No es fácil dar con comportamientos históricos equivalentes. Quizá sea hasta cierto punto interesante que éstos no provoquen apenas censuras y que la cultura moral e intelectual reinante los considere perfectamente adecuados, mientras quienes se comportan así estén en «nuestro bando», claro está. De la boca de un enemigo oficial tales palabras desencadenarían una ira justificada que desembocaría en la llamada a la violencia preventiva con el fin de castigar a los villanos.

La creencia de que «nuestro bando» jamás ataca a civiles es una doctrina común en los Estados violentos, y no deja de ser cierta en parte. Los Estados poderosos, como Estados Unidos, en general no van a por los civiles. Lo que hacen es llevar a cabo acciones letales que mandatarios y clases educadas saben provocarán la muerte de muchos civiles, sin que su objetivo sea dar muerte a ninguno en concreto. En puridad, estas rutinarias prácticas llegan a merecer la indiferencia más ignominiosa, pero no es ése el rasgo más pertinente de una forma de actuar y una doctrina netamente imperiales. Imaginemos, más bien, a alguien que camina por la calle sabiendo que puede matar muchas hormigas, aunque no sea ésa su intención: son formas de vida tan nimias que simplemente dan igual. Así pues, el bombardeo de la principal planta farmacéutica de un país africano pobre como Sudán, ordenado por Clinton, puede acarrear la muerte de decenas de miles de personas, que es lo que terminó ocurriendo. Pero como nuestro objetivo no son específicamente esas personas, no tenemos culpa de nada, nos aseguran los moralistas. Lo mismo sucede en casos mucho más extremos, demasiado fáciles de enumerar. Lo mismo sucede, en efecto, cuando Israel emprende sus acciones, en las que es sabido que morirán los «saltamontes» y las «cucarachas atontadas» que casualmente infestan las tierras que el Estado está «liberando». No hay término que describa tal depravación moral, más ruin aún que el homicidio premeditado e igual de frecuente.

En la antigua Palestina, los legítimos «señores de la tierra» (por decreto divino, según ellos mismos) decidirán (o no) si regalan a las cucarachas atontadas unas cuantas parcelas de tierra por aquí y por allá. No porque tengan derecho a ellas, ojo: «Creía y sigo creyendo en el derecho histórico y eterno que nuestro pueblo posee sobre todas estas tierras», afirmó el primer ministro Olmert ante una sesión conjunta del Congreso celebrada en mayo de 2006, provocando un estallido de aplausos[44]. Al mismo tiempo, Olmert anunció su programa de «convergencia», cuyo objetivo es apoderarse de todo lo que de valor haya en Cisjordania, tal y como se describió antes, dejando que los palestinos se pudran en cantones aislados. No especificó cuáles serían las fronteras de «todas esas tierras», porque en realidad el sionismo nunca ha aspirado a definirlas, y con razón: una de las dinámicas internas más importantes es la expansión permanente. Si Olmert se hubiera mantenido fiel a sus orígenes en el Likud, estaría refiriéndose a ambas riberas del Jordán, incluyendo el actual Estado jordano o al menos algunos de sus territorios de valor, si bien la plataforma electoral del Likud de 1999 —el programa del actual primer ministro Benjamín Netanyahu— es ambigua, pues declara: «el valle del Jordán y los territorios que lo dominan quedarán bajo soberanía israelí». Los «dominios» del valle del Jordán no quedan definidos, pero no cabe duda de que incluye todo territorio a poniente del río, es decir, la antigua Palestina. Dentro de ese territorio jamás podrá existir un Estado palestino ni se podrán restringir los asentamientos, ya que «la colonización de la tierra es la clara expresión del inalienable derecho del pueblo judío sobre la Tierra de Israel»[45].

Para Olmert y su sucesor en el Likud, «el eterno e histórico derecho a todas esas tierras» del pueblo judío contrasta abruptamente con el nulo derecho a la autodeterminación de los visitantes temporales, los palestinos. Como se ha indicado anteriormente, la inexistencia de tales derechos fue restañada por Israel y su padrino en Washington en diciembre de 2008, en solitario y con un atronador silencio de fondo, como de costumbre[46].

Los planes que Olmert había bosquejado en 2006 fueron desechados posteriormente por poco radicales. No obstante, el programa que sustituye al de convergencia y las acciones que diariamente se ejecutan para su aplicación son, en esencia, las mismas. En 2008 la construcción de asentamientos en Cisjordania se incrementó en un 46 por ciento en comparación con el año anterior, mientras que en Tel Aviv descendió en un 29 por ciento y en Jerusalén en un 14 por ciento. Peace Now informó sobre otras 6.000 nuevas unidades aprobadas y 58.000 más pendientes de aprobación: «Si se ejecutan todos los planes, se doblará el número de colonos en los territorios», afirma el informe. Existen muchas maneras de expandir la colonización sin provocar la protesta de los pagadores de Washington. Por ejemplo, establecer un «puesto de avanzadilla» que más tarde se conecta a la red eléctrica y de suministro de agua para convertirse con el tiempo en un asentamiento o en un pueblo. O, simplemente, extender los «anillos de territorio» que rodean un asentamiento por razones de seguridad, anexionándose así más tierra palestina. Ambos procesos siguen actualmente en marcha[47].

Los citados mecanismos tienen su origen en el periodo preestatal y datan de las épocas más tempranas de la ocupación, cuando su esencia fue poéticamente formulada por el ministro de Defensa, Moshe Dayan, responsable de los territorios ocupados: «La situación hoy día se parece a la compleja relación entre un hombre beduino y la niña a la que éste secuestra. [...] Vosotros los palestinos, como nación, no nos queréis, pero haremos que vuestra actitud cambie, obligándoos a que aceptéis nuestra presencia. Viviréis como perros y quien quiera marcharse, se podrá marchar. Nosotros, por nuestra parte, tomaremos lo que nos plazca»[48].

Nadie ha puesto jamás en duda que estos programas sean constitutivos de delito. Recién finalizada la guerra de 1967, el Gobierno israelí fue informado por su máximo asesor jurídico, Theodor Meron, de que «el asentamiento de civiles en los territorios ocupados contraviene explícitamente las disposiciones de la Cuarta Convención de Ginebra», a saber, los cimientos del derecho internacional humanitario. El ministro de Justicia israelí compartía esa opinión, admitiendo que «el asentamiento de israelíes en los territorios ocupados contraviene, como es sabido, las convenciones internacionales, pero no hay nada fundamentalmente nuevo en ello»; de modo que se puede obviar el asunto. El Tribunal de Justicia Internacional respaldó en 2004 la conclusión a la que había llegado Meron, y el Tribunal Supremo israelí mostró su acuerdo desde el punto de vista técnico pero en la práctica, como de costumbre[49].

En Cisjordania, Israel tiene permiso para aplicar sus programas delictivos con el apoyo de Estados Unidos y sin que nadie lo importune, gracias al efectivo control militar y a la cooperación, por ahora, de las fuerzas de seguridad de la Palestina colaboracionista, armadas y entrenadas por Estados Unidos y ciertas dictaduras aliadas. Israel también puede cometer asesinatos y otros crímenes de manera habitual, mientras los colonos arramblan bajo la protección de las FDI. Sin embargo, mientras Cisjordania ha sucumbido al terror, la resistencia continúa en la otra mitad de Palestina, la franja de Gaza. Para que Estados Unidos e Israel puedan seguir adelante con sus programas de destrucción y anexión de Palestina sin que nadie los moleste, esa resistencia deberá ser acallada.

De ahí la invasión de Gaza.

Que la invasión se produjese cuando se produjo tuvo que ver, según la creencia más extendida, con la cercanía de las elecciones israelíes. Ehud Barak, ministro de Defensa y miembro del Partido Laborista, de centro —que estaba quedándose muy atrás en las encuestas— ganó un escaño por cada cuarenta árabes muertos durante los primeros días de la matanza, calculó el comentarista israelí Ran HaCohen[50].

Todo eso cambió, sin embargo. La extrema derecha israelí ganó mucho con la invasión, pese a que la cuidadosamente orquestada campaña propagandística no había sido capaz de enmascarar todos los crímenes cometidos. Hasta los partidarios más firmes del ataque quedaron preocupados por cómo el mundo exterior percibiría la justa guerra israelí. Shlomo Avineri, respetado politólogo e historiador, explica que las «críticas diferencias de opinión» entre Israel y el extranjero eran consecuencia de «las duras imágenes, la magnificación que los medios de comunicación hacen de la potencia armamentística israelí, la desinformación y, sin duda, el puro y simple odio de toda la vida a Israel». Avineri distinguía, no obstante, un motivo más profundo: «El nombre dado a una operación a menudo condiciona la manera en que ésta es percibida. Los israelíes asocian la traducción al hebreo del nombre de la operación, "plomo fundido", con el verso de una canción de Janucá que suelen cantar los más pequeños, escrita por el poeta Haim Nahman Bialik. El hecho de que la operación comenzase más o menos durante Janucá acentuó esta asociación. En el extranjero, no obstante, no se vio así. Entre los anglo-parlantes, por no hablar de los germanoparlantes, "plomo fundido" tenía otras connotaciones completamente diferentes. El plomo se funde para fabricar balas, bombas y obuses. Cuando se informaba en el resto del mundo sobre la Operación Plomo Fundido se daba una connotación militarista, brutal y agresiva. La operación quedó asociada más a la muerte y la destrucción que a las *dreidel,* las típicas peonzas de la Janucá. Antes incluso de que se pegara el primer tiro o se hiciera la primera alocución pública para explicar el caso, la operación ya había adquirido una imagen de beligerancia», un fallo imperdonable de la *hasbara,* la propaganda israelí. Quizá se la debiera haber llamado con otro nombre más sutil, opinó Avineri, «como "Puertas de Gaza", que tiene cierta connotación histórica»[51].

Otros partidarios de la guerra, como Ari Shavit, advirtieron de que la carnicería «estaba destruyendo el alma y la imagen de Israel. En las pantallas de televisión, en los salones de la comunidad internacional y, sobre todo, en el Estados Unidos de Obama». A Shavit le preocupaba especialmente que Israel bombardeara «alguna instalación de las Naciones Unidas [...] el día que el secretario general esté de visita en Jerusalén», eventualidad que «traspasaría las fronteras de la locura», según él[52].

Para abundar en detalles, las «instalaciones» a las que se refería Shavit no eran otras que el complejo de las Naciones Unidas en la ciudad de Gaza, en el que se encontraban los almacenes de la UNRWA. Los obuses fueron los responsables de la pérdida de «toneladas de alimentos y medicinas para su distribución de urgencia en refugios, hospitales y comedores sociales», según John Ging, director de la UNRWA. Asimismo, los ataques militares destruyeron un segundo almacén de la Media Luna Roja palestina y dos plantas del hospital Al Quds, provocando además un incendio en el mismo. El hospital del populoso barrio de Tal Hawa fue bombardeado por los tanques de Israel «después de que cientos de gazatíes aterrorizados buscaran refugio en él cuando vieron a las fuerzas israelíes entrar a saco en el barrio», informó Al Jazeera.

Entre las ruinas aún en llamas del hospital no había botín que rescatar. «Bombardearon el edificio, el edificio del hospital», contaba el paramédico Ahmad Al-Haz a Associated Press. «Se incendió. Intentamos evacuar a los enfermos, a los heridos, a todos los que estaban dentro. Llegaron los bomberos y apagaron el fuego, pero prendió de nuevo; entonces lo apagaron de nuevo, pero se reavivó una tercera vez». Se cree que las llamas pudieran haber sido provocadas por fósforo blanco, cuya utilización se sospechó también en varios incendios más y otros tantos casos de civiles heridos por quemaduras[53].

Dichas sospechas fueron confirmadas por AI una vez el final del bombardeo hizo posible las investigaciones. Israel había tomado la sensata precaución de prohibir el paso a todos los periodistas —incluso a los israelíes— durante el clímax criminal. El uso de fósforo blanco por parte de Israel contra los civiles de Gaza es «claro e innegable», según informó AI, que condenó su utilización reiterada en áreas civiles densamente pobladas, calificándola de «crimen de guerra». Los investigadores de AI detectaron trazas de esa sustancia en edificios residenciales, aún en llamas, «lo que pone en peligro a los residentes y a sus propiedades, especialmente a los niños, que suelen curiosear por los escombros sin ser conscientes del peligro». El objetivo principal, según los investigadores de AI, era el complejo de la UNRWA, donde «el fósforo blanco israelí incendió varios camiones cisterna, provocando un enorme fuego que destruyó toneladas de material destinado a ayuda humanitaria», todo ello después de que las autoridades israelíes «garantizasen que no se iban a lanzar más ataques contra el complejo». Ese mismo día, «cayó un obús de fósforo blanco sobre el hospital Al-Quds de la ciudad de Gaza, provocando un incendio que obligó al personal a evacuar a los pacientes. [...] El fósforo blanco quema la piel y el músculo hasta llegar al hueso, abrasándolo todo mientras haya oxígeno». Premeditados o resultado de una pervertida indiferencia, tales sucesos son inevitables cuando el arma se utiliza contra civiles[54].

AI informó de que los proyectiles de fósforo blanco eran de fabricación estadounidense. En un estudio que examinaba el uso de armas en Gaza, la organización afirmó que Israel había utilizado armas suministradas por Estados Unidos, incurriendo así en «graves violaciones del derecho internacional humanitario». La organización pidió al Consejo de Seguridad de las Naciones Unidas que impusiera «un embargo armamentístico inmediato y total sobre el Estado judío»[55]. Aunque la complicidad consciente de Estados Unidos queda fuera de toda duda, se descarta cualquier exigencia de correctivo por parte de las Naciones Unidas a la nación norteamericana por la ya citada doctrina del *too big to fail*.

No obstante, es un error centrarse en exceso sobre las graves violaciones del *ius in bello* —las leyes que castigan prácticas bélicas inaceptablemente salvajes— perpetradas por Israel. La invasión es en sí un crimen mucho más serio: si Israel hubiera provocado ese tremendo dolor a base de flechas y lanzas, seguiría siendo un acto criminal de depravación extrema.

Es también un error centrar la atención en cuáles fueron específicamente los blancos. La campaña iba mucho más allá en su ambición: su objetivo era «la destrucción de toda forma de vida», según advirtieron delegados oficiales. Fueron destruidas una gran parte de las tierras de cultivo, algunas quizá de forma irreparable, y también aves de corral, ganado, invernaderos y campos de frutales. Todo ello resultó en una importante crisis alimentaria, según datos del Programa Mundial de Alimentos. Asimismo, las FDI pusieron su punto de mira en el Ministerio de Agricultura, mientras que «las oficinas de los Palestinian Agricultural Relief Committee del barrio de Zaitún, desde las que se distribuyen alimentos a precios asequibles para los más necesitados, fueron saqueadas y destrozadas por soldados que dejaron las paredes cubiertas de grafitos insultantes». Los buldóceres, por su parte, arrasaron extensas áreas. «Aparte del perjuicio físico provocado por la maquinaria pesada israelí, por las bombas y por los obuses, la tierra ha sido contaminada por la munición —como el fósforo blanco—, por los vertidos de las alcantarillas reventadas, por cadáveres de animales e incluso por el amianto utilizado en el aislamiento de algunos techos. En muchos lugares, los daños son incalculables. En Jabal Al-Rayas, antaño una floreciente comunidad agrícola, todos los edificios han sido derribados y hasta han matado al ganado, que se pudre en los campos». Los empresarios más importantes de Gaza, en general apolíticos, «afirman que gran parte del tres por ciento de la industria que aún funcionaba después de año y medio de bloqueo israelí ha sido finalmente destruida» por las fuerzas israelíes mediante «bombardeos aéreos y terrestres y el uso de buldóceres blindados, con el objetivo de anular la capacidad productiva de algunas de las fábricas más importantes de Gaza». Según industriales palestinos, se destruyeron o dañaron gravemente 219 de ellas[56].

Para impedir cualquier recuperación posible, las FDI atacaron las universidades, destruyendo en gran parte la Escuela de Ingenieros Agrónomos de la Universidad de Al-Azhar (considerada afín a Al Fatah, la facción favorecida por Washington), la Escuela Universitaria de Humanidades Al-Da'wa de Rafah y la Escuela Universitaria de Ciencias de la Seguridad de Gaza. En esta ciudad, seis edificios universitarios fueron arrasados hasta los cimientos y otros dieciséis resultaron afectados. De entre los destruidos, dos albergaban los laboratorios de ciencias e ingeniería de la Universidad Islámica[57]. Se alegó que habían contribuido a las actividades militares de Hamás. Por esa misma regla de tres, las universidades israelíes (y estadounidenses) serían objetivos legítimos del terrorismo a gran escala.

En varias ocasiones se ha informado de que la armada israelí había disparado contra barcos de pesca. Estas maniobras forman parte en realidad de una campaña sistemática iniciada en años recientes contra la industria pesquera cuyo objetivo es restringir la actividad de los barcos a la misma orilla. La pesca de bajura, sin embargo, es totalmente improductiva debido a la enorme contaminación provocada por las centrales eléctricas y el sistema de alcantarillado destruidos por Israel. El Al Mezan Center for Human Rights de Gaza, fuente altamente fiable, citaba los últimos incidentes «condenando firmemente la escalada continua de la ofensiva de las FOI [Fuerzas de Ocupación Israelíes] contra los civiles palestinos, entre ellos los pescadores». Observadores internacionales de los derechos humanos informan de ataques habituales contra barcos de pesca en aguas territoriales palestinas. Mientras acompañaban a un grupo de pescadores palestinos en sus tareas, los observadores fueron testigos de «innumerables actos de agresión contra ellos por parte de la armada israelí, en aguas gazatíes y pese al alto el fuego de seis meses vigente en el momento», actos de agresión que se repitieron tras la nueva tregua de enero. «Los cuarenta mil pescadores de Gaza han sido privados de su sustento» por culpa de los ataques de la armada israelí, informaba Gideon Levy desde la cabecera de la cama de un pescador gazatí de diecinueve años, gravemente herido por una cañonera israelí que atacó su barca sin previo aviso junto a la costa de Gaza el 5 de octubre, un mes antes de que la invasión de Gaza terminara con el alto el fuego. (Sobre estos sucesos regresaremos más tarde). «Cada pocos días, voluntarios de International Solidarity Movement (ISM) informan sobre ataques israelíes a pescadores de Gaza. A veces, los barcos de la armada embisten y hunden las maltrechas barcas de los pescadores. Otras veces abren fuego sobre ellas», explicó Levy[58].

Los observadores internacionales informan de que los ataques contra barcos de pesca comenzaron tras el descubrimiento en aguas territoriales de Gaza de una prometedora bolsa de gas por parte de British Gas Group el año 2000. Los ataques habituales tenían por objeto mantener a raya a los barcos de pesca no por una orden gubernamental, sino mediante la amenaza y la violencia. La prensa especializada del sector del petróleo y los diarios económicos israelíes informan de que la compañía pública Israel Electric Corporation está negociando la explotación «de hasta 1.500 millones de metros cúbicos de gas natural contenidos en una bolsa de gas submarina que se sitúa en la costa de la franja de Gaza, controlada por los palestinos». Es difícil no razonar que la invasión de Gaza está relacionada con el robo de este valioso recurso, propiedad de Palestina, que no podrá en ningún caso participar en negociación alguna[59].

Siempre hay excusas para la violencia: en este caso, a Israel se le agotó la paciencia ante los ataques con cohetes de Hamás, tal y como afirmó Ehud Barak. El mantra repetido hasta la extenuación es que Israel tiene derecho a usar la fuerza para defenderse, tesis en parte plausible. El lanzamiento de cohetes es un crimen y es cierto que un Estado tiene el derecho de defenderse frente a un ataque criminal. Pero no debe deducirse de ello que esté en el derecho de hacerlo utilizando la fuerza, lo cual va más allá de cualquier principio que deba o pueda ser aceptado. Putin no tenía derecho a recurrir a la fuerza contra el terrorismo checheno y el haberlo hecho no se justifica por los resultados obtenidos; unos resultados que, por cierto, de haberlos conseguido el general Petraeus en Irak, habría sido coronado rey[60]. La Alemania nazi no tenía derecho a utilizar la fuerza para defenderse del terrorismo de los partisanos y la Noche de los Cristales Rotos no puede justificarse por el asesinato de un funcionario de la embajada alemana en París a manos de Herschel Grynszpan. Los británicos no podrían justificar el uso de la fuerza para defenderse del terrorismo (enormemente real) de los colonos norteamericanos que buscaban su independencia, ni haber respondido al terrorismo del IRA con terrorismo contra los católicos irlandeses: de hecho, el terrorismo no terminó realmente hasta que por fin comenzaron a aplicar una política sensata que atendía a las reclamaciones legítimas de cada una de las partes. No es una cuestión de «proporcionalidad», sino de decidir, ante todo, cómo actuar: ¿existen alternativas a la violencia? En todos los casos mencionados definitivamente existían, así que el recurso a la violencia no estuvo en modo alguno justificado.

El recurso a la violencia lleva aparejado una complicada carga de la prueba. Así pues, nos tenemos que preguntar si Israel puede justificar sus esfuerzos por acallar a cualquiera que oponga resistencia a las cotidianas acciones criminales que implacablemente lleva a cabo en Gaza y Cisjordania desde hace más de cuarenta años. Me veo obligado a citarme a mí mismo en una entrevista con la prensa israelí sobre la legitimidad de la resistencia palestina: «No hay que olvidar que Gaza y Cisjordania se reconocen como una unidad, de modo que si la resistencia de los destructivos programas ilegales de Israel es legítima en Cisjordania —y sería interesante escuchar argumentos racionales que lo nieguen—, entonces también lo es en Gaza»[61].

El periodista palestino-estadounidense Ali Abunimah ha señalado que «desde Cisjordania no se lanzan cohetes contra Israel y, aun así, los homicidios, el robo de tierras y los pogromos y secuestros protagonizados por los colonos no cesaron ni por un día durante la tregua. La Autoridad Palestina de Mahmud Abbas, respaldada por Occidente, ha accedido a todas las exigencias israelíes. Ante la orgullosa mirada de los asesores militares estadounidenses, Abbas ha organizado unas "fuerzas de seguridad" que luchan contra la resistencia en nombre de Israel, pero nada de esto ha librado a un solo cisjordano de la inexorable colonización israelí», gracias al firme respaldo estadounidense. El doctor Mustafá Barguti, respetado miembro del parlamento palestino, agrega que tras el alarde de Bush en Annapolis en 2007 —del que destacó la elevada retórica sobre los esfuerzos necesarios en pro de la paz y la justicia—, los ataques de Israel contra los palestinos aumentaron en Cisjordania y, con ellos, los asentamientos y puestos de control. Evidentemente, dichas acciones delictivas no son reacción a los cohetes lanzados desde Gaza. Más bien al revés[62].

Las acciones de un pueblo que resiste contra una ocupación brutal pueden condenarse como delictivas e insensatas desde el punto de vista político, pero quienes no ofrecen alternativa no tienen autoridad moral para hacer tales condenas. Esta conclusión es especialmente aplicable a los estadounidenses que deciden involucrarse de forma directa en los crímenes que continuamente comete Israel a través de sus palabras, de sus acciones o de sus silencios, sobre todo porque existen alternativas no violentas que, por desgracia, implicarían el fin de la política expansionista, la cual cuenta en la práctica con el firme apoyo de Estados Unidos, aunque ocasionalmente desde la Casa Blanca se amoneste tibiamente su aplicación por «inútil»[63].

Israel puede defenderse de manera muy sencilla: poniendo fin a sus acciones criminales en los territorios ocupados y aceptando el consenso internacional sobre un acuerdo que permita la creación de dos Estados, acuerdo que Estados Unidos e Israel llevan treinta años bloqueando, desde el primer veto estadounidense a una resolución del Consejo de Seguridad en ese sentido, en 1976. No voy a detallar de nuevo el infame currículum del rechacismo israelo-estadounidense, pero sí es necesario subrayar que hoy día es aún más flagrante que en el pasado. La Liga Árabe va incluso más allá del consenso, pidiendo la normalización de las relaciones con Israel. Hamás ha exigido en múltiples ocasiones un acuerdo que estipule la creación de dos Estados en los términos dispuestos por el consenso internacional. Irán y Hezbolá han dejado claro que se ceñirán a cualquier acuerdo aceptado por los palestinos[64].

En todas partes pueden encontrarse ambigüedades e incoherencias, salvo en las posturas de Estados Unidos e Israel, espléndidamente aislados de los demás en palabras y en hechos.

Un estudio más pormenorizado aportará datos interesantes. El Consejo Nacional Palestino aceptó formalmente el consenso internacional en 1988. La respuesta del Gobierno de coalición Shamir-Peres, refrendada por el departamento de Estado de James Baker, fue que no podía existir «otro Estado palestino» entre Israel y Jordania, pues ésta era ya un Estado palestino según el dictado israelo-estadounidense. Los Acuerdos de Oslo que siguieron obviaban explícitamente los potenciales derechos nacionales palestinos: la Declaración de Principios firmada con gran fanfarria en el jardín de la Casa Blanca en septiembre de 1993 se refería únicamente a la Resolución 242 de las Naciones Unidas —que no concedía nada a los palestinos— e ignoraba descaradamente las subsiguientes declaraciones alusivas a los derechos nacionales palestinos, que fueron bloqueadas en su totalidad por Washington. La amenaza de que tales derechos pudieran llegar a convertirse en algún tipo de realidad relevante fue desactivada una y otra vez durante los años de Oslo mediante el expansionismo continuo de los asentamientos ilegales por parte de Israel, ejercido con el apoyo de Estados Unidos. Dichos asentamientos se aceleraron en 2000, último año de los mandatos del presidente Clinton y el primer ministro Barak. Ése fue por tanto el telón de fondo de las negociaciones de Camp David.

Tras culpar a Yasir Arafat de romper las negociaciones en Camp David, Clinton dio marcha atrás y admitió que las propuestas israelo-estadounidenses eran demasiado radicales para ser aceptadas por los palestinos. En diciembre de 2000 presentó sus «parámetros», más vagos pero más asequibles, para luego anunciar que ambos bandos los habían aceptado, cuando en realidad tanto israelíes como palestinos mantenían sus reservas. En enero de 2001 —cuatro meses después del estallido de la Intifada— se celebró una reunión en Taba, en Egipto, que estuvo muy cerca de lograr un acuerdo. Se habría conseguido de haber contado con unos días más, según se afirmó en la conferencia de prensa final. Sin embargo, las negociaciones fueron canceladas prematuramente por Ehud Barak, primer ministro de Israel. Esa semana en Taba constituyó el único momento en más de treinta años en que Estados Unidos e Israel aparcaron el rechacismo. Pero no hay motivos para pensar que no puedan hacerlo de nuevo[65].

La versión preferida de ese acontecimiento, reiterada una y otra vez por Ethan Bronner, es que «muchos extranjeros recuerdan al señor Barak como el primer ministro que en 2000 fue mucho más allá que cualquier otro israelí en sus ofertas de paz a los palestinos y que recibió como pago un acuerdo fracasado y un violento alzamiento palestino [la Intifada] que lo echó del poder». Es muy cierto que «muchos extranjeros» creen en ese engañoso cuento de hadas, gracias a lo que Bronner y muchos de sus colegas llaman «periodismo»[66].

Es creencia extendida que la solución biestatal es ya inalcanzable, porque si las FDI tratasen de desplazar a los colonos se declararía una guerra civil. Esto quizá sea cierto, pero se impone un debate mucho más amplio al respecto. Las FDI podrían simplemente retirarse a los límites establecidos en las negociaciones, sin tener que recurrir a la fuerza para expulsar a los colonos ilegales. Los asentados más allá de los límites establecidos tendrían como opción dejar sus casas subvencionadas para regresar a otras casas subvencionadas en Israel o bien seguir viviendo en ese lugar, que a partir de ese momento estaría bajo el mandato de la Autoridad Palestina. Eso mismo podría aplicarse al cuidadosamente orquestado «trauma nacional» que supuso la retirada de Gaza en 2005, tan claramente fraudulenta que los mismos comentaristas israelíes la ridiculizaron. Habría bastado con anunciar que las FDI iban a retirarse, y los colonos a los que se les pagaba una subvención para que disfrutaran de la vida en Gaza habrían subido sin rechistar a los camiones dispuestos para su traslado a una nueva casa subvencionada en otro territorio ocupado. Pero entonces no se habrían obtenido las trágicas fotos de niños agonizantes ni las apasionadas llamadas al «nunca más» que tan bien desempeñaron su función propagandística, disimulando el verdadero objetivo de aquella «retirada» parcial: la expansión de los asentamientos ilegales en el resto de territorios ocupados[67].

En resumidas cuentas, contrariamente a lo que reiteradamente se exige, Israel no tiene derecho a utilizar la fuerza para defenderse de los cohetes lanzados desde Gaza, aunque tales hechos sean considerados crímenes terroristas. Las razones son claras y el pretexto alegado para lanzar el ataque no tiene fundamento.

Además, es necesario tener en cuenta una cuestión más puntual: ¿tiene Israel alternativas pacíficas al uso de la fuerza aplicables a corto plazo como respuesta a los ataques con cohetes desde Gaza? Una de esas alternativas podría ser aceptar un alto el fuego. Israel lo ha hecho formalmente en algunas ocasiones, pero jamás lo ha respetado durante mucho tiempo. El caso más reciente y relevante es el de junio de 2008. Las condiciones del alto el fuego incluían la apertura de los pasos fronterizos con el fin de «permitir el tránsito de todos los bienes cuya entrada está prohibida o restringida en Gaza». Israel accedió formalmente, pero anunció de inmediato que no se ceñiría al acuerdo y que no abriría las fronteras hasta que Hamás liberase a Gilad Shalit, el soldado israelí capturado por Hamás en junio de 2006[68].

Tras la invasión de Gaza, Israel continuó rechazando las treguas a largo plazo propuestas por Hamás, alegando la obligación de liberar a Shalit. Con el mismo pretexto, se negó a permitir cualquier tipo de trabajo de reconstrucción y la importación de macarrones, ceras de colores, salsa de tomate, lentejas, jabón, papel higiénico y otras variadas armas de destrucción masiva, lo que provocó algunos cuestionamientos políticos por parte de Washington[69].

El continuo fragor de acusaciones en torno a la captura de Shalit es muestra, de nuevo, de la hipocresía más descarada, incluso sin tomar en cuenta el largo historial de secuestros perpetrados por Israel. En este caso, el cinismo llega a ser cegador. Un día antes de que Hamás capturase a Shalit, varios soldados israelíes entraron en Gaza y secuestraron a dos civiles, los hermanos Muamar, trasladándolos a Israel junto con los miles de prisioneros que allí están retenidos, cientos de ellos sin cargos conocidos. El secuestro de civiles es un crimen mucho más grave que el de un soldado perteneciente a un ejército atacante, pero, como suele ocurrir, la noticia del secuestro de los Muamar apenas se hizo oír frente al furor que desató la captura de Shalit, lo cual, de nuevo, ilustra la mentalidad occidental y su carácter profundamente imperialista. Shalit debía ser devuelto en un intercambio justo de prisioneros[70].

Tras la captura de Shalit, el implacable ataque militar contra Gaza pasó de la mera crueldad al sadismo puro. Es bueno recordar, no obstante, que, incluso antes de la captura de Shalit, Israel había disparado ya 7.700 obuses sobre el norte de Gaza. Este bombardeo se produjo tras su retirada de septiembre y no fue objeto de comentario alguno[71].

Israel rechazó de inmediato el alto el fuego que había aceptado formalmente en junio de 2008, manteniendo en todo momento su asedio. No hay que olvidar que un asedio es un acto de guerra. De hecho, Israel ha insistido siempre en un principio aún más poderoso: impedir el acceso al mundo exterior, aun sin llegar al asedio, es un acto de guerra que justifica la violencia masiva como respuesta. En efecto, Israel invadió Egipto en 1956 (junto con Francia e Inglaterra) e inició la guerra de junio de 1967 alegando, ante todo, la obstaculización del tráfico naval israelí en el estrecho de Tirán. El asedio de Gaza, por su parte, no es parcial sino total —independientemente de que el ocupante considere apropiado aflojar la presión de vez en cuando— y es mucho más perjudicial para los gazatíes de lo que lo fue el cierre del estrecho de Tirán para Israel. Según este razonamiento, los partidarios de las doctrinas y actitudes israelíes no tendrían problema alguno, así pues, en justificar los ataques con cohetes contra territorio israelí desde la franja de Gaza.

De cualquier modo, nos topamos de nuevo, obviamente contra el principio anulador: nosotros somos «nosotros», ellos son «ellos».

Israel mantenía el asedio desde junio de 2008 con un rigor extremo. Llegó a impedir a la UNRWA que repusiera sus almacenes, «de modo que cuando se rompió el alto el fuego, se nos terminaron los alimentos para las 750.000 personas que dependen de nosotros», explicaba John Ging, director de la UNRWA, a la BBC[72].

A pesar del bloqueo israelí, el lanzamiento de cohetes se redujo sensiblemente. Según el portavoz del primer ministro, Mark Regev, de los escasos cohetes lanzados entre el comienzo del alto el fuego hasta el 4 de noviembre, ninguno fue de Hamás. En esta fecha, Israel violó el alto el fuego de manera aún más escandalosa con una incursión que provocó la muerte de seis palestinos y una lluvia de cohetes como represalia. La incursión tuvo lugar la noche de los comicios presidenciales estadounidenses, sobre los que estaban puestas las miradas de medio mundo. El pretexto para esta acción fue la detección por parte de Israel de un túnel en Gaza, construido según sus sospechas para la captura de otro soldado israelí: una «bomba subterránea», según los comunicados oficiales. Se trataba de una excusa evidentemente absurda, tal y como señalaron numerosos líderes de opinión, pues si tal túnel existía y llegaba hasta Israel, Israel podría haberlo cegado desde su territorio. Pero, como siempre, el ridículo pretexto israelí mereció credibilidad y no se reparó en el detalle de que la incursión había coincidido con las elecciones estadounidenses[73].

¿Cuál fue la razón de esa operación israelí? No existen pruebas provenientes de Israel que evidencien una planificación premeditada, pero sí sabemos que la incursión llegó poco antes de las conversaciones entre Hamás y al Fatah, a celebrarse en El Cairo y cuyo objetivo era «reconciliar las diferencias entre ambas entidades y crear un Gobierno único», según informó el corresponsal británico Rory McCarthy. Esa reunión habría sido la primera entre Al Fatah y Hamás desde la guerra civil de junio de 2007 que dio al segundo el control de Gaza, y habría supuesto un gran paso en el avance de la diplomacia. Israel posee un largo historial de provocaciones destinadas a ahuyentar la amenaza diplomática, algunas de ellas ya referidas. Quizá ésta fuera una más[74].

La guerra civil que colocó a Hamás al frente de Gaza suele tildarse de golpe de Estado, otra manera de subrayar la naturaleza maléfica de esta formación. La realidad no es exactamente ésa. Se trató de una guerra civil incitada por Estados Unidos e Israel en un burdo intento de que un golpe de Estado diera al traste con las elecciones libres que llevarían a Hamás al poder. Esto es vox pópuli al menos desde abril de 2008, cuando David Rose publicó un detallado y bien documentado informe sobre cómo Bush, Rice y Elliott Abrams, asesor adjunto de seguridad nacional, «dieron su respaldo a una fuerza armada dirigida por el hombre fuerte de Al Fatah, Mohamed Dahlan, desencadenándose así una sangrienta guerra civil en Gaza de la que Hamás salió más fuerte que nunca». Estas afirmaciones fueron corroboradas por Norman Olsen, quien había trabajado durante veintiséis años en el Servicio Exterior del departamento de Estado norteamericano, de los cuales pasó cuatro en la franja de Gaza y otros cuatro en la embajada estadounidense de Tel Aviv, para luego acceder al puesto de coordinador adjunto antiterrorista de ese mismo departamento. Olsen y su hijo detallan los tejemanejes del departamento de Estado para que el candidato de Estados Unidos, Abbas, ganase las elecciones de enero de 2006, en cuyo caso éstas habrían sido elevadas a triunfo de la democracia. Fracasado el amaño electoral, Estados Unidos e Israel recurrieron a las represalias por el «mal voto» y se dispusieron a armar una milicia que dirigiría Dahlan. Pero «los matones de Dahlan se adelantaron», escriben los Olsen y el ataque preventivo de Hamás evitó que el golpe de Estado prosperara[75].

La Línea de Partido es más cómoda.

Estados Unidos e Israel respondieron al fallido golpe introduciendo medidas aún más duras para castigar a los gazatíes y asegurar que la epidemia de desobediencias no se propagase por el resto de Palestina. Estados Unidos se comprometió, junto con Jordania, a armar y entrenar una «fuerza de seguridad» palestina más eficiente cuyo objetivo sería mantener el orden en Cisjordania bajo la dirección del general estadounidense Keith Dayton. Colaboran en ello oficiales israelíes, según informó Ethan Bronner en *The New York Times,* quien describió cómo «un oficial israelí había inaugurado un campo de tiro, probando un arma palestina y dándole su aprobación». El principal logro de la nueva fuerza paramilitar, proseguía Bronner, era el mantenimiento de «un estricto orden» y la prevención de cualquier tipo de «alzamiento» —prueba irrefutable de su empatía y apoyo—, mientras Israel mataba a palestinos en Gaza y reducía gran parte de su territorio a escombros.

El eficaz rendimiento de dichas tropas también impresionó al presidente de la Comisión de Relaciones Exteriores del Senado, John Kerry, quien, dirigiéndose a la Brookings Institution, subrayó con elocuentes argumentos «la necesidad de dar a los israelíes un interlocutor legítimo para la paz», del cual habían carecido tras décadas de rechazo unilateral por parte de Estados Unidos e Israel al consenso internacional sobre un acuerdo de paz apoyado por la OLP y los Estados árabes (y por el resto del mundo, fuera de Estados Unidos e Israel). Kerry explicó que había que superar el fracaso y sugirió diversas maneras de debilitar el Gobierno electo y fortalecer a nuestro hombre, Mahmud Abbas. «Lo cual implica, en particular, ahondar en los esfuerzos del general Dayton por entrenar a una fuerza de seguridad palestina que sepa mantener el orden y combatir el terrorismo. [...] Los logros más recientes son muy alentadores: durante la invasión de Gaza, las Fuerzas de Seguridad Palestinas consiguieron mantener la calma en Cisjordania en un momento en el que todo el mundo esperaba levantamientos populares. Evidentemente, queda mucho por hacer, pero nosotros podemos contribuir»[76].

Y tanto. Estados Unidos posee un siglo de enriquecedora experiencia en el desarrollo de fuerzas policiales y paramilitares con el fin de pacificar poblaciones conquistadas, imponiendo la estructura de un Estado policial coercitivo que elimine cualquier aspiración nacionalista y popular y obedezca incondicionalmente a las clases adineradas y a sus socios extranjeros[77].

Después de que Israel rompiera en noviembre el
alto el fuego (si se le pudiese llamar así) imperante
desde junio de 2008, el cerco sobre Gaza se estrechó
todavía más, con consecuencias aún más desastrosas
para la población. De acuerdo con Sara Roy, la principal especialista universitaria en Gaza, «el 5 de noviembre Israel cerró los pasos fronterizos de Gaza,
reduciéndose enormemente y a veces prohibiéndose
el suministro de alimentos, medicinas, combustible,
gas doméstico y piezas de repuesto para la red de
agua potable y alcantarillado. [...] Durante el mes de
noviembre entraron en Gaza una media diaria de 4,6
camiones de alimentos desde Israel, dato que contrasta con la media de 123 camiones del mes de octubre.
La entrada de piezas de repuesto para el mantenimiento de los equipamientos de gestión de aguas lleva
prohibida más de un año. La Organización Mundial
de la Salud acaba de informar de que la mitad de las
ambulancias de Gaza están averiadas». Las restantes
se convirtieron poco después en blanco de los ataques israelíes. La única central eléctrica de Gaza dejó
de funcionar por falta de combustible, y no pudo ponerse de nuevo en marcha porque necesitaba piezas
de repuesto que llevaban ocho meses retenidas en el
puerto israelí de Ashdod. El corte del suministro eléctrico provocó un aumento del 300 por cien en los ingresos por quemaduras en el hospital de Shifaa, debido a los fuegos que las familias se veían obligadas a
encender en sus casas. Israel prohibió la entrada de
cloro, de modo que para mediados de diciembre en
la ciudad de Gaza y el norte de la franja el acceso al
agua potable se había visto reducido a seis horas por
cada tres días. Las muertes provocadas debido a estas

condiciones no se computan junto a las víctimas palestinas del terrorismo de Israel[78].

Tras el ataque israelí del 4 de noviembre la violencia se recrudeció en ambos bandos (aunque todas las bajas fueron palestinas), hasta que terminó el alto el fuego —formalmente, el 19 del mes siguiente— y el primer ministro Olmert autorizó la invasión a gran escala.

Pocos días antes, Hamás había propuesto regresar al acuerdo de alto el fuego de julio, que Israel no había respetado. Robert Pastor, historiador y antiguo alto cargo de la Administración de Jimmy Carter, trasladó la propuesta a un «alto mando» de las FDI, pero Israel no se pronunció al respecto. El 21 de diciembre, fuentes israelíes afirmaron que el director del Shin Bet, la agencia de seguridad interna de Israel, había declarado que Hamás mostraba interés por que continuase la «calma», aunque su ala militar continuase con los preparativos para el conflicto.

«Claramente, existe una alternativa a la intervención militar para detener el lanzamiento de cohetes», expuso Pastor, ciñéndose a un debate insuficiente que concernía exclusivamente a Gaza. Existía una alternativa de mayor alcance de la que raramente se habla: a saber, la aceptación de un acuerdo político que incluya la totalidad de los territorios ocupados[79].

Akiva Eldar, experimentado periodista político especializado en cuestiones diplomáticas, relata que poco antes de que Israel lanzara la invasión a gran escala el sábado 27 de diciembre, «el jefe del politburó de Hamás, Jaled Meshal, anunció en el sitio web Izz ad-Din al-Qassam no sólo que estaba preparado para el "cese de las agresiones", sino que proponía volver al acuerdo sobre el paso fronterizo de Rafah de 2005, antes de que Hamás ganara las elecciones y se hiciera con Gaza. Dicho acuerdo proponía que el paso fronterizo de Rafah fuera gestionado conjuntamente por Egipto, la Unión Europea, la Autoridad Palestina y Hamás». Además, como se ha indicado anteriormente, exigía que se abrieran los pasos fronterizos y que se permitiera la entrada de los muy necesitados suministros[80].

Los más burdos defensores de la violencia israelí suelen alegar que en el caso de aquel ataque, «como en tantos otros del pasado medio siglo —la guerra del Líbano de 1982, la política del "Puño de Hierro" contra la Intifada de 1988, la guerra del Líbano de 2006—, los israelíes han reaccionado a intolerables actos terroristas con la determinación de infligir daños terribles, de que el enemigo aprenda la lección. El sufrimiento de los civiles y las muertes son inevitables; las lecciones no tanto» (David Remnick, redactor de *The New Yorker*)[81]. La invasión de 2006 sólo puede justificarse desde el más atroz cinismo, como ya se ha dicho. El mero hecho de hacer referencia a la brutalidad con que fue sofocada la Intifada de 1988 es tan degradante que no merece la pena hacer comentario alguno; si acaso, el más comprensivo podría pensar que tal referencia refleja una ignorancia pasmosa. No obstante, la alusión de Remnick a la invasión de 1982 es bastante común: se trata de un logro notable de la incesante propaganda israelí que merece no olvidarse. La lección, especialmente la que nos habla de los intelectuales estadounidenses, es fácil de reconocer, aunque a duras penas «evitable».

La frontera entre Israel y el Líbano permaneció tranquila durante todo el año anterior a la invasión israelí, al menos en la dirección Líbano-Israel, de norte a sur, lo cual no levantó, curiosamente, polémica alguna. Durante ese año, la OLP observó escrupulosamente el alto el fuego iniciado por Estados Unidos, a pesar de las constantes provocaciones israelíes, entre las que se cuentan al menos un bombardeo con numerosas bajas civiles, cuyo objetivo habría sido provocar alguna reacción que justificase la invasión planeada por Israel. Lo único que Israel consiguió fueron dos respuestas simbólicas de escaso calado. Y entonces invadió el Líbano con una excusa tan absurda como inverosímil.

La invasión no tuvo nada que ver con «intolerables actos terroristas», aunque sí con cierto tipo de actos intolerables: los diplomáticos. Esto es de sobra conocido. Poco después del comienzo de la invasión respaldada por Estados Unidos, el principal especialista universitario israelí sobre Palestina, Yehoshua Porath —que no se encuentra precisamente entre las «palomas de la paz»— escribió que el éxito de Arafat en el mantenimiento del alto el fuego constituía «una auténtica catástrofe a los ojos del Gobierno israelí», porque abría la puerta a un acuerdo político. El Gobierno esperaba que la OLP recurriera al terrorismo, desapareciendo así la amenaza de que se convirtiera en un «interlocutor legítimo para la negociación de un futuro convenio político».

Israel comprendió bien la realidad y no la disimuló. El primer ministro Yitzhak Shamir declaró que Israel iba a la guerra porque «había un enorme peligro. [...] No militar, sino político», lo que llevó al gran satírico israelí B. Michael a escribir que «ha muerto la torpe excusa de que un peligro militar o de otro tipo se cierne sobre Galilea». Hemos «eliminado el peligro político» golpeando primero y a tiempo; ahora, «Gracias a Dios, no hay nadie con quien hablar». El historiador Benny Morris reconoció que la OLP había respetado el alto el fuego y explicó que «la inevitabilidad de la guerra quedaba en el tejado de la organización, como una amenaza contra Israel y el control que ejercía sobre los territorios ocupados». Otros han reconocido abiertamente esta incontestable realidad[82].

En una columna en primera plana relativa a la última invasión de Gaza, Steven Lee Myers, corresponsal de *The New York Times*, escribe que «en cierto sentido, los ataques contra Gaza recuerdan a la apuesta que Israel hizo —y que más que ganar, perdió— en el Líbano en 1982, cuando desató una invasión con el fin de eliminar la amenaza que suponían las fuerzas de Yasir Arafat». El apunte es correcto, pero no en el sentido que el periodista le da. En 1982, como en 2008, era necesario eliminar la amenaza del acuerdo político[83].

La esperanza de los propagandistas israelíes es que los intelectuales y medios de comunicación occidentales se traguen la historia de que Israel reaccionó contra la lluvia de cohetes sobre Galilea, los «intolerables actos de terrorismo». Y no han quedado decepcionados.

No es que Israel no quiera la paz: todo el mundo quiere la paz, incluso Hitler la quería. La pregunta es: ¿bajo qué condiciones? Desde sus orígenes, el movimiento sionista ha sabido que para conseguir sus objetivos la mejor estrategia es retrasar los acuerdos políticos y, mientras tanto, aplicar una política de hechos consumados. Incluso los acuerdos ocasionales, como el de 1947, eran considerados por los líderes sionistas pasos provisionales que conducían a una expansión sin freno[84]. La guerra del Líbano de 1982 fue un ejemplo extremo del miedo a la diplomacia. Tras la guerra, Israel apoyó a Hamás con el fin de minar a la laica OLP y sus recalcitrantes iniciativas de paz. Otro caso familiar son las provocaciones israelíes anteriores a la guerra de 1967, cuyo objetivo fue provocar una respuesta siria que sirviera como pretexto para la violencia y la ocupación de más territorios. Al menos el 80 por ciento de los incidentes se debieron a esa razón, según del ministro de Defensa Moshe Dayan[85].

Pero la historia se remonta más allá. El poeta religioso judío Jacob Israël de Haan fue asesinado en 1924 por la Haganá, según cuentan los anales oficiales de la milicia preestatal judía, acusado de conspirar para lograr un acuerdo entre la comunidad judía tradicional (el Antiguo Yishuv) y el Alto Comité Árabe. Y desde entonces se han dado muchos otros casos[86].

El ímpetu por retrasar cualquier acuerdo político siempre ha tenido sentido, al igual que las mentiras que lleva aparejadas acerca de «la inexistencia de un interlocutor para la paz». Es difícil encontrar otra manera mejor de apoderarse de una tierra en la que no se es bienvenido.

Las razones por las que Israel prefiere la expansión a la seguridad son similares. Su violación del alto el fuego el 4 de noviembre de 2008 es uno de los muchos acontecimientos recientes que las ejemplifican.

Cuando Israel rompió el alto el fuego de junio de 2008 unos meses más tarde, el 4 de noviembre, Amnistía Internacional comunicó:

El alto el fuego de junio de 2008 ha supuesto múltiples mejoras en la calidad de vida de los habitantes de Sderot y de otros pueblos israelíes cercanos a Gaza cuyos habitantes vivían atemorizados por los cohetes palestinos antes del alto el fuego. Sin embargo, muy cerca, al otro lado de la frontera, sigue en pie el bloqueo israelí y la población apenas ha obtenido beneficios de la tregua. Desde junio de 2007, un millón y medio de palestinos viven atrapados en Gaza. Sus recursos menguan y su economía está en ruinas. Alrededor del 80 por ciento de la población depende hoy día del goteo de ayudas internacionales que el ejército israelí deja entrar en la franja[87].

No obstante, la seguridad recuperada en las ciudades israelíes cercanas a Gaza no era tan determinante como para no seguir obstaculizando las maniobras diplomáticas encaminadas a impedir la expansión israelí en Cisjordania, aplastando a la vez cualquier resistencia que surgiese en Palestina.

Que Israel prefiere la expansión a la seguridad quedó patente tras la fatídica decisión tomada en 1971 con el respaldo de Henry Kissinger: rechazar la oferta de un acuerdo de paz hecha por Sadat, el presidente egipcio, en el que no se ofrecía nada a los palestinos. Fue aquél un acuerdo que el tándem israelo-estadounidense se vio obligado a aceptar en Camp David ocho años después, tras una gran guerra poco menos que desastrosa para Israel. Ese tratado de paz con Egipto habría puesto fin a cualquier amenaza significativa de seguridad, pero había un *quid pro quo* inaceptable: Israel tendría que abandonar sus exhaustivos programas de colonización en el noreste del Sinaí. La seguridad era una prioridad menos importante que la expansión, como lo es aún hoy[88].

Israel podría disfrutar hoy de un entorno seguro, podría haber normalizado sus relaciones y haberse integrado en la región. Pero salta a la vista que prefiere el expansionismo ilegal, el conflicto y el ejercicio repetido de la violencia y de acciones criminales, mortíferas y destructivas, que además no hacen sino erosionar su seguridad a largo plazo. Andrew Cordesman, especialista en Oriente Próximo y en temas militares estadounidenses escribe que, si bien el ejército israelí podría aplastar sin mayor problema a una Gaza indefensa, «ni Israel ni Estados Unidos obtendrían beneficio alguno de una guerra que produciría la reacción [airada] de una de las voces más sensatas y moderadas del mundo árabe, la del príncipe Turki al-Faisal de Arabia Saudí, quien el 6 de enero dijo que "la Administración de Bush ha dejado [a Obama] un legado vergonzoso y una actitud temeraria en lo que respecta a las masacres y el derramamiento de sangre inocente en Gaza. [...] Todo tiene un límite. Hoy somos todos palestinos y buscamos el martirio por Dios y por Palestina, siguiendo los pasos de quienes murieron en Gaza"»[89].

Otra voz sensata, quizá la más sensata de Israel, la de Uri Avnery, afirma que, tras una victoria militar israelí, «en la conciencia del resto del mundo quedará grabada a fuego la imagen de Israel como monstruo sediento de sangre, dispuesto a cometer crímenes de guerra en cualquier momento y en absoluto preparado para atenerse a normas morales. Esto condicionará seriamente nuestro futuro lejano, nuestra posición en el mundo y las posibilidades de alcanzar la paz y la tranquilidad. Al final, esta guerra es un crimen también contra nosotros mismos. Es un crimen contra el Estado de Israel»[90].

Hay razones de peso para pensar que tiene razón. Israel se está convirtiendo deliberadamente en uno de los países más odiados del mundo y está perdiendo la lealtad de la población de Occidente, en la que se incluyen los judíos estadounidenses más jóvenes, quienes probablemente dejen de tolerar la insistente y abrumadora criminalidad israelí. Hace décadas, escribí que aquellos que se llaman a sí mismos «partidarios de Israel» son en realidad partidarios de su degeneración moral y de su probable destrucción final. Lamentablemente, esta opinión me parece cada día más plausible.

Entretanto, tendremos la oportunidad de presenciar un hecho histórico insólito, lo que el difunto sociólogo israelí Baruch Kimmerling llamó un «politicidio»: el asesinato de una nación a manos de todos[91].

Capítulo 5

Borrador para el movimiento por un Estado único: una historia agitada

El abandono de los Acuerdos de Oslo recién comenzado el siglo XXI dio un gran impulso a la idea, nueva y antigua a la vez, del Estado único. Parece que vuelve a estar en la palestra, despertando cada día mayor interés, y sin embargo no aparece en la agenda de ningún actor de peso en el tablero de juego palestino. Ni los grandes poderes ni las facciones políticas menores lo respaldan como visión de futuro o estrategia, y mucho menos como táctica. Su atractivo, no obstante, es innegable, dado el fracaso de las alternativas propuestas. Parece así pues el momento apropiado de valorar la historia y la trayectoria futura de esta idea.

No es el objetivo de este estudio recapitular los defectos de la solución biestatal, ni tampoco elogiar las ventajas de la uniestatal. Su cometido es recordar a los lectores que aunque la idea sea hoy sólo una hipótesis más o menos abstracta, en tiempos fue un plan específico, una estrategia y una visión de futuro. En segundo lugar, a partir de este reconocimiento histórico, se presentan argumentos encaminados a demostrar que ha llegado el momento de transformar la idea, de nuevo, en un plan político real que el movimiento popular por el cambio en Israel y Palestina se encargaría de llevar a la práctica. No hay duda de que hay dentro y fuera de Palestina un nuevo ímpetu en pos del cambio de régimen: un intento sostenido por transformar las realidades de la actual república de Israel, que de por sí es una solución uniestatal (étnica y racialmente opresora para con sus ciudadanos palestinos). Se trata en general de un impulso no violento que desea la igualdad y anhela la normalidad, y que se traducirá en un poderoso agente de cambio por el bien tanto de palestinos como de israelíes.

UNA HISTORIA AGITADA

La solución uniestatal tiene una historia agitada. Apareció como idea de los colonos judíos más tibiamente sionistas, algunos de los cuales eran líderes intelectuales en sus comunidades y deseaban reconciliar colonialismo y humanismo. Buscaban la forma de que los colonos no se vieran obligados a regresar a sus países de origen ni a renunciar a la idea de una nueva vida judía en la antigua patria «redimida». Los movían también consideraciones más prácticas, como el hecho de que el número de colonos judíos fuera relativamente reducido frente a la sólida mayoría palestina. Ofrecieron una solución binacional dentro de un Estado único y moderno. A su llegada, durante la década de 1920, encontraron algunos interlocutores entre los palestinos, pero pronto cayeron víctimas de la manipulación de los líderes sionistas, que los indujeron a servir al movimiento. Luego, desaparecieron en los márgenes de la historia. En la década de 1930, algunos de los más notables, como Judah L. Magnes, aparecen ejerciendo de emisarios en las conversaciones entre los líderes sionistas y el Alto Comité Árabe. Magnes y sus colegas creían sinceramente, visto entonces y también de manera retrospectiva, que eran heraldos de la paz, pero la realidad es que se les envió para calibrar las aspiraciones e impulsos del otro bando, con el fin de derrotarlo en su debido momento[1]. De una forma y otra, cumplieron con su cometido hasta el final del Mandato. Su único aliado potencial, el Partido Comunista Palestino, respaldó durante un tiempo su idea binacional, pero durante los cruciales años finales del Mandato adoptó el principio de la partición como solución única (supuestamente, no tanto por una evolución ideológica como por acatar órdenes recibidas de Moscú). Así pues, a partir de 1947 la idea dejó de recibir apoyos de peso tanto en el lado sionista como en el palestino. Además, ni en Palestina ni en Oriente Próximo parecía existir un auténtico deseo de encontrar una solución, de modo que la responsabilidad quedó en manos de la comunidad internacional.

La aparición ese año de la solución uniestatal como opción propuesta por la comunidad internacional es un capítulo de la historia que pocos conocen o no se han molestado en recuperar. El ámbito de este artículo no hace pertinente el desarrollo del mismo, pero sí merece la pena recordar que en un momento determinado, durante los debates y deliberaciones de la UNSCOP (la Comisión Especial de las Naciones Unidas sobre Palestina, que funcionó de febrero a noviembre de 1947), los miembros de las Naciones Unidas ajenos a las esferas tanto estadounidense como soviética —no eran muchos— consideraron la opción de una Palestina uniestatal como la mejor para la resolución del conflicto. La definían como un Estado unitario y democrático, en el que la ciudadanía disfrutaría de derechos igualitarios y no estaría condicionada por cuestiones de etnia o nacionalidad. El término «población indígena» aludía a todas aquellas personas que vivían entonces en Palestina, casi dos millones de habitantes, en su mayoría palestinos. Expuesta la idea en un informe en minoría ante la UNSCOP (el informe aceptado por la mayoría fue la base para la famosa —o infame— Resolución 181 de 29 de noviembre de 1947), la respaldaron la mitad de los miembros de la Asamblea General de las Naciones Unidas, pero las superpotencias se ocuparon de presionar a la Cámara para que votara a favor de la resolución que estipulaba la partición[2]. A toro pasado, no es de extrañar que el resto de países del mundo —que no compartían la opinión de las potencias occidentales de que la creación de un Estado judío a expensas de los palestinos fuera la mejor compensación por el Holocausto— apoyaran la idea del Estado unitario. Después de todo, la comunidad judía de Palestina estaba integrada por colonos y recién llegados que sumaban no más de un tercio de la población total. Pero la decencia y el sentido común no tuvieron un papel destacado en lo concerniente a Palestina[3].

Así pues, Palestina quedó dividida entre Israel, Jordania y Egipto. No obstante, la idea uniestatal reapareció en el seno de la Organización para la Liberación de Palestina (OLP). Su propuesta de Estado seglar y democrático (aunque poco dispuesto a aceptar la presencia de colonos judíos llegados después de 1948) sedujo incluso a un pequeño grupo antisionista israelí

—Matzpen—, que la aceptó durante un tiempo. El mundo árabe expresaba su apoyo a través de la Liga Árabe. Éste fue, pues, el planteamiento del movimiento de liberación hasta la década de 1970, cuando la falta de avances, el sentido práctico y la evidencia del cada vez mayor poder que Israel poseía gracias al incondicional apoyo estadounidense —comparada con las limitadas ayudas que la Unión Soviética prestaba a la OLP— llevaron a adoptar nuevas ideas de futuro. Entonces llegó el programa por etapas de Al Fatah, que prestaba oídos a la solución biestatal. Inicialmente, el plan fue presentado con el cometido de llevar, aunque fuera temporalmente, paz y justicia a Palestina, pero más tarde en su marco de trabajo se desarrolló una estrategia y quizá incluso una propuesta de futuro.

Sin embargo, la idea biestatal no germinó en el lado palestino; fue siempre la solución favorita del sionismo más pragmático, el mayoritario, que llevaba desde finales del siglo XIX empujando a la comunidad judía en dirección a Palestina y cuyas ideas básicas guían aun hoy el sistema político israelí. La fuerza de la solución biestatal depende en gran parte de la fuerza del sionismo pragmático. En la actualidad, los considerados sionistas pragmáticos son quienes apoyan la solución biestatal, y como este apoyo puede ser verbal, sin que se exijan mayores responsabilidades, hasta los partidos de derecha israelíes pueden respaldarla, a pesar de su declarada ideología a favor de un Gran Israel (solución uniestatal en la que la presencia y derechos de los judíos son excluyentes). Recientemente lo ha demostrado Benjamín Netanyahu al comprometerse con dicha solución sólo con el objetivo de prolongar la alianza estratégica entre una Administración estadounidense supuestamente más crítica y un Gobierno israelí más agresivo.

En cualquier caso, dado que la solución biestatal está de tal manera conectada con el hado del sionismo pragmático, es importante recapitular la historia de esta fuerza mayoritaria del sionismo, la cual, junto con sus líderes, fue responsable de la limpieza étnica de Palestina de 1948, del mandato militar impuesto a los palestinos en Israel durante casi veinte años, de la colonización de Cisjordania durante las últimas cuatro décadas y de todo un abanico de programas políticos opresivos y brutales contra el pueblo de Gaza en los últimos ocho años. La lista, por supuesto, no acaba ahí: cada día se le añaden nuevos capítulos de represión y desposesión. Aun así, la identificación total del sionismo pragmático con la solución biestatal y, antes de ésta, con el compromiso territorial adquirido con Jordania (la «opción jordana») equivalía a los ojos del mundo a la «paz» y a la «reconciliación». Como quedó patente durante los Acuerdos de Oslo, el discurso de biestatalismo y paz proporcionaba un paraguas bajo el que los Gobiernos sionistas pragmáticos pudieron expandir el colonialismo en Cisjordania y agudizar las políticas opresivas contra la franja de Gaza.

Visto desde otro ángulo, el sionismo pragmático fue el único agente que dio sustancia a la idea biestatal. La OLP, pese a compartir la idea, se vio obligada a aceptar la interpretación que de la misma hacía el sionismo. Los agentes más relevantes a nivel internacional, y en particular Estados Unidos, se hicieron eco de dicha interpretación sionista y siguen haciéndolo hoy. Según ésta, la solución biestatal se basa en un control total por parte de Israel de lo que antaño fue el Mandato Británico de Palestina: su espacio aéreo, las aguas territoriales y las fronteras exteriores, considerándose una parcela limitada de soberanía palestina en las áreas de Palestina que no interesan a Israel (la franja de Gaza y menos de la mitad de Cisjordania). Esta soberanía quedaría asimismo limitada en esencia: un Gobierno desmilitarizado tendría poco que decir en políticas de defensa, económica o exterior.

Incluso un ya frágil Yasir Arafat pudo comprobar lo que suponía esta hegemónica interpretación de la solución biestatal. La primera, justo antes de firmar el acuerdo B de los de Oslo en El Cairo y la segunda durante la cumbre de Camp David de 2000. En la primera ocasión era demasiado tarde —literalmente, minutos antes de la ceremonia— y ya no había escapatoria. En la segunda tuvo tiempo para reflexionar con más detenimiento y rehusó plegarse al dictado israelí, lo cual probablemente le terminaría costando la vida.

Podría pensarse que lo sucedido a Arafat está detrás de la transigencia que, aunque vacilante, muestra su sucesor ante quienes desean continuar con esta idea mostrándose dispuesto a aceptar, mientras sea posible, la interpretación del sionismo pragmático.

Pero la fuerza de la interpretación que el sionismo hace de la solución biestatal, que en este momento sigue siendo la única existente, está de capa caída, razón que explica en gran parte el resurgimiento de la uniestatal. Ésta se ha mantenido con vida entre quienes siempre la habían creído la única opción no sólo política, sino moral, que considera y responde a todos los problemas pendientes del conflicto. En efecto, cuestiones como el derecho al retorno de los refugiados, la naturaleza colonialista del sionismo y la necesidad de conformar un tejido social multirreligioso y multicultural no parecen tener cabida en la solución biestatal. Al primer grupo de partidarios de la solución uniestatal se van uniendo tránsfugas que reticentemente se adscriben a la causa uniestatal porque han perdido las esperanzas de llegar a ver aplicada la biestatal. Éstos creen que la nueva realidad geopolítica creada por Israel sobre el terreno es irreversible y admiten que en el lado israelí no hay voluntad de aceptar la existencia de un Estado palestino verdaderamente independiente y soberano.

Así pues, a pesar de su agitada historia, la idea uniestatal aún nos acompaña, si bien marginada y atribuida a los soñadores más ingenuos. Esta semblanza, muy breve y hasta cierto punto esotérica, nos demuestra que sólo el desgaste pronunciado de la solución biestatal y su validez podrán devolver la atención a la idea uniestatal, en la forma que fuere. No obstante, es importante subrayar que no fueron quienes desesperaron de la solución biestatal quienes mantuvieron con vida la idea, sino aquellos que no perdieron la fe en la validez moral del uniestatalismo y en su viabilidad política. Estos pocos se han sentido reivindicados en la última década por los muchos que se les han unido en calidad de «conversos», y el abandono de la solución biestatal parece cada día más cercano.

En el momento de redactar este artículo son principalmente individuos, y no ONG, los que respaldan firmemente esta idea; cabezas visibles que han revalorizado en los últimos años la solución uniestatal estructurando el debate y aireando las cuestiones aún no resueltas, más allá de eslóganes e ideales. El impulso final a esta actividad pública e intelectual ha llegado con la publicación de diversos libros coherentes en su argumentación a favor del uniestatalismo, cuyos autores, junto con otros, han aunado esfuerzos para difundir la idea y arraigarla en el discurso público y la conciencia colectiva[4]. Sin embargo, como ya se ha dicho, no hay partidos políticos que defiendan esta idea y, aunque un sondeo intuitivo entre las muchas ONG que trabajan sobre el terreno en Israel, Palestina y las comunidades exiliadas indica un amplio apoyo por parte de la sociedad civil palestina, ninguno de los actuales actores gubernamentales o no gubernamentales respaldan oficialmente el uniestatalismo.

Un movimiento político debe ante todo aclarar su posición con respecto a quienes poseen el poder o, por expresarlo de otro modo, decidir si desean sustituir a los poderes fácticos o influir sobre ellos. En este último caso, el movimiento por la solución uniestatal sólo podrá actuar convirtiéndose en bandera de un partido, de una facción o de cualquier otro tipo de entidad posible hoy día en la anormal realidad de Palestina, en la que un Estado soberano coexiste con una comunidad ocupada, aislada y desestatalizada.

Sin embargo, existe otra opción que se refiere a una fase preliminar y quizá necesaria antes de tomar una decisión firme sobre la estrategia a seguir, que deberá concretarse según una definición del concepto de movimiento sociopolítico más fluida que la que suele aparecer en la literatura sobre el tema. El movimiento sociopolítico que buscamos debe representar y vehicular determinados impulsos, esperanzas y visiones de futuro. Como tal, su principal cometido es trasladar al reino político, es decir, de abajo arriba, las demandas populares que son ignoradas por las élites política y mediática de una sociedad determinada. En nuestro caso particular, nuestro movimiento quiere que los que poseen el poder examinen con urgencia nuevas alternativas para evitar una catástrofe inminente.

Existen dos paradojas que habría que tener en cuenta desde un primer momento. Por un lado, construir un movimiento lleva mucho tiempo y la realidad terrenal exige un activismo urgente e inmediato que frustre la incansable opresión. Por otro, las demandas populares que se hacen a la élite política muy a menudo nacen y se alimentan de las sospechas crecientes que levanta esa misma élite y de la falta total de confianza en ella, sin que por eso cunda necesariamente el entusiasmo por derrocarla.

Éstas son las limitaciones preexistentes. No digo que sea necesario solventar las paradojas, pero sí ser consciente de ellas. Siempre hay un atajo o rodeo, como nos ha demostrado otro movimiento sociopolítico y los esfuerzos que se hicieron para crearlo: el movimiento por el boicot, la desinversión y las sanciones (BDS) a favor de Palestina. Se trata de una llamada a la aplicación de cualesquier acciones drásticas y no violentas contra Israel, con los objetivos de detener las actuales políticas y prácticas delictivas (como la masacre de Gaza de enero de 2009) y de engendrar un debate generalizado sobre la naturaleza del régimen y su legitimidad internacional. Esto se relaciona también con la segunda paradoja mencionada más arriba, porque el movimiento no desea desempeñar un papel dentro de la élite política, sino obligar a ésta a adoptar una postura ante el problema, dado el fracaso de todas las estrategias aplicadas anteriormente en la lucha. Este movimiento sociopolítico, así pues, nació hace pocos años como idea de un reducido grupo de intelectuales y creció de manera significativa tras recibir el apoyo de la sociedad civil de los territorios ocupados y, por extensión, del resto de palestinos de Israel y del mundo[5].

Antes de pormenorizar las dos opciones existentes para el movimiento por el Estado único —la construcción de un movimiento político per se o de un seguimiento popular más amplio— es necesario abordar una cuestión preliminar: a saber, los problemas derivados de la formación de la nueva coalición que ahora impulsa esta idea. Como se ha mencionado anteriormente, dicha coalición está integrada por quienes siempre han creído en ella y por los «tránsfugas» que se han unido a última hora debido a la frustración provocada por la inviabilidad de la solución biestatal. No es por tanto la más higiénica de las asociaciones para hacer avanzar una idea aún utópica y rechazada por las élites políticas y los medios de comunicación más poderosos, pues entre los tránsfugas no abundan ni la motivación ni la inspiración. Esto quedó muy claro, por ejemplo, en la contribución que Meron Benvenisti hizo al congreso de marzo de 2009[6]. No obstante, sus valiosos análisis y explicaciones —y otros similares por el estilo— sobre lo que de fallido hay en la solución biestatal y sobre los compromisos de ésta con la *realpolitik* pueden resultar de gran provecho para el movimiento por el Estado único.

Si se acordase una mínima base de cooperación —y, a juzgar por las pruebas con que contamos hasta ahora, no es algo que deba darse por sentado—, la siguiente etapa sería dirigir los esfuerzos de persuasión hacia los «escépticos del Estado», quienes no se atreven aún a respaldar la solución uniestatal, pero tampoco ignoran la caótica realidad resultante de la pertinaz adhesión de la comunidad internacional a la solución de los dos Estados.

Se trata realmente de ampliar tanto el núcleo del movimiento como su base de apoyo. Este esfuerzo debería flexibilizar la idea con el fin de potenciar al máximo su atractivo.

En mi opinión, tras el congreso de Boston de marzo de 2009, es más o menos en esa etapa donde nos encontramos. Como se ha indicado anteriormente, desde este punto deben considerarse dos opciones posibles: jugar según las reglas de las élites políticas o trabajar con las redes populares para cambiar el discurso público y la orientación de aquéllas.

Desde la II Guerra Mundial, la política, especialmente en Occidente, es de carácter evolutivo antes que revolucionario. Así pues, los sistemas políticos son formularios por naturaleza y es poco probable que, a menos que alguna catástrofe demuestre que han dejado de ser útiles a todos los efectos, las élites se desmarquen de ellos. Máxime menos cuando el problema no está entre sus prioridades, pues incluso cuando por alguna razón encuentra un hueco en los programas políticos, lo hace por cortos periodos de tiempo. Es improbable por tanto que los indicios de la inviabilidad de cualquier tipo de biestatalismo, por evidentes que sean, vayan a provocar cambios significativos en la orientación de las políticas, de lo que se infiere que la primera opción explorada más arriba, la que propone dar en el seno de las propias élites políticas un golpe de timón hacia la solución del Estado único, es prematura: en este momento no traería más que decepciones y resultaría en la peligrosa transformación del movimiento uniestatalista en una quijotesca odisea destinada al olvido.

Por consiguiente, la opción más factible no es tratar de desempeñar aún papel alguno en el juego de las élites políticas, sino preparar el terreno para el inevitable terremoto que obligará a los políticos y demás actores de peso a modificar sus posturas. Un movimiento así debe, literalmente, tratar de cambiar las ideas preconcebidas de la gente, atraer su atención y hacer valer su reconocimiento. Este cometido podría plantearse como un trabajo en tres direcciones: la reintroducción del pasado en la ecuación, la deconstrucción de la esencia del actual proceso de paz y la preparación de proyectos que traduzcan la idea del Estado único en una realidad futura tangible.

Revendiendo el pasado

La lucha por recuperar la memoria es, en el caso de Palestina, uno de los deberes más importantes de este siglo para cualquier persona comprometida con la causa de este pueblo. La convergencia de la laboriosa historiografía palestina y los últimos descubrimientos de los historiadores revisionistas israelíes han transformado los planes de investigación de las universidades y el discurso público de los activistas. En muchos sentidos, arrojar luz sobre la totalidad de los sucesos ocurridos en 1948 sirvió para expandir el espectro de los pacifistas y miembros de los comités solidarios palestinos hasta incluir la Nakba. Incluso el presidente Obama reconoció en su discurso de El Cairo de junio de 2009 que los palestinos llevan más de seis décadas sufriendo.

La lucha por la memoria histórica es enormemente relevante para el debate sobre la solución uniestatal, pues sólo la perspectiva histórica es capaz de desenmascarar la naturaleza reduccionista de la solución de los dos Estados: el hecho de que el topónimo «Palestina» termine utilizándose para aludir a un mero quinto de la tierra de los palestinos y a un tercio de su población original.

Un estudio histórico más profundo arroja luz sobre la naturaleza colonialista del sionismo. No sólo demuestra que los palestinos fueron víctimas en 1948 de una limpieza étnica y de un exilio forzoso del que se les prohibió regresar, sino que la ideología que nació de aquellas políticas sigue viva.

Un valiente periodista y escritor italiano comparaba la versión histórica ofrecida hasta hoy como razón de ser de la solución biestatal con la versión histórica que explica la Revolución Francesa como una coyuntura violenta sin raíces ni trasfondo alguno[7].

La experiencia unificada palestina desde finales del siglo XIX hasta 1948 ha sido reemplazada por un conjunto de experiencias separadas debido a la fragmentación de su pueblo y la división de sus territorios. Estas historias dislocadas entroncan, sin excepción, con lo ocurrido en 1948. En otras palabras, resida uno en Ramala, en Londres, en el campo de refugiados de Yarmuk o en Nazaret, si es palestino sus problemas de hoy en día son resultado directo de aquello.

Por otro lado, la ideología nacida con la limpieza étnica de 1948 es la que hoy mantiene a los refugiados retenidos en sus campos, la que discrimina a los palestinos dentro de Israel y la que oprime a los que sufren la ocupación en Cisjordania y el encarcelamiento en la franja de Gaza.

Desde ese punto de vista, proponer la cohabitación de dos Estados es como querer cerrar una olla enorme de agua hirviendo con una tapadera demasiado pequeña que siempre termina por caer dentro. La resolución del conflicto no llegará hasta que la tapadera quede bien fija sobre el pasado, clausurando así sus horrores y maldades.

Esta creencia se ha consolidado entre la sociedad civil y académica, abonando el terreno para el debate sobre la solución uniestatal. Pero no ocurre lo mismo entre los medios de comunicación mayoritarios ni en el escenario político, ni en Occidente ni en el mundo árabe. En esta fase de la lucha hay más posibilidades de debatir las distintas versiones de los hechos históricos que de evangelizar con la solución uniestatal. Los medios de comunicación mayoritarios y los políticos rechazan dicha solución de plano, pero es posible que estén dispuestos a aceptar que su versión de la historia era distorsionada e incorrecta y que deberán considerar el conflicto como un proceso que comenzó en 1948, e incluso en 1882, y no en 1967.

Dicho de otro modo, es necesario insistir sobre lo siguiente: no es accidental la realidad —a la que los tránsfugas llaman «hechos consumados»— que poco a poco hizo de la solución biestatal una empresa inviable. Esa realidad es el resultado de una estrategia encaminada a entregar al Estado de Israel el control de toda la Palestina del Mandato Británico, y dicha estrategia es la piedra angular del sionismo pragmático y resultó en la división de Palestina en dos territorios: uno de ellos es el gobernado directamente por Israel y en el que éste quiere poner en práctica la fórmula de Simón Peres, «el máximo territorio posible, el mínimo de árabes posible»[8]. El otro es el que Israel controla indirectamente a través de representantes como la colaboracionista Autoridad Palestina. Lo que los periodistas y políticos occidentales presentan y han presentado siempre como debate fundamental en torno a la guerra y la paz es en realidad una discusión sobre cuánto es «el máximo territorio posible» y «el mínimo de árabes posible», y cuáles son los medios para conseguir ambas cosas.

Desenmascarar el arquetipo de la equidad y la farsa del debate social necesario en Israel y arrojar luz sobre la estrategia que ha ocultado la política israelí de los últimos cuarenta años es una tarea de la que el movimiento por un Estado único deberá responsabilizarse en el futuro inmediato.

LA DECONSTRUCCIÓN DEL PROCESO DE PAZ

Actualmente, el mayor obstáculo que tiene por delante el movimiento por el uniestatalismo viable es el hecho de que el «proceso de paz» de los últimos cuarenta años está firmemente anclado en una visión biestatal. Ésta es tan poderosa que hasta los colegas más valientes y comprometidos en la lucha a favor de Palestina salen en su defensa, en nombre de la *realpolitik*.

A fin de prevalecer sobre ella con los modestos medios que el movimiento uniestatal tiene y tendrá, es importante reconocer las premisas sobre las que se fundamenta la razón de ser del proceso de paz, y que aún rigen las políticas de la Administración de Obama, de la Autoridad Palestina, del llamado campamento de la paz israelí y de una gran parte de la élite política y de los medios de Occidente.

El proceso de paz comenzó en cuanto terminó la guerra de junio de 1967. Los primeros mediadores fueron franceses, británicos y rusos, pero la *Pax Americana* no tardó en imponerse, o en intentarlo.

La premisa básica que subyacía en el esfuerzo por la «paz» era la dependencia total del equilibrio de poderes como prisma principal a través del cual explorar las posibles soluciones. La superioridad de Israel quedó fuera de toda duda tras la guerra, de lo que se dedujo que el plan de paz diseñado por los generales y políticos israelíes no tardaría en convertirse en la base para el proceso en su conjunto.

Así pues, la élite política israelí empezó a generar sin descanso lo que se convertiría en una «cultura general» acerca del proceso de paz, y se dispuso a formular sus pautas según sus propios intereses. Estas pautas israelo-estadounidenses fueron bosquejadas en los años posteriores a la ocupación de 1967 y cristalizaron en un nuevo mapa geopolítico de la Palestina histórica. El sionismo pragmático dictaminó que el país quedaría dividido en dos esferas: una que Israel controlaría directamente como Estado soberano y otra que controlaría indirectamente, entregando a los palestinos una autonomía limitada.

El principal papel desempeñado por los estadounidenses consistió en presentar al mundo dichos dictados bajo una luz favorable, con calificativos del tipo «concesiones de Israel», «actitudes razonables» y «posiciones flexibles»[9]. Hasta hoy, ya sea por ignorancia o por interés, los sucesivos Gobiernos estadounidenses han adoptado una percepción de la crisis que atiende únicamente al punto de vista israelí, y que desprecia por completo la perspectiva palestina, sea cual sea su naturaleza u orientación.

Esta hegemónica presencia israelo-estadounidense ha producido cinco premisas que hasta hoy ni el Cuarteto ni quienes gestionan el proceso de paz y todo el teatro que éste lleva asociado se han atrevido a desafiar, ni política ni diplomáticamente.

La primera premisa se relaciona directamente con la lucha por la memoria histórica mencionada anteriormente y establece que el «conflicto» comenzó en 1967, por lo que el quid de la resolución del mismo estaría en un acuerdo que únicamente estipularía el futuro estatus de Cisjordania y la franja de Gaza. Tal premisa, así pues, consolida la colonización del 78 por ciento de Palestina.

La segunda premisa dice que todo lo que en esas áreas es visible es también divisible, y que tal divisibilidad constituye la clave para la paz. Así que incluso el 22 por ciento que le resta a Palestina de su territorio puede ser fragmentado a fuer de guardar la paz. Además, la agenda pacificadora especificaba que no sólo las áreas ocupadas en 1967 podían ser divididas, sino también sus poblaciones y recursos.

La tercera pauta establece que nada de lo que ocurrió antes de 1967, incluidas las consecuencias de la Nakba, es negociable. Así pues, el problema de los refugiados queda fuera de la agenda, hasta hoy día.

La cuarta pauta hace necesaria una ecuación que integre el fin de la ocupación israelí y el final del conflicto: una vez acordados el desahucio y el control, el conflicto quedaría resuelto a todos los efectos.

La última pauta es que Israel no está comprometido a hacer concesión alguna hasta que la lucha armada palestina desaparezca.

En 1993, estas cinco pautas se tradujeron en los llamados Acuerdos de Oslo, que en principio el interlocutor palestino aceptó firmar. Volvieron a presentarse en paquete en Camp David en 2000, y en ambos casos, a la OLP y la Autoridad Palestina les costó carros y carretas rechazarlas. Y aun así, continúan siendo los principios válidos para el proceso de paz.

Es necesario realizar una doble tarea. La primera es cambiar la imagen pública de la realidad actual, aceptada por los observadores internacionales y que corresponde a una catástrofe humana de dimensiones inimaginables, resultado inevitable de este proceso de paz y sus principios. Se demostraría con ello que dicho proceso es un acto político que otorga inmunidad internacional a una política de colonización y desposesión. Es cierto que esta política se ha agudizado de manera espectacular desde 2000, pero esta escalada no resulta del fracaso del proceso de paz, sino de la razón de ser del mismo.

El movimiento uniestatal cuenta con el respaldo de académicos, periodistas y activistas que poseen los medios para difundir su conocimiento a través de libros, periódicos y encuentros públicos celebrados a fin de debatir la actualidad israelo-palestina. Funciona ya una especie de sistema de monitorización de los medios, pero no de manera profesional ni sistemática. Hay que admitir que no es tanto la ignorancia como la timidez lo que impide a los periodistas más inteligentes e informados desenmascarar el «proceso de paz», que encubre un plan israelí perfectamente estructurado y existente ya en 1967, para aislar a los palestinos en bantustanes. El sionismo pragmático no deseaba ejercer el control directamente sobre las áreas de población palestina de Cisjordania y la franja de Gaza, no se atrevió a expulsarla y no quiso darles nada más allá de una autonomía limitada.

La segunda tarea necesaria es la de dar un lugar preponderante a las voces de los palestinos que son víctimas directas de esta política israelí durante los últimos cuarenta años, analizando sistemáticamente la conexión entre sus sufrimientos y la farsa de la paz. En otras palabras, el debate no sólo debe abordar la cuestión de si el camino recorrido hasta hoy es el correcto: debe responsabilizar también a quienes hicieron de ese camino el único posible, como contribuidores directos a la continuada opresión de los palestinos en los territorios ocupados. Esto supondría el desafío directo a la agenda de la Autoridad Palestina, que afirma que la paz con Israel, de acuerdo a las premisas anteriores, traerá el fin del sufrimiento para el pueblo víctima de la ocupación. El argumento en contra es que dicha paz está teniendo el efecto justamente opuesto: esta ocupación está cada vez más enraizada y la opresión se perpetúa.

Tal deconstrucción del proceso de paz no deberá quedarse en ejercicio académico, sino que habrá de tener implicaciones prácticas inmediatas. De la primera ya se ha hablado: un desafío sistemático a la cobertura que los medios hacen del proceso de paz desde Occidente. La segunda es la transformación de la naturaleza del activismo pacífico en la sociedad civil occidental y también entre los grupos pacifistas aún activos en Israel. Hasta hace poco, estos activistas eran leales tanto al arquetipo de la equidad como a la lógica de la solución biestatal como visión de un futuro pacífico. Durante años, el activismo pacífico se ha basado, como el proceso de paz, en el paradigma de dos versiones equivalentes de los hechos entre las que era necesario mediar y tender lazos. De ahí que tanto la Unión Europea como las principales instituciones financieras de Occidente fomentaran y financiaran el fenómeno de los *kissing cousins*[*]. De igual manera, los activistas occidentales creyeron que su principal cometido era reconciliar a los dos bandos sobre un terreno neutral, es decir, «occidental». Este noble propósito dio apoyo involuntariamente al proceso de paz oficial y lo presentó como el reflejo de la voluntad popular de las sociedades occidentales.

El movimiento uniestatal puede convertirse en la punta de lanza que abra un nuevo rumbo y un nuevo impulso en el esfuerzo de las sociedades civiles occidentales por transformar la realidad de Palestina. En lugar de organizar encuentros banales, innecesarios en la medida en que pueden celebrarse sobre el terreno en cualquier momento, la sociedad civil debería proporcionar el marco para diseñar las estrategias de una campaña que cambie el programa político de los Gobiernos occidentales y evalúe soluciones más genuinas y exhaustivas.

---

[*] Los llamados *kissing cousins* son programas diseñados en el periodo posterior a los Acuerdos de Oslo que buscaban terminar con los estereotipos culturales de las partes enfrentadas en el conflicto, en la creencia de que sus diferencias podrían solucionarse en el terreno de lo psicológico. *(N. del T.)*

Terminar con la segregación del activismo social occidental e israelí es un objetivo que coincide en esencia con el de la solución uniestatal, en un momento en el que ésta se encuentra aún en fase embrionaria. El movimiento uniestatal puede contribuir a un activismo único, que abarque todas los temáticas y que no se ajuste a identidades nacionales, religiosas ni étnicas. No obstante, el término «temática» puede sonar demasiado abstracto y flexible para un movimiento que busca desesperadamente cambiar la opinión pública tras años de condicionamiento por culpa de la distorsión de la historia, de la manipulación de los medios y de una letal visión de futuro. Así pues dichas temáticas deberían estar estrechamente vinculadas a resultados tangibles. La última parte de este estudio explora algunas de ellas y resultados.

Preparativos de futuro: el modelo modular

En su forma presente, el movimiento uniestatal está integrado por personas de toda condición que deberán hacer destacar su activismo y profesionalidad antes de que el movimiento por la solución uniestatal sea adoptado de manera sistemática por ONG y partidos políticos. Es hora de expandir el activismo más allá de los grandes congresos que hasta hoy se han encargado de transmitir la idea y dar a conocer las falacias del modelo biestatal. Existen, en efecto, más áreas de investigación en las que el movimiento uniestatal puede detener su atención.

En primer lugar, debe realizarse un sondeo de opiniones acerca de la idea uniestatal, sondeo que nadie ha llevado a cabo hasta ahora. A pesar de lo endeble de un instrumento así, es condición previa a cualquier campaña de sensibilización y difusión de ideas.

La segunda es la formación de grupos de trabajo al estilo de los *Tawaqim,* los equipos profesionales que durante los días de la conferencia de Madrid trabajaron a conciencia aunque en vano, en la Casa Asia para la creación de un Estado independiente (si bien sus esfuerzos fueron en vano). Dichos equipos se encargarían de preparar instrumentos prácticos que emanasen de un futuro equipo político para Palestina e Israel del formato que fuese: una constitución, un sistema educativo, planes de estudios y libros de texto, pautas básicas del sistema económico, consecuencias prácticas de la coexistencia en un mismo Estado de varias culturas y religiones, etcétera. Para cubrir algunos de estos aspectos concernientes al nuevo Estado no es necesario descubrir la pólvora: a los *Tawaqim* no se les dio mal. Para otros, la inspiración podría hallarse en cualquier otro momento de la historia, en otras geografías u otros pensamientos humanos.

Un proyecto específico a considerar sería la reflexión sería sobre el futuro de las colonias de judíos israelíes. Para los *Tawaqim* estaba claro que no tendrían cabida en un futuro Estado palestino. El caso de la solución uniestatal es distinto. No quiero proponer en este estudio una solución a este problema; me limitaré a señalar que es necesario discutirlo ya y no más adelante.

La aplicación del mayor de los pragmatismos a la creación de estos instrumentos finales —como un borrador de constitución, un plan de estudios, leyes de ciudadanía para todos (locales, retornados y nuevos inmigrantes), un reglamento de propiedad del suelo (que regule también las compensaciones y las propiedades de los «ausentes»), etcétera— dará cuerpo a la idea de un Estado más allá de los eslóganes y agilizará la deconstrucción de la solución biestatal.

El último objetivo que deberá acometer el movimiento uniestatal antes de convertirse —con un poco de suerte— en un vector poderoso a nivel popular y político será prestar especial atención a cómo difundir la idea e informar a la gente sobre ella, primero en pequeños grupos y luego ante audiencias más amplias. Se podrá persuadir a las ONG palestinas, nacionales y extranjeras, a las escasas ONG israelíes que siguen comprometidas en la lucha contra la ocupación, a los responsables de campañas y comisiones solidarias palestinas y al resto de ONG de la sociedad occidental, árabe y musulmana de que adopten una postura más firme al respecto.

La lucha por el Estado único no saldrá adelante sin la cooperación estrecha de los representantes oficiales de la OLP, de Hamás y de la Autoridad Palestina. La adopción práctica de este discurso por parte de estos grupos permitiría al movimiento uniestatal plantear una paz y una reconciliación de forma menos limitada y más inclusiva. Podría dudarse, eso sí, de si los regímenes árabes contribuirían a ello, excepción hecha de los dirigentes que ya apoyan abiertamente la idea. Por otro lado, el Gobierno y las ONG de Suráfrica ya han mostrado un mayor entusiasmo que cualquier otro Estado de la escena internacional. Con estas limitaciones en mente y dichos interlocutores potenciales, la voz del movimiento uniestatal podrá ser escuchada en todo momento.

Es un objetivo posible, pese a ser harto sabido que el apoyo popular a la idea uniestatal depende por completo de la desintegración total de la solución biestatal, cuestión sobre la que el movimiento por el uniestatalismo no tiene la mínima influencia. Mientras esperamos el desarrollo de acontecimientos que quedan fuera de nuestro control, debemos prepararnos, como si ese momento estuviera a la vuelta de la esquina, y asumir que millones de palestinos e israelíes desesperados, y muchas otras personas que se preocupan por ellos en todo el mundo, buscarán una alternativa al paradigma que tan desastrosamente ha condicionado el proceso de paz en Palestina e Israel. El activismo, la actividad académica, la difusión de información, la persuasión, la protesta y la solidaridad son las armas más poderosas que tenemos los desposeídos de poder. Usémoslas con sabiduría.

Capítulo 6

La guetización de Palestina: una conversación con Ilan Pappé y Noam Chomsky[*]

Antes de nada, ¿están trabajando ahora mismo en algo de lo que quieran hablarnos?

Ilan Pappé. Yo estoy terminando varios libros. El primero de ellos es una historia sucinta de la ocupación israelí de Cisjordania y de la franja de Gaza que se interesa especialmente por decisiones clave tomadas por los israelíes en los primeros años, de las que no se han desviado hasta hoy. Otros dos hablan sobre la minoría palestina de Israel y sobre los judíos de los países árabes. También estoy finalizando la edición de un estudio que compara le situación de Suráfrica con la de Palestina.

Noam Chomsky: Yo sigo con los habituales artículos, charlas, etcétera. Ahora mismo no estoy trabajando en ningún proyecto a gran escala.

Un parlamentario británico ha dicho hace poco que en los últimos cinco años ha detectado cambios con respecto

---

* Esta entrevista se hizo en diversos momentos entre los años 2009 y 2010.

a Israel. Actualmente, los miembros del Parlamento británico firman más mociones de condena a Israel que nunca. Este parlamentario me comentaba que hoy día es más fácil criticar a Israel, incluso durante una conferencia en una universidad estadounidense, por ejemplo. Además, en las últimas semanas, John Dugard, investigador independiente del conflicto israelo-palestino que trabaja para el Consejo de Derechos Humanos de las Naciones Unidas, ha afirmado que «el terrorismo palestino es resultado "inevitable" de la ocupación»; el Parlamento Europeo ha aprobado una resolución según la cual «la política de aislamiento contra la franja de Gaza ha fracasado desde los puntos de vista tanto político como humanitario» y las Naciones Unidas han condenado el uso excesivo y desproporcionado de la fuerza por parte de Israel en la Franja[1]. ¿Podría interpretarse esto como un cambio general en la actitud hacia Israel?

PAPPÉ: Todos esos ejemplos indican un cambio significativo en la opinión pública y en la sociedad civil. No obstante, el problema sigue siendo el mismo que hace sesenta años: este empuje y energía no se traducen, y difícilmente lo harán en un futuro inmediato, en medidas políticas reales. La única manera de impulsar la transición desde el apoyo de base a las políticas reales es desarrollando la idea de las sanciones y el boicot. Así, muchas personas y ONG que durante años han mostrado su solidaridad con la causa palestina encontrarán un camino más claro que seguir.

CHOMSKY: En los últimos años se ha producido un cambio muy claro, en las universidades estadounidenses y también en el público en general. No hace mucho, era común contar con protección policial en cualquier charla mínimamente crítica con las políticas de Israel. El público era muy hostil y solía reventar las conferencias. Eso ha cambiado mucho, con excepciones aisladas. Los apólogos de la violencia israelí suelen ponerse a la defensiva y, más que arrogancia o prepotencia, muestran desesperación. Pero la crítica contra las acciones israelíes tiene poco recorrido, pues los datos básicos se suprimen de manera sistemática. Esto es especialmente cierto en lo referido al papel que Estados Unidos desempeña en la anulación de la opción diplomática, socavando la democracia y apoyando el programa israelí, que sistemáticamente mina la posibilidad de un eventual acuerdo político. No obstante, la imagen de Estados Unidos como intermediario honrado que por alguna razón es incapaz de conseguir su bienintencionado objetivo es muy característica y no sólo en este ámbito.

La palabra *apartheid* es cada vez más utilizada por las ONG para describir la conducta de Israel hacia los palestinos (en Gaza, en los territorios ocupados y en el mismo Israel). ¿Es la situación de Palestina e Israel comparable a la de la Suráfrica del *apartheid*?

PAPPÉ: Hay semejanzas y diferencias. La historia colonial tiene muchos episodios parecidos entre sí y algunas de las características del *apartheid* pueden encontrarse en las medidas aplicadas por Israel contra la minoría palestina que vive dentro de su territorio o contra los habitantes de las zonas ocupadas. En algunos aspectos la ocupación israelí es aún peor que la realidad surafricana pero, en otros, los ciudadanos palestinos de Israel tienen mejor calidad de vida que la que existía en el clímax del *apartheid*. Para mí, el término comparativo de mayor importancia es la inspiración política. El Congreso Nacional Africano, el movimiento anti-*apartheid*, las redes solidarias desarrolladas con los años en Occidente, etcétera, todo ello debería inspirar una campaña más eficaz y centrada en pro de Palestina. Por esta razón necesitamos conocer la historia de la lucha contra el *apartheid* en lugar de insistir en la comparación entre éste y el sionismo. Otra cuestión, que es tanto histórica como ideológica, se refiere al análisis crítico que hacemos quienes hoy día somos conscientes de que el cambio no vendrá desde dentro de Israel.

CHOMSKY: No hay respuesta concreta a esas preguntas. Hay diferencias y similitudes. Dentro del mismo Israel se da una grave discriminación, pero está muy lejos de ser comparable al *apartheid* surafricano. Otra cosa es la situación en los territorios ocupados. En 1997 pronuncié el discurso de apertura de un congreso celebrado en la Universidad Ben-Gurion con motivo del aniversario de la guerra de 1967. Leí un párrafo de la historia oficial de Suráfrica, al que no hizo falta añadir comentario alguno.

Observada más de cerca, la situación en los territorios ocupados difiere del *apartheid* en varios sentidos. En algunos aspectos, el *apartheid* surafricano fue más cruel que las prácticas israelíes, en otros lo contrario es cierto. Por poner un ejemplo, la Suráfrica blanca dependía de la mano de obra negra. Era por tanto impensable expulsar a la población. En un momento determinado, Israel dependió de la mano de obra palestina, barata y fácil de explotar, pero hace tiempo que ésta ha sido reemplazada por parias procedentes de Asia, Europa oriental y otros lugares. Los israelíes, más bien, respirarían aliviados si los palestinos desaparecieran. No es ningún secreto que las políticas se han modelado de acuerdo con las recomendaciones dadas por Moshe Dayan tras la guerra de 1967: «Los palestinos seguirán viviendo como perros; quien quiera marcharse, puede»[2]. Algunos humanistas de izquierda de gran prestigio en Estados Unidos han hecho recomendaciones aún más extremas. Por ejemplo, Michael Walzer, del Institute for Advanced Studies de Princeton, editor de la publicación socialista y demócrata *Dissent*, aconsejó hace treinta y cinco años que, como los palestinos mantenían una posición «marginal con respecto al país», se les debería «ayudar» a marcharse[3]. Se refería a los ciudadanos palestinos residentes en Israel. Hace poco ha recuperado la idea el ultraderechista Avigdor Lieberman y la opinión mayoritaria israelí la va reconociendo poco a poco. Dejo a un lado a los auténticos fanáticos, como Alan Dershowitz, profesor de Derecho en Harvard, quien afirma que Israel nunca mata civiles, sólo terroristas —de manera que la definición de «terrorista», según él, es sinónimo de «asesinado por Israel»—, y que la proporción de bajas entre Palestina e Israel debería ser de mil a cero[4], es decir, que hay que «exterminar a todos los salvajes». No es casualidad que quienes abogan por esas opiniones sean tratados con respeto en los círculos ilustrados de Estados Unidos y en Occidente en general. ¿Cuál sería la reacción si se hicieran tales comentarios en referencia a los judíos?

Con respecto a la pregunta, reitero, no hay una respuesta clara a la pregunta de si esa analogía es apropiada.

Israel ha declarado recientemente que boicoteará la conferencia de las Naciones Unidas sobre Derechos Humanos de Durban porque «será imposible evitar que la conferencia se convierta en un festival de ataques antiisraelíes»[5]; además ha cancelado una reunión con altos cargos costarricenses en torno a la decisión del país centroamericano de reconocer formalmente al Estado palestino[6]. ¿Podría volverse contra Israel ese rechazo a aceptar cualquier tipo de detracción de sus directrices políticas?

PAPPÉ: Con un poco de suerte, sí. Depende, no obstante, del equilibrio de poderes regional y global, no sólo de que los israelíes reaccionen de manera exagerada. Ambas cosas, el equilibrio de poderes y la intransigencia israelí, pueden estar interconectadas en el futuro. Si se produce un cambio en la política estadounidense o en el hegemónico papel político que juega en la región, la larga inflexibilidad israelí empujará a la comunidad internacional a adoptar una posición más crítica contra el Estado judío y a ejercer presión contra él para poner fin a la ocupación y la desposesión de Palestina.

CHOMSKY: El rechazo de Israel a aceptar las críticas ya se está volviendo contra él. En un reciente sondeo internacional realizado antes de la invasión de Gaza, diecinueve de veintiún países consideraban que Israel ejercía una influencia negativa sobre el mundo. Las excepciones fueron Estados Unidos, donde había unos pocos más convencidos del papel positivo de Israel, y Rusia, donde la opinión estaba dividida[7]. Israel ocupó el último puesto en una clasificación, junto con Irán y Pakistán. Tras la invasión de Gaza, es probable que las actitudes para con Israel sean aún más negativas. Este cambio de actitud se ha acelerado con el tiempo.

¿Cómo podría Israel alcanzar un acuerdo con una organización que declara que jamás reconocerá a Israel y cuya carta fundacional clama por la destrucción del Estado judío? Si Hamás realmente deseara un acuerdo, ¿por qué no reconoce a Israel?

PAPPÉ: La paz se firma entre enemigos, no entre amantes. El resultado final del proceso de paz implicaría que el Islam reconozca políticamente el lugar que los judíos ocupan en Palestina y en Oriente Próximo en general, ya sea en Estados separados o en uno conjunto. La OLP entabló negociaciones con Israel sin modificar su programa, que no difiere mucho en lo alusivo a la actitud hacia los israelíes. Así pues, deberá buscarse un texto, una solución y una estructura política que sean inclusivas y permitan la coexistencia de todos los grupos nacionales, étnicos, religiosos e ideológicos.

CHOMSKY: Hamás no tiene por qué reconocer a Israel en la misma medida en que Kadima no tiene por qué reconocer a Palestina, o el Partido Demócrata a Inglaterra. Uno podría preguntarse si un Gobierno liderado por Hamás debería o no reconocer a Israel o si un Gobierno liderado por Kadima o por el Partido Demócrata debería reconocer a Palestina. Por ahora, todos han rehusado hacerlo, aunque Hamás al menos ha pedido un acuerdo binacional en virtud del consenso internacional existente hace décadas. Kadima y el Partido Demócrata, sin embargo, se niegan a dar ese paso, ciñéndose a la postura rechacista que Estados Unidos e Israel llevan treinta años manteniendo en solitario. Cuando el primer ministro Olmert declara en una sesión conjunta del Congreso de Estados Unidos que cree «en el derecho histórico y eterno de nuestro pueblo a toda esta tierra» y consigue el aplauso general, lo que está haciendo es negar cualquier tipo de derecho fundamental a los palestinos[8]. A menudo ese rechazo toma la forma de políticas gubernamentales explícitas que responden a la aceptación formal por parte de los palestinos de un acuerdo biestatal, como en 1989, cuando el Gobierno de coalición de Peres y Shamir declaró que no podía existir «otro Estado palestino» entre Jordania e Israel, pues Jordania era ya un Estado palestino por decisión israelí; decisión que contó con el respaldo manifiesto de Estados Unidos. No obstante, más importantes que las palabras son las acciones. Los programas de colonización y urbanización de Israel en los territorios ocupados —todos ellos ilegales, tal y como hicieron saber a Israel en 1967 las máximas autoridades legales del país y como recientemente ha confirmado el Tribunal Internacional de Justicia— están diseñados para imposibilitar la creación de un Estado palestino viable. Estados Unidos proporciona un apoyo decisivo a todas estas medidas y con ello hace suya esa postura. Ante este ejemplo práctico de desprecio por los derechos palestinos, cualquier desprecio de palabra es insignificante.

Con respecto a Hamás, creo que debería eliminar esa estipulación de su carta fundacional y avanzar hacia la aceptación de un acuerdo biestatal y hacia el mutuo reconocimiento, aunque debemos tener en cuenta que su posición es más flexible al respecto que la de Estados Unidos e Israel.

Durante los últimos meses, Israel ha recrudecido sus ataques contra Gaza y habla de una inminente invasión por tierra. Existen muchas posibilidades, por otro lado, de que haya participado en el asesinato de Imad Mughniyeh, líder de Hezbolá. Y, por fin, está presionando para la aplicación de sanciones más duras (también de naturaleza militar) contra Irán. ¿Creen que el apetito bélico de Israel puede finalmente llevar a su autodestrucción?

Pappé: Sí, creo que la agresividad de Israel va en aumento y que Israel no sólo antagoniza con el mundo palestino, sino con el árabe en general e incluso con el islámico. Hoy día, el equilibrio de poderes militares juega a favor de Israel, pero esta situación puede cambiar en cualquier momento, especialmente si Estados Unidos retira su apoyo.

Chomsky: Hace décadas escribí que aquellos que se llaman a sí mismos «partidarios de Israel» son en realidad partidarios de su degeneración moral y de su probable destrucción definitiva. Durante muchos años he creído que Israel prefiere claramente la expansión a la seguridad y que desde el momento en que rechazó la oferta de un tratado de paz integral —hecha por Sadat en 1971—, dicha preferencia puede llevarle a la autodestrucción.

¿Quiere eso decir que el único lenguaje que Israel entiende en su enemigo es el de la fuerza?

PAPPÉ: En muchos sentidos, sí. Las operaciones militares exitosas, como las llevadas a cabo por Hezbolá, provocan respuestas cada vez más feroces y crueles por parte de Israel, así que nos irá mejor si nos convencemos de que son más eficaces las medidas de presión no violenta como el boicot, la retirada de las inversiones y las sanciones. Éstas deberán combinarse con la aparición sobre el terreno y en ambos bandos de un movimiento pacífico de reconciliación.

CHOMSKY: Lo que Israel entiende más claramente son las órdenes de Washington, el «jefe al que llaman "socio"», según el analista israelí Amir Oren[9]. Cuando Estados Unidos insiste a Israel para que abandone un programa o una medida política, Israel suele obedecer. Es lo que ha venido ocurriendo repetidamente, porque en realidad no tiene otra alternativa.

¿Qué haría falta que sucediera para que Estados Unidos retirase su apoyo incondicional a Israel?

PAPPÉ: En el plano internacional sería necesario que fracasara su política para Oriente Próximo y esto podría ocurrir principalmente por la caída de alguno de sus aliados. Otra alternativa, aunque menos probable, sería la emergencia de una política europea. En el plano nacional, una crisis económica de gran calado y el éxito de la actual coalición de fuerzas, que trabaja desde la sociedad civil para provocar ese cambio.

Debe hacerse hincapié en otras dos cuestiones: en primer lugar, históricamente, la posición estadounidense no siempre ha sido tan descaradamente proisraelí. Las dos Administraciones anteriores a la de Kennedy —que coincidió con la consolidación del AIPAC, el *lobby* judío—, es decir, la de Truman y en particular la de Eisenhower, consideraron muy seriamente tomar determinadas decisiones a favor de Palestina, aunque finalmente cedieron a la presión y terminaron retractándose. Truman pensó en retirarse del plan de partición de marzo de 1948 y Eisenhower barajó la posibilidad de firmar un plan de paz que incluyera cláusulas referidas a los refugiados. No podemos por tanto tomar una postura teleológica a este respecto. En segundo lugar, la tríada sobre la que se apoya la relación entre Israel y Estados Unidos está formada por tres elementos de igual peso: el AIPAC, el complejo militar e industrial y los sionistas cristianos. Si uno de ellos cae, la estructura entera se vendrá abajo.

CHOMSKY: Para contestar a esta pregunta hay que tener en cuenta de dónde viene el apoyo. El sector corporativo estadounidense, que es el que determina la formulación de las medidas políticas, parece estar bastante satisfecho con la situación actual. Indicio de ello es el flujo creciente de inversiones en Israel por parte de Intel, Hewlett-Packard, Microsoft y otros representantes de la industria de la alta tecnología. Las relaciones militares y de inteligencia siguen siendo muy fuertes. Los intelectuales estadounidenses mantienen desde 1967 un idilio romántico con Israel por razones que, en mi opinión, tienen más que ver con Estados Unidos que con el propio Israel, lo cual condiciona seriamente la imagen que los medios de comunicación dan de los sucesos y a la historia en general. Los palestinos han sido debilitados y dispersados, no tienen amigos ni nada que ofrecer a las concentraciones de poder de Estados Unidos. Una gran mayoría de estadounidenses apoya el consenso internacional al respecto del Estado binacional e incluso exige que la ayuda a Palestina se equipare a la que se concede a Israel. En éste y otros muchos aspectos, ambos partidos políticos se mantienen muy a la derecha de la población. El 95 por ciento de los estadounidenses creen que su Gobierno debería responder a las opiniones de la población, una postura rechazada por las élites (a veces tácitamente, otras de modo muy explícito). Así pues, un paso necesario hacia la imparcialidad sería la «promoción democrática» en el seno de Estados Unidos. Dejando aparte tal eventualidad, lo que hace falta es que ocurran cosas que lleven a los sectores elitistas a recalcular sus intereses.

¿Podría ser la actual crisis económica esa «crisis económica de gran calado»?

PAPPÉ: La crisis actual no funciona como podría inferirse de su pregunta: está acentuando la marginalidad del problema palestino dentro de la visión global de la nueva Administración. La operación contra Gaza creó la ilusión de que Palestina está en la lista de máximas prioridades de Obama, pero cuando George Mitchell (el enviado especial del presidente a Oriente Próximo) vuelva con las manos vacías, lo cual parece más que probable, la crisis económica podría suponer la marginalización total del problema palestino.

No obstante, puede darse un escenario en el que la crisis sea tan profunda y los impuestos pagaderos por el mantenimiento de Israel se eleven tanto que el Gobierno estadounidense decida limitar su compromiso con el Estado judío, pues no en vano ambas cuestiones están muy interconectadas en el imaginario público. Éste, no obstante, sería más bien un proceso a largo plazo.

CHOMSKY: La crisis económica es muy seria y sus consecuencias no pueden calcularse con total seguridad. No hay indicios, sin embargo, de que esté influyendo en los programas políticos referidos a Israel y Palestina, y no tenemos motivos específicos para esperar que lo haga.

Durante las últimas elecciones presidenciales estadounidenses ocurrió algo muy revelador. En un momento determinado, pareció que el candidato ganador sería aquel que mostrara mayor apoyo a Israel. Tanto Obama como McCain acudieron a la cena anual del AIPAC y pronunciaron sorprendentes discursos de apoyo a Israel. ¿Es esto prueba de que el *lobby* proisraelí de Estados Unidos es más poderoso que nunca?

PAPPÉ: Creo que sí. Estaba muy claro, al menos durante la campaña, que nadie se atrevería a enfrentarse frontalmente con el AIPAC y que había un discurso y un ritual a los que era necesario adherirse. Pero la cuestión importante es lo que ocurrió tras las elecciones: no hay que olvidar que el primer discurso de agradecimiento de Obama fue para el AIPAC. Creo que hay un gran malentendido no sólo al respecto del poder del *lobby,* sino al respecto de sus objetivos. Lo que el AIPAC pide a la nueva Administración no es necesariamente que se ciña a los dictados del Gobierno israelí (el de Netanyahu, por ejemplo). Lo que pide es que no se desmarque del consenso sionista israelí, es decir, que no adopte directrices políticas contrarias a las del Likud, el Partido Laborista o Kadima. En muchos sentidos, la dirección adoptada por las políticas de Obama desde su elección se pliega a este compromiso: la Casa Blanca prefiere ver en el poder a Tzipi Livni antes que a Netanyahu, pero tal deseo se sale del marco político tolerado por el AIPAC. Así pues, el declive en el poder del AIPAC no llegará hasta que la Administración estadounidense no esté dispuesta a cuestionar asuntos fundamentales que subyacen en el corazón del consenso sionista israelí.

El segundo punto destacable se refiere al hecho de que no puede acusarse al AIPAC de ser el único elemento constitutivo de la política exterior estadounidense. Existen otros factores, como el complejo militar e industrial, el sionismo cristiano, el neoconservadurismo, etcétera. El papel del AIPAC es fusionar todos esos vectores de influencia y canalizarlos eficazmente en pro de Israel.

CHOMSKY: No es el AIPAC el que induce a las grandes corporaciones estadounidenses a incrementar sus inversiones en Israel ni el que empuja al ejército y a la inteligencia del país a estrechar sus relaciones con Israel y a instalar equipamiento militar en su territorio para una eventual intervención estadounidense en la región. Desde luego, el *lobby* tiene influencia, pero sólo cuando se esfuerza por promover objetivos que importan poco a las élites estadounidenses y a sus concentraciones de poder, como, por ejemplo, la persecución y el acoso a los palestinos. Cuando el poder estadounidense rechaza los objetivos del *lobby*, éste desaparece. Un ejemplo de ello se dio al poco de que Obama y McCain se desacreditaran a sí mismos con sus odas a Israel. El AIPAC apoyaba firmemente la resolución H.R. 362 del Congreso, que exigía el bloqueo de Irán, un acto de guerra. Habían conseguido un considerable apoyo por parte del Congreso, pero la resolución quedó en agua de borrajas cuando la Administración dejó claro de forma discreta que se oponía a la resolución. Los grupos de presión pacifistas tuvieron parte de responsabilidad en ello.

Un ejemplo menos llamativo de este comprensible fenómeno lo encontramos en el discurso que Obama pronunció ante el AIPAC, en el cual declaró que Jerusalén debía ser la capital eterna e indivisible de Israel, para gran entusiasmo del *lobby*. Cuando sus asesores se dieron cuenta de que apreciaciones descabelladas como ésa perjudicaban a los intereses del país, sus asesores de campaña se apresuraron a explicar que no era eso lo que había querido decir[10].

Barack Obama ha presentado a su nuevo equipo de secretarios y asesores en materia de economía y política exterior. ¿Qué sabemos sobre ellos? ¿Se ajustan sus perfiles a la promesa de cambio hecha por Obama?

PAPPÉ: En mi opinión, el vicepresidente, el secretario de Estado y el director de personal de la Casa Blanca son un *dream team* del sionismo. ¿Cambiarán sus opiniones hasta el punto de apoyar al bando opuesto? Es difícil creer que eso pueda ocurrir. Otra cosa es que se den sucesos imprevistos de tal magnitud que nadie pueda mantener su forma habitual de pensar y de actuar.

CHOMSKY: Yo hice ya un comentario sobre la elección de Obama, que no repetiré aquí[11]. Las personas que ha elegido son gentes de la vieja escuela de Washington, que ante todo representan a las instituciones financieras que más aportaron a su campaña, muchas de ellas con responsabilidades en la crisis financiera. En política exterior, sus asesores se acercan más al perfil del halcón que al de la paloma. Con respecto a la cuestión israelo-palestina, hay que decir que prácticamente todos se han opuesto desde siempre al consenso internacional sobre un acuerdo político. Lo que hay que tener en cuenta, en cualquier caso, es que los escasos pronunciamientos de Obama al respecto rechazan ese consenso[12].

CounterPunch planteó en marzo de 2008 un interesante debate sobre las soluciones uniestatal y biestatal, que comenzaba con un artículo de Michael Neumann donde éste afirmaba que «la solución uniestatal es una ilusión».

A dicho artículo siguieron otro de Assaf Kfoury titulado «"One-State or Two-State"- A Sterile Debate on False Alternatives» [«"Un Estado o dos": un debate estéril sobre falsas alternativas»] y otro de Jonathan Cook, «One State or Two? Neither. The Issue is Zionism» [«¿Un Estado o dos? Ninguno. El problema es el sionismo»]. ¿Cuál es su opinión sobre ello? ¿Piensan que pese a los hechos consumados —asentamientos, desvíos de carreteras, etcétera— protagonizados por Israel la solución biestatal sigue siendo posible?

PAPPÉ: Los hechos consumados han hecho que la solución biestatal dejara de ser viable hace tiempo. La realidad indica que Israel jamás consentirá otro Estado palestino que no sea las entidades desestatalizadas creadas en los dos bantustanes que son Cisjordania y Gaza bajo control total de Israel.

Ya existe un Estado. La lucha consiste en cambiar su naturaleza y el régimen que lo gobierna. Que el nuevo régimen y su constitución sean democráticos y binacionales no es relevante en este momento. Cualquier proyecto político que sustituya la actual política racista sería bienvenido. Tal proyecto debería asimismo permitir el regreso de los refugiados y asegurar la permanencia de todos los inmigrantes, hasta la de los recién llegados.

Pero quiero comentar dos cuestiones más. Por un lado, el país en general está al borde de una guerra civil que podría engullir a los palestinos que están en Israel. Ésta sería una situación terrible, pero podría acelerar el final definitivo de la solución binacional y la lógica distorsionada que la sostiene. Por otro, el principio al que todos deberían adherirse no debería ser, a estas alturas, la imposición de un modelo ideal como prueba fehaciente de lealtad a la causa o de un compromiso por la paz. Más bien debería buscarse una solución inclusiva que hiciera hincapié en la agenda común a los diversos frentes involucrados actualmente en la lucha por Palestina. Es mejor terminar ahora con esas divergencias de opinión que dejarlas para enfrentamientos posteriores.

CHOMSKY: Hoy día, los palestinos sólo tienen dos opciones. Una es que Estados Unidos e Israel abandonen su postura rechacista y se presten a un acuerdo en la línea del que se manejó en Taba. La otra es el continuismo de la política actual, que llevará inexorablemente a que Israel consiga lo que quiere: al menos, el Gran Jerusalén, el área interior del muro de separación (que hoy día es ya un muro de anexión, más bien), el valle del Jordán y las lenguas de territorio de Ma'aleh Adumim y Ariel que dividen en tres el territorio restante, el cual quedará fragmentado en cantones insostenibles por las enormes infraestructuras, los cientos de puestos de control y otros mecanismos que garantizarán que los palestinos vivan como perros.

Hay quienes creen que los palestinos deberían permitir, sin más, que Israel se apoderase de Cisjordania por completo para luego emprender una lucha por los derechos civiles y contra el *apartheid*. Sin embargo, eso es una ilusión. No hay razón para creer que Estados Unidos e Israel vayan a aceptar las premisas de esa propuesta. Simplemente, continuarán con su programa político de siempre, sin admitir responsabilidades por los palestinos que habitan fuera de las regiones que Israel quiere incorporar a su territorio.

¿Podrían abundar en esta cuestión y explicarnos cuál sería, en su opinión, una «hoja de ruta» aceptable y viable, paso por paso?

Pappé: Probablemente es demasiado pronto para hablar de pasos o etapas, pero usaré ese concepto con el fin de describir lo que sería en la práctica una sucinta hoja de ruta para el futuro.

El primer paso sería intentar bloquear las siguientes iniciativas que pretende poner en marcha Israel. El estilo de resistencia practicado por Hamás sólo determina el ritmo de la política israelí, no su dirección ni su ferocidad. Las matanzas masivas se harán más frecuentes, la ocupación se recrudecerá y seguirán en pie los planes para continuar con la limpieza étnica de Palestina. Así pues, no tiene sentido avanzar en el esfuerzo por la paz sin poner fin de una vez por todas a la presencia militar israelí en Cisjordania y al bloqueo de Gaza. Esto sólo se conseguirá mediante la presión externa sobre Israel en forma de sanciones y otras medidas drásticas.

En un segundo paso, la sociedad civil deberá prepararse para ese momento, planteando un diálogo fructífero sobre una futura estructura política en la que tengan cabida los puntos más relevantes del «proceso de paz» ignorados hasta hoy: el derecho al retorno de los refugiados, la construcción de un sistema político equitativo para todos y el respeto mutuo entre las distintas identidades religiosas y culturales. Si esta etapa se completa con éxito, servirá de aliciente para que el sistema político admita un proceso de paz más valioso, a largo plazo y con garantías de acuerdo.

CHOMSKY: El paso fundamental será que Estados Unidos se adhiera al abrumador consenso internacional. Sería además necesario exigir un acuerdo en esos términos y poner fin a cualquier apoyo a Israel, que tradicionalmente ha impedido esa posibilidad. Israel no tendrá otra opción que plegarse a las demandas de la comunidad internacional. Hay quienes afirman que si Israel evacuara a los colonos por la fuerza, estallaría una guerra civil. Tienen razón, pero se trata de una apreciación irrelevante. Si Israel se ve obligado a abandonar su postura rechacista, deberá anunciar que las FDI abandonarán los territorios ocupados en tal o cual fecha. La gran mayoría de colonos hará las maletas y volverá a Israel; los que se nieguen, podrán seguir viviendo en sus casas, pero bajo el mandato palestino. Los miles de israelíes subsidiados ilegalmente para colonizar Gaza podrían haber sido evacuados de esa misma manera, sin violencia ni conflictos. Pero el «trauma nacional» puesto en escena era útil como propaganda destinada a ganar apoyos para el proceso cada vez más amplio de colonización de Cisjordania. Dicha puesta en escena no habría tenido lugar si Estados Unidos e Israel hubieran aceptado un acuerdo como el planteado en Taba, que contaba con el respaldo de prácticamente toda la comunidad internacional.

Durante un reciente viaje a Israel/Palestina, me pareció evidente (hablando con la gente, leyendo la prensa, viendo las noticias) que Israel tenía miedo de una cosa: el boicot. ¿Están a favor de este tipo de acción? ¿Creen que podría dar resultados?

Pappé: Sí, lo creo, y me parece que daría la oportunidad de poner en marcha un proceso de cambio real. No me fue fácil conceder mi apoyo a una medida como el boicot; es una postura madurada tras un largo proceso de deliberación. Hoy día, me parece el mejor camino a seguir. Van apareciendo indicios de considerables logros sobre el terreno, que dejan ver que el boicot puede ser una manera eficaz de influir en la opinión pública del futuro.

Son tres las razones que nos hacen valorar positivamente una potencial campaña de boicot: 1. No existen dinámicas de cambio en el seno de Israel. Las pocas que existen no provocarán el cambio a menos que reciban el apoyo de un agente exterior poderoso que legitime la postura de las fuerzas internas y el desafío a las verdades básicas de la sociedad israelí. 2. A estas alturas, ésta es la única estrategia no violenta al alcance de los palestinos. Se trata de una estrategia que no cuestiona ni deslegitime las luchas del pasado, sino que las complementa, allanando además el camino para un modus operandi que deja atrás la desesperación y la autodestrucción. 3. Se trata de una estrategia que tiene precedentes de éxito, concretamente en la lucha contra el *apartheid* surafricano.

Chomsky: Los boicots pueden funcionar en casos concretos. Por ejemplo, las acciones de boicot contra Suráfrica tuvieron éxito, si bien la Administración de Reagan evitó que se votaran sanciones en el Congreso, declarando a la vez que el Congreso Nacional Africano de Mandela era «uno de los grupos terroristas más infames del mundo» (en 1988). Dichas acciones fueron eficaces porque el trabajo sobre el terreno se apoyaba en años de educación y activismo. Cuando fueron aplicadas, recibieron el apoyo sustancial de Estados Unidos, tanto de su sistema político como de los medios e incluso el sector corporativo. Nadie apoyaba el *apartheid*. En Palestina no se ha conseguido nada ni remotamente parecido. El resultado es que las llamadas al boicot se vuelven invariablemente contra los palestinos, pues no consiguen más que recrudecer las políticas más duras y brutales.

El boicot selectivo, planificado meticulosamente, puede ser eficaz en cierta medida. Por ejemplo, los boicots contra los fabricantes de armas que proporcionan material a Israel, o contra la Caterpillar Corporation, que aporta los buldóceres con los que se destruye Palestina. Todas sus acciones son estrictamente ilegales. No será difícil hacer comprender a la gente la pertinencia de una campaña de boicot, con el fin de garantizar su efectividad. Pero si se puede movilizar el apoyo suficiente para una campaña de desinversión y boicot al estilo de la propuesta contra Suráfrica, quiere decir que tal campaña es innecesaria, pues ese mismo apoyo podría empujar a Washington a abandonar las políticas rechacistas que impiden la firma de un acuerdo pacífico.

Los boicots selectivos también pueden ser eficaces contra otros Estados que cuentan con un historial de violencia y terrorismo mucho peor que el de Israel, como Estados Unidos. Por supuesto, sin el decisivo respaldo y la participación de este país, Israel no podría llevar a cabo sus planes delictivos de expansión ilegal. No hay llamadas al boicot contra Estados Unidos, no por principios, sino porque es —sin más— un país demasiado poderoso, realidad esta que lleva a cuestionar por razones obvias la legitimidad moral de las acciones emprendidas contra sus protegidos.

Cuando regresaba de Israel/Palestina, hace unas semanas, el director del Israeli Commitee Against House Demolitions del Reino Unido me dijo que, pese a Annapolis, «nada ha mejorado sobre el terreno. [...] Ser testigo de la judaización del país me provoca una fría cólera». A la vista de opiniones de este tipo, ¿podría la resistencia palestina (la mayor parte del tiempo pacífica, a día de hoy) volver a la lucha armada, lanzando una tercera Intifada?

Pappé: Ese «podría» es difícil de valorar. En teoría, pueden y es probable que lo hagan. La cuestión es si una nueva Intifada traería algo distinto a lo que trajeron las otras dos. Probablemente no.

Chomsky: Siempre he opinado que los líderes palestinos hacen a Israel y a sus partidarios estadounidenses un valioso regalo al recurrir a la violencia y abanderar la revolución. Eso por no mencionar que el recurso a la violencia —consideraciones tácticas aparte— tiene una carga justificativa muy pesada. Hoy día, por ejemplo, a los halcones israelíes y estadounidenses los cohetes Qassam les vienen de perlas. Cada lanzamiento da la oportunidad de gritar alegremente que la proporción de muertos se ha disparado al infinito (pues todas las víctimas provocadas por Israel son consideradas «terroristas»). Amigos personales que tienen o han tenido contacto con los líderes palestinos (en concreto, Edward Said y Eqbal Ahmad) creen que la lucha no violenta tendría visos considerables de éxito y yo coincido con ellos. Creo, de hecho, que la lucha no violenta es la única que podría tener éxito.

¿Quién es la voz de Palestina y cuál es su visión de futuro?

PAPPÉ: Sobre los hombros de los líderes y activistas palestinos descansa una pesada responsabilidad, en dos sentidos. En primer lugar, es necesario crear un punto relevante de consenso que sirva como brújula y conciencia de la lucha en general. En segundo lugar, es necesaria en el lado palestino una visión posconflicto más elaborada y amplia, especialmente con respecto a la sociedad israelí, como individuos y como grupo. En muchos aspectos se trataría de un proceso de descolonización como los que en muchos otros lugares fracasaron por falta de planificación y de previsión.

CHOMSKY: Es de destacar el hecho de que la sociedad palestina haya sobrevivido y, yendo más lejos, que haya conseguido mantenerse firme ante los demoledores golpes y la crueldad ilimitada, la hostilidad y el abandono que la amenazan por todos los frentes. Resultado de ello es la dificultad para identificar a esa «voz palestina» y su visión de futuro. A mí al menos me parece una tarea difícil. Aparte de que no me compete, no tengo derecho a pronunciarme sobre ello. Deberá ser la sociedad palestina la que decida. Desde fuera, lo único que podemos hacer es eliminar todas las barreras con honestidad, aliviar el sufrimiento y ayudar en la liberación de las víctimas, para que éstas puedan encontrar su propio camino en la paz y disfruten de las oportunidades que tanto merecen.

¿En qué tareas deberían centrarse las ONG y organizaciones benéficas que trabajan por la justicia en Palestina?

PAPPÉ: Las organizaciones podrían contestar esa pregunta mejor que nadie. Creo que han sabido orientarnos con sus propuestas de boicot. Si mantienen iniciativas de este tipo, podrán ser muy útiles. Ante todo, sería estupendo que pudieran seguir trabajando en la reconciliación y la unidad dentro del bando palestino.

CHOMSKY: El trabajo cotidiano más urgente es la lucha contra las terribles violaciones de los derechos humanos que se cometen diariamente y contra los proyectos de urbanización y colonización ilegales respaldados por Estados Unidos, cuyo objetivo es imposibilitar cualquier acuerdo diplomático. Una tarea más general sería establecer las bases para una lucha eficaz a favor de un acuerdo que tenga en cuenta las justas demandas de ambas partes: ese tipo de trabajo duro, dedicado y pertinaz —organizativo e informativo— que ha servido de base para otros logros en pro de la paz y la justicia. Ya he hecho saber anteriormente los frutos que en mi opinión brindaría tal esfuerzo. Como poco, una eficaz promoción de la democracia en el seno de la superpotencia que nos gobierna.

En las primeras horas del 31 de mayo de 2010, varios comandos israelíes abordaron en aguas internacionales seis buques de la «Flotilla de la Libertad» que transportaba ayuda humanitaria. Su objetivo era impedir que llegaran a Gaza. En el enfrentamiento murieron al menos nueve personas. ¿Cómo valoran este suceso?

PAPPÉ: Ante todo, se trata de un acto de piratería. Es un delito doblemente ilegal: por un lado, está encaminado a proteger el bloqueo ilegal de la franja de Gaza y, por otro, infringe las leyes internacionales de navegación. No fue ni más ni menos que el asalto en aguas internacionales de una embarcación de bandera turca.

Lo más significativo de ese suceso, no obstante, es la brecha entre la interpretación que del mismo hacen los judíos israelíes y la mayor parte de los países del mundo. Cuando uno lee las reacciones de Israel, de sus ciudadanos y políticos, es inevitable recordar las numerosas entrevistas que se hicieron a los líderes surafricanos en la década de 1970. En esencia, el mensaje transmitido en esas entrevistas era el siguiente: «Sabemos que el mundo condena nuestra actitud, pero no nos importa, el *apartheid* es el sistema que mejor nos funciona».

Mientras las sociedades civiles occidentales —y hay que decir que, por primera, vez algunos políticos prominentes— vieron en ese ataque una violación sin precedentes del uso y la ley internacionales, la reacción de Israel fue diametralmente opuesta. Y mientras en Occidente se hacía hincapié en que el corazón del problema residía en la ilegalidad del bloqueo, Israel respondió fortaleciendo el apoyo al mismo y a otras políticas de estrangulamiento similares.

Esta diferencia queda manifiesta en los adjetivos utilizados por los medios y la élite política israelí. Esa flotilla no era pacífica, era una unidad de terroristas fanáticos, partidarios de Al Qaeda, que deseaban destruir el Estado de Israel. Consecuencia: los palestinos residentes de Israel que expresaron su apoyo a la flotilla, como el jeque Raid Salah o Hanin Zu'ubi, miembro de la Knesset, son colaboradores del terrorismo. El suceso desencadenó una turbia y peligrosa ola de legislaciones y actos persecutorios encaminados a deslegitimar a los ciudadanos palestinos de Israel y privarles de la ciudadanía israelí. No es de extrañar tampoco que a ello siguieran pronunciamientos legislativos contra los judíos israelíes que expresaron su apoyo a la flotilla y al movimiento por el boicot, la retirada de las inversiones y las sanciones.

Así pues, el mundo centra su atención en el acto en sí, pero debería más bien revisar su actitud básica hacia Israel como obstáculo para la paz. A continuación trataré de explicar esa postura básica a través del proceso de toma de decisiones llevado a cabo en Israel al respecto de la flotilla de la paz de Gaza.

Los sistemas político y militar de Israel son comandados por dos hombres, Benjamín Netanyahu y Ehud Barak, responsables ambos del ataque a la flotilla que conmocionó al mundo pero que Israel defendió como legítimo acto de defensa propia.

Aunque uno procede de la izquierda (el ministro de Defensa Barak, del Partido Laborista) y el otro de la derecha (el primer ministro Netanyahu, del Likud) del espectro político israelí, su postura sobre Gaza en general y sobre la flotilla en particular está determinada por su historia en común e idéntica concepción del mundo.

Hubo un tiempo en el que Ehud Barak fue superior de Benjamín Netanyahu: cuando ambos servían en un cuerpo israelí equivalente a los Navy Seals estadounidenses. Más concretamente, los dos sirvieron en una unidad similar a la que asaltó el barco turco. Su percepción de la realidad en la franja de Gaza es compartida por otros miembros prominentes de la élite política y militar israelí y es ampliamente apoyada por el electorado judío del país.

Y esa visión de la realidad es simple: Hamás, pese a haber formado el único Gobierno elegido democráticamente por el pueblo del mundo árabe, debe ser eliminado como fuerza tanto política como militar. Y no sólo porque después de cuarenta años siga luchando contra la ocupación israelí de Cisjordania y la franja de Gaza a base de lanzar primitivos misiles contra Israel —la mayoría de las veces en venganza, después de que Israel haya matado a activistas suyos en Cisjordania—: la razón principal es la oposición política al tipo de «paz» que Israel quiere imponer a los palestinos.

La paz obligatoria no es negociable, al menos en lo que concierne a la élite política israelí. Esta paz ofrece a los palestinos la soberanía sobre la franja de Gaza y Cisjordania y un control limitado sobre ambos territorios. A éstos se les exige que abandonen la lucha por la autodeterminación y la liberación, y a cambio se les hace entrega de tres pequeños bantustanes, bajo la estrecha vigilancia y control israelíes.

Así pues, para el pensamiento oficial israelí, Hamás es un temible obstáculo a la imposición de tal paz. La estrategia es evidente, por tanto: estrangular y matar de hambre al millón y medio de palestinos que habitan el territorio más densamente poblado del mundo.

El bloqueo impuesto en 2006 debía supuestamente empujar a los gazatíes a cambiar el actual Gobierno palestino por otro que aceptara los dictados de Israel, o al menos por uno que se adhiriese a la más sumisa Autoridad Palestina de Cisjordania. Entretanto, Hamás capturó a un soldado israelí, Gilad Shalit, y el cerco se estrechó. Se privó a los ciudadanos de los recursos más elementales, sin los cuales al ser humano se le hace duro sobrevivir. Los habitantes de Gaza viven necesitados de alimentos, medicina, cemento y gasóleo, condiciones que las agencias e instituciones internacionales han calificado de catastróficas y criminales.

Como en el caso de la flotilla, existen vías alternativas para liberar al soldado cautivo, como, por ejemplo, su intercambio por alguno de los miles de prisioneros políticos retenidos por Israel. Muchos de ellos son menores de edad y no pocos han sido encarcelados sin juicio previo.

Los israelíes han dado largas a la negociación de un intercambio tal y es poco probable que esta posibilidad dé frutos en un futuro próximo.

Sin embargo, Barak, Netanyahu y su séquito saben muy bien que el bloqueo de Gaza no va a producir ningún cambio de postura en Hamás. Habría que hacer caso al primer ministro británico, David Cameron, quien afirmó en sesión de preguntas del Parlamento que la política israelí, de hecho, fortalece más que debilita el poder de Hamás sobre Gaza. Esta estrategia, a pesar de su objetivo declarado, no está pensada para ser eficaz. Al menos, nadie en Jerusalén se va a preocupar si continúa demostrando ser estéril.

Podría pensarse que la drástica caída de la reputación de Israel a nivel internacional haría a sus líderes replantearse sus estrategias, pero las reacciones al ataque contra la flotilla indican claramente que no hay esperanzas de cambios significativos en la postura oficial. El firme compromiso de mantener el bloqueo y la bienvenida ofrecida a los soldados que asaltaron el barco en el Mediterráneo —a los que se trató de héroes— muestran que la política israelí seguirá siendo la misma durante mucho tiempo.

Y no es algo por lo que debamos sorprendernos. El Gobierno de Barak, Netanyahu y Liberman no conoce otra manera de responder a la realidad israelo-palestina. El uso de la brutalidad a la hora de imponer la voluntad propia y la histérica máquina propagandística que a nivel nacional e internacional se esfuerza por justificarla como defensa propia marcan el único rumbo posible de estos políticos, que además demonizan a los gazatíes y a quienes se proponen auxiliarlos, tachándolos de terroristas. No les importan las terribles consecuencias de todo ello, las muertes y el sufrimiento, y tampoco la condena de la comunidad internacional.

La auténtica estrategia —que difiere de la oficial— es la de perpetuar este estado de las cosas. Mientras la comunidad internacional se muestre complaciente, el mundo árabe siga debatiéndose en su impotencia y Gaza esté controlada, Israel seguirá disfrutando de una floreciente economía y de un electorado para el que su única realidad, pasada, presente y futura, gira en torno a la superioridad militar, la continuación del conflicto y la opresión contra los palestinos. El vicepresidente de Estados Unidos, Joe Biden, fue humillado por los israelíes cuando anunciaron la construcción de 1.600 viviendas nuevas en el disputado barrio de Ramat Shlomo, en Jerusalén, el mismo día en que él llegó para congelar la política de asentamientos. No obstante, el apoyo incondicional que Biden ha dado a la última acción de Israel ha permitido a los líderes israelíes y a sus electores sentirse justificados.

Sería un error, sin embargo, asumir que el apoyo estadounidense y la endeble respuesta europea a las políticas delictivas israelíes como las aplicadas en Gaza sean la razón principal del prolongamiento del bloqueo de la franja. Probablemente, lo más difícil de explicar a los lectores de todo el mundo sea hasta qué punto estas percepciones y actitudes están arraigadas en la psique y la mentalidad israelíes. Es, en efecto, complicado comprender en qué medida se oponen las reacciones habituales que hubo, por ejemplo, en el Reino Unido ante tales sucesos y las emociones que los mismos levantaron en la sociedad judía de Israel.

La respuesta internacional se basa en el supuesto de que si los palestinos hicieran concesiones más claras y se mantuviese un diálogo continuado con la élite política israelí, se abriría paso una nueva realidad. Según el discurso oficial occidental, la solución más razonable y asequible se encuentra a la vuelta de la esquina y puede alcanzarse si todos los bandos hacen un esfuerzo final. Se trata, claro está, de la solución biestatal.

Nada más lejos de la verdad que este panorama optimista. La única versión de esta solución aceptable para Israel no podría jamás ser aceptada ni por la domesticada Autoridad Palestina de Ramala ni por el más vehemente Hamás en Gaza: que los palestinos pongan punto y final a su lucha y, a cambio, encarcelarlos en enclaves desestatalizados.

Así pues, antes de discutir, bien una solución alternativa —la del Estado único y democrático para todos, que yo apoyo—, bien una solución biestatal más plausible, es necesario transformar desde dentro los prejuicios de la oficialidad y del pueblo de Israel. Esta mentalidad es la principal barrera para una reconciliación pacífica en la desgarrada tierra de Israel y Palestina.

CHOMSKY: Secuestrar barcos en aguas internacionales y matar a sus pasajeros es, sin duda, un crimen grave. Los redactores de *The Guardian*, el diario londinense, tienen toda la razón al afirmar que «si un grupo de piratas somalíes armados hubiera abordado ayer seis buques en alta mar, matando al menos a diez pasajeros e hiriendo a muchos más, ya habría partido un operativo de la OTAN en dirección al océano Índico»[13]. Es necesario tener en cuenta que ese tipo de delito no es ni mucho menos nuevo.

Durante décadas, Israel ha secuestrado barcos en las aguas internacionales entre Chipre y el Líbano, matando o secuestrando a pasajeros, y a veces encarcelándolos en prisiones y centros de tortura y manteniéndolos como rehenes durante muchos años.

Israel asume que puede salir impune de tales delitos porque Estados Unidos los tolera y Europa suele seguir el dictado de Washington. Lo mismo ocurre con la excusa presentada por Israel ante su último delito: que la Flotilla de la Libertad transportaba materiales que podían utilizarse en la construcción de búnkeres o cohetes. Dejando de lado la absurdidad de tal afirmación, si Israel tuviera algún interés en terminar con el lanzamiento de cohetes por parte de Hamás, sabría perfectamente cómo hacerlo: aceptando sus ofertas de alto el fuego. En junio de 2008, Israel y Hamás alcanzaron una tregua en ese sentido. El Gobierno israelí reconoce formalmente haberla roto con la invasión de Gaza del 4 de noviembre, en la que mató a media docena de activistas de Hamás, que no ordenó el lanzamiento de un solo cohete. Es más, ofreció renovar el alto el fuego. El gabinete israelí consideró la oferta y la rechazó, eligiendo por el contrario lanzar la mortífera y destructiva Operación Plomo Fundido, el 27 de diciembre. Obviamente, no existen justificaciones para el uso de la fuerza «en defensa propia» a menos que se hayan agotado los medios pacíficos. En este caso, dichos medios ni siquiera habían sido tenidos en cuenta, aunque todos los indicios hacían pensar que habrían sido eficaces (y quizás no fueron tenidos en cuenta por esa misma razón). La Operación Plomo Fundido fue por tanto una agresión criminal pura y dura, sin excusa verosímil, y también lo son las actuales acciones violentas de Israel.

El sitio de Gaza en sí no tiene tampoco el menor pretexto creíble. Fue impuesto por Estados Unidos e Israel en enero de 2006 para castigar a los palestinos por haber votado «mal» en unas elecciones libres, y se recrudeció sensiblemente en julio de 2007, cuando Hamás bloqueó el intento israelo-estadounidense de derrocar al Gobierno electo mediante un golpe de Estado que pretendía instalar en el poder al hombre fuerte de Fatah, Mohamed Dahlan. El sitio es salvaje y cruel, y está diseñado para que los animales enjaulados queden al límite de la supervivencia, espantando así las protestas internacionales, y poco más. Es la fase más reciente del viejo plan israelí que, con el respaldo de Estados Unidos, pretende cortar la conexión entre Gaza y Cisjordania.

Esto es sólo el bosquejo de diversas políticas detestables de las que Egipto también es cómplice.

Capítulo 7

Los campos de la muerte en Gaza, 2004-2009

Prefacio

La franja de Gaza representa apenas algo más del dos por ciento de Palestina. Cuando se habla de ella en las noticias, jamás se menciona este pequeño detalle. Así ha sido, por ejemplo, durante la cobertura del ataque de Israel contra la franja de enero de 2009. Es, en efecto, una fracción tan pequeña del país que jamás ha existido como región autónoma en el pasado. Gaza no tuvo una historia previa a la sionización de Palestina y ha estado siempre conectada administrativa y políticamente al resto de la región. Hasta 1948, fue una parte naturalmente integrada en el resto del país. Como una de las principales puertas de acceso terrestre y marítimo al resto del mundo, desarrolló un estilo de vida más flexible y cosmopolita, semejante al de otras comarcas costeras del Mediterráneo oriental. Gaza, cercana al mar y atravesada por la Via Maris que conectaba Egipto con el Líbano, alcanzó la prosperidad y la estabilidad gracias a su emplazamiento geográfico. Hasta que Israel trastornó y casi destruyó su forma de vida durante la limpieza étnica de Palestina de 1948.

Entre 1948 y 1967, Gaza se convirtió en un enorme campo de refugiados controlado por el puño de hierro de las políticas israelí y egipcia: ambos Estados desautorizaron cualquier movimiento nacido en la franja. Las condiciones de vida eran ya duras entonces, pues el número de víctimas de la política de desposesión israelí de 1948 doblaba al número de habitantes que durante siglos había habitado la zona. En las vísperas de la ocupación israelí de 1967 era ya patente la catástrofe que había supuesto esta transformación demográfica impuesta en la franja. La antaño bucólica costa del sur de Palestina se convirtió en dos décadas en una de las áreas más densamente pobladas del mundo, carente de las infraestructuras necesarias para su mantenimiento.

En los primeros veinte años de ocupación israelí se dio al menos cierta libertad de movimiento fuera de un área que había estado cerrada como zona de guerra entre los años 1948 y 1967. Decenas de miles de palestinos pudieron participar del mercado israelí como mano de obra no cualificada y mal pagada. El precio que Israel exigía a los palestinos por participar de ese mercado de la esclavitud era la rendición total y el abandono de cualquier proyecto de lucha nacional. Cuando se negaron, ese «regalo» ofrecido al movimiento de los trabajadores fue cancelado. Todos esos años, hasta los Acuerdos de Oslo de 1993, quedaron marcados por la interpretación que Israel hacía de la realidad de la franja como enclave que el campamento de la paz israelí esperaba ver convertido en región autónoma de Egipto y el campamento nacionalista, por su lado, deseaba anexionar al Gran Israel que debía surgir en el lugar ocupado por Palestina.

Los Acuerdos de Oslo permitieron a los israelíes reafirmar el estatus de la franja de Gaza como entidad geopolítica autónoma, separada no ya de Palestina, sino también de Cisjordania. Ostensiblemente, tanto Cisjordania como la franja de Gaza quedaban bajo el mandato de la Autoridad Palestina, pero todo movimiento de personas entre ambas regiones dependía de la buena voluntad de Israel, virtud poco frecuente en el Estado judío y prácticamente desaparecida con la llegada al poder de Benjamín Netanyahu en 1996. Además, Israel mantenía en su poder, como lo hace hoy, las infraestructuras de agua y electricidad. A partir de 1993 comenzó a abusar de este control, por un lado para garantizar el bienestar de la comunidad judía y, por otro, como chantaje a la población palestina, instada a rendirse. Durante los últimos sesenta años, los habitantes de Gaza han sido rehenes prisioneros en un espacio invisible.

En este contexto histórico debe enmarcarse la masacre de enero de 2009 y la violencia que reinó en Gaza durante los cinco años anteriores. Ésta no era ejercida únicamente por las fuerzas israelíes; durante un corto espacio de tiempo se dieron numerosos combates entre palestinos, aunque hay que decir que dadas las circunstancias y la naturaleza de la ocupación y las políticas israelíes, dichos enfrentamientos internos eran esperables. Esta etapa de conflicto entre palestinos es un aspecto menor de un asunto mucho más importante: la violencia ejercida por Israel contra la franja de Gaza.

Cuando volvemos la vista atrás desde nuestra posición, resulta más patente que nunca la falacia del discurso justificativo de Israel al respecto de sus acciones en Gaza. Sus políticos y diplomáticos definen las políticas contra la franja como una «guerra contra el terror» dirigida contra la rama local de Al Qaeda y encaminada a abortar la incursión subversiva de Irán en esta parte del mundo. Sus académicos prefieren describir Gaza como otro de los escenarios del temido choque de civilizaciones. Sin embargo, los orígenes de la particularmente violenta historia de Gaza son otros. La historia reciente de la franja —sesenta años de desposesión, ocupación y encarcelamiento— ha producido inevitables enfrentamientos internos, como los que hemos conocido en los últimos años, y ha creado unas condiciones de vida imposibles.

De hecho, si estudiamos de cerca lo ocurrido en los cinco años previos a la Operación Plomo Fundido, podremos hacer un análisis certero de los motivos que llevaron a la violencia contra los palestinos en 2009. Son dos los contextos históricos que explican lo ocurrido en Gaza en enero de ese año. Uno de ellos se retrotrae a la fundación del Estado de Israel, continúa con la ocupación de la franja por parte de Israel en 1967 y desemboca en los fracasados Acuerdos de Oslo de 1993. El otro es el que presentamos aquí, la escalada de las políticas israelíes que han culminado en los sucesos de 2009. La ideología de la limpieza étnica adoptada en 1948 como principal herramienta para hacer realidad el sueño de un Estado judío seguro y democrático llevó a la ocupación de la franja de Gaza en 1967, la cual duró hasta 2005, año de la «retirada» de Israel. La franja había sido rodeada por una verja electrificada en 1994 como parte de los preparativos para la paz con los palestinos, y se convirtió en un gueto en 2000, cuando el proceso de paz entró en un callejón sin salida. La decisión del pueblo de Gaza de resistir a este cerco a través de medios tanto pacíficos como violentos enfrentó al ejército y a la élite política a un nuevo dilema. Se había asumido que encerrar a los gazatíes en una prisión gigantesca permitiría aplazar el problema durante largo tiempo, pero resultó no ser así. Así que se dispusieron a buscar otra estrategia.

Los amargos frutos de dicha búsqueda salieron a la luz en enero de 2009. La reacción de la comunidad internacional fue iracunda pero ineficaz. El principal producto derivado de esta reacción fue el informe Goldstone, que resume correctamente —aunque de manera limitada y muy cauta— la magnitud de la carnicería perpetrada por Israel durante las hostilidades. La comunidad internacional, no obstante, no quiso investigar los motivos que habían llevado a tan despiadada medida y cuáles eran sus orígenes inmediatos.

EL CAMBIO A UNA NUEVA ESTRATEGIA, 2000-2005

Ya desde el año 2000 el ejército de Israel había intensificado las hostilidades contra los palestinos y las fuerzas antiisraelíes del Líbano. Todo comenzó con operaciones militares en Cisjordania, emprendidas en reacción a la segunda Intifada, operaciones entre las que se incluyó la construcción del muro de segregación y una igualmente despiadada política de desposesión y desplazamiento de palestinos desde el área del Gran Jerusalén. Dichas operaciones culminaron con el ataque contra Líbano de 2006 y el asalto a Gaza de 2009.

Uno de los pretextos esgrimidos para estas acciones, llevadas a cabo a lo largo y ancho del país, fue el creciente poder político de grupos islámicos como Hamás en los territorios ocupados o como Hezbolá en el Líbano, así como el crecimiento del movimiento islámico en el interior de Israel. Las razones de estas medidas draconianas se remontan a los años de formación del sionismo y a la concepción de una ideología que ha empujado a los sucesivos Gobiernos israelíes a buscar la dominación total de Palestina y de lo que no es Palestina, es decir, de todo el Mediterráneo oriental.

Antes de 2006, el número de Estados regionales y movimientos locales palestinos dispuestos a resistirse a esta dominación había empezado a disminuir, y el Gobierno israelí tuvo la sensación de que su estrategia estaba dando resultados. En Israel estaban especialmente satisfechos con la situación en la Cisjordania y la franja de Gaza ocupadas, una vez amainó la segunda Intifada, alrededor de 2005. La maraña de muros, vallas, puestos de control, asentamientos de colonos, bases militares, carreteras de circunvalación de uso exclusivo israelí con que Israel había sembrado Cisjordania constituía, según ellos, territorio «pacificado». Sin embargo, la situación en Gaza era distinta. Allí los israelíes se enfrentaban a una decidida resistencia. Hamás se negó a sucumbir a la voluntad de Israel, como Hezbolá en Líbano. Para el entonces primer ministro israelí, Ariel Sharon, y para la clase política de aquellos años —hoy día en el verdadero ojo del huracán de la política israelí: Ehud Barak, Simón Peres, Tzipi Livni y Benjamín Netanyahu—, la solución óptima al «problema de Palestina» era controlar la franja de Gaza desde fuera y romper a la vez Cisjordania en guetos manejables. La nueva estrategia fue concebida en los campos de entrenamiento que el ejército israelí posee en el Negev, y que imitan una ciudad a escala real.

2004: LA CIUDAD DE MENTIRA

En 2004, el ejército israelí comenzó a construir una ciudad árabe falsa en el desierto del Negev. Tenía el tamaño de una ciudad real, con calles (todas ellas con nombre), mezquitas, edificios públicos y coches. Esta ciudad fantasma, cuya construcción costó 45 millones de dólares, se convirtió el invierno de 2006 en una réplica de Gaza. En el norte, Hezbolá había plantado cara a Israel en un enfrentamiento sin vencedores. Tras aquel fiasco, las FDI querían preparar una «guerra mejor» contra Hamás en el sur[1].

Cuando el comandante en jefe Dan Halutz visitó el lugar tras la guerra del Líbano, dijo a la prensa que los soldados se estaban preparando «para el escenario que se desarrollará en la densamente poblada ciudad de Gaza»[2]. Después de una semana de bombardeos de Gaza, Ehud Barak acudió a un ensayo de la incursión por tierra. Las televisiones de diversos países lo grabaron contemplando las tropas de infantería conquistar la ciudad fantasma, asaltando las casas vacías y sin duda matando a los «terroristas» que se escondían en ellas[3].

Las maniobras casi siempre terminaban con la destrucción de la base enemiga. La ONG israelí Shovrim Shtika [Rompiendo el Silencio] publicó en 2009 un informe sobre las experiencias que sus miembros —la mayor parte de ellos soldados de la reserva— habían vivido durante la Operación Plomo Fundido. La prueba fundamental radica en que los soldados habían recibido órdenes de atacar Gaza como si estuvieran asaltando un denso y bien defendido frente enemigo. Tal afirmación queda confirmada por la potencia de fuego y la formación de las tropas, por la ausencia de órdenes y de procedimientos para la actuación en espacio civil y por la sincronización de la armada y de los ejércitos de tierra y aire convencionales combinados con enormes escuadrones de tanques y vehículos blindados y cientos de miles de tropas de infantería. Lo peor fue la absurda demolición de viviendas, el lanzamiento de fósforo contra los civiles, la muerte de personas inocentes por armas de fuego ligeras y las órdenes dadas por los oficiales: actuar sin inhibiciones morales.

«Te sientes como un niño estúpido con una lupa, quemando hormigas y torturándolas», testificó un soldado[4]. En definitiva, fueron entrenados con una ciudad de mentira y llevaron a cabo la destrucción total de la de verdad.

2005: «PRIMERAS LLUVIAS»

La militarización de la política israelí respecto a la franja de Gaza comenzó en 2005. Gaza se convirtió ese año en objetivo militar, según declaró oficialmente Israel, como si fuera una enorme base enemiga y no un espacio habitado por civiles. Gaza es como cualquier otra ciudad del mundo, pero para los israelíes se convirtió en un decorado en el que sus soldados se dedicaron a probar la última tecnología armamentística.

Esta medida política fue posible gracias a la decisión del Gobierno de Israel de expulsar a los colonos judíos asentados en la franja de Gaza desde 1967. Los colonos fueron desplazados supuestamente como parte de lo que el Gobierno había descrito como política unilateral de retirada. El argumento era el siguiente: como no se producían progresos en las conversaciones de paz con los palestinos, era Israel quien debía decidir qué hacer con las fronteras de las áreas palestinas.

Pero las cosas no salieron como esperaban. A la evacuación de colonos le siguió el ascenso al poder de Hamás, primero en unas elecciones democráticas y después en un golpe preventivo planeado para impedir que Al Fatah hiciera lo propio con el apoyo de Estados Unidos e Israel. La inmediata respuesta israelí fue la imposición de un bloqueo económico sobre la franja contra el que Hamás protestó lanzando cohetes hacia la ciudad más cercana a ésta, Sderot. Ello dio a Israel el pretexto para utilizar fuerza aérea, artillería y embarcaciones de guerra. Israel afirmó que disparaba a las zonas desde donde se lanzaban los cohetes, lo que en la práctica quiere decir a toda Gaza.

«Construir una cárcel y tirar las llaves al mar», tal y como lo expresó John Dugard, informador especial de las Naciones Unidas[5], era una alternativa contra la que los gazatíes ya habían reaccionado enérgicamente en septiembre de 2005. Estaban determinados a demostrar, como poco, que seguían formando parte de Cisjordania y de Palestina. Ese mes, lanzaron una primera andanada importante —no tanto en calidad como en cantidad— de cohetes contra el Negev occidental. Como en otras muchas ocasiones, hubo daños materiales pero escasas bajas humanas. Los sucesos ocurridos ese mes de septiembre merecen un comentario detallado, pues la respuesta de Hamás anterior a entonces no fue sino un goteo de misiles. Los lanzamientos de septiembre de 2005 respondieron a la campaña israelí de detenciones en masa de activistas de Hamás y de Yihad Islámica en el área de Tulkarem. Es difícil pensar que el ejército buscaba provocar una reacción en Hamás que permitiese a Israel intensificar los ataques. En efecto, las represalias israelíes llegaron en forma de una dura política de matanzas en masa, la primera de su tipo, que recibió el nombre en clave de Primeras Lluvias. Merece la pena detenerse en la naturaleza de esta operación. El discurso que la acompañó instigaba al castigo y recordaba a las medidas punitivas aplicadas en el pasado más lejano por las potencias coloniales —y más recientemente por las dictaduras— contra comunidades rebeldes, marginadas o proscritas. Una terrorífica puesta en escena de los opresores podría terminar con un gran número de muertos y heridos entre las víctimas. En Primeras Lluvias, aviones supersónicos volaban sobre Gaza para atemorizar a toda la población, a lo cual siguió el intenso bombardeo de amplias áreas desde tierra, mar y aire. La lógica de dichas acciones, según explicó el ejército israelí, era crear presión y debilitar el apoyo que la sociedad presta en Gaza a quienes lanzan los cohetes[6]. Como se esperaba, también en Israel, la operación sólo sirvió para aumentar dicho apoyo e insuflar energía a las siguientes acciones emprendidas desde Gaza. A toro pasado, y sobre todo a la vista de la explicación dada por los oficiales israelíes, según la cual el ejército llevaba tiempo preparando la Operación Plomo Fundido[7], es posible que el objetivo de esta operación en concreto fuera puramente experimental. Quizá los generales israelíes querían averiguar cómo serían recibidas operaciones de ese tipo en el país, en la región y en el resto del mundo, y parece que la respuesta instantánea fue «muy bien». A nadie interesaron las decenas de muertos y los cientos de heridos palestinos que dejó tras de sí la Operación Primeras Lluvias[8].

Así pues, a partir de esta operación y hasta junio de 2006, las subsiguientes acciones fueron diseñadas de manera similar. La diferencia radicaba en el recrudecimiento de la violencia: mayor potencia de fuego, más bajas, más daños colaterales y, como era de esperar, más cohetes Qassam en respuesta. Las medidas aplicadas en 2006 como consecuencia de dicha política fueron un medio aún más siniestro de garantizar el total aprisionamiento del pueblo de Gaza a través del bloqueo y el boicot, mientras el resto del mundo guardaba silencio.

2006: «Lluvias de Verano» y «Nubes de Otoño»

La evacuación de los asentamientos de la franja de Gaza en 2005 y la victoria de Hamás a principios de 2006 convirtieron la región en un campo de batalla, al menos en apariencia. Lejos de la Autoridad Palestina y sin la presencia de colonos vulnerables, el problema se hizo puramente «militar».

No obstante, 2006 no fue un año demasiado bueno para el ejército de Israel. Fracasó en su intento de repeler y derrotar a Hezbolá en una guerra desencadenada por Israel en el sur del Líbano, y sufrió además la captura de un soldado durante una temeraria operación militar contra Hamás.

Las acciones israelíes estuvieron motivadas, de un lado, por el doble sentido de la humillación y, de otro, por la sensación de invulnerabilidad, al menos en parte de la sociedad civil del país. Esto empujó al ejército a reaccionar con vehemencia ante cualquier muestra de resistencia palestina en Gaza. Con la ayuda de los medios más provocadores y el ánimo chovinista imperante en el país, los sucesos del verano de 2006 permitieron a la clase dirigente imponer el uso de la brutalidad militar como reacción a corto plazo a un problema que no tenía ni idea de cómo resolver políticamente. La frustración que empujó al ejército más poderoso de Oriente Próximo contra los civiles de Gaza no podía sino acabar en desastre, como efectivamente ocurrió.

Analicemos detalladamente los tres elementos que llevaron al incremento de las operaciones contra Gaza e hicieron de la barbarie algo inusitadamente común en ese frente. Estos elementos fueron la frustración, la búsqueda de pretextos y la ausencia de una estrategia política.

Los expertos israelíes fueron los primeros en hacer notar que la escalada de las acciones militares y la potencia armamentística empleada durante 2006 remiten directamente a la frustración del ejército, provocada por su derrota en el norte[9]. El ejército necesitaba demostrar su superioridad y su capacidad disuasoria, rasgos abanderados por sus comandantes como principales salvaguardas de Israel en un mundo «hostil». El carácter islamista tanto de Hamás como de Hezbolá sirvió para crear un supuesto vínculo, totalmente ficticio, con Al Qaeda, el cual permitió al ejército imaginarse a sí mismo como la punta de lanza de una guerra global contra el yihadismo en Gaza. Mientras George W. Bush detentó el poder, la Administración estadounidense podía justificar la matanza de niños y mujeres en Gaza como parte de la guerra santa contra el Islam (aplicada también por las fuerzas de Estados Unidos en Irak y Afganistán) bajo la bandera de la lucha contra el terrorismo.

La humillación no terminó en la debacle sufrida en el Líbano, sino que persistió con la captura por parte de Hamás de un soldado israelí, Gilad Shalit, el verano de 2006. «¡Ya está bien de humillaciones!», clamó *Haaretz* tras el rapto. El periódico dio voz a los furiosos generales, que exigieron una contundente reacción contra Hezbolá y Hamás[10].

La despiadada respuesta israelí se debió también a la ausencia de una política clara. En septiembre de 2006, los líderes israelíes parecían haber perdido el norte al respecto de qué hacer en Gaza. Leyendo las declaraciones del momento, se deduce que el Gobierno de ese año estaba muy seguro acerca de su política en Cisjordania, pero no sabía cómo proceder en la franja.

Según la postura oficial israelí, la frontera oriental de Israel está casi completamente delineada. Probablemente por esa razón los problemas de «Cisjordania» y de la «ocupación» han sido retirados de la agenda nacional, dejando de ser un factor de división en la vida política israelí, a diferencia de lo ocurrido desde 1967. La política unilateral por la que se anexionó casi la mitad de Cisjordania continuó su camino con aún mayor celo en 2007 y recibió el respaldo total del electorado judío. Dicha política sufrió en cierta medida el retraso de las promesas hechas por Israel en el marco de la Hoja de Ruta, según las cuales dejaría de construir nuevos asentamientos. Israel encontró dos maneras de esquivar dicha restricción. En primer lugar, definió un tercio de Cisjordania como «Gran Jerusalén», lo que le permitía construir pueblos y centros sociales en la nueva área anexionada. En segundo lugar, expandió antiguos asentamientos hasta el punto de no necesitar construir otros nuevos. Esta tendencia recibió un impulso adicional en 2006 (se instalaron cientos de caravanas en los *mitzpim*, los asentamientos avanzados israelíes para delinear los límites de la esfera judía dentro de los territorios palestinos). Se completaron los planes maestros para las nuevas ciudades y barrios y se finalizaron las autopistas y carreteras del *apartheid*, que circunvalan los territorios. Los asentamientos, las bases militares, las carreteras y el muro allanaron el camino para las etapas finales de la estrategia. Dentro de los territorios anexionados informalmente por Israel y de aquellos que el Estado israelí aún aspira a apropiarse vive un considerable número de palestinos contra los que, a finales de 2006, las autoridades israelíes comenzaron a aplicar una política de desplazamientos progresivos. La opinión internacional ha dedicado escasa atención a la desarabización de Jerusalén, pues es un tema demasiado aburrido para que los medios occidentales se molesten en cubrirlo y demasiado esquivo para que las organizaciones por los derechos humanos puedan hacer reclamaciones al respecto. Los israelíes no tenían prisa alguna: a principios de 2007 dijeron la última palabra en ese asunto. El pesado brazo militar y burocrático del régimen prosiguió su deshumanizadora rutina y consiguió hacer avanzar el proceso de desposeimiento de Palestina de manera más eficaz que nunca.

Esta estrategia fue ideada por Ariel Sharon en 2001 y se convirtió en la piedra angular de todas las políticas gubernamentales posteriores. Sharon se llevó el gato al agua y, con él, a la comunidad internacional, pues la única alternativa de peso que ofrecía el escenario político israelí era una política de desplazamientos puros y duros, defendida por el popular partido Israel Beitenu, por su líder, Avigdor Liberman y por una coalición de partidos de derecha.

En 2005, el primer ministro Ehud Olmert llamó a esta estrategia «consolidación». Se trató de una justificación para llevar a cabo acciones unilaterales en Cisjordania, debido al estancamiento del proceso de paz[11]. En la práctica, significó que el Gobierno israelí de 2006 se anexionaría codiciados territorios —más o menos la mitad de Cisjordania— y trataría de echar o al menos encerrar en dichos territorios a la población nativa, permitiendo a su vez un desarrollo en la otra mitad de Cisjordania que no pusiera en peligro los intereses israelíes (ya fuera por el gobierno de una sumisa Autoridad Palestina o por la asociación directa con Jordania). Se trataba de una falacia, pero sin embargo se ganó el voto de la mayoría de los judíos del país cuando Olmert la convirtió en punto fundamental de su campaña electoral.

La claridad de la política dirigida a Cisjordania puso de relieve la confusión existente al respecto de la franja de Gaza. A los ojos israelíes, ésta era una entidad geopolítica muy diferente. Hamás llevaba casi un año controlando el territorio, mientras que el líder de la facción de Al Fatah, Mahmud Abbas, lideraba una Cisjordania fragmentada en la que no había trozo de tierra que Israel no anhelara y en la que no había territorios interiores —que corresponderían a Jordania— a los que desplazar a los gazatíes.

Egipto, a diferencia de Jordania, consiguió persuadir a los israelíes ya en 1967 de que para ellos la franja de Gaza suponía demasiada responsabilidad y jamás formaría parte de su país. Así que el millón y medio de palestinos seguían siendo un problema y una responsabilidad «israelíes». Aunque geográficamente la franja está en los márgenes del Estado israelí, psicológicamente se encontraba, aun en 2006, en pleno centro.

Las tácticas israelíes, en el sentido que diferencia el concepto de táctica del de estrategia, eran más claras. Si los gazatíes se reconciliaban con su situación de encierro hasta que la Autoridad Palestina retomara el poder en la franja o Israel encontrase una solución mejor, el área podría ser administrada como Cisjordania, y sus habitantes serían tratados como los cisjordanos. De resistirse, como en efecto hicieron, continuarían la guetización y la estrangulación, además de una política de acciones «punitivas».

Las inhumanas condiciones de vida en la franja de Gaza imposibilitaban que sus habitantes se reconciliasen con el encierro al que Israel los llevaba sometiendo desde 1967. Hubo momentos relativamente más amables, como cuando estaba permitido el movimiento de trabajadores en dirección a Israel y Cisjordania, pero esos buenos tiempos acabaron en 2006. Ya desde 1987 se daban en Gaza realidades más duras. Mientras hubo asentamientos judíos en la franja existió cierta libertad de acceso, pero una vez evacuados, el bloqueo fue hermético. Irónicamente, la mayoría de israelíes, de acuerdo con encuestas realizadas en 2006, consideraban Gaza como un Estado independiente palestino que había aparecido por la gracia de Israel[12]. Los líderes del país y, en particular, el ejército, lo consideraban una cárcel para internos especialmente peligrosos que debían ser tratados sin piedad alguna, independientemente de las circunstancias.

Así pues, le guetización de los palestinos de Gaza no aportó dividendo alguno. La comunidad convertida en gueto continuó expresando su voluntad de vivir lanzando rudimentarios cohetes a Israel. La guetización o puesta en cuarentena de comunidades indeseadas, aun cuando se las considere peligrosas, jamás ha funcionado en tiempos históricos. Los judíos deberían saberlo muy bien.

La estrategia final no quedó articulada. En su lugar fue sustituida por la actividad militar cotidiana y así, en 2006, las tácticas «punitivas» se convirtieron en estrategia genocida. Lo que faltaba para el recrudecimiento de las mismas eran pretextos. La historia de las acciones de fuerza de Israel está plagada de ellos. Desde 1948, el ejército y el Gobierno israelíes han buscado la excusa apropiada para todas y cada una de sus operaciones en masa contra los palestinos. Así fue en 1947 y 1948. La limpieza étnica en sí no comenzó hasta que los palestinos reaccionaron violentamente contra la resolución de partición de las Naciones Unidas de noviembre de 1947, atacando asentamientos judíos aislados y asaltando los medios de transporte que circulaban por sus carreteras. Esta reacción espontánea amainó tras corto tiempo, pero fue lo suficientemente intensa como para utilizarse de excusa para una operación de limpieza étnica masiva (que no obstante había sido diseñada ya en la década de 1930)[13].

De igual manera, la invasión del Líbano de 1982 se presentó como una represalia por la lucha de la OLP contra Israel, protagonizada por una muy limitada resistencia palestina aparecida tardíamente en los territorios ocupados tras veinte años de opresión.

Tales pretextos nunca convencieron a la comunidad internacional y aun así jamás llevaron a acciones contra Israel: ésa fue la lección que aprendieron los israelíes en 1982. La comunidad internacional no aceptó entonces la justificación que Israel dio para la tercera invasión del vecino norteño (las dos anteriores habían tenido lugar en 1948 y 1978). Una comisión internacional de seis juristas encabezada por Sean MacBride calificó ese ataque de crimen de guerra múltiple, tal y como haría el juez Goldstone un cuarto de siglo más tarde al informar sobre Gaza. No obstante, la comisión de MacBride fue mucho más explícita: acusó a Israel del genocidio de las comunidades palestinas del Líbano (aunque dos miembros de la comisión discreparon de esta conclusión, no negaron los hechos). También lo culpó de utilizar armas prohibidas contra los ciudadanos de a pie y de bombardear de manera temeraria e indiscriminada objetivos civiles: escuelas, hospitales y campos de refugiados. Estas acciones culminaron en la masacre de Sabra y Shatila, la cual, por un tiempo, obligó a la opinión pública internacional a reflexionar sobre la naturaleza de las políticas israelíes[14].

El movimiento nacional palestino tardó un tiempo en recuperarse, pero el siguiente intento de «sacudirse de encima» (intifada, en árabe) la ocupación israelí también fracasó, provocando reacciones en Israel aún más contundentes. En 1987, los alzamientos eran fáciles de sofocar, pero llegado el siglo XXI su control requería más tiempo y proporcionaban la excusa perfecta para volver a aplicar medidas despiadadas.

La excusa para las operaciones de 2006 fue la captura de Gilad Shalit. Sería arriesgado aventurarse en cualquier tipo de interpretaciones ucrónicas, pero es muy probable que de no haber sido Shalit capturado por Hamás, cualquiera de las operaciones militares de la organización palestina contra la política de represión israelí habría servido de pretexto para el incremento de los ataques contra la franja de Gaza.

La reacción o, mejor dicho, la puesta en marcha de la siguiente etapa recibió el nombre en clave de Operación Lluvias de Verano, tuvo lugar el 29 de junio de 2006 y finalizó en noviembre de ese año. Los nombres elegidos por el ejército israelí revelan la siniestra naturaleza de sus intenciones y actitudes. La operación anterior, como ya se ha dicho, se llamó Primeras Lluvias y se transformó en Lluvias de Verano, a la cual seguiría Nubes de Otoño. En un país en el que nunca llueve en verano, la única precipitación que puede esperarse es la de las bombas de los F16 y los morteros lanzados contra el pueblo de Gaza.

Fue el ataque más brutal contra Gaza desde 1967. En el pasado, las acciones «punitivas» de Israel contra el millón y medio de palestinos atrapados en la franja se «limitaban» al bombardeo masivo desde territorio de Israel, desde sus aguas o desde su espacio aéreo. En esa ocasión, el ejército invadió la franja por tierra, sirviéndose además de la potencia de fuego de sus tanques para lanzar un bombardeo generalizado contra el área más densamente poblada del planeta.

Se trataba de la primera incursión israelí por tierra desde la evacuación de los colonos, acaecida años antes. Lo peor fueron las acciones de septiembre de 2006, cuando la intensificación de la violencia israelí se hizo patente. El ejército israelí mataba civiles casi a diario. El 2 de septiembre fue uno de esos típicos días de barbarie: murieron tres ciudadanos y una familia completa resultó herida en Beit Hanun. Ésa fue la cosecha de la mañana: antes del final del día murieron muchos más. Durante los ataques israelíes de septiembre murieron una media de ocho palestinos al día, muchos de ellos niños. Cientos sufrieron mutilaciones, heridas y parálisis[15]. Esta matanza sistemática parecía antes el resultado de una inercia asesina, en la que se ejerce un poder descomunal, no como parte de un programa, sino como una rutina diaria.

El 28 de diciembre de 2006 la organización israelí por los derechos humanos B'Tselem publicó su informe anual acerca de las atrocidades cometidas por Israel en los territorios ocupados. Ese año, las fuerzas israelíes mataron a 660 ciudadanos[16]. Así pues, el número de palestinos muertos a manos de Israel en 2006 se triplicaba en comparación con el año anterior, en el que habían muerto unos doscientos. De acuerdo con B'Tselem, los israelíes mataron a 141 niños en 2006; la mayor parte de ellos eran de la franja de Gaza, donde las fuerzas israelíes habían demolido casi trescientas casas y provocado la muerte de familias completas. Estos datos permiten deducir que desde 2000, las fuerzas de Israel han matado a al menos cuatro mil palestinos, muchos de ellos niños, y han herido a más de veinte mil.

La invasión por tierra permitió al ejército matar a ciudadanos aún más eficazmente y presentar el suceso como resultado de la lucha sin cuartel que se llevaba a cabo en áreas densamente pobladas, resultado inevitable, según los portavoces del ejército, de las circunstancias, y no de la política de Israel. Un mes y medio después se lanzó la Operación Nubes de Otoño, que probó ser aún más letal. El 1 de noviembre de 2006, en menos de cuarenta y ocho horas, los israelíes mataron a setenta civiles, y para finales de mes, las operaciones adicionales a pequeña escala sumaron doscientas bajas más, la mitad de ellas mujeres y niños[17].

Entre Primeras Lluvias y Nubes de Otoño la situacion se intensificó en varios frentes. En primer lugar desapareció la distinción entre blancos civiles y no civiles: la matanza sin sentido convirtió a la población civil en legítimo objetivo militar. En segundo, se produjo una escalada de la militarización de Israel, que pasó a emplear toda maquinaria letal a su disposición. En tercer lugar se incrementó el número de bajas: con cada operación, presente o futura, morían y resultaban heridas muchas más personas. Por último, lo más importante de todo, las operaciones se convirtieron en estrategia, que era claramente lo que Israel pretendía conseguir para resolver el problema de la franja de Gaza[18].

2007-2008: LAS POLÍTICAS SE CONVIERTEN EN ESTRATEGIAS

En 2007 Israel continuó aplicando dos estrategias: el desplazamiento progresivo en Cisjordania y una bien medida política de matanza sistemática en la franja de Gaza. Desde un punto de vista electoral, la estrategia en Gaza era más problemática porque no cosechaba resultados tangibles, mientras que la Cisjordania liderada por Mahmud Abbas empezaba a ceder ante la presión de Israel y no parecía existir ninguna fuerza que pudiese detener el plan israelí de anexión y desposesión. Gaza, no obstante, siguió contraatacando. Por un lado, este hecho permitió al ejército israelí poner en marcha operaciones aún más amplias; por otro, existía también el gran peligro de que, como en 1948, se exigieran acciones «punitivas» y colaterales más drásticas y sistemáticas contra el pueblo asediado de la franja de Gaza.

Las bajas aumentaron en 2007. Murieron en Gaza trescientas personas, docenas de las cuales fueron niños. Ya durante la Administración de Bush, y definitivamente en la era post-Bush, empezó a perder credibilidad el mito de que en Gaza se luchaba contra la Yihad Islámica. Así que en 2007 se inventó un nuevo mito: Gaza era una base terrorista dispuesta a destruir a Israel. El único modo que había de anular el potencial terrorista de los palestinos, por decirlo así, era que éstos consintieran vivir en un territorio circundado de muros y alambre de espino. Se bloqueó la entrada de harina, cemento, medicinas, lácteos y arroz, y se restringieron los desplazamientos a y desde Gaza, todo ello como resultado de las elecciones políticas de los gazatíes. De insistir en su apoyo a Hamás, seguirían cercados y sin alimentos hasta que cambiaran sus inclinaciones ideológicas. Si sucumbían a las presiones de Israel les esperaba la misma suerte que a Cisjordania: una vida en la que no están garantizados los derechos humanos y civiles más básicos. Podrían ser presos en la cárcel abierta de Cisjordania o en la de máxima seguridad de Gaza. Si presentaban resistencia, serían encarcelados sin juicio previo o eliminados. Éste fue el mensaje transmitido por Israel en 2007. A los gazatíes se les dio un año para decidir.

En el verano de 2008, Egipto anunció que estaba dispuesto a mediar en una tregua bilateral oficial. El Gobierno israelí no alcanzó sus objetivos. necesitaba prepararse más seriamente para la siguiente etapa y durante ese año se empleó en ello. Su estrategia dependía del silenciamiento de Hamás en la franja de Gaza y de que surtiera efecto el desesperado intento de demostrar al Cuarteto (las Naciones Unidas, la Unión Europea, Estados Unidos y Rusia) y a la Autoridad Palestina que la situación en la franja estaba bajo control, hasta el punto de que su «solución» podía formar parte del planteamiento propuesto por Israel para una futura paz.

En el verano de 2008 se cumplieron dos años de la humillación del Líbano. El Gobierno —sometido a una agresiva investigación y a informes poco favorables en torno al fracaso ocurrido en el norte— no estaba dispuesto a permitir que la opinión pública israelí siguiera metiendo el dedo en la llaga durante mucho más tiempo. Soplaban también vientos de cambio desde Washington y se temía que la nueva Administración no fuese tan empática con las estrategias israelíes. Por lo demás, la opinión pública mundial, al menos desde sus bases, parecía mantener una postura antagónica e impaciente, como venía siendo el caso desde 2000.

Volvió a ponerse en funcionamiento la vieja técnica de esperar a tener la excusa adecuada para mover pieza e intensificar la lucha contra la única resistencia aún intacta. Ahora sabemos que encontrada dicha excusa, los estrategas militares pretendían agudizar la reacción. El discurso de las FDI presentaba una nueva doctrina para Gaza, la «doctrina Dahiyya». En octubre de 2008, *Haaretz* se refería por primera vez a ella: en esencia, consistía en la destrucción total de diferentes zonas delimitadas y en el uso indiscriminado de la fuerza en reacción al lanzamiento de cualquier cohete. Cuando *Haaretz* informó sobre todo ello, lo hizo aludiendo a una futura estrategia aplicable en el Líbano; de ahí la referencia a Dahiyya, el barrio chií que los israelíes redujeron a escombros durante los ataques aéreos contra Beirut de 2006. «Para nosotros, los pueblos son bases militares», afirmaba Gadi Eizenkot, oficial entonces al cargo del Mando Norte. Eizenkot planteaba la destrucción total de los pueblos como acción de castigo. No obstante, el coronel Gabi Siboni, colega suyo, explicó, en un congreso académico celebrado en el Instituto de Seguridad Nacional de la Universidad de Tel Aviv, que estas medidas serían también de aplicación en la franja de Gaza, añadiendo que «el objetivo es infligir daños de los que no puedan recuperarse en mucho tiempo»[19].

Las pruebas aportadas por la ONG Rompiendo el Silencio corroboran la descripción hecha de esta doctrina. En una conferencia de prensa celebrada tras los sucesos de enero de 2009, algunos de los ex soldados que forman parte de la ONG explicaron que se les obligaba a pensar en la franja de Gaza como en un puesto fortificado que debía ser aniquilado y borrado del mapa con toda la contundencia de que el ejército de Israel pudiese hacer uso[20].

Al parecer, la doctrina no abanderaba únicamente el poderío militar, sino que apuntaba a obtener los mismos resultados por otros medios. En 2008, el ejército israelí estrechó el bloqueo sobre Gaza. Este movimiento táctico resultó ser, si se analiza detalladamente, algo más que una medida de castigo. Se trata de una política que produjo, dada la idiosincrasia demográfica de la franja, una situación comparable al genocidio: ausencia de alimentos básicos, de la atención médica más elemental y de cualquier fuente de empleo. A ello se le puede agregar la claustrofobia de un millón y medio de personas a las que se prohibió desplazarse y que carecían de los bienes y materiales de construcción mínimos, lo que los dejó sin cobijo en invierno y en verano. Y, por si esto no fuera suficiente, los israelíes cortaron el suministro de agua y de electricidad[21].

Hamás no dio su brazo a torcer y rehusó disolverse a cambio del levantamiento del bloqueo de Gaza. Así pues, Israel buscó otro pretexto y violó el alto el fuego todos y cada uno de los días de junio de 2008 con varios ataques aéreos e incursiones por tierra. Grupos no afiliados a Hamás respondieron con el lanzamiento de varios cohetes. La opinión pública israelí quedó, así pues, lista para aceptar una operación de mayor envergadura.

Y, sin embargo, no fue suficiente. En noviembre de 2008 el ejército israelí atacó uno de los muchos túneles excavados para sobrevivir al bloqueo y afirmó que había sido un ataque marxista contra una futura operación de Hamás. En esa ocasión, sí fue Hamás quien disparó los cohetes. Perdió a seis de sus activistas en el ataque israelí, y respondió disparando una andanada de más de treinta proyectiles. A final de mes, Hamás declaró que tales acciones israelíes, que llegaron a ser de frecuencia diaria, habían puesto punto y final al alto el fuego.

El 18 de noviembre de 2008, Hamás declaró el final de la tregua y el 24 intensificó el lanzamiento de cohetes durante corto tiempo como respuesta a la acción previa de Israel. Como en ocasiones anteriores, apenas se produjeron bajas en el lado israelí, aunque casas y apartamentos resultaron dañados, lo que traumatizó duramente a los ciudadanos afectados.

El ataque con cohetes del 24 de noviembre era lo que el ejército israelí había estado esperando. Desde el 25 de ese mes hasta el 21 de enero de 2009, se bombardeó al millón y medio de gazatíes desde tierra, mar y aire. Hamás respondió atacando con cohetes que provocaron tres bajas. Murieron otros diez soldados israelíes, algunos por fuego amigo.

¿UNA POLÍTICA GENOCIDA?

Las pruebas recopiladas por las organizaciones pro derechos humanos israelíes, las agencias internacionales y los medios (aunque en Israel no hablasen de la entrada en Gaza) se interpretaron como evidencia de hechos que iban más allá del crimen de guerra. Algunos hablaron de genocidio. Rara vez el presidente de la Asamblea General de las Naciones Unidas acusa a un Estado miembro de semejante crimen[22]. Sin embargo, cuando el ejército israelí bombardeó a la población civil de Gaza invocando el derecho a la defensa propia frente al lanzamiento de cohetes por parte de terroristas contra blancos civiles, Miguel D'Escoto Brockmann no dudó en calificar tales actos de genocidas. En su calidad de ex sacerdote católico y ministro de Asuntos Exteriores de Nicaragua, sus opiniones tienen cierto calado. No es necesario decir que dichas apreciaciones fueron inmediatamente tachadas por Israel de antisemitas, la reacción estándar ante una acusación de ese tipo. Si hubiese sido una única voz clamando en el desierto, las declaraciones de D'Escoto habrían tenido poca resonancia, pero se vieron pronto acompañadas por la indignación de otros políticos de peso, especialmente en regiones ajenas al poder occidental, quienes escogieron el término «genocidio» como el único capaz de describir la tragedia sufrida por la población de Gaza.

La reacción de D'Escoto Brockmann tuvo lugar antes de la destrucción masiva de viviendas, escuelas y hospitales en diversas zonas de Gaza. Una semana más tarde, Oktay Akbal, columnista y escritor turco, describió las acciones israelíes como «el Auténtico Genocidio»[23]. El diario israelí *Haaretz* informó el 29 de diciembre de 2009 de que los líderes de Gobierno y oposición de todo el mundo, particularmente del Sureste asiático, África y América del Sur, calificaban las atrocidades cometidas —antes incluso de que se conocieran en toda su dimensión— de genocidio.

De Occidente llegaron también duras críticas, cuyos autores no obstante se guardaron de utilizar tal término. No obstante, la palabra tabú a menudo salía a la luz en las manifestaciones de medios alternativos, blogs y sitios web. Antes incluso de las operaciones de enero de 2009, se había dado a entender ocasionalmente que las fuerzas armadas israelíes estaban cometiendo actos genocidas. «Unos 1,4 millones de personas, la mayoría niños, se hacinan en una de las regiones más densamente pobladas del mundo, sin libertad de movimiento, sin escapatoria y sin lugar donde esconderse», señalaron en *Le Figaro* Jan Egeland, de la oficina de asuntos humanitarios, y Jan Eliasson, ministro de Asuntos Exteriores de Suecia, al hilo de los desmanes cometidos por Israel en Gaza. Por su parte, el periodista John Pilger escribió en *The New Statesman:* «La población de Gaza se hunde en el genocidio y los que se sientan a mirar se hunden en el silencio»[24]. Ese mismo mes, las reiteradas acciones de Israel contra niños en Gaza motivaron similares expresiones de preocupación desde los ámbitos más diversos: Richard Falk, jurista y profesor de Derecho en la Universidad de Princeton de renombre internacional, escribió ese año que le resultaba «especialmente doloroso, como judío estadounidense, definir el abuso pertinaz y creciente ejercido sobre la población palestina por Israel con un término tan incendiario como "holocausto"»[25].

Los medios de comunicación árabes prooccidentales se refirieron a los sucesos de enero de 2009 en términos similares. Uno de ellos fue la cadena de televisión por satélite Al-Arabia, radicada en Dubái. El 28 de diciembre de 2008, recién comenzada la matanza masiva —aunque el número de muertes de niños y mujeres había alcanzado ya una cantidad sin precedentes—, la cadena informó sobre protestas populares en todo el mundo. El titular rezaba: «El mundo se levanta al unísono contra el "genocidio" de Gaza». Se hizo saber que «manifestantes de Dinamarca, Turquía, Pakistán, Chipre, Bahréin, Kuwait, Irán, Sudán e incluso Israel exigían el final de lo que calificaban como "genocidio" de Gaza»[26].

No fue ésa la opinión de los medios mayoritarios de Occidente, y tampoco se expresaron de ese modo los miembros de las élites políticas de Estados Unidos ni de Europa. Pero en el balance de poderes entre las voces hegemónicas y contrahegemónicas, estas últimas acogieron a respetados políticos del resto del mundo, a las más amplias coaliciones de la izquierda política y a organizaciones por los derechos humanos de Occidente. A ellos se sumaron algunas voces influyentes de los medios occidentales. El periodista John Pilger volvió a tachar los sucesos de Gaza de genocidio en *The New Statesman,* el 21 de enero de 2009.

En la estela de dichos sucesos se unieron al clamor aún más voces. Los participantes en la gran manifestación celebrada en Londres el 19 de enero de 2009 portaban pancartas contra el «Genocidio en Gaza», y lemas similares se leyeron en una nutrida manifestación en Copenhague. En otras latitudes, el ministro de Asuntos Exteriores de Malasia tachó el ataque contra Gaza de genocidio en abril de 2009[27].

Es fácil entender por qué el juez Goldstone se abstuvo de usar ese lenguaje. Su informe, como se ha explicado anteriormente, corrobora las pruebas recogidas por quienes describieron tales acciones como genocidas, pero habla de ellas como crímenes de guerra que deben investigarse más detalladamente.

El informe Goldstone utiliza las mismas palabras para referirse a los ataques con cohetes de Hamás, lo cual parece más un gesto de buena voluntad hacia Israel que una valoración sincera. El desequilibrio entre el poder de destrucción del agresor y la patética respuesta militar de la víctima merece calificativos muy distintos.

Por otro lado, la lectura del exhaustivo y valiente informe del juez Goldstone debe hacernos recordar que los 1.500 muertos, los miles de heridos y las decenas de miles que perdieron sus hogares no son el recuento total de la historia. El punto clave del debate radica en la decisión que llevó a emplear tal ferocidad militar en un espacio civil. El poder militar de Israel no puede producir sino la terrible destrucción de que hemos sido testigos en Gaza. Se utilizó para ese propósito. La naturaleza de las operaciones militares demuestra también el deseo del ejército israelí de experimentar con nuevas armas, todo ello con el fin de matar civiles y hacer realidad lo que el ex comandante en jefe Moshe Ya'alon describió como la necesidad de grabar a fuego en la conciencia de los palestinos el temible poder del ejército de Israel[28].

Capítulo 8

La paz en Oriente Próximo que podría ser (pero no será)

Puede parecer extraño el hecho de que el conflicto israelo-palestino siga recrudeciéndose sin solución aparente. Son muchos los conflictos del mundo en los que es difícil siquiera plantear un acuerdo viable. En este caso, no es sólo posible, sino que existe un consenso universal acerca de cuáles deben ser sus rasgos esenciales: un acuerdo binacional que respete las fronteras reconocidas internacionalmente (las anteriores a 1967), con modificaciones «mínimas y consensuadas», por adoptar el discurso oficial de Estados Unidos antes de que Washington se desmarcara del resto de la comunidad internacional a mediados de la década de 1970.

Estos principios básicos han sido aceptados prácticamente por todo el mundo, incluidos los Estados árabes —que siguen pidiendo la normalización completa de las relaciones—, la Organización de la Conferencia Islámica —de la cual es miembro Irán— y otros actores no estatales de peso (como Hamás). Ya en enero de 1976, los países árabes más importantes propusieron ante el Consejo de Seguridad de las Naciones Unidas un acuerdo que se ajustaba a tales directrices. Israel se negó a asistir a la sesión y Estados Unidos vetó la resolución, y lo volvió a hacer en 1980. Desde entonces, ésa ha sido la tónica habitual en la Asamblea General.

En el rechacismo israelo-estadounidense se abrió, no obstante, una importante y reveladora grieta. Tras el fracaso de las negociaciones de Camp David en 2000, el presidente Clinton reconoció que las condiciones propuestas por Israel eran inaceptables para cualquier palestino. Ese mes de diciembre, Clinton propuso sus «parámetros»: no tan específicos, pero más abiertos. Afirmó entonces que ambas partes los habían aceptado, si bien con reservas.

Los negociadores israelíes y palestinos se reunieron en Taba (Egipto) en enero de 2001 para resolver dichas diferencias. Se hicieron allí considerables avances. Durante la rueda de prensa final se informó de que si hubieran dispuesto de un poco más de tiempo se podría haber alcanzado un acuerdo. Israel había cancelado las negociaciones de forma prematura. No obstante, finalizadas las conversaciones oficiales, las oficiosas continuaron a alto nivel, lo cual llevó al Acuerdo de Ginebra, rechazado por Israel e ignorado por Estados Unidos.

Desde entonces han ocurrido muchas cosas, pero sigue siendo posible un acuerdo que siga las líneas previas a 1967; siempre, claro está, que Washington esté dispuesto a aceptarlo. Por desgracia, hay pocos indicios que apunten en esa dirección.

Alrededor de los hechos ha nacido toda una mitología, pero los datos básicos son muy claros y están documentados.

Estados Unidos e Israel han actuado en tándem para expandir y profundizar la ocupación. En 2005, cuando se dieron cuenta de que no tenía sentido subsidiar a unos cuantos colonos israelíes en Gaza que no hacían más que apropiarse de abundantes recursos y forzar la intervención del ejército, el Gobierno de Ariel Sharon decidió trasladarlos a territorios mucho más valiosos, como Cisjordania o los Altos del Golán.

En lugar de hacer de ello una operación fácil y expeditiva, el Gobierno decidió poner en escena un «trauma nacional», el cual prácticamente duplicaba en espectacularidad la farsa que acompañó la retirada del desierto del Sinaí tras los acuerdos de Camp David de 1978-1979. En ambos casos, la retirada hacía legítimo el grito de «nunca más», que en la práctica significaba: «No podemos abandonar ni un metro cuadrado de los territorios palestinos que deseamos tomar, aunque infrinjamos la ley internacional». La representación tuvo mucho éxito en Occidente, aunque líderes de opinión israelíes bastante más astutos que los occidentales la ridiculizaron (entre ellos el difunto Baruch Kimmerling, prominente sociólogo).

Israel se retiró de la franja de Gaza pero nunca llegó a perder del todo el control del territorio, descrito en numerosas ocasiones —con gran realismo— como «la cárcel más grande del mundo». En enero de 2006, pocos meses después de la retirada, Palestina celebró elecciones que observadores internacionales juzgaron libres y justas. Los palestinos, sin embargo, votaron «mal» y eligieron a Hamás. Ipso facto, Estados Unidos e Israel intensificaron sus ataques a los gazatíes y se dispusieron a castigar el agravio. No se disimularon ni los hechos ni el razonamiento; más bien al contrario, se comentaron abiertamente mientras se alababan con reverencia los sinceros esfuerzos de Washington por la democracia. Desde entonces, el acoso de Israel contra los gazatíes no ha hecho más que intensificarse, con apoyo de Estados Unidos y mediante la violencia y el estrangulamiento económico salvajes.

Mientras tanto, en Cisjordania, Israel, al que nunca le falta el firme apoyo de Estados Unidos, sigue adelante con sus planes a largo plazo para apropiarse de la tierra y los recursos más valiosos de los palestinos, relegándolos a cantones inviables, la mayor parte de ellos invisibles para el ciudadano de a pie. Los analistas israelíes llaman a estos objetivos «neocoloniales». Ariel Sharon, arquitecto principal de los programas de asentamiento, los llamó «bantustanes», si bien el término es engañoso: Suráfrica necesitaba de mano de obra negra, mientras que Israel se alegraría mucho de la desaparición de los palestinos y a ese fin se encaminan sus políticas.

Uno de los pasos dados hacia la cantonización y la merma en las esperanzas para la supervivencia de la nación palestina fue la separación de Gaza y Cisjordania. Dichas esperanzas han quedado casi relegadas al olvido, atrocidad a la que no deberíamos contribuir con nuestro consentimiento tácito. La periodista israelí Amira Hass, una de las principales especialistas en el tema de Gaza, afirma:

Las restricciones al movimiento de los palestinos introducidas por Israel en enero de 1991 dieron marcha atrás al proceso iniciado en junio de 1967. En ese entonces, y por primera vez desde 1948, gran parte del pueblo palestino vivió de nuevo en el territorio abierto de un único país. Un país ocupado, desde luego, pero al menos sólo un país. [...] La separación radical entre la franja de Gaza y Cisjordania es uno de los logros más importantes de la política israelí, cuyo objetivo primordial es impedir una solución basada en las decisiones internacionales e imponer un acuerdo basado en la superioridad militar de Israel. [...] Desde enero de 1991 Israel ha ahondado con éxito la brecha desde los puntos de vista burocrático y logístico, no sólo la existente entre los palestinos de los territorios ocupados y los que residen en Israel, sino la abierta entre los gazatíes y los cisjordanos y jerosolimitanos. Los judíos habitan este mismo trozo de tierra pero funcionan en un marco distinto de leyes, privilegios, servicios, infraestructuras físicas y libertad de movimientos[1].

La principal especialista académica en la cuestión de Gaza, Sara Roy, profesora de Harvard, añade:

Gaza es un ejemplo de sociedad reducida deliberadamente a la más abyecta miseria. Sus pobladores, antaño productivos, se han transformado en indigentes que dependen de la ayuda exterior. [...] El sojuzgamiento de Gaza comenzó mucho antes de la reciente guerra desatada por Israel [diciembre de 2008]. La ocupación israelí —olvidada o negada hoy día por la mayor parte de la comunidad internacional— ha devastado la economía de Gaza y a sus habitantes, especialmente desde 2006. [...] Tras el ataque de Israel de diciembre [de 2008], las ya duras condiciones que se vivían en Gaza se hicieron físicamente insoportables. Los medios de vida, las viviendas y las infraestructuras públicas han sido destruidos o inutilizados a un punto inaceptable, según opiniones vertidas por las propias Fuerzas de Defensa de Israel. Hoy día, Gaza no posee sector privado ni industria. El 80

por ciento de sus cosechas fue destruido e Israel continúa disparando contra los agricultores que tratan de
sembrar o trabajar los campos anejos a la valla de la bien
guardada frontera. La mayor parte de la actividad productiva ha sido aniquilada. [...] Hoy día, el 96 por ciento
de los 1,4 millones de gazatíes depende de la ayuda humanitaria para satisfacer sus necesidades más básicas.
Según el Programa Mundial de Alimentos, la franja de
Gaza necesita un mínimo de 400 camiones de alimentos
al día para satisfacer las necesidades nutricionales básicas de la población. No obstante, a pesar de la decisión
tomada por el gabinete israelí en marzo [el 22 de marzo
de 2009], en virtud de la cual se levantaría toda restricción alimentaria, durante la semana del 10 de mayo sólo
entraron en la franja 653 camiones de alimentos y demás suministros, lo cual, en el mejor de los casos, supone el 23 por ciento de las necesidades requeridas. Israel
permite actualmente la entrada de entre 30 y 40 tipos de
productos, en comparación con los 4.000 que contaban
con su aprobación antes de junio de 2006[2].

Nunca se insistirá lo suficiente en el hecho de que
Israel nunca tuvo pretextos verosímiles para su ataque de 2008-2009 contra Gaza, el cual contó con el
apoyo total de Estados Unidos y en el que se utilizaron
de forma ilegal armas estadounidenses. Internacionalmente, la opinión casi unánime es la contraria: Israel
actuaba en defensa propia, extremo del todo insoste-
nible a la luz del rechazo absoluto por parte de Israel
a los medios pacíficos que las partes tenían a su alcance, tal y como Israel y su cómplice, Estados Unidos,
sabían bien[3]. Dicho esto, el asedio de Israel sobre Gaza
constituye en sí mismo un acto de guerra, tal y como el

propio Israel reconoce, pues su Gobierno ha iniciado guerras de importancia alegando restricciones parciales en su acceso al mundo exterior. Nada, evidentemente, que se le acerque mínimamente a lo que Israel lleva años imponiendo en Gaza.

Un elemento esencial del criminal asedio israelí sobre el que no se habla demasiado es el bloqueo naval. Peter Beaumont informa desde Gaza diciendo que «en su litoral, la frontera queda marcada por una valla de otro tipo, en que las cañoneras israelíes y sus enormes estelas hacen las veces de barrotes, navegando a toda velocidad entre los pesqueros palestinos e impidiéndoles salir de la zona impuesta»[4]. Según testimonios a pie de costa, el bloqueo naval viene estrechándose desde 2000. Los pesqueros son empujados por las cañoneras israelíes contra la orilla, fuera de las aguas territoriales de Gaza, a menudo violentamente, sin aviso previo y causando bajas humanas. De resultas, la industria pesquera gazatí está al borde del colapso, pues la pesca de bajura es inexistente debido a la polución provocada por los habituales ataques de Israel, varios de ellos dirigidos contra depuradoras de aguas y centrales eléctricas.

Estos ataques navales de Israel comenzaron poco después del descubrimiento por parte de British Gas Group de lo que parece ser un yacimiento de gas de dimensiones considerables que se situaría en aguas territoriales de Gaza. Los boletines del Ministerio de Industria informan de que Israel está ya apropiándose de estos recursos pertenecientes a Gaza para uso propio, como parte de su compromiso de convertir su industria al gas natural. Fuentes del Ministerio comunican que:

El Ministerio de Economía de Israel ha dado a Israel Electric Corp. (IEC) la aprobación para adquirir de British Gas mayores cantidades de gas natural que las acordadas originalmente, según fuentes gubernamentales israelíes, las cuales afirmaban que la empresa pública podría negociar hasta 1.500 millones de metros cúbicos de gas natural del yacimiento marino situado en la costa mediterránea de la franja de Gaza, bajo control palestino.

El año pasado, el Gobierno israelí aprobó la adquisición de 800 millones de metros cúbicos de gas natural de dicho yacimiento por parte de la IEC. [...] Recientemente, el Gobierno israelí ha cambiado de opinión y ha decidido que la empresa pública podría comprar todo el gas proveniente del yacimiento. Con anterioridad, el Gobierno había afirmado que la IEC podría comprar la mitad de dicha cantidad y que el resto sería adquirido por productores de energía privados[5].

El saqueo del recurso que podría convertirse en la gran fuente de ingresos para Gaza es con toda seguridad conocido por las autoridades estadounidenses. Es razonable, así pues, suponer que las cañoneras israelíes no quieren que los pesqueros de Gaza entren en sus aguas territoriales porque el Gobierno del país tiene la intención de apropiarse de esos recursos limitados, ya en solitario, ya a medias con la colaboracionista Autoridad Palestina.

Existen instructivos precedentes. El 1989, el ministro de Asuntos Exteriores de Australia, Gareth Evans, firmó un tratado con su homólogo indonesio, Ali Alatas, por el cual se cedían a Australia derechos sobre las abundantes reservas de crudo de la «provincia indonesia de Timor Oriental». El Tratado de la Fosa de Timor, firmado entre Australia e Indonesia, no dejaba ni una migaja para la gente a la que se estaba robando el petróleo y «es el único acuerdo legal del mundo en el que se reconoce a todos los efectos el derecho de Indonesia sobre Timor Oriental», según la prensa australiana.

Preguntado sobre su disposición a reconocer la conquista indonesia y a robar el único recurso existente en el territorio conquistado —sometido a una matanza casi genocida por parte del invasor indonesio con el firme respaldo de Estados Unidos, el Reino Unido y otros—, Evans explicó que «no existe ninguna obligación legal de reconocer la adquisición de un territorio tomado por la fuerza» y añadió que «el mundo es un lugar muy injusto, sembrado de otros ejemplos de adquisiciones forzosas»[6].

Israel, así pues, no debería tener problema alguno para hacer lo mismo en Gaza.

Pocos años más tarde, Evans se convirtió en la figura principal de la campaña que introduciría la idea de «responsabilidad de proteger», conocida en derecho internacional como R2P (del inglés, *responsibility to protect*). La R2P quiere establecer una norma internacional que obligue a proteger a las poblaciones de delitos graves. Evans es autor de una relevante obra sobre el asunto y fue copresidente de la International Commission on Intervention and State Sovereignty, entidad que publicó lo que se considera el documento fundacional de la R2P.

En un artículo consagrado a ese «idealista esfuerzo por establecer un nuevo principio humanitario», la revista londinense *The Economist* presentó a Evans y sus «audaces pero apasionadas exigencias en nombre de una expresión de tres palabras que (en gran parte gracias a sus esfuerzos) pertenece ya a la jerga diplomática: la "responsabilidad de proteger"». El artículo viene acompañado por una fotografía de Evans con el siguiente pie de foto: «Evans, una vida apasionadamente dedicada a proteger». En ella se le ve con la palma de la mano apoyada en la frente, desesperado ante las dificultades que su ideal le obliga a superar. La revista eligió no publicar otra foto que circula en Australia, en la que se ve a Evans y Alatas dándose calurosamente la mano en celebración por el tratado que acaban de firmar[7].

Pese a ser una «población protegida» en virtud del derecho internacional, los habitantes de Gaza no entran en la jurisdicción de la «responsabilidad de proteger» y se suman a otros infortunados, de acuerdo con la máxima de Tucídides —que los fuertes hagan lo que deseen y los débiles sufran como deben—, que mantiene su vigencia con la precisión acostumbrada.

El tipo de restricción al movimiento aplicada para destruir Gaza lleva mucho tiempo aplicándose también en Cisjordania; no con tanta crueldad, pero con efectos igualmente sombríos sobre la economía y la vida. El Banco Mundial informa de que Israel ha establecido «un complejo régimen de bloqueo que restringe el acceso de los palestinos a amplias áreas de Cisjordania. [...] Las finanzas palestinas siguen estancadas, en gran parte debido a la aguda ralentización de la vida económica en Gaza y a las continuadas restricciones de Israel sobre el comercio y los desplazamientos entre la franja y Cisjordania».

El Banco Mundial cita los «bloqueos de carreteras israelíes y los puestos de control, que obstaculizan el comercio y los desplazamientos, así como las restricciones a la construcción de obras palestinas en Cisjordania, donde el Gobierno del presidente Mahmud Abbas mantiene el control con el apoyo de Occidente»[8]. Israel permite —y de hecho, fomenta— una existencia privilegiada para las élites en Ramala y, a veces, en otros lugares; élites que dependen en gran parte del apoyo financiero europeo. Todo ello son rasgos característicos de las prácticas neocoloniales.

El conjunto forma lo que el activista israelí Jeff Halper ha llamado una «matriz de control» que tiene como objetivo la subyugación de la población colonizada. Los programas sistemáticos, aplicados desde hace más de cuarenta años, están encaminados a hacer realidad la recomendación hecha por el ministro de Defensa Moshe Dayan a sus colegas poco después de las conquistas israelíes de 1967, según las cuales hay que transmitir el siguiente mensaje a los palestinos de los territorios ocupados: «No existe solución posible, seguiréis viviendo como perros, y el que quiera, podrá marcharse. Veremos a dónde nos conduce este proceso»[9].

La segunda manzana de la discordia, la de los asentamientos, provoca muchos conflictos, pero son menos drásticos de lo que habitualmente se cree. La postura de Washington fue firmemente definida por la secretaria de Estado Hillary Clinton, quien afirmó en un muy citado discurso que se rechazaban las «excepciones» a la política de oposición a los asentamientos por causa del «crecimiento natural». El primer ministro Benjamín Netanyahu, el presidente Simón Peres y, de hecho, la práctica totalidad del espectro político israelí, insisten en permitir el «crecimiento natural» dentro de las áreas que Israel pretende anexionarse y se queja de que Estados Unidos se está retractando del visto bueno que en su día dio George W. Bush a la expansión, acorde con su «visión» de Estado palestino.

Los miembros de mayor experiencia del gabinete de Netanyahu han ido aún más allá. El ministro de Transporte, Yisrael Katz, anunció que «el actual Gobierno israelí no aceptará en modo alguno la paralización de los asentamientos legales en Judea y Samaria»[10]. El término «legal», en la jerga israelo-estadounidense, quiere decir «ilegal, pero autorizado por el Gobierno de Israel con un guiño de Washington». Según este uso, los puestos de avanzadilla no autorizados son «ilegales», pese a que —más allá de lo que dicten los poderosos— no son más ilegales que los asentamientos concedidos a Israel en nombre de la «visión de futuro» de Bush y de la escrupulosa omisión de Obama.

La inflexible formulación Clinton-Obama no es nueva, sino que repite lo dispuesto en el borrador de la Hoja de Ruta presentada por la Administración de Bush en 2003, en virtud de lo cual «Israel congela toda actividad de asentamiento (incluida la relativa al crecimiento natural de los asentamientos)» en una teórica Fase I. Todas las partes aceptan formalmente la Hoja de Ruta (eliminado el detalle del «crecimiento natural») e ignoran con insistencia el hecho de que Israel, con apoyo de Estados Unidos, añadió ipso facto catorce «condiciones» que la hacían inviable[11].

Si Obama tomase en serio la oposición a la expansión de los asentamientos, podría aplicar fácilmente medidas específicas, reduciendo, por ejemplo, el importe de las ayudas que Estados Unidos entrega a Israel a estos efectos. Y no sería en absoluto un movimiento radical ni valiente. La Administración de Bush padre ya lo hizo (reduciendo las garantías de los préstamos), pero tras los Acuerdos de Oslo de 1993, el presidente Clinton dejó que el Gobierno de Israel hiciera sus cuentas. El resultado no sorprendió a nadie: no había «cambios en las partidas dedicadas a los asentamientos», tal y como informó la prensa israelí. «El presidente Rabin continuará con una política de apoyo a los asentamientos», concluía el artículo. «Y ¿los estadounidenses? Lo entenderán»[12].

Cargos de la Administración de Obama hicieron saber a la prensa que las medidas aplicadas por Bush padre «estaban fuera de toda discusión» y que las presiones serían «principalmente simbólicas»[13]. En resumen: Obama también entiende, igual que entendieron Clinton y Bush hijo.

En el mejor de los casos, la expansión de los asentamientos es un asunto secundario, como el de los «puestos avanzados ilegales» —a saber, los que el Gobierno de Israel no ha autorizado—. El foco de estos temas distrae la atención del hecho de que no existen «puestos avanzados legales» y de que los asentamientos ya existentes son el problema primordial que es necesario abordar.

La prensa estadounidense informó de lo siguiente:

La moratoria parcial está en vigor desde hace años, pero los colonos han descubierto cómo saltarse las restricciones. [...] La construcción en los asentamientos se ha ralentizado pero nunca se ha detenido, manteniéndose una tasa de entre 1.500 y 2.000 viviendas anuales durante los últimos tres años. Si la construcción continúa al ritmo de 2008, las 46.500 viviendas aprobadas estarán finalizadas en unos veinte años. [...] Si Israel construye todas las viviendas ya aprobadas en el plan general nacional de asentamientos, éstas doblarán su número actual en Cisjordania[14].

Peace Now, que monitoriza las actividades de los asentamientos, estima además que dos de los más grandes doblarán su tamaño: Ariel y Ma'aleh Adumim, construidos principalmente durante los años de los Acuerdos de Oslo en las lenguas de territorio que dividen Cisjordania en cantones.

El «crecimiento natural de la población» es más que nada un mito, según señala el principal corresponsal diplomático de Israel, Akiva Eldar, citando estudios demográficos del coronel de la reserva Shaul Arieli, secretario adjunto militar del antiguo primer ministro y actualmente titular de la cartera de Defensa, Ehud Barak. El crecimiento de los asentamientos consiste fundamentalmente en la acogida de inmigrantes israelíes —lo cual incumple la Convención de Ginebra—, quienes, por otro lado, se benefician de generosas subvenciones. Dicho crecimiento quebranta de forma directa las decisiones formales del Gobierno, pero ocurre con su consentimiento, en especial el de Barak, considerado una de las «palomas de la paz» del espectro israelí[15].

El corresponsal Jackson Diehl ridiculiza la «fantasía palestina, largamente dormida» que ha revivido el presidente Abbas, según la cual «Estados Unidos obligará sin más a Israel a hacer concesiones de peso, esté o no de acuerdo su Gobierno democrático»[16]. No explica sin embargo por qué el rechazo a participar en la expansión ilegal de Israel —el cual, de tomarse en serio, «obligaría a Israel a hacer concesiones de peso»— sería una injerencia inaceptable en la democracia israelí.

Poniendo de nuevo los pies en la tierra, todas esas discusiones sobre la expansión de los asentamientos soslayan el problema más importante: lo que Estados Unidos e Israel ya han construido en Cisjordania. El pasar por alto la cuestión da a entender que los programas de asentamientos ilegales que ya están en marcha son, en cierto modo, aceptables (excepción hecha de los asentamientos de los Altos del Golán, anexionados en contra de las órdenes del Consejo de Seguridad), aunque la «visión de futuro» de Bush, asumida aparentemente por Obama, da apoyo, a veces tácito, otras explícito, a estas violaciones de la ley. Lo que ya está construido basta para garantizar que no pueda existir una autodeterminación palestina viable. Así pues, son muchos los ejemplos indicativos de que el rechacismo israelo-estadounidense persistirá, bloqueando como siempre el consenso internacional pese a que se ponga punto y final al «crecimiento natural».

A continuación, el primer ministro Netanyahu declaró una moratoria de diez meses a las nuevas construcciones, con numerosos casos de excepción. No era de aplicación, por ejemplo, en la Gran Jerusalén, donde la expropiación de terrenos árabes y la construcción de viviendas para los colonos judíos continuaron a ritmo vertiginoso. Hillary Clinton alabó esta concesión «sin precedentes» en lo referido a la construcción (ilegal), provocando la ira y el bochorno en gran parte del mundo[17].

Otro gallo cantaría si se considerase la posibilidad de un intercambio de tierras, solución considerada en Taba y detallada en el Acuerdo de Ginebra, resultado de negociaciones informales de alto nivel entre Israel y Palestina. Este acuerdo se firmó en la ciudad suiza en octubre de 2003, recibió una cálida acogida en todos los países del mundo y fue rechazado por Israel e ignorado por Estados Unidos[18].

La alocución que Barack Obama dirigió desde El Cairo al mundo musulmán el 4 de junio de 2009 se apoyó en gran medida en esa técnica de la *tabula rasa* perfeccionada por el mandatario estadounidense, escasa de contenido pero presentada en un estilo personal que permite a quienes le escuchan escribir en la *tabula* lo que quieren oír. La CNN captó la esencia de esa técnica en un titular: «Obama busca apelar al alma del mundo musulmán». El presidente había anunciado los objetivos de dicha alocución en una entrevista con Thomas Friedman, columnista de *The New York Times*. «En los pasillos de la Casa Blanca circula un chiste: "Vamos a seguir contando la verdad hasta que deje de funcionar". Y en ningún sitio como en Oriente Próximo es más importante contar la verdad». El compromiso de la Casa Blanca es más que bienvenido, pero es útil comprobar si se traduce en realidades[19].

Obama advirtió al público de que es fácil «señalar con el dedo. [...] Pero si consideramos este conflicto sólo desde uno de los bandos, obtendremos una verdad cegadora: la única solución es la conciliación de las aspiraciones de ambas partes, a través de la creación de dos Estados en los que israelíes y palestinos puedan llevar una vida segura y pacífica».

Si dejamos a un lado la Verdad de los Obama-Friedman y prestamos atención a la verdad a secas, debemos contar con un tercer actor, que desempeña además un papel fundamental en todo este proceso: Estados Unidos. Pero Obama omitió dicha parte. Tal omisión es entendible y apropiada, y por tanto no se habla de ella. La columna de Friedman lleva como titular: «Obama dirigió su discurso tanto a árabes como a israelíes». La primera plana de *The Wall Street Journal* propone el siguiente titular en referencia al discurso del presidente: «Obama reprende a Israel y a los árabes en su alocución a los musulmanes». Otros artículos hablan en los mismos términos.

Se trata de una convención comprensible dentro de la doctrina según la cual las intenciones del Gobierno de Estados Unidos son, por definición, benévolas, incluso nobles, aunque a veces cometa errores. En el mundo ideal del cliché, Washington siempre ha buscado desesperadamente desempeñar el papel del honesto y esforzado intermediario por la paz y la justicia. La doctrina aplasta a la verdad, de la que apenas sobreviven resquicios en el discurso oficial o en la cobertura que hacen los medios de comunicación de ella.

Obama se hizo eco de nuevo de la «visión de futuro» de Bush, la biestatal, sin explicar lo que quería decir con el término «Estado palestino». Sus objetivos quedaron claros no sólo por las esenciales omisiones ya comentadas, sino por su crítica explícita a Israel: «Estados Unidos no acepta la legitimidad de los asentamientos que de forma continuada ha llevado a cabo Israel. La construcción de los mismos incumple acuerdos previos y socava los esfuerzos en pos de la paz.

Es hora de detenerlos». Es decir, Israel deberá cumplir con la Fase I de la Hoja de Ruta de 2003, que mereció el rechazo de Israel y tácitamente de Estados Unidos, como ya se ha explicado. No obstante, lo cierto es que Obama ha excluido varios pasos de la versión de Bush padre para desmarcarse de cualquier implicación posible en estas acciones delictivas.

Las palabras operativas son «legitimidad» y «continuadamente». Es útil recordar que el Gobierno de Netanyahu de 1996 fue el primero en utilizar el término «Estado palestino». Éste aceptó que los palestinos pudiesen llamar «Estado» a los fragmentos de Palestina que les quedasen para sí. Tanto le daba como si lo llamaban «pollo frito»[20]. Por omisión, Obama da a entender que acepta la visión de Bush: los vastos proyectos existentes de asentamientos e infraestructuras son «legítimos», lo cual garantiza que el término «Estado palestino» significa en realidad «pollo frito».

Siempre equitativo, Obama guardaba también una advertencia para los países árabes: deberán «reconocer que la Iniciativa de Paz Árabe fue un importante punto de partida, pero de ninguna manera el final de sus responsabilidades». No obstante, tal iniciativa no puede ser, lisa y llanamente un «punto de partida» del todo irrelevante si Obama continúa rechazando sus principios básicos: la implementación del consenso internacional. Sin embargo, que esto ocurra no es obviamente «responsabilidad» de Washington, según la visión de Obama. No se dan explicaciones y se hace la vista gorda.

Sobre la democracia, Obama dijo: «No damos por sentado ni determinamos el resultado de unas elecciones pacíficas», pero en enero de 2006 Washington renegaba furioso del resultado electoral, castigando inmediata y severamente a los palestinos, pues no aprobaba el resultado de esas elecciones pacíficas. Esta maniobra contó con la aparente aprobación de Obama, a juzgar por sus palabras —previas a su investidura como presidente— y por sus actos —ya como presidente—.

Obama se abstuvo educadamente de hacer comentarios sobre su anfitrión, el presidente Mubarak, uno de los dictadores más brutales de la región, aunque tuvo algunas palabras reveladoras sobre él. A punto de embarcar en el avión que le llevaría a Arabia Saudí y Egipto, los dos Estados árabes «moderados»,

> Barack Obama señaló que si bien expresaría la preocupación del Gobierno estadounidense por el respeto a los derechos humanos en Egipto, no desafiaría a Mubarak directamente, porque es una «fuerza de la estabilidad y del bien» en Oriente Próximo. [...] Obama afirmó que no consideraba a Mubarak un líder autoritario. «No suelo utilizar esas etiquetas con los colegas», dijo. El presidente hizo hincapié en que se había criticado «la manera en que la política funciona en Egipto», pero subrayó también que Mubarak había sido «un aliado leal de Estados Unidos, en muchos aspectos»[21].

Cuando un político utiliza el término «colega» (en inglés, *folk*), debemos atenernos al engaño por venir, o a algo peor. Fuera de ese contexto son «personas», a menudo «villanos». Utilizar etiquetas con ellos es algo a menudo meritorio. Obama acertó, no obstante, al no utilizar el calificativo «autoritario», etiqueta que se queda corta, muy corta, para su amigo.

Como en el pasado, el apoyo a la democracia y a los derechos humanos se ajusta al patrón denunciado una y otra vez por los intelectuales, el cual se relaciona estrechamente con objetivos estratégicos y económicos. No debería ser difícil comprender por qué aquellos a los que la rigidez doctrinaria no ha cegado tachan el anhelo de Obama de que triunfen los derechos humanos y la democracia de chiste de mal gusto.

AGRADECIMIENTOS

Este libro no habría visto la luz sin la ayuda y el apoyo de las siguientes personas:

Noam Chomsky, quien respondió a mi primer mensaje de correo electrónico hace muchos años y ha continuado haciéndolo durante todo este tiempo (pese a su gran número). Sigo sin saber cómo lo haces. Gracias. Ilan Pappé, gracias a ti por ser tan cercano, por ser un impresionante orador y también por... contestar a mis innumerables correos. Ambos sois auténticamente inspiradores por vuestra increíble profesionalidad, por la lealtad a vuestros principios éticos y por «decir lo que hay que decir y andar lo que hay que andar».

Gracias a Anthony Arnove por ayudarme a hacer de este libro lo que es hoy. Gracias a Mikki Smith y a Jessie Kindig, que pasaron muchas horas ayudándome en la investigación sobre las notas al pie. Muchas gracias a Dao Tran, de Haymarket, por convertir un manuscrito en un libro y hacer de la edición un proceso fácil y fluido. Gracias también a Caroline Luft por su detallada corrección.

Gracias a mi hermano Florent, por ser un leal compañero a lo largo de los años, sin el cual este libro quizá no hubiese existido jamás. A mi amigo Herve Landecker, por hacerme reír, siempre, y por ser un gran *manager*. Ojalá nos hubiésemos conocido antes, si bien, como dice el refrán, más vale tarde que nunca. Maria, gracias por tu ayuda durante las entrevistas y por haber mostrado siempre tanto entusiasmo con este proyecto. Gracias a los miembros de la Lambeth and Wandsworth Palestine Solidarity Campaign por su contribución en la entrevista a Chomsky de 2007. Muchísimas gracias a Uhti Ewa Jasiewicz por sus muy constructivos y útiles comentarios sobre la introducción y por todo lo que me ha enseñado durante estos últimos meses.

Mae, mamá, papá y Fay, gracias por estar siempre ahí. Os quiero. Jeanne, si Dios existiese, me pondría de rodillas y le pediría que no interviniese para nada en lo que respecte a ti, que no te toque un solo pelo, que te deje tal como eres.

Por fin, gracias al pueblo de Palestina por su tenacidad y a los activistas de los derechos humanos de todo el mundo que apoyan su lucha universal. Sois los verdaderos héroes de este mundo.

NOTA SOBRE LOS TEXTOS

«Racimos de historia: la implicación de Estados Unidos en la cuestión palestina» se ha publicado en *Race & Class,* vol. 48, nº 3, 2007, págs. 1-28, Institute of Race Relations.

«"Exterminar a todos los salvajes": Gaza 2009» tiene como base una charla dada en el Center for International Studies del Massachusetts Institute of Technology (MIT) el 19 de enero de 2009. Aparecieron versiones anteriores en ZNet y en *The Spokesman,* Inglaterra, 103, 2009.

«La paz en Oriente Próximo que podría ser (pero no será)» ha sido publicado anteriormente por TomDispatch, 27 de abril de 2010, y es un fragmento revisado de *Esperanzas y realidades,* Barcelona: Tendencias, 2010.

Notas

Capítulo 1. El destino de Palestina. Una entrevista con Noam Chomsky (2007)

[1] Carothers, Thomas: *Critical Mission: Essays on Democracy Promotion*. Washington, D.C.: Carnegie Endowment for International Peace, 2004, introducción y pág. 7.

[2] Véase Achcar, Gilbert; Chomsky, Noam; Shalom, Stephen: *Perilous Power*. Boulder, Colorado, EE UU: Paradigm Publishers, 2007, epílogo, nota 29.

[3] Véase Crooke, Alistair: «Our Second Biggest Mistake in the Middle East», *London Review of Books,* vol. 29, nº 13, 5 de julio de 2007, págs. 3-6, y Steele, Jonathan: «Hamas Acted on a Very Real Fear of a US-Sponsored Coup», *The Guardian,* 22 de junio de 2007, pág. 37. Véase también Rose, David: «The Gaza Bombshell», *Vanity Fair,* abril de 2008, y Olsen, Norman: «An Inside Story of How the US Magnified Palestinian Suffering», *The Christian Science Monitor,* 12 de enero de 2009.

[4] Falk, Richard: «Slouching Toward a Palestinian Holocaust», ZNet, 5 de julio de 2007, www.zcommunications.org/slouching-toward-a-palestinian-holocaust-byrichard-falk.

[5] «Israel's Road Map Reservations», *Haaretz,* 27 de mayo de 2003, www.haaretz.com/hasen/pages/ShArt.jhtml?itemNo=297230.

[6] Citado en Cooper, Helene: «Blair to Tackle Economics but Not Peace Efforts, a Task Reserved for Rice», *The New York Times*, 28 de junio de 2007.

[7] McGwire, Michael: «The Rise and Fall of the NPT: an Opportunity for Britain», *International Affairs*, vol. 81, nº 1, 2005, págs. 115-140.

[8] Said, Edward: «Palestinians under Siege», *London Review of Books*, vol. 22, nº 24, 14 de diciembre de 2000.

[9] Kalb, Marvin; Saivetz, Carol: «The Israeli-Hezbollah War of 2006: The Media as a Weapon in Asymmetrical Conflict», *The International Journal of Press/Politics*, vol. 12, nº 3, 2007, págs. 43-66, cita en pág. 44.

[10] Véase, por ejemplo, Lavie, Aviv: «Inside Israel's Secret Prison», *Haaretz*, 23 de agosto de 2003.

[11] Achcar, Gilbert: *Eastern Cauldron: Islam, Afghanistan and Palestine in the Mirror of Marxism*. Londres: Pluto, 2004, pág. 264.

CAPÍTULO 2. RACIMOS DE HISTORIA: LA IMPLICACIÓN DE ESTADOS UNIDOS EN LA CUESTIÓN PALESTINA

[1] Mearsheimer, John; Walt, Stephen: «The Israel Lobby», *London Review of Books*, vol. 28, nº 6, 23 de marzo de 2006 [los mismos autores escribieron un libro, basado en el mismo artículo, del que sí existe traducción: *El lobby israelí*. Madrid, Taurus, 2007].

[2] Citado en Davidson, Lawrence: *America's Palestine: Popular and Official Perceptions from Balfour to Israel's Statehood*. Gainesville, EE UU: University Press of Florida, 2001, pág. 2.

[3] Antonius, George: *The Arab Awakening*. Beirut: Khayats, 1945.

[4] Véase Pappé, Ilan: «Arab Nationalism», en Delanty, Gerard; Kumar, Krishan (eds.): *The Sage Handbook of Nations and Nationalism*. Londres: Sage, 2006, págs. 500-503.

[5] Davidson: *America's Palestine*, pág. 8, nota 25.

[6] Véase Kark, Ruth: «American Consular Reports as a Source for the Study of Nineteenth Century Palestine», *Cathedra* 50, 1989, págs. 133-139.

[7] Davidson: *America's Palestine*, pág. 4, nota 13.

[8] Canfield, Joseph M.: *The Incredible Scofield and His Book*. Vallecito, California, EE UU: Ross House Books, 1988.

[9] Sizer, Stephen: *Christian Zionism: Road-Map to Armageddon*. Nueva York: Inter-Varsity Press, 2005.

[10] Para una novedosa interpretación de este episodio, véase Blumenthal, Max: «Birth Pangs of a New Christian Zionism», *Nation*, 8 de agosto de 2006, www.thenation.com/article/birth-pangs-new-christian-zionism.

[11] Cita en Falwell, Jerry: «Future-Word. An Agenda for the Eighties», en Falwell, Jerry; Dobson, Ed; Hindson, Ed (eds.): *The Fundamentalist Phenomenon: The Resurgence of Conservative Christianity*. Garden City, Nueva York, EE UU: Doubleday, 1981, págs. 186-223, cita en pág. 215.

Para más información sobre el programa político y teológico del sionismo cristiano, véase la «Proclamación del Tercer Congreso Internacional del Sionismo Cristiano», celebrado en Jerusalén del 25 al 29 de febrero de 2006, en la que se exige la autodefensa de Israel, un Jerusalén unido y la toma de los Altos del Golán, http://christianactionforisrael.org/congress.html.

Para más información sobre el sionismo cristiano, el importante papel desempeñado por Falwell en la promoción del mismo en Estados Unidos y la conjunción en Israel de la fe y el afán por la seguridad y el expansionismo, véase Simon, Merril: *Jerry Falwell and the Jews*. Middle Village, Nueva York, EE UU: Jonathan David Publishers, 1984, y Spector, Stephen: *Evangelicals and Israel: The Story of American Christian Zionism*. Nueva York: Oxford University Press, 2009.

[12] Sizer: *Christian Zionism.*

[13] Love, Donald M.: *Henry Churchill King of Oberlin.* New Haven, Connecticut, EE UU: Yale University Press, 1956.

[14] Davidson: *America's Palestine,* pág. 6.

[15] Hapgood, David: *Charles R. Crane: The Man Who Bet on People.* Nueva York: Xlibris Publications, 2000, págs. 56-63.

[16] Howard, Harry N.: *The King Crane Commission: An American Inquiry into the Middle East.* Beirut: Khayats, 1963.

[17] Davidson: *America's Palestine,* pág. 146, nota 27.

[18] Pappé, Ilan: *The Making of the Arab-Israeli Conflict, 1947-1951.* Londres y Nueva York: I. B. Tauris, 1994, pág. 36.

[19] Raphael, Marc Lee: *Abba Hillel Silver: A Profile of American Judaism.* Nueva York: Holmes and Meier, 1989.

[20] Jeffers, H. Paul: *The Napoleon of New York: Mayor Fiorello LaGuardia.* Toronto: John Wiley and Sons, 2002.

[21] Graves, W. Brooke: *Administration of the Lobby Registration Provision of the Legislation Reorganization Act of 1946: An Analysis of Experience During the 80th Congress.* Washington, D.C.: U.S. Government Printing Office, 1949.

[22] Ben-Zvi, Abraham: *Eisenhower, Kennedy, and the Origins of the American-Israeli Alliance.* Nueva York: Columbia University Press, 1998.

[23] Rubenberg, Cheryl: *Israel and the American National Interest: A Critical Examination.* Chicago: University of Illinois Press, 1989, págs. 329-377.

[24] Lilienthal, Alfred: «J. William Fulbright: A Giant Passes», en *Washington Report on Middle Eastern Affairs,* abril-mayo de 1995, págs. 92-93.

[25] Little, Douglas: «The Making of a Special Relationship: The United States and Israel, 1957-1968», en *International Journal of Middle East Studies,* vol. 25, nº 4, noviembre de 1993, págs. 563-585.

[26] Beinin, Joel: «Pro-Israeli Hawks and the Second Gulf War», en *Middle East Report Online,* 6 de abril de 2003, www.merip.org/mero/mero040603.html.

[27] Killgore, Andrew I.: «According to Indictment, AIPAC Has Been under Investigation since 1999», en *Washington Report on Middle East Affairs,* noviembre de 2005, www.washington-report.org/archives/November_2005/0511019.html.

[28] Cole, Juan: «AIPAC's Overt and Covert Ops», en Antiwar.com, 30 de agosto de 2004, www.antiwar.com/cole/?articleid=3467.

[29] Arendt, Hannah: *The Jew as Pariah: Jewish Identity and Politics in the Modern Age.* Nueva York: Grove, 1978.

[30] Lipset, Seymor Martin; Raab, Earl: *Jews and the New American Scene.* Cambridge, Massachusetts, EE UU: Harvard University Press, 1995, págs. 26-27.

[31] Informe completo en Pitt, William River; Ritter, Scott: *War on Iraq.* Nueva York: Context Books, 2003.

[32] Aruri, Naseer: *Dishonest Broker: The US Role in Israel and Palestine.* Cambridge, Massachusetts, EE UU: South End Press, 2003, págs. 127-148.

[33] Ibíd.

[34] Comisión de Relaciones Exteriores del Senado de Estados Unidos: «High Costs of Crude: The New Currency of Foreign Policy», 109° Congreso, 1ª sesión, 16 de noviembre de 2005, Washington, D.C.: U.S. Government Printing Office, 2006.

[35] Ben-Gurion, David, diario, 27 de octubre de 1948.

[36] Milbank, Dana: «AIPAC's Big, Bigger, Biggest Moment», *The Washington Post,* 24 de mayo de 2005, pág. 14.

[37] Aruri: *Dishonest Broker,* pág. 37.

[38] Leupp, Gary: «"An American Strike on Iran Is Essential for Our Existence": AIPAC Demands "Action" on Iran»,

CounterPunch, 24-25 de febrero de 2007, www.counter-punch.org/leupp02242007.html.

Capítulo 3. La negación continua: la Nabka en la historia israelí y en la actualidad

[1] Said, Edward: *Cultura e imperialismo*. Barcelona: Anagrama, 2004.

[2] El alcance de la tragedia fue excelentemente descrito en una serie de artículos contenidos en Karmi, Ghada; Cortran, Eugene (eds.): *The Palestinian Exodus, 1948-1988*. Londres: Ithaca Press, 1999.

[3] Pappé: *Making of the Arab-Israeli Conflict*, págs.124-143.

[4] Véase en particular Masalha, Nur: *Expulsion of the Palestinians: The Concept of "Transfer" in Zionist Political Thought, 1882-1948* y *A Land without a People: Israel, Transfer and the Palestinians 1949-96*. Londres: Faber and Faber, 1997. El título posterior del mismo autor, *Imperial Israel and the Palestinians: The Politics of Expansion, 1967-2000* (Londres: Pluto Press, 2000) es un exhaustivo estudio del imperativo imperialista en el sionismo herzliano. Su último libro, *The Politics of Denial: Israel and the Palestinian Refugee Problem* (Londres: Pluto Press, 2003) explora la asunción de inocencia de Israel con respecto a los palestinos expulsados.

[5] Se trata de la traducción que Michael Prior hizo en *Zionism and the State of Israel: A Moral Inquiry* (Londres y Nueva York: Routledge, 1999, página 9) de «Die arme Bevölkerung trachten wir unbemerkt über die Grenze zu schaffen, indem wir in den Durchzugsländern Arbeit verschaffen aber in unserem eigenen Lande jederlei Arbeit verweigern»; Herzl, Theodor: *Briefe und Autobiographische*

Notizen, 1886-1895, vol. II, Wachten, Johannes *et al.* (eds.), Berlín: Propylaen Verlag, 1983, págs. 117-118.

[6] Masalha: *Expulsion of the Palestinians,* págs. 93-141.

[7] Teveth, Shabtai: *Ben-Gurion and the Palestinian Arabs.* Oxford: Oxford University Press, 1985, pág. 189.

[8] Véase, por ejemplo, Masalha: *Expulsion of the Palestinians.*

[9] Flapan, Simha: *Zionism and the Palestinians 1917-1947.* Londres: Croom Helm, 1979; Flapan, Simha: *The Birth of Israel: Myths and Realities.* Londres: Croom Helm, 1987; Kimmerling, Baruch: *Zionism and Territory: The Socio-Territorial Dimensions of Zionist Politics.* Los Ángeles y Berkeley: University of California, Institute of International Studies [Research Series, nº 51], 1983; Morris, Benny: *The Birth of the Palestinian Refugee Problem, 1947-1949.* Cambridge. Cambridge University Press, 1987; Morris, Benny: *1948 and After: Israel and the Palestinians.* Oxford: Oxford University Press, 1990; Morris, Benny: *Israel's Border Wars,* Oxford: Oxford University Press, 1993; Pappé, Ilan: *Britain and the Arab-Israeli Conflict 1948-1951.* Londres: Macmillan, 1988; Pappé: *Making of the Arab-Israeli Conflict;* Segev, Tom: *The First Israelis,* edición en inglés de Weinstein, Arlen N., Nueva York: The Free Press/Londres: Collier-Macmillan, 1986; Segev, Tom: *The Seventh Million: The Israelis and the Holocaust,* traducción de Watzan, Haim, Nueva York: Hill and Wang, 1993; Shahak, Israel: *Report: Arab Villages Destroyed in Israel.* Jerusalén: Shahak, 1975, 2ª ed.; Shapira, Anita: *Land and Power: The Zionist Resort to Force.* Oxford: Oxford University Press, 1992; Shlaim, Avi: *Collusion across the Jordan: King Abdullah, the Zionist Movement, and the Partition of Palestine.* Nueva York: Columbia University Press, 1988.

[10] Las ponencias del congreso, más otras, se publicaron en Aruri, Naseer (ed.): *Palestinian Refugees and Their Right of Return.* Londres y Sterling, Virginia, EE UU: Pluto Press, 2001.

[11] Engel, Matthew: «Senior Republican Calls on Israel to Expel West Bank Arabs», *The Guardian,* 4 de mayo de 2002.

CAPÍTULO 4. «EXTERMINAR A TODOS LOS SALVAJES»: GAZA 2009

[1] Rabbani, Mouin: «Birth Pangs of a New Palestine», *Middle East Report Online,* 7 de enero de 2009, www.merip.org/mero/mero010709.html.

[2] Blau, Uri; Feldman, Yotam: «How IDF Legal Experts Legitimized Strikes Involving Gaza Civilians», *Haaretz,* 22 de enero de 2009; Feldman, Yotam; Blau, Uri: «Consent and Advise», *Haaretz,* 29 de enero de 2009.

[3] Tavernise, Sabrina: «Rampage Shows Reach of Militants in Pakistan», *The New York Times,* 31 de marzo de 2009; Feldman; Blau: «Consent and Advise».

[4] Bronner, Ethan: «Parsing Gains of Gaza War», *The New York Times,* 19 de enero de 2009. Según el concepto de los años cincuenta, «Nos volveremos locos *(nishtagea)* si nos enfadamos», véase Chomsky, *Fateful Triangle: The United States, Israel, and the Palestinians.* Cambridge, Massachusetts, EE UU: South End Press, 1999, pág. 467 y ss.

[5] Whitlock, Craig; Abdel Kareem, Reyham: «Combat May Escalate in Gaza, Israel Warns; Operation in Densely Packed City, Camps Weighed», *The Washington Post,* 11 de enero de 2009.

[6] Para fuentes y detalles, véase *Fateful Triangle* y Rubenberg, Cheryl: *Journal of Palestine Studies,* número especial, «The War in Lebanon», vol. 11, nº 4-vol. 12, nº 1 (verano-otoño de 1982), págs. 62-68.

[7] Entrevista con el general Mordechai Gur, *Al Hamishmar,* 10 de mayo de 1978, citado en Chomsky, Noam: *Towards a New Cold War.* Nueva York: Pantheon, 1982, pág. 320.

[8] Schiff, Ze'ev, *Haaretz,* 15 de mayo de 1978.

[9] Eban, citado en *Jerusalem Post,* de 16 de agosto, 1981. Véanse también Meiron Benvinisti, *Sacred Landscape: The Buried History of the Holy Land since 1948* (Berkeley: University of California Press, 2000) y Ehud Sprinzak, *The Ascendance of Israel's Radical Right* (Nueva York: Oxford University Press, 1991).

[10] Friedman, Thomas: «Israel's Goals in Gaza?», *The New York Times,* columna de opinión, 14 de enero de 2009.

[11] Erlanger, Steven: «Weighing Crimes and Ethics in the Fog of Urban Warfare», *The New York Times,* 17 de enero de 2009.

[12] Gerges, Fawaz: «Gaza Notebook», *Nation,* 16 de enero de 2009.

[13] Bronner, Ethan: «Israel Lets Reporters See Devastated Gaza Site and Image of a Confident Military», *The New York Times,* 16 de enero de 2009; Chomsky: *Pirates and Emperors Old and New.* Nueva York: Claremont Research and Publications, 1986; versión extendida, Boston: South End Press, 2002, pág. 44 y ss.

[14] Gerges: «Gaza Notebook».

[15] «Gaza Relief Boat Damaged in Encounter with Israeli Vessel», CNN.com, 30 de diciembre de 2008, www.cnn.com/2008/WORLD/meast/12/30/gaza.aid.boat/index.html; «McKinney on Boat in Gaza Crash», vídeo, CNN.com, www.cnn.com/2008/WORLD/meast/12/30/gaza.aid.boat/index.html#cnnSTCVideo; «Israeli Patrol Boat Collides with Aid Ship off Gaza», Agence France-Presse, 30 de diciembre de 2008; Karam, Zeina: «Gaza Protest Boat Sails into Lebanon», Associated Press, 30 de diciembre de 2008; «Israel Accused of Ramming Gaza Aid Ship», *The Guardian Unlimited,* 30 de diciembre de 2008; Evripidou, Stefanos: «Gaza Mercy Mission Rammed by Israeli Navy», *The Cyprus Mail,* 31 de diciembre de 2008.

[16] Véase nota 20, abajo. Véase también Achcar, Gilbert; Chomsky, Noam; Shalom, Stephen: *Perilous Power*. Boulder, Colorado, EE UU: Paradigm, 2007, pág. 239.

[17] «Arabs Fiddle and Squabble, Again, as Palestine Bleeds and Burns, Again», editorial, *The Daily Star* (Líbano), 14 de enero de 2009.

[18] Saad-Ghorayeb, Amal: «Will Hizbullah Intervene in the Gaza Conflict?». *The Daily Star* (Líbano), 13 de enero de 2009; Maoz, Ze'ev: «The War of Double Standards», 24 de julio de 2006, http://psfaculty.ucdavis.edu/zmaoz/The%20War%20of%20Double%20Standards.pdf.

[19] Ibíd.

[20] Friedman: «Israel's Goals in Gaza?»; «Senator Kerry's Speech on the Middle East to the Brookings Institution», oficina en línea del senador Kerry, publicación, http://kerry.senate.gov/cfm/record.cfm?id=309250, consultado el 9 de marzo de 2009; *Pirates and Emperors*, pág. 63, citando a Shipler, David: «Palestinians and Israelis Welcome Their Prisoners Freed in Exchange», *The New York Times*, 25 de noviembre de 1983.

[21] Zertal, Idith; Eldar, Akiva: *Lords of the Land*. Nueva York: Nation Books, 2007, págs. xii, 450.

[22] Ambrogi, Stefano: «U.S. Seeks Ship to Move Arms to Israel», Reuters, Alert-Net, 9 de enero de 2009, www.alert-net.org/thenews/newsdesk/L9736369.htm.

[23] Citado en Deen, Thalif: «U.S. Weaponry Facilitates Killings in Gaza», Inter Press Service, 8 de enero de 2009, http://ipsnews.net/news.asp?idnews=45337.

[24] Citado en Arvanites, Nikos D.A.: «U.S. Resupplying Israel from Port in Greece», Ekonom:east Media Group, 13 de enero de 2009, www.emg.rs/en/news/region/75403.html.

[25] Zunes, Stephen: «Obama and Israel's Military: Still Arm-in-Arm», *Foreign Policy in Focus*, 4 de marzo de 2009,

www.fpif.org/articles/obama_and_israels_military_still_
arm-in-arm.

[26] «US Cancels Israel Arms Shipment over Greek Objections», Agence France-Presse, 13 de enero de 2009.

[27] Citado en Deen, Thalif: «U.S. Weaponry Facilitates Killings in Gaza», Inter Press Service, 8 de enero de 2009.

[28] Hartung, William; Berrigan, Frida: «U.S. Weapons at War 2008: Beyond the Bush Legacy», NewAmerica.net, www.newamerica.net/publications/policy/u_s_weapons_war_2008_0; Gharib, Ali: «U.S. Arms Deployed in Wars Around the Globe», Inter Press Service, 11 de diciembre de 2008; Wolf, Jim: «U.S. Arms Sales Seen Booming in 2009», Reuters, 15 de diciembre de 2008; Baum, Geraldine: «U.S. Opposes Arms Trade Treaty», Los Angeles Times, 1 de noviembre de 2008.

[29] Gilbert, Mads: «Doctor Decries Israeli Attacks», vídeo, YouTube.com, www.youtube.com/watch?v=Ev6ojm62qwA; Bronner: «Parsing Gains of War in Gaza».

[30] Heilprin, John: «UN Contradicts Israel over Depth of Crisis in Gaza», Associated Press, 6 de enero de 2009.

[31] Bronner, Ethan: «Israeli Attack Splits Gaza; Truce Calls Are Rebuffed», The New York Times, 4 de enero de 2009.

[32] Citado en Myers, Steven Lee; Cooper, Helene: «Gaza Crisis Is Another Challenge for Obama, Who Defers to Bush for Now», The New York Times, 29 de diciembre de 2008.

[33] «22nd Day of Continuous IOF Attacks on the Gaza Strip», comunicado de prensa, Palestinian Centre for Human Rights, 17 de enero de 2009. Un recuento posterior más exhaustivo presenta cifras aún más elevadas. «Israeli Troops Head Out of Devastated Gaza», Reuters, 19 de enero de 2009; «IOF Unilaterally Ceases Fire; Redeploys inside Gaza-Dozens of Decomposed Bodies Found under Houses Rubble and Enormous Destruction in Neighborhoods»,

comunicado de prensa, Al Mezan Center for Human Rights, 18 de enero de 2009.

[34] Stern, Yoav; Melman, Yossi: «ABC: IAF Attacked 3 Times in Sudan», *Haaretz,* 29 de marzo de 2009; Levinson, Charles; Solomon, Jay: «U.S., Egypt Push Sudan about Arms», *The Wall Street Journal,* 29 de marzo de 2009.

[35] Eldar, Akiva: «Israeli Rejection of Gaza Deal May Topple Abbas», Haaretz.com, 9 de enero de 2009, www.haaretz.com/hasen/spages/1054143.html; citado en Landler, Mark: «U.S. Pact Seen as Step Toward Gaza Cease-Fire», *The New York Times,* 16 de enero de 2009.

[36] Gerges: «Gaza Notebook».

[37] Buck, Tobias: «Gaza Offensive Boosted Hamas, Poll Concludes», *The Financial Times,* 6 de febrero de 2009.

[38] England, Andrew: «Al-Jazeera Journalists Become the Faces of the Frontline», *The Financial Times,* 14 de enero de 2009; Cohen, Noam: «Few in U.S. See Jazeera's Coverage of Gaza War», *The New York Times,* 12 de enero de 2009.

[39] Si a Israel le preocupara la seguridad, el muro se habría construido sobre la Línea Verde, la frontera internacionalmente reconocida, y no existirían restricciones, salvo al acceso de los israelíes a los territorios ocupados.

[40] Las citas son del comandante en jefe Rafael Eitan y el primer ministro Yitzhak Shamir. Véase *Fateful Triangle* para éste y otros ejemplos similares.

[41] Levinson, Charles: «Israelis Watch the Fighting in Gaza from a Hilly Vantage Point», *The Wall Street Journal,* 8 de enero de 2009. Véase también la fotografía de judíos ortodoxos bailando en la cima de una colina, con el pie de foto «Los israelíes contemplan los ataques aéreos sobre Gaza desde una colina en las cercanías de la franja y bailan para celebrarlo. 8 de enero de 2009. (Newscom)», en http://electronicintifada.net/v2/article10215.shtml.

⁴² Pfeffer, Anshil: Haaretz.com, 9 de enero de 2009, www.haaretz.co.il/hasite/spages/1056116.html (en hebreo). Wagner, Matthew: «Rabbis Order Soldiers and Police to Refuse to Dismantle Outposts. But Major Insubordination Seen as Unlikely», *The Jerusalem Post*, 27, 2009. Sobre el papel desempeñado por los rabinos nacionalistas, véase Zertal, Eldar: *Lords of the Land*. Una de las figuras más veneradas, el rabino Tzvi Yehudah Kook, dijo: «Estamos en plena redención y la expansión sobre toda la Tierra de Israel es un deber del Estado, enteramente sagrado y sin mácula», citado en Gorenberg, Gershom: *The Accidental Empire*. Nueva York: Times Books, 2006, pág. 275.

⁴³ Dershowitz, Alan: «Lebanon Is Not a Victim», *The Huffington Post*, 7 de agosto de 2006, www.huffingtonpost.com/alan-dershowitz/lebanon-is-not-a-victim_b_26715.html?view=print; Dershowitz, Alan (vídeo), www.youtube.com/watch?v=HCShwgO6M1M.

⁴⁴ Olmert, Ehud, discurso durante la sesión conjunta del Congreso de Estados Unidos, 24 de mayo de 2006. Para consultar la transcripción completa, véase «Address by Prime Minister Ehud Olmert to Joint meeting of US Congress», sitio Web de la embajada de Israel, www.israelnewsagency.com/israelolmertcongress48480524.html.

⁴⁵ Plataforma del partido Likud, véase el sitio web de la Knesset, www.knesset.gov.il/elections/knesset15/elikud_m.htm.

⁴⁶ Durante una entrevista realizada en Israel tras su dimisión por cargos de corrupción, Olmert abandonó la postura mantenida hasta entonces, aceptando por primera vez el consenso internacional. Bronner, Ethan: «Olmert Says Israel Should Pull Out of West Bank», *The New York Times*, 30 de septiembre de 2008. Es difícil hacer una interpretación de ello, pues sus acciones posteriores siguieron ajus-

tándose a los programas expansionistas ilegales que él mismo había promovido.

[47] *Report on Israeli Settlements,* Foundation for Middle East Peace, enero-febrero de 2009; Bannoura, Ghassan: «Report: Peace Now Annual Settlement Report Shows an Increase of Constructions», International Middle East Media Center, 28 de enero de 2009; Landler, Mark: «Clinton Expresses Doubts about an Iran-U.S. Thaw», *The New York Times,* 3 de marzo de 2009, página A6; Miller, Sara: «Peace Now: Israel Planning 73,300 New Homes in West Bank», *Haaretz,* 2 de marzo de 2009. Miller señala que Yaakov Katz, miembro de la Knesset y del derechista Partido de la Unión Nacional —quien se supone se unirá al gabinete de Netanyahu en abril de 2009—, hizo las siguientes declaraciones a la radio del ejército: «Haremos todos los esfuerzos necesarios para llevar a cabo los planes perfilados por el [miembro de Peace Now, Yariv] Oppenheimer. [...] Espero que, con la ayuda de Dios, lo consigamos en unos pocos años. Aquí habrá un Estado». El punto clave, como siempre, es cuánta ayuda se puede esperar de Washington. Acerca de los modos de expansión y asentamiento, véase Zertal; Eldar: *Lords of the Land.* Sobre los «anillos de territorio» del expansionismo, véase B'Tselem: *Access Denied: Israeli Measures to Deny Palestinians Access to Land around Settlements,* septiembre de 2008, www.btselem.org/english/Publications/Summaries/200809_Access_Denied.asp.

[48] Citado en Gorenberg: *Accidental Empire,* pág. 82; Beilin, Yossi: *Mehiro shel Ihud* (Tel Aviv: Revivim, 1985), pág. 42, importante investigación de los expedientes gubernamentales durante el laborismo, en el poder hasta 1977.

[49] Citado en Gorenberg: *Accidental Empire,* pág. 99 y siguiente, 110-111, 173. Para un análisis pormenorizado de las decisiones tomadas por el tribunal, véase Finkelstein,

Norman: *Beyond Chutzpah* (Berkeley y Los Ángeles: University of California Press, 2008, edición ampliada en rústica), epílogo, págs. 227-270.

[50] HaCohen, Ran: «Pacifying Gaza», Antiwar.com, 31 de diciembre de 2008, http://antiwar.com/hacohen/?article id=13970.

[51] Avineri, Shlomo: *Haaretz*, 18 de marzo de 2003. Quizá tenga un trasfondo irónico, pero a primera vista no lo parece. A menudo es difícil saberlo. El término en hebreo para la propaganda israelí es *hasbara* («explicación»). Como todo lo que Israel hace es necesariamente justo y correcto, lo único que hace falta es explicarlo al confundido extranjero.

[52] Shavit, Ari: «Gaza Op May Be Squeezing Hamas, but It's Destroying Israel's Soul», *Haaretz*, 16 de enero de 2009.

[53] «UN Press Conference on Gaza Humanitarian Situation», United Nations, 15 de enero de 2009, www.un.org/News/briefings/docs/2009/090115_Gaza.doc.htm. Buck, Tobias; England, Andrew; Saleh, Heba: «Assault Kills Top Hamas Leader», *The Financial Times*, 15 de enero de 2009. Al Jazeera: «Gazans Count the Cost of War», 16 de enero de 2009, http://english.aljazeera.net/news/middleeast/2009/01/2009116144139351463.html. Saliba, Tamer; Quinn, Patrick: «UN Says Gaza Faces Humanitarian Catastrophe», Associated Press, 16 de enero de 2009.

[54] Amnistía Internacional (AI): «Israel/Occupied Palestinian Territories: Israel's Use of White Phosphorus Against Gaza Civilians Clear and "Undeniable"», 19 de enero de 2009, www.amnesty.org/en/for-media/press-releases/israeloccupied-palestinian-territories-israel039s-use-of-white-phosphorus-a; «Foreign-supplied Weapons Used Against Civilians by Israel and Hamas», 20 de febrero de 2009, www.amnesty.org/en/news-and-updates/foreign-supplied-weapons-used-against-civilians-israel-and-hamas-20090220.

AI pidió también el embargo sobre Hamás, pero éste, obviamente, no tiene sentido.

[55] Frenkel, Sheera: «Amnesty International: Gaza White Phosphorus Shells Were US Made», *The Times* (Londres) en línea, 24 de febrero de 2009, www.timesonline.co.uk/tol/news/world/middle_east/article5792182.ece; «Amnesty International Says Israel Misused US-Supplied Weapons in Gaza», VOA News, 23 de febrero de 2009, www.voanews.com/english/2009-02-23-voa17.cfm.

[56] Beaumont, Peter: «Gaza Desperately Short of Food after Israel Destroys Farmland», *The Observer*, 1 de febrero de 2009; Macintyre, Donald: «An Assault on the Peace Process», *The Independent*, 26 de enero de 2009.

[57] Oficina de las Naciones Unidas para la Coordinación de Asuntos Humanitarios (IRIN): «Tough Times for University Students in Gaza», 26 de marzo de 2009, www.irin-news.org/PrintReport.aspx?ReportId=83655.

[58] Levy, Gideon: «The Ebb, the Tide, the Sighs», *Haaretz*, 16 de noviembre de 2008; «Al Mezan Center Condemns the Escalation of Israeli Violations against Palestinian Fishers and Calls on the International Community to Act, and Civil Society to Intensify its Solidarity Campaigns», Al Mezan Center for Human Rights, comunicado de prensa, 25 de marzo de 2009, www.mezan.org/en/details.php?id=8594&ddname=fishermen&id_dept=9&id2=9&p=center; International Solidarity Movement: «Gazan Coast Becoming a "No-go" Zone», 16 de febrero de 2009; vídeo «Gaza Marine Project—and Who Owns It?», www.youtube.com/watch?v=cyPtd6qKLVE&feature=channel_page.

[59] *Platts Commodity News*, 3 de febrero de 2000. Véase también *Platts Commodity News*, 3 de diciembre de 2008; «Israel Power Firm Sends Top Team to London for Talks with BG», *Platt's Commodity News*, 16 de febrero de 2009, en la

que se afirma que la IEC «va a enviar a un delegado de alto nivel a Londres para entablar conversaciones con BG acerca de la compra de gas natural del yacimiento submarino de Gaza»; *Economist Intelligence Unit,* 20 de enero de 2009; Asa-El, Amotz: «Gas Discovery Tempers Israeli Recession Blues», MarketWatch (Jerusalén), 27 de enero de 2009; Hawkes, Steve; Verma, Sonia (Jerusalén): «BG Group at Centre of $4bn Deal to Supply Gaza Gas to Israel», *The Times* (Londres), 23 de mayo de 2007; Chossudovsky, Michel, «War and Natural Gas: The Israeli Invasion and Gaza's Offshore Gas Fields», Center for Research on Globalization, 8 de enero de 2009, www.globalresearch.ca/index.php?context=va&aid=11680. Véase también Barillas, Martin: «Massive Natural Gas Deposits Found Off Israel», 19 de enero de 2009, SperoNews, www.speroforum.com/a/17732/Massive-natural-gas-deposits-found-off-Isr.

[60] Véase Chomsky, Noam: «Good News, Iraq and Beyond», cap. 5, en *Esperanzas y realidades.* Barcelona: Tendencias, 2010.

[61] «Apocalypse Near», Chomsky, Noam, entrevista de Yudilovitch, Merav, *Ynet,* 4 de agosto de 2006, www.ynetnews.com/articles/0,7340,L-3286204,00.html.

[62] Abunimah, Ali: «We Have No Words Left», *The Guardian,* 29 de diciembre de 2008. Barguti, Mustafá: «Palestine's Guernica and the Myths of Israeli Victimhood», http://palestinethinktank.com/2008/12/29/mustafa-barghouti-palestines-guernica-and-the-myths-of-israeli-victimhood/, 29 de diciembre de 2008.

[63] Severa reprimenda de Hillary Clinton cuando Israel demolió ochenta viviendas israelíes más en Jerusalén este, en Pleming, Sue; Assadi, Mohammed: «Clinton Criticises Israel over E. Jerusalem Demolition», Reuters, 4 de marzo de 2009.

[64] Sobre Hamás véanse, entre otros, Haniyeh, Ismail: «Agression Under False Pretenses», *The Washington Post*, 11 de julio de 2006; Mish'al, Khalid: «Our Unity Can Now Pave the Way for Peace and Justice», *The Guardian*, 13 de febrero de 2007; Dinmore, Guy; Bozorgmehr, Najmeh: «Iran "Accepts Two-state Answer" in Mideast», *The Financial Times*, 2 de septiembre de 2006; «Leader Attends Memorial Ceremony Marking the 17th Departure Anniversary of Imam Khomeini», The Center for Preserving and Publishing the Works of Grand Ayatollah Sayyid Ali Khamenei, 4 de junio de 2006, http://english.khamenei.ir/index.php ?option=com_content&task=view&id=442&Itemid=2. Véase también el trabajo del especialista en Irán Abrahamian, Ervand: «Khamenei Has Said Iran Would Agree to Whatever the Palestinians Decide», en David Barsamian, (ed.): *Targeting Iran*. San Francisco: City Lights, 2007, pág. 112. Hassan Nasrallah ha expresado la misma opinión en repetidas ocasiones.

[65] Para un breve estudio del expediente y de sus fuentes, véase *Failed States*. Para información más detallada, véase Finkelstein, Norman: *Image and Reality of the Israel-Palestine Conflict*. Londres: Verso, 1996; nueva edición, 2003. Para un análisis crítico más pormenorizado de la estrategia de seguridad aplicada por Israel desde un primer momento, en el que se pone de manifiesto la preferencia del expansionismo sobre la seguridad y el acuerdo diplomático, véase Maoz, Ze'ev: *Defending the Holy Land*. Ann Arbor: University of Michigan Press, 2006.

[66] Bronner, Ethan: «Gaza War Role Is Political Lift for Ex-Premier», *The New York Times*, 8 de enero de 2009.

[67] Véase *Failed States*, págs. 193 y ss.

[68] Porter, Gareth: «Israel Rejected Hamas Ceasefire Offer in December», Inter Press Service, 9 de enero de 2009, www.

ipsnews.net/print.asp?idnews=45350. Para un análisis detallado de la violación de los altos el fuego durante el pasado
decenio, véase Kanwisher, Nancy; Haushofer, Johannes; Bi-
letzki, Anat: «Reigniting Violence: How Do Ceasefires
End?». *Huffington Post,* 6 de enero de 2009, www.huffington
post.com/nancy-kanwisher/reigniting-violence-how-d_b_
155611.html. Este análisis «muestra que la gran mayoría de
las veces, es Israel el que mata tras una pausa en el conflicto.
[...] En efecto, en prácticamente todas las ocasiones Israel
mata primero, después de que la calma haya reinado durante más de una semana».

⁶⁹ Nissenbaum, Dion: «Israeli Ban on Sending Pasta to
Gaza Illustrates Frictions», grupo de prensa McClatchy, 25
de febrero de 2009; Mitnick, Joshua; Levinson, Charles:
«World News: Peace Holds in Gaza; U.N. Chief Blasts Israel», *The Wall Street Journal,* 21 de enero de 2009, y muchos otros. Sobre las ofertas de tregua realizadas por Hamás tras la invasión, que redundaban en las rechazadas
por Israel antes del ataque, véase Abu Toameh, Khaled:
«Haniyeh: Hamas will consider cease-fire initiatives. Fatah
official says leader in hiding has "raised the white flag"»,
The Jerusalem Post, 13 de enero de 2009; Gutkin, Stephen:
«Hamas Officials Signal Willingness to Negotiate», Associated Press, 29 de enero de 2009. Sobre el rechazo de Israel
a estas ofertas de tregua, poco antes del ataque, véase Porter: «Israel Rejected Hamas Ceasefire»; Beaumont, Peter:
«Israel PM's Family Link to Hamas Peace Bid: Olmert Rejected Palestinian Attempts to Set Up Talks through Go-
Between Before Gaza Invasion», *The Observer,* 1 de marzo
de 2009, pág. 33.

⁷⁰ Harel, Amos; Issacharoff, Avi: «IDF Carries Out First
Arrest in Gaza Strip Since Pullout», *Haaretz,* 24 de junio de
2006, www.haaretz.com/news/idf-carries -out-first-arrest-in-

gaza-strip-since-pullout-1.191233; Carr, Caleb: «A War of Escalating Errors», *Los Angeles Times,* 12 de agosto de 2006. Chomsky, Noam: *Interventions.* San Francisco: City Lights, 2007, pág.188.

[71] Friel, Howard; Falk, Richard: *Israel-Palestine On Record.* Nueva York: Verso, 2007, pág. 136, citando a Human Rights Watch, 30 de junio de 2006.

[72] Citado en Bowen, Jeremy: «Bowen Diary: The Days Before War», BBC News, 10 de enero de 2009, http://news.bbc.co.uk/2/hi/middle_east/7822048.stm.

[73] Regev, entrevista de Fuller, David, Channel 4, Reino Unido, vídeo, www.youtube.com/watch?v=N6e-elrgYL0. Editorial, «The Other Israel», *Holon Israel,* diciembre de 2008-enero de 2009.

[74] McCarthy, Rory: «Gaza Truce Broken as Israeli Raid Kills Six Hamas Gunmen», *The Guardian,* 5 de noviembre, 2008.

[75] Rose, David: «The Gaza Bombshell», *Vanity Fair,* abril de 2008. Olsen, Norman: «An Inside Story of How the US Magnified Palestinian Suffering», *The Christian Science Monitor,* 12 de enero de 2009.

[76] Bronner, Ethan: «U.S. Helps Palestinians Build Force for Security», *The New York Times,* 27 de febrero de 2009. Kerry: «Speech on the Middle East».

[77] Sobre el origen de estos nuevos métodos, aplicados en Filipinas por el ejército invasor estadounidense tras destruir las fuerzas populares que habían independizado al país de España y matar a cientos de miles de filipinos en el proceso, y acerca de cómo dichos métodos llevaron a la imposición de vigilancia y control de la población dentro de sus fronteras, véase McCoy, Alfred: *Policing America's Empire: the United States, the Philippines, and the Rise of the Surveillance State.* Madison, Wisconsin, EE UU:

University of Wisconsin Press, 2009. Entre otros estudios, véase Huggins, Martha: *Political Policing: the United States and Central America*. Chapel Hill, Carolina del Norte, EE UU: Duke University Press, 1998; McSherry, Patrice: *Predatory States: Operation Condor and Covert War in Latin America*. Lanham, Maryland, EE UU: Rowman & Littlefield, 2005.

[78] Roy, Sara: «If Gaza Falls...», *The London Review of Books*, 1 de enero de 2009, pág. 26; Roy, Sara: «Israel's "Victories" in Gaza Come at a Steep Price», *Christian Science Monitor*, 2 de enero de 2009; Physicians for Human Rights-Israel, actualización informativa sobre la situación de emergencia en Gaza, 28-12-2008, www.phr.org.il/default.asp?PageID=190 &ItemID=430.

[79] Porter: «Israel Rejected Hamas»; Beaumont: «Israel PM's family link to Hamas peace bid», *The Observer* (Reino Unido), 1 de marzo de 2009.

[80] Eldar, Akiva: «White Flag, Black Flag», *Haaretz*, 5 de enero de 2009, www.haaretz.com/hasen/spages/1052621.html.

[81] Remnick, David: «Homelands», *The New Yorker*, 12 de enero de 2009.

[82] Véase *Fateful Triangle*, pág. 201 y siguientes; *Pirates and Emperors*, 56 y siguiente.

[83] Myers, Stephen Lee: «The New Meaning of an Old Battle», *The New York Times*, 4 de enero de 2009.

[84] David Ben-Gurion, «el hombre fuerte de la Yishuv, [...] aceptó el plan de partición de las Naciones Unidas, pero nunca admitió como definitivas las fronteras que se impusieron al Estado judío», pues esperaba que quedaran establecidas por «una clara victoria militar judía». Shlaim, Avi: *The Iron Wall*. Nueva York: W.W. Norton, 2000, págs. 28-29. En debates internos, Ben-Gurion dejó claro que «no hay disposiciones finales en la historia, no

hay fronteras eternas y no existe la reivindicación política definitiva. En el mundo seguirán dándose cambios y transformaciones. Aceptamos la pérdida de Transjordania (Jordania), pero tenemos derechos sobre el resto de Palestina occidental y queremos la Tierra de Israel en su totalidad». Ben-Eliezer, Uri: *The Making of Israeli Militarism.* Bloomington: Indiana University Press, 1998, págs. 150-151.

[85] Maoz: *Defending the Holy Land,* pág. 103.

[86] Chomsky: *Towards a New Cold War,* págs. 461-462n, donde cita *Toldot HaHaganah,* vol. 2, pág. 251 y siguiente. Fue acusado de una conducta «patológica» por aludir —correctamente— a la oposición mostrada por los judíos nacidos en Israel al sionismo (y por su homosexualidad).

[87] Amnistía Internacional: «Gaza Ceasefire at Risk», 5 de noviembre de 2008, www.amnesty.org/en/news-and-updates/news/gaza-ceasefire-at+risk-20081105.

[88] *Fateful Triangle,* pág. 64 y siguiente. Para consultar pruebas sustanciales que apoyan esta conclusión, véase Maoz: *Defending the Holy Land.*

[89] Cordesman, Andrew: «The War in Gaza: Tactical Gains, Strategic Defeat?». Center for Strategic and International Studies, 9 de enero de, 2009, http://csis.org/publication/war-gaza. Para leer las palabras exactas de Turki al-Faisal, véase «Saudi Arabia's Patience Is Running Out», *The Financial Times,* 23 de enero de 2009.

[90] Avnery, Uri: «How Many Divisions?», Gush Shalom–Israeli Peace Bloc, 10 de enero de 2009, http://zope.gush-shalom.org/home/en/channels/avnery/1231625457/.

[91] Kimmerling, Baruch: *Politicide: Ariel Sharon's War against the Palestinians.* Londres: Verso, 2003.

Capítulo 5. Borrador para el movimiento por un Estado único: una historia agitada

[1] Véase Pappé, Ilan: *A History of Modern Palestine; One Country, Two Peoples.* Cambridge: Cambridge University Press, 2006, 2ª ed., págs. 115-116.

[2] Escribí un informe minoritario disponible en Pappé, Ilan: *The Making of the Arab-Israeli Conflict, 1947-1951.* Londres y Nueva York: I. B. Tauris, 2001, págs. 16-46.

[3] Archivos de las Naciones Unidas, informe de viva voz de la UNSCOP contenido en los archivos de la Asamblea General, segunda sesión, agosto-noviembre de 1947.

[4] Véase Abuminah, Ali: *One Country: A Bold Proposal to End the Israeli-Palestinian Impasse.* Nueva York: Holt McDougal, 2007; Karmi, Ghada: *Married to Another Man: Israel's Dilemma in Palestine.* Londres: Pluto Press, 2007; Kovel, Joel: *Overcoming Zionism: Creating a Single Democratic State in Israel/Palestine.* Londres: Pluto Press, 2007; Hilal, Jamil (ed.): *Where Now for Palestine? The Demise of the Two-State Solution.* Londres: Zed Books, 2007.

[5] El sitio web de la campaña (Palestinian Campaign for the Academic & Cultural Boycott of Israel) es http://www.pacbi.org.

[6] Véase Benvenisti, Meron: «The Binationalism Vogue», *Haaretz,* 30 de abril de 2009, artículo escrito en respuesta a la declaración de la conferencia de Boston de marzo de 2009.

[7] El periodista y escritor italiano Paolo Barnard es un experimentado corresponsal político de la RAI que ha publicado siete cortometrajes titulados «Palestine-Israel: the Missing Narratives», YouTube, http://www.youtube.com/user/paolobarnardvideos#p/u/33/h7r4ECQqEds.

[8] Peres, Simón: *Now and Tomorrow.* Tel Aviv: Mabat Books, 1978, pág. 20.

[9] Véase Landau, David: «Maximum Jews, Minimum Arabs», *Haaretz*, 13 de noviembre de 2003.

CAPÍTULO 6. LA GUETIZACIÓN DE PALESTINA:
UNA CONVERSACIÓN CON ILAN PAPPÉ
Y NOAM CHOMSKY

[1] «UN Expert: Palestinian Terror "Inevitable" Result of Occupation», Associated Press, 15 de noviembre de 2009, www.haaretz.com/hasen/spages/958358.html; «Situation in the Gaza Strip: Policy of Isolation Has Failed, Say MEPs», 21 de febrero de 2008, United Nations Information System on the Question of Palestine, http://unispal.un.org/UNIS PAL.NSF/0/7B4D40FE41CDCB91852573FB0057F9F0; «Palestinians Suspend Contact with Israel», Sky News en línea, 2 de marzo de 2008, http://news.sky.com/skynews/Home/Sky-News-Archive/Article/20080641307601.

[2] Beilin, Yossi: *Mehiro shel Ihud*. Revivim, 1985.

[3] Walzer, Michael: «On Arabs and Jews: The Chimera of a Binational State», *Dissent*, vol. XIX, n° 3, verano de 1972, págs. 492-499, cita en pág. 497.

[4] Dershowitz, Alan, vídeo, www.youtube.com/watch?v= HCShwgO6M1M.

[5] Ravid, Barak: «Israel to Boycott "Durban II" Anti-racism Conference», 21 de noviembre de 2008, Haaretz.com, www.haaretz.com/hasen/spages/1038984.html.

[6] «Israeli Diplomat Postpones Meeting after Costa Rica Recognizes Palestinian State», Associated Press, 27 de febrero de 2008, www.haaretz.com/hasen/spages/958208.html.

[7] «Views of China and Russia Decline in Global Poll», BBC World Service, 6 de febrero de 2009, www.worldpublic opinion.org/pipa/pdf/feb09/BBCEvals_Feb09_rpt.pdf.

[8] «Israeli PM Olmert Addresses Congress», transcripción de la alocución de CQ Transcriptions, Inc., impresa en *The Washington Post*, 24 de mayo de 2006, www.washington post.com/wp-dyn/content/article/2006/05/24/AR20060 52401420.html. En la transcripción se da cuenta de la intensidad y la duración de los aplausos.

[9] Oren, Amir: «Who's the Boss?», *Haaretz*, 29 de noviembre de 2002, www.haaretz.com/print-edition/features/who-s-the-boss-1.26841.

[10] Véase Kessler, Glenn: The Trail (blog), washington post.com, 5 de junio de 2008, http://blog.washingtonpost .com/44/2008/06/05/obama_backtracks_on_jerusalem .html.

[11] Véase *Z Magazine*, febrero de 2008. Véase también Chomsky, Noam: *Esperanzas y realidades*. Barcelona: Tendencias, 2010.

[12] Véase «Obama on Israel-Palestine», ZNet, 25 de enero de 2009, www.zcommunications.org/obama-on-israel-palestine -by-noam-chomsky-1. Véase Chomsky, Noam: *Esperanzas y realidades*. Barcelona: Tendencias, 2010.

[13] «Gaza: From Blockade to Bloodshed», editorial, *The Guardian*, 1 de junio de 2010, www.guardian.co.uk/commen tisfree/2010/jun/01/gaza-blockade-bloodshed-editorial.

Capítulo 7. Los campos de la muerte en Gaza, 2004-2009

[1] Sobre los planes para crear la ciudad fantasma véase el diario *Globes* (en hebreo), 20 de mayo de 2002 (los planes dieron comienzo ese año). Asimismo se incluye en el blog un interesante testimonio de un soldado que participó en los entrenamientos, con fecha 7 de noviembre de 2009, www.dacho.co.il/showthread.php. Véase también el anun-

cio realizado por las FDI en su sitio web, en un artículo de Ido Elazar, www.1.idf.il/elram.

[2] Véase Pappé, Ilan: «Responses to Gaza», *The London Review of Books* 21, nº 2, 29 de enero de 2009, págs. 5-6.

[3] Ibíd.

[4] Shovrim Shtika (Rompiendo el Silencio): *Report on Gaza,* 15 de julio de 2009. El sitio web de la ONG es www. shovrimshtika.org; en él puede consultarse dicho informe y se ha publicado asimismo un cuaderno de 96 páginas titulado *Soldiers' Testimonies from Operation Cast Lead: Gaza 2009.*

[5] Dugard, John: *Report of the Special Rapporteur on the Situation of Human Rights in the Palestinian Territories Occupied by Israel since 1967,* Comisión de Derechos Humanos de las Naciones Unidas. Ginebra: Naciones Unidas, 3 de marzo de 2005.

[6] Para consultar un análisis firmado por el periodista israelí Roni Sofer el 27 de septiembre de 2005, véase *Yediot Ahronoth.*

[7] Isaacharoff, Avi; Harel, Amos: «Analysis: Gaza Gains Have Softened Israel Stance on Shalit Deal», *Haaretz,* 25 de enero de 2009, www.haaretz.com/print-edition/news/analysis-gaza-gains-have-softened-israel-stance-on-shalit-deal-1.268774

[8] Véase el informe de Buhbut, Amir; Glickman, Uri: «The IDF Had Attacked in Gaza», *Maariv,* 25 de septiembre de 2005.

[9] Varios generales y ex generales expresaron esta misma opinión en una serie de artículos publicados en un boletín estratégico del Institute for National Security Studies israelí, *Adkan Estrategi (Actualización Estratégica),* vol. 11, nº 4, febrero de 2009.

[10] Harel, Amos; Issacharoff, Avi: «One Humiliation Too Many», *Haaretz,* 13 de julio de 2006.

[11] Pappé, Ilan: «Ingathering», *The London Review of Books,* vol. 28, nº 8, 20 de abril de 2006, pág. 15.

¹² Ben Meir, Yehuda; Shaked, Daphna: «Public Opinion and National Security», *Adkan Estrategi*, vol. 10, nº 1, junio de 2007, págs. 25-28.

¹³ Véase Pappé, Ilan: *The Ethnic Cleansing of Palestine*. Oxford: Oneworld Publications, 2006.

¹⁴ McBride, Sean *et al.*: *Israel in Lebanon: The Report of the International Commission to Enquire into Reported Violations of International Law by Israel during Its Invasion of Lebanon*. Londres: Ithaca Press, 1983.

¹⁵ Véase el informe especial de la Oficina de las Naciones Unidas para la Coordinación de Asuntos Humanitarios (OCHA) de agosto de 2007.

¹⁶ B'Tselem: «683 People Killed in the Conflict in 2006», comunicado de prensa, 28 de diciembre de 2006, www.btse lem.org/english/Press_Releases/20061228.asp.

¹⁷ Ibíd.

¹⁸ Véase «Operation Autumn Clouds Has Ended», resumen de la operación realizado por *Maariv* el 7 de noviembre de 2006.

¹⁹ Siboni, Gabi: «The Third Threat», *Haaretz*, 30 de septiembre de 2009.

²⁰ Shovrim Shtika (Rompiendo el Silencio): «Report on Cast Lead Operation», 15 de julio de 2009.

²¹ B'Tselem: «Gaza: Power and Water Cuts and Bread Shortage», comunicado de prensa, 27 de noviembre de 2008, www.btselem.org/English/Gaza_Strip/20081127_ More_Sanctions_on_Gaza.asp; y B'Tselem: «B'Tselem to Attorney General Mazuz: Concern over Israel Targeting Civilian Objects in the Gaza Strip», comunicado de prensa, 31 de diciembre de 2008, www.btselem.org/English/Gaza_ Strip/20081231_Gaza_Letter_to_Mazuz.asp.

²² «Israel Accused of Gaza Genocide», Al-Jazeera, 14 de enero de 2009, http://english.aljazeera.net/news/americas/ 2009/01/200911321467988347.html.

²³ Citado en Bulbul, Nurgul: «Oktay Akbal: Israel Commits Genocide in Gaza», *Turkish Weekly*, 5 de enero de 2009.

²⁴ Egeland; Eliasson citados en Pilger, John: «Terror and Starvation in Gaza», *The New Statesman*, 22 de enero de 2007, www.newstatesman.com/media/2007/01/pilger-ge nocide-gaza-palestine.

²⁵ Falk, Richard: «Slouching Towards a Palestinian Holocaust», Transnational Foundation for Peace and Future Research, 29 de junio de 2007, www.transnational.org/Area_MiddleEast/2007/Falk_PalestineGenocide.html.

²⁶ «World Stands United Against "Genocide" in Gaza», Al-Arabiya, 28 de diciembre de 2008, www.alarabiya.net/articles/2008/12/28/62977.html.

²⁷ Ibíd.

²⁸ Citado en diversas fuentes; véase, por ejemplo, Klein, Morton A.: «Ya'alon: We Need Churchills, not Chamberlains», *The Jewish Press*, 17 de mayo de 2006, www.jewish press.com/printArticle.cfm?contentid=17947.

CAPÍTULO 8. LA PAZ EN ORIENTE PRÓXIMO
QUE PODRÍA SER (PERO NO SERÁ)

¹ Hass, Amira: «An Israeli Achievement», BitterLemons. org, 20 de abril de 2009, www.bitterlemons.org/previous/bl200409ed15.html#isr2.

² Roy, Sara: *Harvard Crimson*, 2 de junio de 2009. Para una revisión exhaustiva de los detalles más desagradables, véase la obra de Roy: «Before Gaza, After Gaza: Examining the New Reality in Israel/Palestine», que aparecerá en *Palestine & the Palestinians Today,* Center for Contemporary Arab Studies, Universidad de Georgetown. Versión abreviada de la introducción a la 3ª edición de Roy: *Gaza Strip.*

[3] Véase Chomsky, Noam: *Esperanzas y realidades.* Barcelona: Tendencias, 2010, págs. 150 y siguiente y las fuentes citadas en la nota 16, capítulo 6.

[4] Beaumont, Peter: «Gazans Look for a Place to Breathe by the Sea», *The Guardian,* 27 de mayo de 2009.

[5] «Israel Lets Power Firm Seek More Gaza Gas to Diversify Supplies», *Platt's Commodity News,* 3 de febrero de 2009; «Israeli Power Firm Sends Top Team to London for Gas Talks with BG», *Platt's Commodity News,* 16 de febrero de 2009.

[6] Para obtener más información sobre el papel desempeñado por Evans a este respecto, véanse *Year 501,* Nueva York: South End Press, 1999, cap. 4; *Powers and Prospects,* Nueva York. South End Press, 1999, caps. 7 y 8. Véase también el estudio realizado sobre el caso de Evans por Clinton Fernandes, especialista australiano en el Sureste de Asia y ex alto cargo de la inteligencia, 2009, manuscrito.

[7] International Commission on Intervention and State Sovereignty; Evans, Gareth; Sahnoun, Mohamed (copresidentes): *The Responsibility to Protect: Report of the ICISS.* Ottawa, Canadá: IDRC Books, diciembre de 2001. Evans, Gareth: «An Idea Whose Time Has Come—and Gone», *The Economist,* 23 de julio de 2009. Véase Chomsky, Noam: «Human Rights in the New Millennium», charla en la London School of Economics, 29 de octubre de 2009, www.chomsky.info/talks/20091029.htm; *Z Magazine,* enero de 2010; www.chomsky.info. Fotografía de Evans-Alatas y Herman, Edward; Peterson, David: «The Responsibility to Protest, the International Criminal Court, and *Foreign Policy in Focus*», *MRZine,* 24 de agosto de 2009, http://mrzine.monthly review.org/hp240809.html.

[8] Issacharoff, Avi: «World Bank: Aid Isn't Enough to Spark Palestinian Growth», *Haaretz,* 6 de mayo de 2009. Asso-

ciated Press, 6 de mayo de 2009; Reuters, 7 de mayo de 2009. Para un análisis de las duras condiciones, cada vez más deterioradas, véase Kawach, Nadim: International Solidarity Movement, 17 de enero de 2010, http://palsolidarity.org/2010/01/10761.

[9] Beilin: *Mehiro shel Ihud,* págs. 42-43.

[10] Citado en Barak Ravid: «Israeli Ministers: No West Bank Settlement Freeze», *Haaretz,* 31 de mayo de 2009.

[11] El rechazo de Israel a la Hoja de Ruta, que respaldó Estados Unidos, se publicó por primera vez (ya conocido y discutido en los círculos activistas) en la obra de Jimmy Carter, *Palestine: Peace Not Apartheid.* Nueva York: Simon & Schuster, 2006. Las «reservas» se incluyen en el apéndice. El libro suscitó un chaparrón de protestas. Según pude determinar, esta importante sección —la revelación desconocida para la opinión pública general— no fue mencionada. Se hicieron grandes esfuerzos para encontrar errores triviales, pero se hizo caso omiso de una equivocación grave: la repetición por parte de Carter del mito de que la invasión del Líbano en 1982 a manos de Israel fue lanzada para defenderse de los cohetes de la OLP, de lo cual ya se ha hablado anteriormente. Véase *Esperanzas y realidades,* págs.153-154 y nota 21, cap. 6.

[12] Citado en *Hadashot,* 8 de octubre de 1993; Fidel, Yair: *Hadashot* (suplemento), 29 de octubre de 1993.

[13] Cooper, Helene: «U.S. Weighs Tactics on Israeli Settlement», *The New York Times,* 1 de junio de 2009.

[14] Kershner, Isabel: «Israel and U.S. Can't Close Split on Settlements», *The New York Times,* 2 de junio de 2009.

[15] Eldar, Akiva: «Border Control/Nothing Natural about It», *Haaretz,* 2 de junio de 2009.

[16] Diehl, Jackson: «Abbas's Waiting Game on Peace with Israel», *The Washington Post,* 29 de mayo de 2009.

[17] DeYoung, Karen; Schneider, Howard: «Israel Putting Forth "Unprecedented" Concessions, Clinton Says», *The Washington Post,* 1 de noviembre de 2009.

[18] Acuerdo de Ginebra, 31 de octubre de 2003, Electronic Intifada, Historical Documents. Véase también Klein, Menachem: *A Possible Peace Between Israel and Palestine: An Insider's Account of the Geneva Initiative.* Nueva York: Columbia University Press, 2007.

[19] Hornick, Ed: «Obama Looks to Reach the Soul of the Muslim World», CNN, 3 de junio de 2009, http://edition.cnn.com/2009/POLITICS/06/03/obama.muslim.outreach/; Friedman, Thomas: «Obama Speech Aimed at Both Arabs and Israelis», *The New York Times,* 3 de junio de 2009.

[20] Bar-Illan, David (director de comunicación y planificación de políticas de la oficina del primer ministro), entrevista, *Palestine-Israel Journal,* verano-otoño de 1996.

[21] Zeleny, Jeff; Slackman, Michael: «As Obama Begins Trip, Arabs Want Israeli Gesture», *The New York Times,* 4 de junio de 2009.

Índice

(La indicación «passim» indica una discusión intermitente,
acerca de algún tema, a lo largo de varias páginas.)